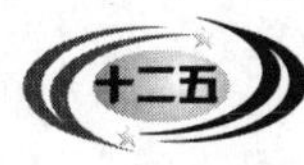

高职高专“十二五”规划教材

国际贸易理论与实务

主　编　易海峰
副主编　方婷婷　杨建成
　　　　邵　光　徐正华
参　编　刘　丹　王君毅
　　　　苗任苒

南京大学出版社

内容简介

《国际贸易理论与实务》是高职高专外贸类专业的核心专业基础课。本教材内容共分两个部分，上篇“国际贸易理论”包括项目一至项目四，突出“应知应会，必须够用”的内容选取原则，主要介绍了国际贸易认知、国际贸易政策与措施、区域经济一体化等内容；下篇“国际贸易实务”包括项目五至项目十五，以外贸业务员小杨的外贸业务工作流程为主线，详细介绍了各个流程环节的工作任务和工作方法。本教材具有很强的适用性，既可作为高等职业院校和应用型本科院校相关专业的教材使用，也可供外贸企业经营管理人员在外贸工作和业务培训中进行参考，对参加报关水平测试、外贸业务员、国际商务师等相关职业资格考试的人员来说，选用本书也会大有帮助。

图书在版编目(CIP)数据

国际贸易理论与实务 / 易海峰主编. — 南京 ：南京大学出版社，2015.7(2018.1 重印)
高职高专“十二五”规划教材
ISBN 978-7-305-15454-6

Ⅰ. ①国… Ⅱ. ①易… Ⅲ. ①国际贸易理论—高等职业教育—教材②国际贸易—贸易实务—高等职业教育—教材 Ⅳ. ①F740

中国版本图书馆 CIP 数据核字(2015)第 130851 号

出版发行 南京大学出版社
社　　址 南京市汉口路 22 号　　邮　编 210093
出 版 人 金鑫荣

丛 书 名 高职高专“十二五”规划教材
书　　名 国际贸易理论与实务
主　　编 易海峰
责任编辑 李　博　王抗战　　编辑热线 025-83597087

照　　排 南京南琳图文制作有限公司
印　　刷 南京理工大学资产经营有限公司
开　　本 787×1092 1/16 印张 20.75 字数 515 千
版　　次 2015 年 7 月第 1 版 2018 年 1 月第 4 次印刷
ISBN 978-7-305-15454-6
定　　价 48.00 元

网址：http://www.njupco.com
官方微博：http://weibo.com/njupco
官方微信号：njupress
销售咨询热线：(025) 83594756

前　言

十八大以来，我国经济发展步入新常态。在人口红利减少，环境、资源压力增大的大背景下，经济结构调整、产业升级转型已成为保证我国经济持续增长的新动力源泉。2015 年以来，我国全面实施了以“一带一路”、自贸区建设和“走出去”战略为核心的对外开放新战略，这必将在拓展新的外部空间、实现互联互通的同时，把我国经济发展提升到新的层次，为外贸发展带来新活力。

随着我国外贸发展方式的转变、跨境电商的蓬勃发展、外贸企业的转型升级与技术创新，作为拉动经济增长“三驾马车”之一的外贸必将走上一条量、质齐升的新征程。高素质高技能的外贸人才也必将更加紧缺。

由于外贸行业岗位的专业性、技能性、操作性较强，在培养高素质高技能外贸人才的领域中，职业教育正在也必将发挥重要的作用，职业教育也必须担负起为社会培养更多更好的外贸人才的历史使命。这本《国际贸易理论与实务》教材正是在这样一种使命感的强烈感召下出炉的。

本教材的突出特点表现为，体例上层次清晰，结构完整，内容上丰满充实，时效性强；文笔上活泼轻松，具有可读性；案例选取新颖，启发性强。在本教材的编写过程中，我们努力更新教材的编写思路，在理论部分的内容选取上突出重点，以“应知应会，必需够用”为原则，在实务部分摒弃了以往以贸易合同为主线的传统教学内容体系，采用了以外贸业务工作流程为主线设计的内容体系，以体现“项目导向，任务驱动”的职业教育理念。

本书具有很强的适用性，既可作为高等职业院校和应用型本科院校相关专业的教材使用，也可供外贸企业经营管理人员在外贸工作和业务培训中进行参考，对参加报关水平测试、外贸业务员、国际商务师等相关职业资格考试的人员来说，选用本书也会大有帮助。

本书由河南经贸职业学院的易海峰担任主编，并负责总体架构和统稿。具体编写分工如下：河南经贸职业学院易海峰编写项目一、四、七；河南经贸职业学院方婷婷编写项目五、八；河南机电高等专科学校杨建成编写项目九、十五；河南经贸职业学院邵光编写项目十三、十四；东华理工大学徐正华编写项目六、十（任务四、五）；河南经贸职业学院刘丹编写项目二、三；河南经贸职业学院苗任苒编写项目十一、十二；河南经贸职业学院王君毅编写项目十（任务一、二、三）。

本书的编写和出版得到了南京大学出版社、兄弟院校、国际贸易相关企业及专家的大力支持和帮助，在此表示谢意。编写过程中还参阅了大量国内外著作、文献和一些网站，在此一并表示感谢。

由于在编写过程中，时间仓促，编者水平所限，书中难免存在疏漏与不足，敬请同行和读者批评指正，以便修订再版时加以改正、提高。编者联系邮箱为：1595967950@qq.com。

编　者

2015 年 4 月

目　录

项目一　认知国际贸易

【知识目标】

- 熟练掌握国际贸易的基本概念
- 熟练掌握国际贸易的基本类型
- 了解国际贸易的产生及其在不同历史时期的发展

【能力目标】

- 在对国际贸易基本概念深刻理解的基础上，能区分不同贸易形式并用于实践
- 能利用国际贸易的基本概念和指标描述一国或一地区的贸易发展状况

【项目背景】

刚刚走出大学校门的小杨四处应聘，最终被主营机电产品的郑州豫港进出口贸易有限公司录用，受聘的业务岗位为外贸业务员。第一天上班的小杨被中国生产的三星手机的闹钟叫醒，走进洗手间开始洗漱，拿起荷兰生产的飞利浦电动剃须刀刮完了胡子，用美国高露洁牙膏牙刷刷牙，用巴黎欧莱雅洗面奶洗完脸之后出门，顺道在公司附近的麦当劳吃了早餐。作为刚刚进入公司的新进员工，小杨首先要通过三个月的实习期才能正式进入业务岗位。根据公司经理要求，在实习期内，除了公司文化、公司制度需要学习外，与国际贸易有关的一些基本概念也必须熟练掌握。假如经理前来观摩新员工的培训情况，问及国际贸易与国内贸易有什么区别？国际贸易有哪些基本类型？当前国际贸易的发展趋势是什么？小杨该如何回答？

任务一　初识国际贸易

工作任务

对于国际贸易新手而言，什么是国际贸易是首先要弄清楚的问题。在此基础之上，还必须能回答国际贸易有什么样的特点？为什么要发展国际贸易？

知识与技能支撑

一、国际贸易的概念

国际贸易(International Trade)是指世界各国(地区)之间货物和服务的交换,实质是各国(地区)之间分工的表现,反映了世界各国(地区)在经济上的相互依靠。从国家的角度可以称为对外贸易,从国际角度可以称为国际贸易或世界贸易。其实,严格来讲,世界贸易的概念要比国际贸易更加广泛,世界贸易包括国际贸易和世界各国的国内贸易。

国际贸易既是国内贸易在地域上延伸而超越国界的结果,更是社会生产力发展和人类贸易范围扩大的结果。特别是在经济全球化趋势日益明显,地球已成为"地球村"的今天,国际贸易已经成为连接各国经济发展的重要桥梁和连通各国经济脉搏的重要纽带。出口更是被誉为拉动国家经济增长的"三驾马车"之一,这表明一个国家对外贸易的发展速度与规模对该国的经济发展起着至关重要的作用。

二、国际贸易的特点

国际贸易是相对于国内贸易而言的。国际贸易与国内贸易同为商品和服务的交换行为,可以说国际贸易是在国内贸易的基础上产生并发展起来的,是一国内部商品流通向国外延伸的结果。但是,由于贸易主体、贸易环境等因素的不同,国际贸易与国内贸易又存在许多差异。

(一) 国际贸易与国内贸易的共同点

简单来看,国际贸易是国内贸易在地域上的延伸,国际贸易与国内贸易都是商品和服务的交换活动,因此它们的共同点首先体现在都属于流通范畴;其次它们的目的都是为了获取利润或经济利益。

(二) 国际贸易与国内贸易的不同点

1. 国际贸易经营环境更多变

首先,由于是与异国商人进行贸易,语言和文化的差异就成为贸易往来中的第一道屏障。虽然在当今国际贸易中通行英语,但依然有一些国家不使用英语进行贸易,而且地方语言也不尽相同。

其次,不同的文化、风俗及宗教信仰等也对各国商人的价值观和行为习惯产生重大影响,进而影响其谈判和贸易行为,给国际贸易的顺利进行带来困难。

国家之间贸易的障碍一般也较国内贸易多,如各种关税措施和非关税措施日益繁杂,已成为阻挡贸易顺利进行的壁垒。

再次,市场调查、交易谈判、贸易纠纷等在国内贸易中都是不易处理的事情,在国际贸易的范围内就更加难以应对和处理了,这些都会增加国际贸易操作过程的难度。

例如,由于各国国情不同,文化差异的存在,对包装上文字使用也有不同的规定:希腊商业部规定,凡进口到希腊的外国商品包装上的字样,除法定例外者,均要以希腊文书写清楚。否则将追诉处罚代理商、进口商或制造商。包装上书写项目包括:代理商或公司名称,进口商或制造商全名(如两家以上也要逐一写明),上述商号公司营业地址与城市名称,制造国家名称,货品的内容和种类,货品净重量或液体货品毛重量。加拿大政府规定,进口商品包装上必须同时使用英、法2种文字。

出口产品的标志、图案也有禁忌:阿拉伯国家规定进口商品的包装,禁止用六角星图案,因为六角星与以色列国旗上的图案相似。信奉伊斯兰教的国家,商品包装上禁用猪或类似猪的图案,如熊、熊猫等。英国商标上忌用人像作商品包装图案。巴西禁用绛紫色作商品图案,因为紫色用于葬礼。法国人忌核桃,忌用黑桃图案,商标上忌用菊花,视孔雀为恶鸟,忌讳仙鹤、乌龟,不宜用作商标。瑞士人忌讳猫头鹰。此外,国际上视三角形为警告性标志,所以忌用三角形做出口产品的商标。

2. 国际贸易的经营业务更复杂

首先,各国的货币与度量衡繁杂且差别很大;

其次,国际贸易货款的清偿涉及外币,而各国的汇率制度及外汇管理制度的不同会导致国际汇兑相当复杂;

再次,国际贸易的环节众多,涉及备货、租船订舱、远洋运输、保险、商检、报关等,需要做到每一个环节不出差错才能保证贸易的顺利;

最后,各国海关制度及贸易法规的不同也使国际贸易的环境变得更加复杂。

案例 1-1-1

2014年12月18日,上海海关与浦东新区政府签署合作备忘录,推出23条改革措施,建议支持促进浦东对接自贸区、进一步扩大开放,也是在推进自贸区海关监管服务创新制度的复制推广,探索非特殊监管区海关监管制度创新。

此次集中推出的23条改革措施主要聚焦创新配套海关政策措施和监管服务,提高通关效率,降低通关成本,营造便利的投资和贸易环境。

上海海关将在浦东公共型保税仓库开展“先出后报”试点,在确保有效监管的前提下,改传统的“一票一报”为“多票一报”,允许企业货物分批次进出,在规定期限内集中办理海关报关手续,降低成本;支持浦东率先开展出口跨境电子商务业务,为跨境货物的订购、集运、报关、查验、放行、交付离境提供海关监管与服务。

值得一提的是,在扩大保税展示和保税交易试点范围上,将借鉴自贸区商品“临港直销店”及“外高桥森蓝地块前店后库”的成功经验,推动在迪士尼乐园、上海五角世贸商城等浦东中部地区开展保税展示和保税交易,允许进口货物以保税状态进入保税仓库开展保税展示和交易,推动浦东成为自贸区商品直销中心、国际商品出口采购中心和自贸区保税仓储分拨中心。

上海海关方面表示,为促进自贸区制度向浦东地区“辐射”,将主动适应自贸区外商投资管理体制改革和服务业扩大开放的要求,根据自贸区《负面清单》修订和自贸区产业发展的实际情况,积极提供配套海关政策措施和监管服务,支持自贸区内注册企业开展区外运作。

2014年以来,自贸区海关监管服务创新改革已先后出台23项措施,并于2014年8月18日和9月16日分两批在上海启动17项海关监管服务创新制度的复制推广工作。目前,浦东新区已启动其中14项,涉及企业约490家。

资料来源:文汇报,2014年12月19日,有删改。

3. 国际贸易的经营风险更多样

相对国内贸易而言,由于国际贸易的环境复杂,涉及面广,贸易的参与者也更多,因此国际贸易的风险更大，主要包括信用风险、价格风险、汇兑风险、运输风险以及政治风险等。

4. 对从事国际贸易的人才素质要求更高

要想较好地从事国际贸易工作，相对国内贸易而言，则需要具备更高的素质和更强的能力。一个优秀的外贸工作者起码应该具备远大的眼光、良好的信誉、雄厚的资金、熟练的外语、过硬的心理素质、灵通的商业情报、完备的组织机构以及各种专业理论和知识。

三、国际贸易的地位与作用

(一) 从世界范围来看，国际贸易能够促进世界经济的发展

1. 国际贸易可以促进生产要素在各国之间流动，可以提高要素使用效率

在当今世界上，劳动力、技术、资本、土地等生产要素在各个国家并不是平衡分布的。通过国际贸易，这些国家就可以利用本国拥有的富余的生产要素交换到国内短缺的生产要素，从而能够使整个世界的生产要素的使用效率、生产规模与效益都能得到提高。

2. 国际贸易能促进国际分工的深化，优化资源配置效率

在国际贸易中，各国一般会利用比较优势进行国际分工。通过分工，扩大优势商品的生产，缩小甚至取消劣势商品的生产，并出口优势产品，进口劣势产品。这样做能够提高生产效率，优化世界资源的配置效率，即消耗等量的劳动能够创造更多的物质财富。

3. 国际贸易能促进科学技术的传播和利用，提高世界整体生产力水平

商品与服务在国家间的贸易必然会带动科学技术在国家间的传播。技术先进的国家可以利用自己的先进技术不断研发新产品来抢占国际市场，技术落后的国家也可以通过国际贸易获得先进的科学技术和生产力，以发挥“后发优势”，缩小差距。国际贸易无疑会加快科学技术在世界范围的传播和利用，从而提高世界的整体生产力水平。

4. 国际贸易能加强各国之间的经济联系，促进世界经济增长

目前，世界各国广泛开展国际贸易活动，不仅有生产力发展水平较高的工业发达国家，而且也有生产力发展水平较低的广大发展中国家。各个国家通过国际贸易纷纷相互联系起来，经济合作与互补得到加强，从而有力地促进世界总体的生产力发展，促进世界经济增长。

(二) 从国家层面看，国际贸易能增强国家的综合实力

1. 国际贸易能调节国内市场的供求关系

各个国家由于受生产要素分布状况和科技水平等因素的影响，生产能力和市场供求状况存在着一定程度的差异，因此有些国家的部分产品供不应求，而另一些国家的这些产品供过于求。通过国际贸易不仅可以增加国内短缺产品的市场供给量，满足消费者的需求，还可以为各国国内市场的过剩产品提供新的出路，在一定程度上缓解了市场供求的矛盾。

2. 国际贸易有利于一国产业结构的优化

这是因为，第一，可以通过国际贸易利用国际市场，在这个更大的空间内调节余缺，保证各个产业的协调平衡发展；第二，一个国家大力发展某种优势商品的出口，会产生产业关联效应，带动其上游和下游产业的发展；第三，在国际竞争的压力下，一国必然不断用新技术改造其具有比较优势的产业，并大力发展具有潜在优势的产业，而落后的、不合理的产业必然被淘汰，促使一国的产业结构向高级化演进。

3. 国际贸易能带动国民经济的发展

国际贸易对国民经济发展的带动作用可以具体从以下几个方面解释：

(1) 贸易顺差的扩大可为国民经济发展增加资金积累;(2) 对外贸易能扩大商品销售市场和原料来源;(3) 对外贸易与吸引外国投资可以引进外国先进技术和设备,提高劳动生产率;(4) 对外贸易可以带动出口部门及其相关产业的发展,并对其他经济部门产生前连锁和后连锁效应;(5) 对外贸易的发展能够增加就业机会。

4. 国际贸易是一国参与经济全球化的重要途径

20世纪90年代以来,经济全球化加速发展,通过分工、贸易、投资、跨国公司和要素流动等形式,使世界各国市场相互融合,经济联系更加紧密。各国只有积极参与经济全球化,才能更好地分享国际分工与世界经济发展的利益,而对外贸易正是一国积极参与经济全球化的有效途径。

5. 国际贸易是维护国际地位,改善国际形象的有效手段

对外贸易一直是世界各国对外政治活动的重要内容,世界各国也都通过推行各自的贸易政策来维护本国的经济利益。除此之外,世界各国都注意通过对外贸易对其他国家施加政治影响。因此,对外贸易是执行经济外交的重要基础。经济外交和贸易外交既能维护本国的国际地位,更可以为本国带来良好的国际环境,有助于国际形象的展示。

(三) 从企业层面看,国际贸易能提高企业的经营效益

1. 对外贸易能使企业获得高额利润率

首先,对外贸易能使企业从国外获得廉价的原料、燃料、辅助材料、机器、设备等,降低了生产的成本;其次,通过出口劳动生产率高于世界平均水平的产品,能够得到额外利润;同时,企业还能够通过资本输出的方式绕过进口国设置的贸易壁垒,在国外当地生产、当地销售,扩大市场,降低成本,增加利润。

2. 对外贸易能提高企业的生产效率

国际贸易的高额利润始终刺激着企业要提高生产率,因为在国际市场上,价格始终在竞争中起着重要作用。为了在竞争中取胜,企业必须提高劳动生产率来降低成本。同时,对外贸易的开展与深入,对外经贸交流的加大也为企业提高生产率提供了重要的途径,如二战后,日本工业企业在工业生产率的增长中,有1/3来自从欧美国家引进的先进技术。

3. 对外贸易能使企业取得规模经济效益

规模经济是指随着生产能力的扩大及生产批量的提高,产品的成本逐渐降低,效益或报酬递增的情形。生产规模与市场规模是相互决定的。一个企业要扩大生产规模,就必须扩大市场规模。由于各国国内市场都是相对狭小的,参与国际贸易,将本企业的产品推向国际市场,是扩大市场规模的一个重要步骤和途径。对外贸易也就为企业进一步扩大生产规模以获得更多的规模报酬创造了条件。

4. 对外贸易有利于企业调整产品周期

美国经济学家雷蒙德·弗农等人认为,产品生命周期大致可以分为创新期、成熟期和标准化时期三个阶段。同一产品不同阶段的生产特点是不同的,对各种要素的需要也是不同的。企业可以通过国际贸易,使同一产品在其每一个不同的生命周期阶段上,发挥出其相应的优势。因此,企业参与国际贸易就有利于顺应产品生命周期的变动,以持续地发挥自身在某些产品上的比较优势。

(四) 从个人层面看,国际贸易能提高国民的生活水平

1. 对外贸易能增加国民收入,提高其福利水平

国际贸易既能使劳动者买到最为廉价的消费品和最适宜于他们劳动技能的设备和技术,

也可以使劳动者从国内需求的束缚中解放出来，提高技能和收入，减少贫困。尤其是出口导向型的经济发展模式，能充分利用出口国的比较优势，在国际市场竞争中获得有利地位，占领国际市场。对发展中国家而言，劳动密集型产品出口的增长，将为国内提供更多的就业机会，增加国民收入，间接提高国民福利。

2. 对外贸易能丰富商品种类，满足国民多样化的需求偏好

通过开展进口贸易，可以进口国内短缺而又迫切需要的商品，或者进口比国内商品价格更低廉、质量更优秀、式样更新颖、特色更突出的商品，来使国内消费者拥有更多的消费选择，获得更多的经济福利。

3. 对外贸易能提高国民素质，有利于实现自身价值

国际贸易有利于那些掌握经济知识的人才进行跨国流动，实现自己的价值。通过国际服务贸易，到国外留学进修，可以提高本身素质，吸收他国的先进技术和管理经验。再回国内工作，把学得的技能和知识带回国内，成为先进技术和知识的传播者，带动整体国民素质的提高。另外，作为服务贸易重要方面的旅游，不仅可以使人们对不同文化背景、不同价值观念的地区进行考察和了解，而且可以增进世界各国人们之间的交流与合作，感受世界自然和文化的多样性，陶冶身心，拓展视野。

任务实施

通过本节内容的学习，小杨认识到国际贸易就是国际间货物和服务的交换，具有经营环境多变、业务复杂、风险多样、对从业人员素质要求高的特点；了解到国际贸易可以起到促进世界经济发展、增强国家综合实力、提高企业效益以及国民生活水平的作用。

任务二　熟悉国际贸易的基本概念与分类

工作任务

要想深入理解什么是国际贸易这一问题，不仅要理解国际贸易，还要了解与国际贸易有关的基本概念，以及国际贸易常见的类型。

知识与技能支撑

一、国际贸易的基本概念

（一）国际贸易(International Trade)与对外贸易(Foreign Trade)

可以说，国际贸易与对外贸易是同一事物的两种不同称法。从国际的角度来看，两个国家发生的贸易即为国际贸易，而从贸易国双方的角度看，就可以称之为对外贸易。

(二) 对外贸易额(Value of Foreign Trade)与对外贸易量(Quantum of Foreign Trade)

1. 对外贸易额又可称为对外贸易值,是指在一定时期内(通常为一年)一个国家或地区进出口商品的价值或金额。一般以本国货币或国际通用货币来表示,是反映一国对外贸易规模的重要指标。对于一国而言,一定时期内从国外进口商品的价值总额即为进口总额,向国外出口商品的价值总额即为出口总额,两者相加即为一国的对外贸易总额。

案例 1-2-1

2015 年 1 月 13 日中国海关总署发布的外贸数据显示,2014 年中国出口 2.34 万亿美元,同比增长 6.1%;进口 1.96 万亿美元,同比增长 0.4%。

由此可以得知:2014 年中国对外贸易额=出口贸易额+进口贸易额=4.30 万亿美元。

2. 对外贸易量是指以一定时期的不变价格为标准来计算的对外贸易额,即剔除价格变动因素之后计算的贸易额。

在最初的时候,其原意是用进出口商品的数量、长度、面积、重量、体积等计量单位来表示进出口商品的多少和变化的实际情况。但是,世界各个国家的进出口商品种类可以说成千上万,计量单位也各有不同,无法用统一的计量单位来表示世界各国在一定时期的实际贸易额。然而,以货币金额来表示的对外贸易额由于经常受到价格变动因素的影响,也不能准确地反映一国对外贸易的实际规模。于是人们想出了一个折中的办法,即以某年的价格为不变价格,计算出各年的进出口商品价格指数,用各年的进出口贸易值除以该年的进出口商品价格指数,就得到以不变价格计算的贸易额,就可以把价格因素造成的贸易额变化剔除掉,以进一步衡量实际进出口商品量的变化情况。

对外贸易额和对外贸易量的换算公式:

对外贸易量=对外贸易额/对外贸易价格指数

对外贸易价格指数=(报告期价格/基期价格)*100

案例 1-2-2

我国 2012 年的进出口总额为 3.8 万亿美元,其中出口 2.0 万亿美元,进口为 1.8 万亿美元。2013 年的进出口总额为 4.1 万亿美元,其中出口 2.2 万亿美元,进口 1.9 亿美元。若以 2012 年为基期,可知 2013 年的进、出口价格指数分别为 107.2%和 107.8%,请计算我国 2013 年的对外贸易量。

解答:2013 年的出口贸易量=2.2/107.8%=2.04 万亿美元

2013 年的进口贸易量=1.9/107.2%=1.77 万亿美元

2013 年的对外贸易量=2.04+1.77=3.81 万亿美元

资料来源:《2014 中国统计年鉴》。

(三) 贸易差额(Balance of Trade)

贸易差额是指一国在一定时期内出口总值与进口总值之间的差额。当出口总值与进口总值相等时,即为贸易平衡。若一定时期内,出口总值大于进口总值则为贸易顺差(Favorable

Balance of Trade)，也称之为出超(Excess of Export over Import)；出口总值小于进口总值则为贸易逆差(Unfavorable Balance of Trade)，也称之为入超(Excess of Import over Export)。通常贸易顺差以正数表示，贸易逆差以负数表示。

案例 1-2-3

2014 年德国的贸易顺差已接近 2 200 亿欧元(约合人民币 1.56 万亿元)，创历史新高，位居全球首位，同时标志着德国与其他欧盟国家贸易顺差差距的进一步扩大。2014 年德国的贸易顺差较前一年增加了 300 亿欧元(约合人民币 2 129.22 亿元)，这主要得益于海外市场对德国商品需求量的增加以及油价的下跌。此外，中国的贸易顺差仅次于德国排名全球第二，总额为 1 500 亿美元(约合人民币 9 384.9 亿元)；排在第三位的是石油出口大国沙特，总额为 1 000 亿美元(约合人民币 6 256.6 亿元)。

有研究表明：美国和英国等国家经济形势的好转使得德国商品的出口贸易额明显增加，而去年年底国际油价的大幅下跌又使石油进口变得便宜许多。2014 年德国的贸易顺差占到国内生产总值的 7.5%。

然而，高额的贸易顺差却屡次使德国遭受批评。欧盟委员会认为，维持经济稳定的标准是贸易顺差在国内生产总值中的比例不高于 6%，而显然德国一直在超越这个界限。除欧盟外，美国也多次指出，德国的高额贸易顺差威胁到了国际金融秩序的稳定。

问题：对于一国而言贸易顺差好不好?

资料来源：据德国《明镜》周刊 2015 年 2 月 2 日报道整理。

(四) 对外贸易依存度(Degree of Dependence upon Foreign Trade)

对外贸易依存度又被称为对外贸易系数，以一国对外贸易额在该国国民生产总值(GDP)或国内生产总值(GNP)中的比重来表示，用以反映该国经济发展对对外贸易的依赖程度、对外开放程度的高低以及对外贸易在国民经济中的地位。一般而言，一国的外贸依存度越高，表明该国经济发展对国际贸易的依赖程度越大，而且对外开放程度越高的国家其外贸依存度也一般较高。

对外贸易依存度通常可以有三种表示方法，分别为对外贸易依存度、出口贸易依存度和进口贸易依存度。其计算公式分别如下：

1. 对外贸易依存度＝对外贸易额/GDP×100%
2. 出口依存度＝出口贸易额/GDP×100%
3. 进口依存度＝进口贸易额/GDP×100%

表 1－1　2004—2013 年中国对外贸易依存度

年份	进出口总额(亿人民币)	国内生产总值(亿人民币)	对外贸易依存度%
2004	95 539.1	159 878.3	59.76
2005	116 921.8	184 937.4	63.22
2006	140 971.4	216 314.4	65.17
2007	166 740.2	265 810.3	63.73

（续表）

年份	进出口总额(亿人民币)	国内生产总值(亿人民币)	对外贸易依存度%
2008	179 921.5	314 054.4	57.29
2009	150 648.1	340 506.9	44.24
2010	201 255.9	397 983.0	50.57
2011	236 340.0	471 564.0	50.10
2012	244 160.2	519 470.1	47.00
2013	258 168.9	568 845.2	45.38

知识链接 1-2-1

是什么决定了一国对外贸易依存度？

首先是经济规模，也即一国 GDP 的大小。一般而言，在开放经济条件下，小国的贸易依存度大于大国，其主要原因是小国本身的资源和市场都有限，经济发展在很大程度上必须依靠进出口。相比之下，大国由于本身资源丰富、国内市场广阔等因素，对外部经济依赖程度不大，外贸依存度相对较低。

其次是国民收入的构成。处于经济初级发展阶段的国家，由于农业比重较大、制成品比重不高、出口竞争力不强等原因，一般外贸依存度较低。另一方面，发达国家中可贸易程度较小的第三产业(服务业)占有较高比重，因此它们的外贸依存度通常也不高。相比之下，处于经济发展中期阶段的国家由于第二产业比重高，产品在国际上具有一定的竞争力，所以外贸依存度较高。从美国、日本等发达国家的经济发展史可以观察到，它们的外贸依存度经历了由低到高、再由高到低的变化。

第三是经济发展战略以及由此导致的对外开放程度也是影响外贸依存度的重要因素。采取出口导向发展战略的国家，如亚洲四小龙，常常通过低估本币汇率、采取出口奖励等政策手段压低出口部门的生产成本，使国内资源更多地流向对外部门，同时这些国家又受本身市场、资源等限制，为保证出口增长还需要进口原材料等上游产品，因此这些国家外贸依存度会更高一些。与此相反，采取内向型发展战略的国家外贸依存度一般较低。

第四是汇率水平的影响。汇率水平对外贸依存度的影响分为直接影响和间接影响两种。直接影响是，由于汇率水平影响到国内外价格比，所以它对外贸依存度的分子、分母都产生影响。例如，当一国本币被低估时，以外币衡量的 GDP 会被低估，这样计算出来的外贸依存度就较高，反之则反是。间接影响是，汇率往往是一国外贸政策的工具，如实行出口导向的国家选择采取汇率低估政策，那么会促使对外部门在经济中比重的提高，从而导致外贸依存度发生相应的变化。

二、国际贸易的基本类型

依据不同的分类标准，国际贸易可以被划分为若干类型。

（一）按照国际贸易中商品流向的不同进行分类

按照国际贸易中商品流向的不同，可以将国际贸易分为出口贸易(Export Trade)、进口贸易(Import Trade)与过境贸易(Transit Trade)三种类型。

出口贸易是指将本国生产和加工的货物输出到国外市场销售。不属于外销的货物则不能作为出口贸易,如运出境外供驻外领馆使用的物品和旅客个人携带的自用物品不列入出口贸易统计。

进口贸易是指将外国生产和加工的货物输入本国市场销售。同样,不属于内销的货物不能作为进口贸易,如外国使馆运进供自用的货物、旅客带入供自用的货物均不列入进口贸易。

从国外输入的货物未经加工又出口的情况称为复出口(Re-export Trade),如转口贸易。反之,从本国输出的货物未经加工又输入本国的情况称为复进口(Re-import Trade),如出口退货、未售出的寄售货物退回等。

案例 1-2-4

中国出口的真实规模一直受到出口复进口因素的干扰。

中国社会科学院世界经济与政治研究所在一份研究报告中指出,2012—2013 年中国出口规模被明显夸大,从而使得今年相应时期的出口贸易增速被低估。

比如 2013 年出口复进口的规模已达 1 573 亿美元,占同期中国总出口的 7.1%。这部分货物没有销往他国,并不是真正意义上的出口,应该予以扣除。

从统计结果看,过去 20 年间出口复进口规模在不断扩大,且增长速度在大多数年份高于总出口的增长水平。2012 年修正后的出口复进口为 986 亿美元,2013 年则增加到 1 089 亿美元,增速为 10.4%,高于同期出口增长水平 2.6 个百分点。

故经计算得出,这两年剔除复进口后的出口分别为 19 515 亿美元和 21 018 亿美元,增速分别为 7.5%和 7.7%。虽然较没有调整的出口增速均有下降,但调整前后总出口的增长趋势没有发生改变。扣除虚增部分后的中国真实出口在 2012 和 2013 年的增速只有 3.3%和 3.9%,预计贸易增速未来将步入温和增长期。

资料来源:新浪网财经频道,2014 年 5 月 3 日,有删改。

过境贸易是指甲、乙两国在进行货物贸易时必须经过丙国国境运输,此时对丙国而言就是过境贸易。例如,有些内陆国家同非邻国之间进行的贸易,其货物运输必须通过第三国的国境。在这种情况下,货物所有权不属于丙国,丙国也没有参加交易。不过,如果这类贸易是通过航空运输越过第三国的话,第三国海关不会将其列入过境贸易。

(二) 按照贸易标的物的不同进行分类

按照贸易标的的不同,可将国际贸易分为有形贸易(Visible Trade)与无形贸易(Invisible Trade)。

有形贸易又称货物贸易,其交易标的为具体的、有形的实物商品,这些商品具有可触摸的、可看见的、外在的物理特性。海关对进出口贸易的监管和征税措施即针对这类贸易。

无形贸易包括服务贸易和技术贸易,指没有实物形态的技术和服务的进出口交易,如运输、保险、旅游、租赁、技术等交换活动。随着生产力的发展和国际贸易范围的扩大,无形贸易在整个经济中的比重不断提高。

由于有形贸易的进口和出口都要办理海关通关手续,有形贸易金额都显示在一国的海关统计中。而无形贸易不经过海关办理手续,其金额无法反映在海关统计上。但这两种贸易额都是一国国际收支的重要组成部分，都会显示在该国的国际收支表上。

(三) 按照一国进出口贸易统计口径的不同进行分类

按照一国进出口贸易统计口径的不同，可将国际贸易分为总贸易体系（General Trade System）与专门贸易体系（Special Trade System）。

总贸易体系也称一般贸易体系，是以国境为标准统计进出口货物的。凡进入本国国境的货物一律列为总进口，凡离开本国国境的货物一律列为总出口。专门贸易体系亦称特殊贸易体系，是以关境为标准统计进出口货物的，即以货物经过海关办理结关手续作为统计进出口的标准。

总贸易体系与专门贸易体系都是贸易各国用来登记进出口货物的统计方法，以表明一国在世界贸易中的地位和作用，但二者所侧重反映的问题却有所不同。前者主要反映一国在国际商品流通中的地位和所起的作用，后者主要反映一国作为生产者和消费者在国际贸易中具有的意义。

目前来说，采用总贸易体系的国家主要有中国、美国、加拿大、澳大利亚、日本、英国等国家。采用专门贸易体系的国家主要有德国、法国、瑞士、意大利等国家。

(四) 按照生产国和消费国在贸易中的关系进行分类

按照生产国和消费国在贸易中的关系，国际贸易可以分为直接贸易（Direct Trade）、间接贸易（Indirect Trade）与转口贸易（Intermediary Trade/Re-Export Trade）。

直接贸易是指货物生产国与货物消费国直接交易的贸易行为。间接贸易是指货物生产国与消费国通过第三国进行交易的贸易行为。间接贸易主要是对生产国和消费国而言的；对第三国而言则可以被称为转口贸易，即商品生产国将商品售给第三国的商人，然后第三国的商人再将商品转售给商品消费国。

虽然都涉及第三国，但是转口贸易与过境贸易还是有所不同的，过境贸易与转口贸易的主要区别在于第三国是否直接参与商品的交易过程以及第三国是否以盈利为目的。当第三国以盈利为目的参与交易的时候就是转口贸易，若第三国没有参与交易就是过境贸易。此外，转口贸易的货物可以直接运输，即从生产国直接运往消费国，也可以间接运输，即经过转口国运往消费国；而过境贸易一定是要间接运输的。

(五) 按照贸易方式的不同进行分类

按照贸易方式的不同，可将国际贸易分为一般贸易（General Trade）、加工贸易（Processing Trade）。

一般贸易是指单纯或绝大部分使用本国资源和材料进行生产与出口的贸易方式。

加工贸易是指从境外保税进口全部或部分原辅材料、零部件、元器件、包装物料等进口料件，经境内企业加工或装配后，制成品复出口的经营活动，包括来料加工和进料加工。

来料加工和进料加工都属于“两头在外，中间在内”的加工贸易，但也有明显的区别：

(1) 料件和成品的所有权不同。

(2) 外商与我方企业所处的地位不同。前者是委托与被委托关系，后者是买卖关系。

(3) 二者的贸易性质不同。前者属于加工贸易性质，后者属于一般贸易性质。

(4) 产品的销售方式不同。在来料加工中，加工装配后的成品由外商负责对外销售，销售状况好坏与我方毫无关系；而在进料加工中，我方不仅要负责加工过程，还要负责产品的对外销售，即整个过程中我方要自筹资金、自寻销路、自担风险、自负盈亏。

案例 1-2-5

据海关统计,2015 年 1～2 月,全国进出口 3.79 万亿元,同比(下同)下降 2%。其中,出口 2.26 万亿元,增长 15.3%;进口 1.53 万亿元,下降 19.9%;顺差 7 374 亿元,增长 11.6 倍。按美元计,全国进出口 6 182 亿美元,下降 2.3%。其中,出口 3 694 亿美元,增长 15%;进口2 488 亿美元,下降 20.2%;顺差 1 207 亿美元,增长 11.8 倍。

沈丹阳介绍,前两个月外贸运行还有以下特点:一般贸易好于整体。前两个月,一般贸易进出口 21 473 亿元,下降 0.8%,其中出口增长 26.9%,拉动全国出口增长 13.6 个百分点。加工贸易进出口 11 583 亿元,下降 4.3%,其中出口和进口分别下降 2.3%和 7.7%。其他贸易进出口 4 825 亿元,下降 1.7%。

资料来源:人民网,2015 年 3 月 17 日,有删改。

问题:对于现阶段中国而言,究竟应该大力发展一般贸易还是加工贸易?

任务实施

通过本节内容的学习,小杨理解了对外贸易额、对外贸易量、贸易差额和贸易依存度等与国际贸易有关的基本概念。同时,也掌握了不同分类标准的划分下国际贸易的不同类型:国际贸易按商品流向分类,可分为进口贸易、出口贸易和过境贸易;按贸易标的物划分,可分为有形贸易和无形贸易;按统计口径分类,可分为总贸易体系和专门贸易体系;按生产国和消费国在贸易中的关系分类,可以分为直接贸易、间接贸易和转口贸易;按贸易方式分类,可分为一般贸易和加工贸易。

任务三　了解国际贸易的产生与发展

工作任务

要想全面了解国际贸易,利用国际贸易基本知识预测一国乃至世界经济以及政策走势,必须知道国际贸易是怎么产生的,它是如何演化的以及它的发展趋势。

知识与技能支撑

一、国际贸易产生的历史条件

国际贸易并不是人类社会一产生就有的,而是人类社会生产力发展到一定阶段才产生和发展起来的,是一个历史的范畴。国际贸易的产生必须具备两个基本条件,一是要有可供交换的剩余产品,二是存在国家或各自为政的社会实体。

在原始社会初期，生产力水平极低，劳动成果仅能维持群体最基本的生存需要，所以就不可能有用以交换的剩余产品，自然也就不存在国际贸易。国际贸易产生的两个基本条件是伴随着人类社会三次大分工而出现的。无论是畜牧业与农业的分离，手工业与农业的分离，还是商业的出现，每次社会大分工都促进了社会生产力的发展和剩余产品的增加，同时也促进了私有制的发展和奴隶制的形成。于是在原始社会末期和奴隶社会初期，随着阶级和国家的出现，商品交换超出了国界，便产生了国际贸易的萌芽。

二、前资本主义社会的国际贸易

（一）奴隶社会的国际贸易

在奴隶社会出现了国际贸易的萌芽，奴隶社会是奴隶主占有生产资料和奴隶的社会，自给自足的自然经济占主导地位，虽然出现了手工业和商品生产，但进入流通的商品数量很少。同时，由于交通工具简陋，道路条件恶劣，对外贸易的范围、规模和内容都受到很大限制。

奴隶社会的对外贸易是为奴隶主阶级服务的，其贸易的对象主要是奴隶、粮食、酒以及专供奴隶主阶级享用的奢侈品，如宝石、香料和各种织物等。从事国际贸易的国家主要有腓尼基、希腊、罗马等，他们在地中海东部和黑海沿岸地区从事贩运贸易。

（二）封建社会的国际贸易

封建社会的国际贸易比奴隶社会时期有了较大的发展。

首先，参加国际贸易的商品种类有所丰富。除了奢侈品以外，还有日用手工业品和食品，如棉织品、地毯、瓷器、谷物和酒等。这些商品主要供国王、君主、教堂、封建地主和部分富裕的城市居民享用。

其次，贸易的地理范围有所扩大。亚洲各国的贸易由近海扩展到远洋。如中国在西汉时期，开辟了从长安经中亚通往西亚和欧洲的陆路商路——丝绸之路，用中国的丝绸、茶叶换回良马、种子、药材和饰品等。到了唐朝，开辟了通往波斯湾的“海上丝绸之路”以及与朝鲜和日本等地的海上贸易。明朝的郑和下西洋，经东南亚、印度洋到达非洲东海岸，先后到达了30多个国家并与之开展贸易。在欧洲，11世纪以后，随着意大利北部和波罗的海沿岸城市的兴起，国际贸易的范围由地中海东部逐步扩展到整个地中海以及北海、波罗的海和黑海的沿岸地区。当时，南欧的贸易中心是意大利的一些城市，如威尼斯、热那亚等，北欧的贸易中心是汉萨同盟的一些城市，如汉堡等。

三、资本主义时期的国际贸易

（一）15世纪末—16世纪初的地理大发现推动了国际贸易发展

1492年，意大利人哥伦布率领的西班牙船队发现了美洲新大陆；1497年达·伽马率领的葡萄牙船队绕过好望角，打通了欧洲通往印度的新航路；1519—1522年，麦哲伦率领的西班牙船队环球航行成功。15世纪末至16世纪初，随着欧洲人航行探险而出现一系列地理大发现，开辟了连接世界各地的新航路，扩大了国际贸易的范围，将世界各国联系了起来，真正意义上的国际贸易由此发展开来。

大批欧洲冒险家对其发现的“新大陆”进行掠夺性贸易，这一时期国际贸易的发展既加速了资本原始积累，为资本主义生产方式的产生提供了足够的劳动力、资本和市场，同时又大大促进了国际贸易的发展。随着贸易范围的扩大和贸易量的增加，国际贸易的商品种类和数量迅速增加，也产生了一批新型商业机构。

（二）18世纪后半叶开始的第一次产业革命推动了国际贸易的发展

18世纪后半叶，从英国开始的第一次产业革命推动了国际贸易的发展，同时国际贸易成为资本主义经济的重要组成部分。

蒸汽机、织布机、冶金新技术等的发明和应用使工场手工业发展到机器大工业，大大提高了社会生产力，使可供交换的商品种类和数量空前丰富，这些丰富的商品很快便使国内市场饱和；同时交通运输和通信联络的发展，缩短了各国的距离，也推动了国际贸易的发展，从原先局部的、地区性的交易活动转变为全球性的国际贸易。

（三）19世纪70年代开始的第二次产业革命进一步推动了国际贸易的发展

第二次产业革命进一步推动了国际贸易的发展，同时国际贸易成为垄断组织追求高额垄断利润的手段。

19世纪70年代开始的第二次产业革命，主要发生在德国和美国。石油勘探和开采技术、发电技术、照明技术、电信技术、各种化学产品的发明和生产使这些资本主义强国的经济进一步增强，资本主义进入垄断阶段。为追求高额垄断利润，他们积极向世界市场扩张，争夺商品销售市场、原料产地和投资场所。加上苏伊士运河（1869年）、巴拿马运河（1913年）的建成，电缆的出现，极大地推动了国际贸易的发展，国际贸易也成为垄断组织追求高额垄断利润的手段。

工业革命之后，国际贸易出现了前所未有的大发展。此前从18世纪初到19世纪初的100年间，世界贸易总额增长了1倍多，而19世纪的前70年，世纪贸易总额就增长了6.7倍，年均增长率高达9%以上。

四、二战后的国际贸易

（一）主要背景

1. 战后出现的第三次科技革命和20世纪90年代的信息产业革命

二战后，以美国为先导出现了以原子能、电子、合成材料、航天技术和生物技术为代表的新的技术革命，产生了一系列新的产业，包括原子能产业、半导体工业、石油工业、化学工业、电子工业、宇航工业、生物工业等。这些新产业的发展带来了大量新的工业品，使国际贸易的产品更加丰富，制成品越来越成为国际贸易的主要产品。

20世纪90年代以后，以互联网为代表的现代信息技术革命进一步推动了这场规模大、范围广、影响深的技术革命，它不仅创造了一个新的产业，还为现代贸易提供了新的信息交流和交易方式。

2. 战后国际经济秩序的重建

特别是1995年世界贸易组织的成立，为国际贸易的发展提供了一个相对稳定、公正和自由的环境。

1995—2004年，世界经济总量增加了40%，而国际贸易增长了76.7%。国际贸易的增长远远高于世界经济的增长，且在各国的经济发展中占据着越来越重要的地位。

（二）战后国际贸易发展的三个阶段

二战以后，世界进入一个较长的和平时期，在各种因素的共同推动下，国际贸易进入了飞速增长时期。由于世界经济与政治格局的变化，二战后国际贸易的发展大致经历了三个阶段。

1. 第一阶段:国际贸易迅速发展阶段

第一阶段是从第二次世界大战结束到1973年,是国际贸易迅速发展的"黄金时代"。

首先,1947年6月5日美国国务卿马歇尔提出了"欧洲复兴计划"(又称马歇尔计划),该计划于1948年开始实施,先后拨款114亿美元,其中2/3由西欧国家用来偿付美国货物的进口,这客观上对缓解美元荒、推动国际贸易的发展起到了重要的作用。其次,为了促进贸易的自由化发展,关税与贸易总协定于1948年1月1日生效。在关贸总协定的推动下,各国的贸易障碍和壁垒大幅减少,为国际贸易的发展创造了宽松自由的环境。再次,战后出现的以原子能、电子、合成材料、生物技术、航天技术为代表的新技术革命使一些新产业得以出现,这些新兴产业的出现不仅使贸易的产品更加丰富,而且还使国际分工更加深化,促进了产业内贸易的发展。

2. 第二阶段:国际贸易缓慢发展甚至停滞阶段

第二阶段是从1974年经济危机到80年代初期的经济危机,国际贸易发生急剧变化,陷入停滞和混乱。在这段世界经济的动荡时期,两次石油危机引发了西方国家的经济危机,新贸易保护主义抬头,非关税措施的种类和使用却大大增加,破坏了战后相对稳定的自由贸易环境。进入20世纪70年代,随着西欧和日本经济的恢复和发展,美国的贸易和经济地位相对衰落,西方国家之间矛盾加剧。美国的贸易逆差和国际收支失衡动摇了美元的地位,国际贸易和金融秩序陷入一片混乱,各种主要货币先后自由浮动,"布雷顿森林体系"瓦解。

3. 第三阶段:国际贸易深入发展阶段

第三阶段从20世纪80年代中期至今,国际贸易进入进一步发展的时期。一方面,乌拉圭回合多边谈判建立起了更加全面和完善的协调国际经贸关系的法律规范体系,涵盖了农产品贸易、服务贸易、知识产权、与贸易有关的直接投资等问题,再加上1995年世界贸易组织的成立,大大推动了贸易自由化的进程,并为国际贸易创造了一个相对稳定、公正和自由的环境。另一方面,90年代以互联网为代表的信息技术革命不仅促进了技术的发展,而且还推动了产业结构的调整和服务贸易的发展。

五、当代国际贸易的发展态势

(一) 发达国家一直是国际贸易的主体

从1950年到2010年的数据看,在世界货物出口贸易中,发达国家的比重位于60～72%之间,发展中国家在18.9～36.8%之间。在世界服务出口贸易中,发达国家的比重更是高达75%左右。在国际服务贸易中,发达国家也占绝对多的比重。2010年,发达国家在世界服务出口贸易中的比重已达到75%,高于他们在世界货物出口贸易中的比重。

(二) 区域性经济合作组织迅速发展

近年来,经济全球化与区域经济一体化已成为世界经济发展的重要趋势。区域化和全球化相互补充、相互促进。特别是,由于WTO新一轮多边谈判的步履维艰,全球范围内区域经济合作发展的速度大大加快,各地区相继建立或正筹划建立各种形式的经济一体化组织。截至目前,向WTO正式通报的经济一体化组织已超过300个,涉及WTO 97%的成员。其中,欧盟在2004年和2007年两次吸收新的成员国,目前已成为全球最大、拥有27个成员国的经济一体化组织。中国与东南亚国家联盟也于2010年1月1日正式启动中国—东盟自由贸易区。

(三)跨国公司成为国际贸易的重要角色

当前,跨国公司在全球的生产、贸易和投资中均居于主要地位。跨国公司所生产和销售的产品与服务约占世界GDP的1/3,跨国公司内部以及它们之间所进行的贸易约占世界贸易额的70%,跨国公司对外直接投资占世界对外直接投资的90%左右。世界科技研究和开发以及科技成果转让的绝大部分也是跨国公司进行的。有些跨国公司是真正的巨人,它们的年销售额都是以千亿美元计,甚至超过了一些国家的国民收入。

当前,跨国投资已成为国际贸易的加速器,不仅带动东道国的对外贸易量,也使跨国公司内部贸易量急剧增长。跨国公司作为国际贸易主体的特征日益突出。

(四)世界贸易体制加强,贸易自由化成为贸易政策的主流

第二次世界大战以后,为了促进世界经济的恢复与重建,1947年建立了关税与贸易总协定,成为世界贸易体制的组织和法律基础。通过关税与贸易总协定主持下的多边贸易谈判,关税不断下调,非关税壁垒受到约束,推动了其各缔约方的贸易自由化。经济全球化的发展,要求世界贸易体制得到加强,1995年建立的WTO取代了1947年的关税与贸易总协定。WTO管理的贸易协定与协议,从货物延伸到投资、服务贸易和知识产权等领域,使世界贸易体制更加巩固和完善,使贸易自由化向纵深发展。

(五)中国贸易地位崛起

1978年实施改革开放以后,中国的对外贸易进入了快速发展时期,在世界出口贸易额中的比重,从1980年的0.9%上升到2000年的3.9%;同期,在国际贸易中的名次从第26位提高到第7位。2001年中国加入WTO之后,对外贸易高速发展,在世界货物出口贸易中的比重从2001年的4.3%上升到2009年的10%,跃居世界第一出口大国。

(六)国际贸易商品结构向高科技、服务业发展

在世界货物出口贸易中,工业制成品贸易所占比重不断攀升,当前已达到75%以上,其中高新技术产品在制成品出口中的比重已达到20%,且该比重不断提高。国际服务贸易在整个国际贸易中的比重也已由1985年的16.1%上升到现在的20%左右。

案例1-3-1

世界新一轮工业革命正悄然兴起。

美国正在凭借页岩气技术突破改写世界能源供求版图,信息技术进步将人类带入大数据时代,新的智能制造和自动化生产,如3D打印和机器人技术等将改变传统工业生产模式,大大提高劳动生产率。新能源、新材料、节能环保技术的运用,数字化、网络化、智能化、服务化生产的推广等,将极大地影响到投资和消费,形成新的商业模式,推动全球产业升级。

在此背景下,中国开放型经济面临巨大调整和转变。“十二五”前三年,货物贸易年均增长速度进一步回落至8%以下,而服务贸易年均增速仍达到13.4%的较高水平。外商在中国直接投资已经由成本驱动转为市场驱动。2013年,外商投资企业出口占全国比重已经由“十五”末的58.3%降至47.3%,服务业实际利用外资金额占比首次过半,达到52.3%,而制造业实际利用外资占比降至38.7%。对外投资快速增长,“十五”以来,中国对外非金融直接投资年均增长28.4%。2013年内地对外非金融类直接投资总额901.7亿美元,比上年增长16.8%。

资料来源:凤凰网财经频道,2014年9月3日,有删改。

（七）跨境电商蓬勃发展

20 世纪 90 年代，随着信息技术的发展，计算机、互联网等高科技手段在国际贸易中广泛应用，出现了电子商务这种新型的贸易手段，无纸贸易和网上贸易发展迅速。跨境电子商务是指分属不同关境的交易主体，通过电子商务平台达成交易、进行支付结算，并通过跨境物流送达商品、完成交易的一种国际商业活动。跨境电子商务作为推动经济一体化、贸易全球化的技术基础，具有非常重要的战略意义。跨境电子商务不仅冲破了国家间的障碍，使国际贸易走向无国界贸易，同时它也正在引起世界经济贸易的巨大变革。对企业来说，跨境电子商务构建的开放、多维、立体的多边经贸合作模式，极大地拓宽了进入国际市场的路径，大大促进了多边资源的优化配置与企业间的互利共赢；对于消费者来说，跨境电子商务使他们非常容易地获取其他国家的信息并买到物美价廉的商品。

我国跨境电子商务主要分为企业对企业（即 B2B）和企业对消费者（即 B2C）的贸易模式。B2B 模式下，企业运用电子商务以广告和信息发布为主，成交和通关流程基本在线下完成，本质上仍属传统贸易，已纳入海关一般贸易统计。B2C 模式下，我国企业直接面对国外消费者，以销售个人消费品为主，物流方面主要采用航空小包、邮寄、快递等方式，其报关主体是邮政或快递公司，目前大多未纳入海关登记。

案例 1-3-2

跨境电商不仅具备部分压缩中间环节、便利消费者、化解产能过剩、为中小企业提供发展之道等传统优势，还具有重塑国际产业链、促进外贸发展方式转变的能力。正因如此，越来越多的中小型外贸企业、创业者把眼光投向了跨境贸易电子商务的进出口业务。2014 年上半年，中国电子商务研究中心监测数据显示，我国跨境电子商务交易总额在 3 万亿元左右，其中跨境零售约 3 000 亿元。毫无疑问，跨境电商正在逐渐代替传统外贸，将是未来“全球买卖”的主要营销手段。

2015 年 4 月 1 日的国务院常务会议上传来利好消息：发展电子商务等新兴服务业，是“互联网＋”行动的重要内容。要推动电子商务与贸易流通、工业生产、金融服务等相关领域联动发展，创新和拓展面向“三农”的服务，推进网络购物、网络化制造和经营管理、跨境电子商务等新业态成长。电子商务对于促进传统产业与新兴产业融合，激励创业扩大就业，拉动消费，改善民生具有重要意义。尤其在跨境电商方面，近期利好政策接连出现：杭州成为首个跨境电商综合试验区，福建、广东将在自贸区建设跨境电商物流园。

资料来源：中国日报网，2015 年 4 月 2 日，有删改。

任务实施

通过本节内容学习，小杨了解到必须同时具备存在剩余产品和国家两个要素国际贸易才能产生。在奴隶社会和封建社会，国际贸易只集中在少数国家少数产品，贸易利益往往只有贵族可以享受到；在资本主义时期，由于地理大发现和科技革命的影响，贸易地理范围以及产品品种、数量都大幅增长。二战之后，资本主义世界爆发了经济危机，国际贸易保护主义色彩浓重。直至当代，国际贸易出现了一系列新特点，包括贸易组织地位日益提高、自由贸易成为主流趋势、中国的贸易地位崛起。展望未来,国际贸易商品结构将向高科技与服务业发展,跨境电商和网商贸易也是未来的发展趋势。

任务四 项目实训

◇ 不定项选择

1. 一个国家的进出口贸易收支状况用(　　)来表示。

A. 有形贸易　　B. 对外贸易额　　C. 贸易差额　　D. 无形贸易

2. 国际贸易是指世界各国(地区)之间的(　　)。

A. 汽车与农产品的交换　　B. 货物的交换

C. 服务的交换　　D. 货物和服务的交换

3. 从一国的对外贸易的角度来说,(　　)是指一国对外贸易额的地区分布和国别分布的基本状况。

A. 对外贸易的商品结构　　B. 对外贸易条件

C. 对外贸易的地理方向　　D. 对外贸易差额

4. 本国的商品先输往国外,在未经加工的情况下又输入国内被称为(　　)。

A. 复出口　　B. 过境贸易　　C. 转口贸易　　D. 复进口

5. 下列表述正确的是(　　)。

A. 无形贸易显示在海关统计上,不显示在国际收支表上

B. 有形贸易不显示在海关统计上,显示在国际收支表上

C. 无形贸易显示在海关统计上,显示在国际收支表上

D. 有形贸易显示在海关统计上,显示在国际收支表上

6. 商品生产国与消费国通过第三国进行的贸易叫做(　　)。

A. 直接贸易　　B. 间接贸易　　C. 转运贸易　　D. 过境贸易

7. 国境与关境的关系是(　　)。

A. 大于　　B. 等于　　C. 小于　　D. 大于、等于和小于

8. 国际贸易与国内贸易的相同点是(　　)。

A. 都是商品和劳务的交换　　B. 经营的目的都是取得经济效益

C. 交换过程基本相同　　D. 商品都是从生产者向消费者转移

◇ 判断

1. 对外贸易产生于封建社会末期。(　　)

2. 国际贸易值是以货币表示的,而国际贸易量是以数量表示的。(　　)

3. 转口贸易可以是直接运送,也可以是间接运送。(　　)

4. 服务贸易不显示在海关统计上,但它是国际收支的组成部分。(　　)

5. 生产力的发展和社会分工的扩大是对外贸易产生和发展的基础。(　　)

6. 一国的贸易顺差表明该国处于有利的贸易地位。因此,贸易顺差越多越好。(　　)

项目实操

◆ 项目实训操作

【项目背景】 中国电商巨头 Alibaba Group Holding Ltd.（NYSE:BABA）(阿里巴巴集团)旗下网站售假问题持续受到各方关注。2015 年 3 月，曾多年将阿里巴巴旗下网站 Taobao.com(淘宝网)列入“恶名市场”名单的 U.S. Trade Representative's Office(美国贸易代表办公室)称正在对该中国电商巨头进行监控，并表示担忧阿里巴巴的售假问题。美国贸易代表办公室在报告中指出，在中国国家版权局 2014 年的“剑网行动”中，被查处公布的多起案件犯罪嫌疑人都通过 Taobao.com(淘宝网)出售盗版图书、影音作品。美国贸易代表办公室还在报告中称，阿里巴巴和中国工商总局的矛盾加深了该机构的担忧。

【任务】 试问美国贸易代表办公室为何要关注中国的电商巨头售假。

项目二　熟悉国际贸易理论与政策

【知识目标】

- 了解国际贸易政策的类型及其制定和实施的原理
- 明确国际贸易政策的发展趋势
- 掌握自由贸易理论
- 掌握保护贸易理论

【能力目标】

- 能够深入理解对外贸易政策的含义与目的
- 能够准确把握对外贸易政策的制定与执行
- 能够准确运用所学理论解释常见的国际贸易现象

【项目背景】

2014 年下半年最重要的贸易新闻也许就是我国和澳大利亚签署了自由贸易协定意向书了。根据双方的协议,95%的出口中国的产品最终将免关税。澳洲对华出口的包括铝土矿、炼焦煤、动力煤等能源和资源产品将在两年内免除关税。同时,双方将中国企业赴澳大利亚投资的审查门槛金额从 2.48 亿澳元提升至 10.8 亿澳元,还将在悉尼建立人民币清算银行。得到这一消息后,公司领导决定让还处于实习期的小杨系统整理一下我国对外贸易政策的发展历程,并形成报告。小杨要想完成报告,必须弄清楚什么是对外贸易政策?我国的贸易政策经历了什么样的发展路径?在当时为什么选择这种贸易政策?

任务一　了解对外贸易政策

工作任务

一个国家的对外贸易政策对其对外贸易活动有着重要影响,对其贸易伙伴及其他贸易活动都将产生关联性影响。要了解一个国家的对外贸易政策,必须首先知道对外贸易政策由哪些部分构成?为什么制定对外贸易政策?对外贸易政策有哪些常见类型?小杨需要掌握对外贸易的构成、作用和类型。

知识与技能支撑

一、对外贸易政策的构成和作用

对外贸易政策就是指一国政府对进出口贸易活动进行管理的方针与原则。主要包含以下五个方面的要素：贸易政策主体、贸易政策客体、贸易政策内容、贸易政策手段和贸易政策目标。贸易政策主体是贸易政策的制定者和实施者，通常是该地区或该国政府；贸易政策客体是贸易政策规划、指导和调整的贸易活动及相关的机构、企业或个人；贸易政策内容是贸易政策的性质、倾向、结构和种类；贸易政策手段是为了实现贸易政策目标采取的措施；贸易政策目标则是贸易政策所要达到的目的。其实质是为一个国家利益服务的，对外贸易政策是一国经济政策的重要组成部分，也是一国对外政策的重要内容。

案例 2-1-1

商务部出招：扩大进口将是2015年外贸政策着力点。

2015年2月中国进出口增速出现强烈反差，出口同比大增48.3%，而进口则下降20.5%，贸易顺差达到600多亿美元。

对此，商务部新闻发言人沈丹阳在例行新闻发布会上表示，中国政府不仅不刻意追求贸易顺差。相反，过去几年我们一直想方设法来促进进口的增长，但出口增长更快，所以我们的贸易顺差还是很大。

扩大进口仍将是2015年中国外贸政策的主要着力点之一。2014年10月，国务院办公厅出台《关于加强进口的若干意见》，提出要加快实施积极的进口促进战略，要鼓励扩大先进技术设备和关键零部件进口，稳定国内需要的资源进口，合理增加一般消费品进口，满足国内生产生活需求，促进国内经济转型升级和结构调整。

“这些是今年扩大进口，维持贸易平衡的主要努力方向和措施，我们今年要进一步加大力度予以落实。”沈丹阳说。

(一) 对外贸易政策的构成

1. 对外贸易总政策

对外贸易总政策是指一国依据国际经济政治的基本状况和发展趋势，结合本国产业结构、经济发展水平、资源状况以及在世界经济贸易中所处地位，从有利本国国民经济发展出发，制定的较长时期的原则、策略和方针。

案例 2-1-2

我国在改革开放以前，实行的是在国家管制之下的内向型的保护贸易政策；改革开放以后到加入WTO之前的这段时间里，实行的是开放型的、适度的保护贸易政策；在加入WTO之后，我国实行的是遵守国际贸易规则的自由贸易政策。

2. 对外贸易具体政策

对外贸易具体政策是在一国的对外贸易总政策的指导下制定的涉外贸易某一特定内容的具体政策,如:国际服务贸易政策、进出口商品政策等。这些政策比较灵活,时刻不断地跟随国际经济形势及本国国情而不断完善和调整。

案例 2-1-3

美国国际贸易委员会表示,从中国大陆和中国台湾进口的晶体硅光伏产品对美国产业造成了实质损害,由于美国商务部此前已经仲裁认定两地向美国出口的该产品存在倾销和补贴行为,美国国际贸易委员会当天的裁定,意味着美国商务部将正式要求海关对此类产品征收双反的关税。根据美国商务部去年 12 月终裁确定的幅度,美国将对中国大陆厂商征收 26.71% 到 165.04% 的反倾销税,和 27.64% 到 49.79% 的反补贴税。

资料来源:央广网,2015 年 1 月 29 日,有删改。

(二) 对外贸易政策的作用

对外贸易政策对国际贸易的影响,主要通过对外贸易体制及贸易政策的区域化,对世界贸易的秩序、规模和方向产生直接的影响。其目的在于:

1. 保护本国市场。
2. 扩大本国对外开放的范围与规模,增加出口贸易。
3. 在维护国家主权和利益的前提下,协调同各国的经贸关系。
4. 调整本国产业结构,促进经济发展。

二、对外贸易政策的主要类型

1. 自由贸易政策(Free Trade Policy)

自由贸易政策的主要内容是:国家取消对进出口商品和服务贸易等的限制和障碍,取消对本国进出口商品和服务贸易等的各种特权和优待,使商品自由进出口,服务贸易自由经营,在国内外市场上自由竞争。

2. 保护贸易政策(Protective Trade Policy)

保护贸易政策的主要内容是:国家广泛利用各种限制进口和控制经营领域与范围的措施,保护本国产品和服务在本国市场上免受外国商品和服务的竞争,并对本国出口商品和服务给予优待和补贴。

一国实施自由贸易政策时,并不意味着完全的自由。事实上许多发达国家在标榜自由贸易的同时,往往对某些产业实施着不同方式的保护。同样,实施保护贸易政策也非完全闭关自守,不对外发展贸易,只是对某些领域保护度高一些,将外部竞争限制在本国经济实力能承受的范围之内。

三、对外贸易政策的历史演变

(一) 资本主义生产方式准备时期的对外贸易政策

16 世纪至 18 世纪中期,被称为资本主义生产方式的准备时期。在此时期,西欧各国普遍实施重商主义的保护贸易政策,通过限制货币(贵金属)的输出和扩大贸易顺差的办法积累财富。在这一时期主要采取了以下措施：

1. 限制从国外进口的制成品

当时的西欧各国纷纷实施极高的关税，限制从国外进口商品，尤其是奢侈品的进口。

案例 2-1-4

法国于 1667 年规定，把从荷兰、英国进口的花边和呢绒等装饰品的税率提高一倍，英国政府于 1692 年规定，对从法国进口的所有商品征收 25%的从价税。

2. 鼓励出口本国的制成品

政府通过出口退税或减免税收来鼓励和支持本国制成品的出口活动。

3. 鼓励从国外进口原材料，限制出口本国的原材料

重商主义政策下实施的是通过高额关税来限制原材料的出口或禁止出口，同时为鼓励进口外国原材料而减免关税。其政策目的是促进本国手工业的发展和制成品的出口。

4. 推行殖民扩张和垄断外贸政策

自 16 世纪上半期开始，西欧各国普遍都通过残酷的战争，将美洲、亚洲和非洲先后纳入自己的殖民地势力范围来积累原始资本。欧洲各国还通过多种多样的手段对殖民地的贸易实施了垄断。

案例 2-1-5

英国东印度公司、荷兰东印度公司就是当时欧洲各国王室或经政府批准设立的对殖民地贸易的私人公司。葡萄牙、西班牙和英国都曾经规定，与殖民地贸易或对外贸易只能使用王室或本国船只，禁止使用国外船舶进行对外贸易。

5. 促进本国产业的发展

西欧各国都制定了发展本国产业的政策以保证贸易顺差的实现。在法国路易十四在位时期，重商主义政策的实施达到顶点(1661—1715 年)。当时的法国政府创办了百余家“王家手工工场”，并且通过大量补贴或免除捐税等措施来鼓励其发展。

重商主义指导下的对外贸易政策在促进资本主义商品货币关系的发展，加速资本的原始积累，推动封建主义向资本主义制度进行过渡的历史阶段中，起到了积极作用。然而，在进入资本主义自由竞争阶段之后，它就成了资本主义经济进一步发展的一道障碍。

(二) 资本主义自由竞争时期的对外贸易政策

1. 以英国为代表的自由贸易政策崛起

18 至 19 世纪后期，资本主义进入了自由竞争时期。资本主义的生产方式在社会中占据统治地位，世界经济进入了商品和资本国际化的阶段。在这个时期里，对外贸易政策的基调是自由贸易，在当时，英国和荷兰都是主张实行自由贸易政策的国家。自由贸易政策在当时也极大地促进了这些国家工业和对外贸易的发展。

英国当时的自由贸易政策主要包括：

(1) 减少应税商品和降低关税税率

(2) 取消了特权经营

(3) 废除《谷物法》和《航海条例》

2. 美国和德国的保护贸易政策

在这一时期的美国和德国实施的贸易政策与英国正好相反，他们基本上实施的都是保护贸易政策，探究其原因可以发现，这些国家工业起步较晚，无法与英国工业产品进行竞争。因此，为了保护国内尚且不成熟的优质产业而采取了保护贸易政策以促进本国工业发展。

案例 2-1-6

美国 1789 年制定了第一个《关税税则》，该税则平均税率为 8.5%，此后税率不断提高。到了 1816 年，其平均税率已经提升为 20%，其中棉织品税率则高达 25%。正是这一时期的保护贸易政策促进了这些国家工业的迅速成长。

(三) 资本主义垄断时期的对外贸易政策

在资本主义垄断时期的前期，也就是 19 世纪 90 年代到第二次世界大战前这段时间，垄断资本实力不断加强，资本输出占统治地位。1929—1939 年资本主义经济大危机，使市场问题急剧恶化，在此背景下出现了超保护贸易政策。这一时期的贸易保护政策也与以往有着明显的不同，带有显著的侵略性与扩张性，即我们通常所说的超贸易保护政策或战略性贸易保护政策。

超保护贸易政策可以说是一种侵略性的保护贸易政策，它不是被动的防御性的保护本国幼稚产业，而是着力保护国内高度发达和出现衰落的垄断工业；它保护的是垄断资产阶级而非一般的工业资产阶级；它主动出击对国外市场进行攻城拔寨；它运用各种手段奖出限入。

(四) 从二战结束至 20 世纪 80 年代的对外贸易政策

1. 二战后至 20 世纪 70 年代的贸易自由化

第二次世界大战后，随着生产国际化和资本国家化的进程，开始出现了世界范围的贸易自由化。这一状况的出现是在战后资本主义经济迅速增长的基础上发展起来的，是一场范围更广的贸易自由化运动，而不像以往仅仅局限于欧洲范围。在此期间，美国成为战后贸易自由化的积极倡导者与推动者。这一时期的贸易自由化，主要是通过各种国际性经贸组织在世界范围内推行的。

2. 20 世纪 70 年代至 80 年代的新贸易保护主义

1974 年，世界性经济危机爆发，市场的局限性问题日益突出，开始出现新贸易保护主义政策。

新贸易保护主义政策有以下几个主要特点：

第一，被保护的商品种类在不断增加，已经由传统产品和农产品转向了高级工业品与服务。

第二，贸易保护措施展现多样化趋势。例如，按照有效保护税率设置阶梯关税，征收“反补贴税”和“反倾销税”，以及不断增高的各种非关税壁垒。

第三，从贸易保护制度转向更系统化的管理贸易制度。管理贸易政策的主要内容是：国家对内制定各种对外经济贸易法规和贸易政策。这种政策的主要内容是：国家对内制定各种对外经济贸易法规和条例，加强对本国进出口贸易有秩序的发展管理；对外通过协商，签订各种对外经济贸易协定，以协调和发展缔约国之间的经济贸易关系。

第四，保护程度不断提高。

(五) 从20世纪80年代至今自由贸易政策为主流

20世纪80年代以后，转型国家的对外贸易政策从封闭式的保护贸易政策转向开放型的自由贸易政策。

20世纪90年代以后，随着世界经济的向好，经济全球化不断深化。在世界贸易组织的建议下，贸易自由化在原有的基础之上得到进一步发展。特别是1995年，WTO成立之后，自由贸易政策成为全球各国贸易政策的主流。

但是2008年全球金融危机以后，保护贸易政策重新抬头，给自由贸易的发展蒙上了一层阴影。

任务实施

通过本节内容的学习，小杨了解到对外贸易政策是由对外贸易总政策和具体政策构成，起着保护本国市场、增加出口、协调各国经贸关系、促进经济发展的重要作用。对外贸易政策的类型主要有自由贸易政策和保护贸易政策两种。

任务二　理解自由贸易政策与理论

工作任务

通过查询资料可以知道，我国现阶段的贸易政策主要属于自由贸易政策，那么什么是自由贸易政策？我国现阶段为何选择自由贸易政策？现阶段的自由贸易政策有什么新特点？小杨需要了解自由贸易政策的理论依据，了解自由贸易政策的新发展。

知识与技能支撑

一、自由贸易政策的兴起与胜利

(一) 英国自由贸易政策的兴起

1. 兴起的背景

英国的产业革命开始于18世纪中叶，在当时，英国的“世界工厂”地位逐步确立并得到巩固，其竞争力大大提高。在这种历史环境下，重商主义的强制性贸易保护政策就阻碍了英国资产阶级对外扩张，更阻碍了英国经济的发展。新兴的英国工业资产阶级要实行垂直性的国际分工以扩大自身利益。

2. 兴起的原因

(1) 在当时,英国的工业资产阶级要求从国外获得廉价的劳动力和原材料,从而进一步提高利润空间,因而反对各种各样的限制进口的保护贸易政策。

(2) 英国是最早开始进行产业革命的国家,该国的工业产品可以说物美价廉,在当时具有极强的国际竞争能力,在此前提之下有利于实施自由贸易政策。

(二) 英国自由贸易政策取得的胜利

1.《谷物法》的废除

1838 年,英国棉纺业资产阶级组成了反《谷物法》联盟,并且在全国开展了声势浩大的反《谷物法》运动,最终迫使国会于 1846 年通过了废除《谷物法》的议案。

知识链接 2-2-1

什么是《谷物法》?

《谷物法》(Corn Laws,也被称为"玉米法案")指的是英国 1672 年制订的限制谷物进口的法律,并且在 1815 年通过了新的谷物法来进一步提高对农业的保护力度。该法案规定国产谷物平均价达到或超过某种限度的时候方可进行进口。其设立目的就是为了维护土地贵族的利益。

2. 应税商品逐步减少,税率逐渐降低

英国在 1825 年开始着手简化税法和降低税率。单从税率方面来看,当时制成品进口税的平均税率在 30%左右,原料的进口税率为 20%左右,对出口的关税则大部分都废止了。从纳税项目来看,1841 年英国进口纳税的商品项目共有 1163 种,到了 1853 年减少到 466 种,直至 1862 年更是进一步减少到仅有 44 种,1882 年则再次减少至 22 种,在此期间大部分的原料进口都给予了免税待遇。并且,国家所征关税全部为财政关税,税率大大降低。而禁止出口的法令则被完全废除。

3. 废除航海法

当初制定《航海条例》的目的是限制国外航运业的竞争,进而垄断殖民地航运。在英国的航运业逐步强大且在世界上占有了绝对优势后,1842 年英国与其他国家签订的贸易条款中,开始废除原有的《航海条例》。到 1854 年,殖民地贸易的航运开始全面开放。至此,重商主义时代所制定的航海法被全部废除。

4. 取消特权公司

1813 至 1814 年,英国东印度公司对印度和中国贸易的垄断权分别被政府废止,从此对印度和中国的贸易经营权开始被下放给所有英国人。

5. 改变对殖民地的贸易政策

(1) 对殖民地的贸易政策开始采取逐步放开的态度。

(2) 对关税税法进行了改革,取消了殖民地的特惠税率,并且允许殖民地与外国签订贸易条款。

6. 与外国签订自由贸易条约

1860 年英法签订了"科伯登"条约,该条约规定:英国对法国葡萄酒和烧酒的进口税予以降低,并承诺不再禁止对法国煤炭的进口;法国则保证对从英国进口的一些制成品征收不超过

30%的从价关税。

二、自由贸易政策的理论依据

(一) 绝对优势理论

斯密认为:(1) 分工能提高劳动生产效率,可以增加社会财富。(2) 绝对优势会导致国际分工的产生,而绝对优势来源于一国的自然禀赋或后天的有利条件。(3) 国家间绝对成本差异存在的原因,一是由于自然禀赋不同,即一国在气候、土壤、矿产资源及地理环境等自然条件方面的优势,即自然优势;另一方面则是由于各国人民通过后天的教育、培训或实践而获得的经验、知识和特殊的工艺技能,即获得性优势。如果一国在某种或某些产品上拥有其中一种绝对优势,那么其劳动生产率就会比别国高,生产成本自然就比别国低。

根据上面的分析,可以知道绝对优势理论的基本思想可以表述为:国际贸易是基于各国之间的自然优势或获得性优势的绝对差别而产生的,各国的绝对优势差别的存在,以及由此所导致的劳动生产率和生产成本的差异,是国际分工和国际贸易产生的原因。

在这种思想的指导下,斯密认为一国之所以要进口别国的商品,其根本是因为该国在该产品的自然禀赋或者是后天优势上处于劣势,自己生产的成本太高,还不如从别国购买来得便宜;而一国之所以能向别国出口某种商品,则是因为该国在这种产品的生产方面拥有绝对优势,可以使本国利用同样的资源或优势生产出比别国更多的产品。因此,各国应该专门生产并出口其具有"绝对优势"的产品,而进口其处于"绝对劣势"的产品,其结果将比各种产品都自己生产更有利。同时,专业化的分工所形成的合理的国际分工体系可以提高世界总产出水平,增加整个世界的财富。正是由于这一理论,斯密主张实行自由贸易。

(二) 比较优势理论

斯密的绝对优势理论只能解释在生产上各具绝对优势的国家之间的贸易现象,却不能解释所有产品都处于绝对优势的发达国家和所有产品都处于绝对劣势的经济不发达国家之间的贸易现象。英国的经济学家大卫·李嘉图在斯密的理论基础上,进一步提出了比较优势理论(Comparative advantage theory)(又被称为比较成本学说),完善并发展了绝对优势理论。

李嘉图在继承斯密的分工论和自由贸易观点的基础上,又对其理论作出了进一步发展。李嘉图提出,若两国均能生产两种商品,其中一国在两种商品的生产成本上均处于绝对优势的地位,但优势的程度不同,而另一国在两种商品的生产成本上均处于绝对劣势的地位,但劣势的程度也不同。在此情况下,处于绝对劣势的国家应专业化生产并出口其绝对劣势较小的商品(也就是具有比较优势的产品),同时进口其绝对劣势较大的商品(也就是具有比较劣势的商品);同样,对于在两个商品上都拥有绝对优势的国家而言,也不必生产全部商品,只需选择其绝对优势较大的商品进行专业化生产并出口,而进口绝对优势较小的商品。这样,贸易各国通过完全专业化生产并出口其有比较优势的产品,可使贸易双方均获利。即应按"两优择其重,两劣取其轻"的比较优势原则进行分工贸易。

知识链接 2-2-2

大卫·李嘉图与英国的《谷物法》

大卫·李嘉图(David Ricardo,1772—1823年)是英国古典政治经济学的代表人物之一。李嘉图所处的时代是英国工业革命迅速发展,资本主义不断上升的时代。当时英国社会的主要矛盾是工业资产阶级同地主贵族阶级之间的矛盾，这一矛盾由于工业革命的不断发展而达到了异常尖锐的程度。在经济方面，两个阶级之间的斗争主要表现在《谷物法》的存废问题上。《谷物法》是维护地主贵族阶级利益的法令，它限制了英国对谷物的进口，使国内粮价和地租长期保持在很高的水平上，这个法令对英国的工业资产阶级非常不利。于是，英国工业资产阶级和地主贵族阶级围绕《谷物法》的存废问题展开了激烈的斗争。大卫·李嘉图在这场斗争中是站在工业资产阶级一边的，他继承和发扬了亚当·斯密的理论，并提出了以自由贸易为前提的比较优势理论。李嘉图认为，英国在谷物和工业制成品生产上都有一定优势。但相比较而言，英国在工业的生产上所占的优势更大，所以英国应扩大工业品生产并增加出口，通过贸易换取国外成本更为低廉的粮食，这样的做法对英国更为有利，而《谷物法》则恰恰违背了这一点。虽然《谷物法》给广大农场主带来了好处，但英国的工业生产因此所遭受的损失更为重大，因此，从整体来看，新《谷物法》给英国带来的是净损失。直到 1846 年，《谷物法》被废除才宣告了自由贸易理论的胜利。李嘉图在他的主要代表作《政治经济学及赋税原理》(1817 年)中，阐述了比较优势理论。

(三) 要素禀赋理论

斯密和李嘉图都从各国劳动生产率差异这一角度解释了国际贸易发生的原因。但是，如果各国之间的劳动生产率相同，各国还能从贸易中获利吗？产生比较优势差异的原因又是什么呢？这个问题，在 20 世纪 30 年代，由 1977 年的诺贝尔经济学奖获得者，瑞典经济学家贝蒂·俄林(Bertil Gotthard Ohlin，1899—1979)所提出的“要素禀赋论(Factor endowment theory)”中得到了解释。由于俄林在其理论中引用了其导师赫克歇尔的研究成果，因此该理论又被称为赫克歇尔-俄林理论，简称 H－O 模型。

俄林认为，同种商品在不同国家的相对价格差异是引起国际贸易的直接原因，而价格的差异则是由各国生产要素禀赋不同，从而引起要素相对价格的不同所决定的，所以要素禀赋不同才是国际贸易产生的根本原因。

(1) 国与国之间的商品相对价格差异是国际贸易产生的主要原因。在没有运输费用、关税以及其他交易费用的假设前提下，从价格较低的国家输出商品到价格较高的国家无疑是有利可图的。

(2) 国家之间的生产要素的相对价格差异决定了商品相对价格的差异。在各国生产技术相同、生产函数相同的假设条件下，各国投入同样数量的生产要素可生产同等数量的某种商品。由于要素相对价格的差异及生产成本的不同，决定了各国商品在相对价格上存在差异。

(3) 国家间的要素相对供给不同决定要素相对价格的差异。俄林认为，在要素的供求决定要素价格的关系中，要素供给是主要的。在各国要素需求一定的情况下，各国要素供给的比例不同，对要素相对价格产生不同的影响。具体来说就是：供给相对较充裕的要素的价格相对较低，而供给相对较稀缺的要素的价格相对较高。因此，国家间要素相对价格差异是由要素相对供给或供给比例不同决定的。

正是由于俄林也认为从价格较低的国家输出商品到价格较高的国家无疑是有利可图的，所以要素禀赋理论也是支持自由贸易的。

三、二战后自由贸易政策的新发展

从 50 年代至 70 年代初，发达资本主义国家的外贸政策中出现贸易自由化倾向。

（一）贸易自由化的主要表现

贸易自由化(Liberalization of Trade)，是指战后发达资本主义国家一度采取的某些逐步放宽和取消限制进口以促进自由贸易发展为宗旨的措施。主要体现在两个方面：

1. 大幅度削减关税

(1) 在关贸总协定成员国范围内大幅度削减关税。1947年至70年代末，关贸总协定进行了七次多边贸易谈判。各缔约国的平均进口最惠国税率已从50%左右下降至5%左右。

(2) 欧洲经济共同体实行关税同盟。对内实行零关税，对外统一关税，并通过谈判达成关税减让协议，大幅降低关税。欧共体国家签订优惠贸易协议与欧洲自由贸易联盟诸国、非洲、加勒比海和太平洋地区的发展中国家(简称非加太国家)，以及地中海沿岸国家，阿拉伯国家和东南亚国家联盟等削减双边贸易关税，如与非加太国家签订的《洛美协定》。

(3) 普惠制的实施。发达国家对发展中国家和地区的产品，尤其对制成品和半制成品的进口，实施普遍的、非歧视性和非互惠的关税优惠。

2. 降低或撤销非关税壁垒

战后初期，发达资本主义国家对众多商品进口实施极其严格的进口管制措施，以限制商品进口。随着经济的恢复和发展，这些国家都不同程度上放宽了进口门槛，扩大了进口自由化，增加了自由进口的商品；放宽或取消了外汇管制，实行货币自由兑换，促进了贸易自由化的发展。

（二）贸易自由化的主要特点

“二战”后贸易自由化具有以下特点。第一，贸易自由化通过多边贸易协定的签订来完成。关贸总协定推进了这一进程，发达国家关税水平大幅降低。第二，历史上的自由贸易代表的是工业资本主义上升阶段的利益与需求，战后则反映的是垄断资本利益。第三，贸易自由化是有保留的、有选择的自由化，表现为发达资本主义国家之间的贸易自由化远超发展中国家之间的贸易自由化。区域贸易集团内部的贸易自由化超越了集团外部。不同商品的贸易自由化程度也不相同，工业品贸易自由化程度超越了农业品，机器设备贸易自由化程度超越了消费品。第四，在实行贸易自由化的同时保护贸易的措施同样存在。

案例 2-2-1

国际贸易市场最近传来了好消息：在信息技术协议(ITA)中，中美已经同意放宽关税；在贸易促进协议(TFA)中，美国和印度也找到了打破当前僵局的方法。再加上国际服务贸易协定(TISA)的稳步推进，尽管WTO第九届部长级会议的结果并不令人满意，但是WTO在此之后已经做出了可观的贡献。如果三个协议都成功签署，全球总收入预计会增加2万亿美元。

ITA关税放宽

停滞两年后，ITA在2014年11月10日发生了重要的突破。ITA在1996年由29国签署第一份协议之后，全球高科技产品贸易额增长至原来的3倍，达到4万亿美元。目前这个协议覆盖了80多个国家和全球97%的IT产品贸易。信息时代要求更多的产品和国家参与ITA。

在未来5年之内，关税会慢慢放宽(个别情况则是7年)。美国贸易代表(USTR)预计这会减少涉及1万亿美元贸易的关税并刺激全球GDP增长1千9亿美元，让美国增加6万就业岗位。

推进 TFA

2014 年 11 月 12 日，在 ITA 取得成果的两天之后，美国与印度就 TFA 达成了双边妥协。这会减少贸易中出现的腐败、官僚主义和交易成本，物流速度也会大大加快。

为多边协定提供可能

TFA 和 ITA 的成功会为解决其他问题打开大门，例如服务、投资和环境商品。很早之前，我们就认为最有希望的解决方案是多边协定。协定针对签署国而非所有的成员国。原则上，其他的成员国家之后也可以加入。但是首先要解决的技术问题是：未来的协定是基于条件还是无条件最惠国条例？目前，与 TISA 设计相似的条件性最惠国条例是最有可能的。

资料来源：PIIE 官网（美智库彼得森国际经济研究所），2015 年 1 月 5 日，有删改。

任务实施

通过本节课程的学习，小杨了解到自由贸易政策的理论依据主要有绝对优势理论、比较优势理论和要素禀赋理论。在二战之后，自由贸易政策出现了大幅削减关税、降低和撤销非关税壁垒的新趋势，是有保留、有选择，突出反映垄断资本利益，由多变贸易协定的签订来完成的。

任务三　理解保护贸易政策与理论

工作任务

通过查询资料可以知道，20 世纪 50—70 年代我国曾经采取过保护贸易政策，那么什么是保护贸易政策？我国当时为何选择保护贸易政策？世界各国现阶段的保护贸易政策有什么新特点？小杨需要理解保护贸易政策的理论依据，了解保护贸易政策的新发展。

知识与技能支撑

一、自由竞争时期的贸易保护政策与保护幼稚工业论

美国第一任财政部长汉密尔顿（A. Hamilton，1757—1840）是美国保护主义的鼻祖。他注意到当时的美国刚摆脱英国殖民统治，因为受殖民统治的影响，尤其是受到战乱的破坏，工业落后、经济凋零，所以在与英国的贸易中仍保留着出口农林初级产品、进口本国所需工业制成品的格局。在这种情况下，美国市场迫切需要的不是“自由”而是“保护”。

德国在当时还是一个四分五裂而又落后的农业国家。在拿破仑战争之后，许多小邦国仍保持着中古时代的封建制度，全境共有 38 个小邦国，每个小邦国都有自己独立的外交、经济，并且拥有自己的政府和货币，各小邦国之间税率差异较大。直到 1834 年，各小邦国才建立统一的关税同盟，1848 年各邦国才完成了政治统一。此时，英国已经完成了由工场手工业向机器大工业的过渡，法国工业也有了长足发展，他们以极其低廉的产品冲击着德国市场，德国经

济面临巨大压力。因此,摆脱他国自由竞争的威胁、促进德国大工业的发展,成为德国资产阶级的迫切要求。

(一) 保护幼稚工业的政策实践

19 世纪,当英国高唱自由贸易赞歌时,美国与德国先后实行保护幼稚工业的对外贸易政策(protectionism Trade Policy)。

美国第一任财政部长汉密尔顿在 1791 年 12 月提出的《制造业报告》(Report on Manufacture)中认为,为使美国经济自立,应当保护美国的幼稚工业,其方式是:提高进口商品关税。

1864 年美国修改了关税法而且大幅提高了关税税率,平均税率从 1860 年的 20%提高至 1864 年的 47%,此后还在继续提高,使美国成为当时世界上关税税率最高的国家。

德国在 19 世纪 70 年代以后为了避免新兴工业遭受国外工业竞争,新兴资产阶级不断要求实施保护贸易措施。1879 年,德国首相俾斯麦对关税进行了改革,对钢铁、化学品、纺织品、谷物等征收关税,并不断提高关税,与法国、奥地利、俄国等进行关税竞争。1898 年又通过修正关税法,提高关税,使德国成为欧洲高度保护贸易的国家之一。

(二) 保护幼稚工业贸易政策的理论依据

1. 幼稚产业保护贸易理论的主要内容

(1) 促进生产力的发展比财富本身重要

李斯特非常重视生产力的发展,他指出:“财富的生产力比之财富本身,不晓得要重要多少倍,它不但可以使已有的和已经增加的财富获得保障,而且可以使已经消失的财富获得补偿。个人如此,拿整个国家来说更是如此。”李斯特认为发展本国幼稚工业,可能在短期内消费者消费本国商品要付出比进口商品高的代价,但由于本国工业得到了发展而摆脱了对国外工业的依附,从而当本国工业发展起来后,价格会降低,长远看是有利于公众福利的。

(2) 各国发展阶段不同,采取的贸易政策应该有差异

根据国民经济完成程度,李斯特把国民经济的发展分为五个阶段,即“原始未开化时期、畜牧时期、农业时期、农工业时期、农工商业时期”。前三个时期要求农业发展,应实施自由贸易政策。工业时期追求工业的发展,必须实施保护贸易政策以确保本国工业发展。农工商业时期则追求商业扩张,此时应实施自由贸易政策。

(3) 对幼稚工业实施保护并有期限

李斯特认为保护工业并不是保护所有工业,也不是永久保护。其保护的是幼稚工业,而且当其发展到一定程度就不需要保护了,所以保护的目的是为了不保护。国家应选择在当前国家需要而此时受国外影响压力较大的工业进行保护。同时保护的时间最高为 30 年。

(4) 关税是保护贸易政策的主要手段

李斯特认为,针对不同的产品应征收差别关税。对于本国人民普遍需要而国内生产方便的产品则应征收高关税;对本国生产困难、价格昂贵、容易走私的商品应对税率逐级降低。对本国迫切发展而技术又达不到的复杂机器设备应免税或征收较低税率。

2. 对李斯特保护幼稚工业理论的评价

(1) 李斯特保护贸易学说在德国工业资本主义的发展过程中曾起过积极的作用。它促进了德国资本主义的发展,有利于资产阶级反对封建主义势力的斗争。

(2) 李斯特的保护贸易理论对发展中国家有借鉴意义。对经济不发达国家是有重大参考

价值的。

(3) 李斯特的保护贸易理论存在缺陷。他对生产力这个概念的理解是不科学的,他以经济部门作为划分经济发展阶段的依据是不够科学的。

二、超保护贸易政策与超保护贸易学说

超保护贸易主义在两次世界大战之间盛行。这一时期,资本主义经济出现了以下特点:(1) 垄断削弱了自由竞争;(2) 国际经济制度发生了巨大变化;(3) 1929—1933 年资本主义世界发生空前严重的经济危机,市场矛盾进一步尖锐化,从而超保护贸易政策得到空前发展。

(一) 超保护贸易政策的本质及特点

超保护贸易政策(Super-protectionism Trade Policy)是指在资本主义垄断阶段帝国主义国家实行的“侵略性”保护贸易政策。与第一次世界大战前的贸易政策相比,超保护贸易政策有以下特点:

1. 保护的对象扩大了。保护贸易政策是保护幼稚工业,而超保护贸易政策不仅保护幼稚工业,更进一步保护垄断工业和已经出现衰落的工业。

2. 保护的目的变了。超保护贸易政策国家不再培养自由竞争的能力,而是巩固和加强对国内外市场的垄断。

3. 保护转入进攻性。以前贸易保护主义是防御性的限制进口,超保护贸易主义是要在垄断国内市场的基础上对国内外市场进行进攻性的扩张。

4. 保护的阶级利益变了。从一般的工业资产阶级利益转向保护大垄断资产阶级的利益。

5. 保护的措施多样化。关税以及其他各种各样的奖出限入政策措施。

6. 组成货币集团,瓜分世界市场。1931 年,英国放弃了金本位制,引起了统一世界货币体系的土崩瓦解,主要帝国主义国家各自组成了排他性的相互对立的货币集团。1931 年后,资本主义世界的货币集团计有英镑集团、美元集团、法郎集团、德国双边清算集团及日元集团等。

(二) 超保护贸易政策的理论依据

在两次世界大战期间,超保护贸易政策取得飞速发展。各国经济学家纷纷提出各种支持超保护贸易政策的理论根据。其中有重大影响的是凯恩斯的学说。

知识链接 2-3-1

凯恩斯(John Maynard Keynes,1883—1946)是英国的资产经济学家,是凯恩斯主义的创始人,他的代表作是于 1936 年出版的《就业、利息和货币通论》(The General Theory of Employment,Interest and Money),简称《通论》。在该书中他对自由贸易进行了批判,对重商主义政策则进行了重新评价,并以有效需求不足为基础,以边际资本效率、边际消费倾向和灵活偏好三个所谓心理规律为核心,以国家干预为政策基点,创立了新重商主义。

在资本主义 1929—1933 年经济大危机以前,凯恩斯其实是自由贸易论者。他不认为保护贸易政策会有利于国内的经济繁荣与就业。然而资本主义经济大危机以后,凯恩斯的立场发生了重大改变,由推崇自由贸易转而推崇重商主义。其观点认为重商主义保护贸易的政策确实能够起到保护经济繁荣,扩大就业的作用。

凯恩斯与其追随者认为传统的对外贸易理论不适用于现代社会。古典学派的贸易理论是建立在国内充分就业前提之下的。凯恩斯及其追随者认为古典学派的自由贸易理论不能适应当时的实际情况。

首先,20 世纪 30 年代,出现了大量的失业,自由贸易理论"充分就业"的前提条件已不复存在。

其次,凯恩斯等人认为,古典的自由贸易理论者虽然以"国际收支自动调节说"说明贸易顺、逆差最终均衡的过程,但是忽略了在调节过程中对一国国民收入和就业所产生的影响,他们认为贸易顺差可以增加国民收入,扩大就业,而贸易逆差则导致减少国民收入,加重失业。

凯恩斯指出,总投资由国内投资和国外投资组成,国内投资额由"资本边际效率"和"利息率"决定,对外投资量则由贸易顺差大小决定。贸易顺差能为一国带来黄金,扩大支付能力,降低利息率,刺激物价上涨,扩大投资,有利于缓和国内危机和增加就业。故他们主张贸易顺差,反对贸易逆差。

凯恩斯的新重商主义是传统保护贸易理论在当代的发展。该理论指导发达国家如何通过实施保护贸易政策,提高国民收入、实现国内充分就业,并保持在贸易中强有力的竞争优势。同时这一理论不同于传统的贸易保护论,是以增强或扩大本国在国际市场的垄断地位为目的而保护本国先进成熟工业的,并非保护幼稚工业;它是积极的进攻性贸易政策理论,不是防御性的保护幼稚工业政策理论;是通过对外贸易促进国内经济良性循环,并不是简单维持国际收支均衡。凯恩斯的新重商主义代表了垄断资本主义的利益,是发达国家推行超保护贸易政策的理论依据。

三、二战后保护贸易政策的新发展

20 世纪 70 年代初,新一轮世界性的通货膨胀一度促进了贸易自由化的发展,使保护关税降到战后最低点。然而接踵而来的 1974—1975 年世界性经济危机使贸易自由化进程又停顿下来,世界掀起一股新贸易保护主义浪潮。这时期的保护贸易政策被称为新贸易保护主义政策(New-protectionism Trade-Policy)。美国成为新贸易保护主义的重要发源地。新贸易保护主义的发展给正常的贸易发展带来了不利影响。

(一) 新贸易保护主义的主要特点

新贸易保护主义具有以下特点:第一,贸易措施多样化,由单一的关税贸易壁垒发展为非关税壁垒等;第二,贸易措施法制化、系统化和综合化;第三,贸易范围扩大化,从传统的农产品和一般工业制成品扩大到知识密集型的制成品和服务贸易部门;第四,贸易保护重点从限制进口转向鼓励出口;第五,以"两反一保"、绿色壁垒、蓝色壁垒为代表的新型非关税壁垒措施盛行。

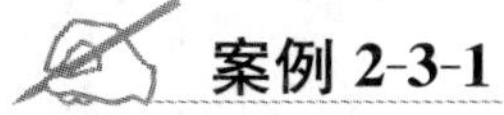

案例 2-3-1

蓝色壁垒

随着国际经济一体化进程加快,关税壁垒与传统非关税壁垒在国际贸易中正逐步被消除和规范。与此同时,一些发达国家正利用与发展中国家之间的经济水平、道德标准和教育文化的差异,构建继技术性贸易壁垒和绿色贸易壁垒之后,一种新型的、更为隐蔽的国际贸易壁垒——蓝色贸易壁垒,蓝色贸易壁垒已成为当前国际社会关注的焦点。

蓝色贸易壁垒又被称为“劳动壁垒”或“社会壁垒”，是指以劳动者劳动环境和生存权利为借口采取的贸易保护措施。蓝色壁垒由社会条款而来，是对国际公约中有关社会保障、劳动者待遇、劳工权利、劳动标准等方面规定的总称，它与公民权利和政治权利相辅相成。

蓝色贸易壁垒最典型的代表是SA8000标准，它是由美国经济优先权委员会(SA-I)制定并实施，SA-I由来自11个国家的20个大型商业机构、非政府组织、工会、人权及儿童组织、学术团体、会计师事务所及认证机构组成。SA-I在纽约召开的第一次会议上就提出了标准草案，最初名为SA2000，最终定名为SA8000社会责任国际标准，并于1997年10月公开发布。2001年12月12日，经过公开咨询和深入研究，SA-I对SA8000进行了第一次修订。SA8000标准的出现，得到了西方发达国家的大力支持，成为最重要的认证标准之一，并成为蓝色贸易壁垒的代名词。

资料来源：杨鹏、布岩、薛璐、苏卫东，《蓝色贸易壁垒对纺织服装出口企业影响的探讨》，中国纤检杂志，2011年09月16日。

(二) 新贸易保护政策不断加强的原因

1. 80年代以来失业率居高不下，主要工业国家由于经济低速发展

整个工业发达国家国民生产总值的年平均增长率，除个别年份，一直处于低速增长，低于1968—1977年的3.5%；失业率却远高于1968—1977年的3.7%。

2. 主要工业发达国家对外贸易发展不平衡，美国贸易逆差迅速上升，于是成为新贸易保护主义的重要发源地

70年代中期以后，美国对外贸易逆差迅猛上升。同期，美国对日本、原联邦德国的对外贸易逆差同样加重。为了减少贸易逆差，美国一方面迫使对它有巨额贸易顺差的日本等国开放市场，另一方面加强制定限制和报复的进口政策。

3. 国际货币关系的失调

汇率长期失调影响了国际贸易的正常进行，带来了巨大的贸易保护压力。首先，浮动汇率迫使贸易商购买期货和以“海琴”(Hedge)来保值，增加了交易成本，又引起价格、投资效益和竞争地位的变化。其次，汇率过高与过低均易导致贸易保护主义的压力。

4. 政治上的需要

高失业率、强大的工会力量、党派斗争和维护政府形象加大了贸易保护主义的压力。如美国贸易保护主义的最大压力来自纺织工业部门。

5. 贸易政策的相互影响

随着世界经济一体化进程不断发展，贸易政策的连锁反应也更敏感。美国采取了许多贸易保护措施，它反过来又遭到其他国家明的与暗的报复措施，使得新贸易保护主义蔓延与扩张。

任务实施

通过本节内容的学习，小杨了解到保护贸易政策的理论依据主要有保护幼稚工业论和超保护贸易学说。二战之后保护贸易政策出现保护贸易措施多样化；贸易措施法制化、系统化和综合化；保护范围扩大化；保护重点从限制进口转向鼓励出口；以“两反一保”、绿色壁垒、蓝色壁垒为代表的新型非关税壁垒措施盛行等新特点。

任务四　项目实训

知识巩固

◇ **单项选择**

1. 亚当·斯密和大卫·李嘉图主张的国际贸易政策是(　　)。

A. 强制性的保护贸易政策　　B. 超保护贸易政策

C. 保护贸易政策　　D. 自由贸易政策

2. 新贸易保护主义的基本特点是(　　)。

A. 强化关税和非关税措施

B. 强化关税征收的同时削减非关税壁垒

C. 进一步加强关税的征收

D. 在关税水平不断下降的情况下不断强化种种非关税措施

3. H－O模型认为,在国与国劳动生产率相同的条件下,导致各国比较成本差异的原因是(　　)。

A. 各国要素禀赋的差异　　B. 各国规模经济的不同

C. 不同商品需要不同的要素组合比例　　D. 各国贸易政策的不同

E. 各国消费偏好的不同

4. 根据西方的国际贸易理论,一国应该进口本国(　　)。

A. 比较成本低的产品　　B. 比较成本高的产品

C. 稀缺要素密集的产品　　D. 丰裕要素密集的产品

E. 绝对成本高的产品

5. 德国经济学家李斯特提倡保护主义,他认为一国处于:(　　)。

A. 农业阶段,应实行自由贸易政策

B. 农工阶段,应实行保护农业与工业政策

C. 农工阶段,应实行保护幼稚工业政策

D. 农工商阶段,应实行保护工商业政策

E. 农工商阶段,应实行自由贸易政策

◇ **判断**

1. 对外贸易乘数理论表明,如果一国存在闲置的社会资源,出口净额的增加将导致国民收入倍减。(　　)

2. 日本贸易立国战略的成功,可用要素禀赋理论来解释。(　　)

3. 比较成本论否定了亚当·斯密的国际分工思想。(　　)

4. 要素价格均等化意味着两国同一种要素的价格将会完全相同。(　　)

5. 自由贸易区成员国实行统一的对外关税政策。(　　)

项目实操

◆ 项目实训操作

【项目背景】 中国和澳大利亚签署自由贸易协定意向书。

澳大利亚政府声明:该国贸易部长Andrew Robb和中国商务部长高虎城宣布签署自由贸易协定的意向书;预计2015年签署自由贸易协定;自由贸易协定增加澳洲在农业、资源、能源、制造业出口、服务业、投资的竞争优势。

根据谈判结果,在开放水平方面,澳大利亚对中国所有产品关税最终均降为零,中国对澳大利亚绝大多数产品关税最终降为零;服务领域,彼此向对方作出涵盖众多部门、高质量的开放承诺。投资领域,双方在协定生效日起相互给予最惠国待遇,同时大幅降低企业投资审查门槛,增加企业投资的市场准入机会、可预见性和透明度。协定范围涵盖货物贸易、服务贸易、投资和规则共10多个领域,包含了电子商务、政府采购等"21世纪经贸议题"。中澳自贸协定谈判实现了全面、高质量和利益平衡的目标,协定的签署将实现两国经济优势互补和互利双赢,促进双边经贸关系深入发展。

与之相对照的是,中美贸易摩擦在2014年初继续加剧。就在昨日,美国商务部做出肯定性初裁,决定对中国输美消毒剂征收反补贴税,并同时裁定原产于中国的三氯异氰尿酸存在补贴。据北京商报记者不完全统计,今年以来美国已经对中国11种商品发起"双反"调查或做出裁决。业内专家认为,美国如此高调、密集地挑起贸易争端意在保护其逐步复苏的相关产业,并为新一年中美其他贸易对话和谈判增加筹码。随着中国贸易地位的不断提高及中美贸易规模的不断扩大,中美间的贸易摩擦将会"只增不减"。

2014年1月6日,美国国际贸易委员会做出日落复审裁定,继续对从中国进口的非公路用轮胎产品征收"双反"关税;就在同日,美国又发布公告决定维持对中国橡胶磁铁"双反"税令;1月8日,美国商务部正式对中国次氯酸钙发起"双反"调查;1月15日,美国国会通过包含限制美部分政府机构采购中国的信息技术产品等内容的法案;1月17日,美国国际贸易委员会宣布对中兴等在美销售的中国手机和平板电脑发起"337调查";1月23日,美国决定再次对中国光伏产品发起"双反"调查……在2014年刚刚过去的44天中,美国平均每4天发起一场对华的贸易调查或争端。

【任务】 试问:应如何看待澳大利亚和美国截然不同的对华贸易政策?

项目三　适应国际贸易措施

【知识目标】

- 掌握关税的含义、种类和适用条件
- 掌握非关税壁垒的定义与分类，以及传统非关税壁垒和新型非关税壁垒的各种形式
- 了解鼓励出口的各种措施
- 了解出口管制的措施

【能力目标】

- 能够分析关税政策变化对进出口贸易的影响
- 能分析各种非关税壁垒措施对国际贸易的影响及其作用原理
- 能分析各种鼓励出口和出口管制措施对国际贸易的影响及其作用原理
- 能对我国当前的各种外贸政策进行正确评价，并领会其实施目的

【项目背景】

转眼间，小杨的实习期接近尾声了，公司领导决定让他进一步熟悉国家的对外贸易措施，为下一步参与实际业务做准备。得到这一消息后，小杨非常高兴，结合2013年6月4日，欧盟委员会宣布，将从6月6日至8月6日对中国光伏产品征收11.8%的临时反倾销税，如果中欧双方未能在8月6日前达成解决方案，自8月6日起，该税率将升至47.6%，而中国商务部随即宣布，将启动对欧盟葡萄酒的反倾销和反补贴调查这一消息，他对完成领导交派的任务很有信心。为了能系统整理一国对外贸易措施，必须明确：常见的关税措施有哪些？非关税措施有哪些？鼓励出口和出口管制措施又有哪些？

任务一　熟悉关税措施

工作任务

关税是国际贸易中最为常用的国际贸易政策措施之一。深入理解和掌握关税的含义、作用、种类、征收、税率适用等知识，可以帮助从事国际贸易工作的人员合理选择进出口交易对象，充分利用关税征收政策中的各种优惠。要了解常见的关税措施有哪些，小杨必须首先知道：什么是关税？它有什么样的特点和作用？关税有哪些常见类型？

知识与技能支撑

一、关税的特点和作用

关税(Tariff or Customs Duty)是指一国海关依照该国制定的关税政策和有关法律、行政法规的规定,代表国家对准许进出关境的商品,向本国的进出口商所征收的一种流转税。

(一) 关税的特点

对关税概念的正确理解,应该从以下几个方面入手:

1. 关税的征收主体——国家

关税是一种国家税收,其征收主体是国家。一个国家的政府从它自身的经济利益出发,会制定本国的关税政策和关税法律法规,以此为依据对不同来源、不同种类的进出口商品制定不同的税目和税率,征收不同的关税,从而达到调节进出口商品的数量、结构和来源,维护本国对外贸易关系等目标。

2. 关税的征收部门——海关

关税的具体征收工作是由一国的海关代表国家来征收的,海关部门依据国家的关税政策,对进出口商品征收进出口关税,并将关税收入上缴国库。海关是一种设立在关境上的国家行政管理机构,是一个国家主权的象征,它是贯彻执行本国有关进出口政策、法律和规章制度的重要工具。其任务是根据这些政策、法律和规章制度,对进出境货物、物品、运输工具等实行海关监管、征收关税、查缉走私、编制海关统计、临时保管通关货物等。

3. 关税的税收主体和税收客体——进出口商和进出境货物

关税与国内税不同,关税具有涉外性。国内自然人或法人之间买卖货物时需要缴纳的是国内税而不是关税,只有当商品进出关境时,才由进出口商依据海关法律法规向申报地海关缴纳关税,进出口商是关税税收主体,进出境货物是关税税收客体。关税的税收客体(Object of Taxation)也称课税客体或课税对象,是进出关境的货物或物品,而不是国内流通的货物、物品。关税的税收主体(Subject of Taxation)也称课税主体或纳税人(Taxpayer),是本国进口货物的收货人、出口货物的发货人、进出境物品的所有人。

4. 关税的征收领域——关境

关境(Customs Territory;Customs Frontier)是海关执行统一海关法律法规、行使管辖权、征收关税的领域。只有进出关境的货物才能够征收关税。一般来说,一个国家的关境和国境是一致的,但在某些情况下,国家的关境和国境有所不同。我国在国境内设有保税区、保税仓库、保税物流中心、出口加工区、珠海工业园区等经济特区,又有香港、澳门和台、澎、金、马单独关税区(在单独关税区内,各自实行单独的海关制度),国外货物进入或离开这些区域时,是不用缴纳关税的,而国内货物进入这些区域或这些区域内的货物进入国内市场时,要按我国海关的规定,缴纳相应的关税,所以我国关境小于国境。而欧盟成员国的关境都大于其国境。

5. 关税的特征——强制性、无偿性和预定性

关税是国家税收的一种,是国家财政收入的一个重要组成部分。关税和其他国内税收一样,都具有强制性、无偿性和预定性。

6. 关税的性质——间接税

因为关税主要是对进出口商品征税，其税负由进出口商人在进出口商品时先行垫付，然后把它作为成本的一部分加在货价上，转嫁给最终买方或消费者承担，所以关税是一种间接税。

直接税与间接税

间接税是“直接税”的对称，是政府税收的其中一个分类。所谓间接税，是指纳税义务人不是税收的实际负担人，企业间接税是指在流通型企业的税收，以此区别生产型企业的税收——直接税，纳税义务人能够用提高价格或提高收费标准等方法把税收负担转嫁给别人的税种。属于间接税税收的纳税人，虽然表面上负有纳税义务，但是实际上已将自己的税款加于所销售商品的价格上，由消费者负担或用其他方式转嫁给别人，即纳税人与负税人不一致。

（二）关税的作用

1. 关税是增加国家财政收入的手段

国家最初征收关税的目的主要是为了获得财政收入。随着经济的不断发展，关税在政府财政收入中占的比重也在日益下降。例如，关税收入在国家财政收入的比重，1805 年美国为 90％～95％，1985 年冈比亚为 68％，1992 年美国为 1.2％，埃及为 9.95％。

2. 关税可以起到保护本国生产和市场的作用

通常所说的关税壁垒，实际上就是对与本国产品有激烈竞争的商品和国内暂时不能大量生产但将来可能发展的产品，征收高额关税，以此提高其成本，进而削弱其竞争力，起到限制外国商品进口和保护国内同类商品生产和发展的作用。

3. 关税是贯彻对外贸易政策的重要手段，可以维护国家主权和利益

关税措施体现了一国的对外贸易政策。关税税率的高低，影响着一国经济的发展，也影响到本国与世界其他国家在政治、外交、经济、生产和流通等方面的关系。比如当贸易逆差过大时，提高关税或征收进口附加税以限制商品进口，缩小贸易逆差；当贸易顺差过大时，通过减免关税缩小贸易顺差，从而平衡国际收支，缓解与有关国家的贸易摩擦与矛盾。

4. 关税可以起到调节市场供求、引导国内生产的作用

国家通过对不同的商品制定不同的关税税率，调节国内市场需求的种类和数量。对于非必需品或奢侈品的进口制定较高的关税，从而达到限制甚至禁止进口的目的；对于本国不能生产或生产不足的原料、半制成品、生活必需品或生产上急需品的进口，制定较低的税率或免税，鼓励进口，以满足国内的生产和生活需要。最终达到平抑物价，保持市场稳定，调节市场需求，引导国内商品生产，改善产业结构的目的。

为认真贯彻党的十八大和十八届三中、四中全会精神，充分发挥关税对统筹国际、国内市场和资源的引导作用，支持产业转型升级，推动对外贸易发展方式转变，促进经济持续健康发展，经国务院关税税则委员会审议并报请国务院批准，自 2015 年 1 月 1 日起，我国将对进出口关税进行部分调整。

2015年继续对小麦等7种农产品和尿素等3种化肥的进口实施关税配额管理，并对尿素等3种化肥实施1%的暂定配额税率。对关税配额外进口一定数量的棉花继续实施滑准税，税率不变。

2015年我国继续以暂定税率的形式对煤炭、原油、化肥、铁合金等产品征收出口关税。根据国内化肥、煤炭供需情况的变化，适当调整化肥出口关税，对氮肥、磷肥实施全年统一的出口关税税率，适当降低煤炭产品出口关税税率。

2015年依据我国与有关国家或地区签署的自由贸易协定或关税优惠协定，继续对原产于东盟各国、智利、巴基斯坦、新西兰、秘鲁、哥斯达黎加、韩国、印度、斯里兰卡、孟加拉、瑞士、冰岛等国家的部分进口产品实施协定税率，部分税率水平进一步降低。在内地与香港、澳门更紧密经贸关系安排框架下，对原产于港澳地区且已制定优惠原产地标准的产品实施零关税。根据海峡两岸经济合作框架协议，对原产于台湾地区的部分产品实施零关税。对原产于埃塞俄比亚、也门、苏丹等41个国家的部分商品实施特惠税率，其中对埃塞俄比亚等24个国家的97%税目商品实施零关税特惠税率。

为适应科学技术进步，产业结构调整，贸易结构优化，加强进出口管理的需要，2015年对进出口税则中部分税目进行调整。调整后，2015年我国税则税目总数将由8 277个增加到8 285个。

资料来源：中央政府门户网站，2014年12月16日。

二、关税的基本类型

关税的种类繁多，按照不同的标准，有多种分类方法。常见的关税分类有以下几种。

（一）根据征税商品的流向分类

根据征税商品的流向，关税可分为进口税、出口税和过境税。

1. 进口税(Import Duties)

进口税是进口国家的海关在国外商品进入本国关境时，根据海关税则对本国进口商所征收的关税。可以说进口税是关税最主要的形式，一般情况下，我们提到关税的时候往往是指的进口关税。进口国家并不是对所有进口商品都一律征收高额关税。

2. 出口税(Export Duties)

出口税是一国海关在本国商品输往国外的时候，为了保证本国市场供应或其他特殊目的而对出口商品征收的关税。应该说，出口税是一个古老的税种，现在大多数国家对绝大部分出口商品都不征收出口税。

案例3-1-2

俄征收小麦出口税稳定国内粮价。

俄罗斯自2015年2月1日起对小麦征收出口关税，以缓解卢布贬值对国内粮食市场造成的涨价压力。

根据俄政府2014年12月批准的法令，自今年2月1日起对出口小麦征收海关价值15%加7.5欧元的关税，所得关税不足35欧元的按35欧元计算。此次征收小麦出口税，旨在稳定俄国内粮食市场价格，防止小麦、面包价格暴涨。据俄农业咨询公司“ProZerno”分析，出口税的实施将使俄本国所有等级小麦价格在现有水平每吨下降 2 200～2 700 卢布(约合 32～39 美元)。

资料来源:网易新闻,2015 年 2 月 3 日。

我国历来采用鼓励出口的政策,但为了控制一些商品的出口流量,采用了对极少数商品征出口税的办法。被征出口税的商品主要有生丝、有色金属、铁合金、绸缎等。

3. 过境税(Transit Duties)

过境税又称通过税,是一国对通过其关境再转运至第三国的外国商品征收的关税。征收过境税的目的主要是增加国家财政收入。由于过境货物对过境国的生产以及市场没有什么影响,而征收过境税势必抬高商品在国际市场上的价格,减少国际贸易量。

案例 3-1-3

乌克兰希望讨论提高俄天然气过境关税 30%。

据路透社 2015 年 3 月 11 日基辅报道,乌克兰能源部长弗拉基米尔·迪姆齐辛 11 日在基辅表示,乌克兰希望在 3 月 20 日与欧盟和俄罗斯的会谈中讨论至少提高俄罗斯天然气过境关税 30%一事。

迪姆齐辛是在电视直播新闻发布会上发表上述讲话的。他还说,乌克兰计划在 3 月 20 日会议上与欧盟和俄罗斯讨论把支付俄罗斯夏季供应天然气的价格减少到低于目前每 1 000 立方米 270 美元的现货价格。

迪姆齐辛说:“我想这个价格应少于 250 美元。”

资料来源:中国石化新闻网,2015 年 3 月 13 日。

中国加入世贸组织之后已不征收过境税,对于直接过境外国商品收取极低的准许费,准许费不记入本国进出口贸易;对于间接过境外国商品则收取保险费、仓储费、港口停泊费等有关服务的费用,这也有利于发展本国交通运输业并增加本国港口、仓储、运输等部门的收入。

(二) 根据征税的目的不同分类

根据征税的目的不同,关税可以分为财政关税和保护关税。

1. 财政关税(Revenue Tariff)

财政关税又称收入关税,是指以增加国家财政收入为主要目的而征收的关税。其税率往往是根据国家的需要和对贸易量的影响制定的。为了达到增加财政收入的目的,对进口商品征收财政关税时,必须具备以下三个条件:(1) 征税的进口货物必须是国内不能生产或无代用品而必须从国外进口的商品;(2) 征税的进口商品,在国内必须有大量消费;(3) 关税税率要适中或较低,如果税率过高,会阻碍进口或影响出口,最终难以达到增加财政收入的目的。

2. 保护关税(Protective Tariff)

保护关税是指以保护本国工业或农业发展为主要目的而对外国商品课征的关税。保护关税的税率一般都比较高,因为税率高,才会使进口的外国商品成本上升,竞争力下降,以此来达到保护本国生产的目的。如果税率高到一定程度,就等于禁止进口,成为禁止关税(Prohibitive Tariff)。目前保护关税仍是贸易战中的重要手段之一。

(三) 根据征收方法的不同分类

根据征收方法的不同,关税可以分为从量税、从价税、复合税。

1. 从量税(Specific Tariffs)

从量税是以商品的重量、数量、容量、长度和面积等计量单位为计税标准计征的关税。即对进口每一个计量单位商品征收一定数量的关税。例如我国进口胶卷最惠国税率为26.00元/平方米,美国对进口薄荷脑征收的普通税率为每磅50美分,最惠国税率为每磅17美分。

从量税额的计算公式为:

从量税额=进口货物数量×单位商品税率

世界上大多数国家在征收从量税时,是以商品的重量为计征标准来征收的,但是各国对应纳税商品重量的计算方法各不相同。有的国家按商品的净重计征,有的国家按商品的毛重计征,有的按法定重量(商品净重加上销售包装)计征。

我国目前对冻鸡、石油原油、啤酒、胶卷等类进口商品征收从量税。

案例 3-1-4

我国某贸易公司从德国进口麦芽啤酒20 000 L,查阅2014年进口商品从量税及复合税税率表可知,我国对“麦芽酿造的啤酒”征收7.5元/升的从量税。

问:针对该批麦芽啤酒应缴纳多少税金?

从量税额=进口货物数量×单位商品税率=20 000×7.5=150 000元

2. 从价税(Ad Valorem Tariffs)

从价税是以进口商品的价格为计税标准,以应征税额占货物价格的百分比为税率,价格和税额成正比例关系的关税。我国和世界上大多数国家对进口货物征收进口税主要采用从价税计税标准。例如美国对羽毛制品的进口征收从价税,普通税率为60%,最惠国税率为4.7%。

从价税额的计算公式为:

从价税额=进口货物完税价格×从价税率

从价税具有以下优点:(1) 税负合理。同类商品质高价高,税额也高;质次价低,税额也低。加工程度高的商品和奢侈品价高,税额较高,相应的保护作用较大。(2) 征收方法简单。对于同种商品,可以不必因其品质的不同,再分类计征关税。(3) 税率明确,便于比较。从价税率按百分数表示,税率明确,便于比较不同国家的税率。

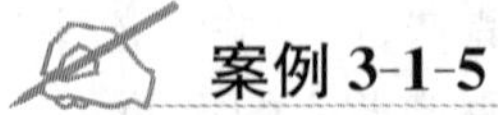

案例 3-1-5

豫港公司欲从韩国进口一批果蔬榨汁机,共计5 000台,每台1 500元。查阅2014年进口商品暂定税率表可知,“水果和蔬菜榨汁机”的2014年暂定税率是6%。

问:针对该批果蔬榨汁机应缴纳多少税金?

从价税额=进口货物完税价格×从价税率=(5 000×1 500)×6%=7 500 000×6%=450 000元

在征收从价税时,最为复杂的问题是如何确定进口商品的完税价格(Dutiable Value)。完税价格是指经海关审定作为计征关税的商品价格，是决定税额多少的重要因素。因此，如何确定完税价格是十分重要的。有些国家的海关故意高估进口商品完税价格，以此增加进口商品成本，把海关估价变成一种阻碍进口的非关税壁垒措施。

3. 复合税(Mixed Duty or Compound Duties)

复合税又称混合税，是在税则的同一税目中订有从量税和从价税两种税率，征税时同时使用从量、从价两种税率计征，以两种税额之和作为该种商品的关税税额。

复合税的计算公式为：

复合税额＝从量税额＋从价税额

我国目前对录像机、放像机、非家用型摄录一体机、部分数字照相机等进口商品征收复合税。

案例 3-1-6

天宇公司欲购买一批单价 2 500 美元的磁带放像机，共计 50 部，查阅 2014 年进口商品从量税及复合税税率表可知，我国对完税价格不高于 2 000 美元/台的磁带放像机征收 30%的从价税；对于完税价格高于 2 000 美元/台的磁带放像机征收 3%，外加 3 283 元/台的从价税。若当时外汇牌价为 1 美元＝6.20 人民币元，

问：该批磁带放像机应缴纳多少关税?

由磁带放像机单价可知应缴纳复合税额。

复合税额＝从量税额＋从价税额＝(3 283×50)＋[(2 500×50×6.20)×3%]

＝164 150＋23 250＝187 400 元

(四) 根据征税的差别待遇和特定的实施情况不同分类

1. 普通关税

普通关税又称一般关税，如果进口商品的原产地国家没有与进口国签订任何关税互惠贸易条约或进口商品的原产地国家无法确定，则对该进口商品按普通关税税率征收进口关税。普通关税税率通常为一国税则中的最高税率，一般比优惠税率高 1～5 倍，个别商品甚至高达 10 倍、20 倍。

2. 优惠关税

优惠关税是指对原产于特定国家的进口商品给予关税上的优惠待遇，优惠是相对于普通关税而言的，它比普通关税税率要低。优惠关税一般在签订有双边或多边贸易协定、友好协定的国家之间实施，目的是促进签约国之间的经济贸易往来，加强经济上的合作。优惠关税一般是互惠的关税，签约国之间互相给予对方关税上的优惠，但是也有单向的优惠。

优惠关税待遇常见的有最惠国优惠关税待遇、普遍优惠制关税待遇、特定优惠关税待遇、协定优惠关税待遇四种。

(1) 最惠国优惠关税

最惠国待遇是指在缔约国之间，如果一个成员国给予另一个成员国某种优惠的待遇，它就应该“立即、无条件地”将同样的优惠待遇扩展到所有成员国，以此来保证没有任何成员受到“歧视性”待遇，关税自然也是包括在内的。最惠国税率比普通税率低，两者税率差幅往往很大。例如，我国对进口山地自行车设定的普通从价税率为 130%，而最惠国税率仅为 13%；香水及花露水的进口普通税率为50%，最惠国税率仅为10%。

需要特别注意的是，最惠国待遇并不是最优惠的待遇，它是成员国之间的一种平等的待遇，主要体现的是成员国之间在外贸政策优惠上的"非歧视性原则"，所以最惠国待遇关税其实并不是最优惠的关税，或者说最惠国税率并不是最低的税率。一般情况下，普遍优惠制和特定优惠制关税的税率都要比最惠国税率更低。

(2) 普遍优惠制关税

普遍优惠制(Generalized System of Preferences, GSP)简称普惠制，是发达国家承诺给予发展中国家出口的制成品和半制成品(包括某些初级产品)的一种普遍的、非歧视的、非互惠的关税优惠制度。普惠制税率平均比最惠国税率低约三分之一左右。

(3) 特定优惠关税

特惠税(Preferential Duties)，全称为特定优惠关税。它是指对从特定国家或地区进口的全部商品或部分商品，给予特别优惠的低关税或零关税待遇，其税率低于最惠国税率。但它不适用于从非优惠国家或地区进口的商品。特惠关税一般在签订有友好协定、贸易协定等国际协定或条约国家之间实施的。任何第三国不得根据最惠国待遇条款要求享受这一优惠待遇。特惠税有的是互惠的，有的是非互惠的(单向的)。

(4) 协定优惠关税

协定优惠关税是指进口国对从与进口国签订有关税优惠条款的区域性贸易协定的国家或地区进口的商品给予协定规定的优惠关税待遇。协定优惠关税是一种比较优惠的关税，其税率比最惠国税率要低许多，具体的优惠程度因贸易协定的规定不同而不同。

三、关税的征收

关税征收是指一国海关依据本国海关税则，对进出口商品向进出口商征收关税的行为。

(一) 海关税则

海关税则(Customs Tariff)又叫关税税则(Tariff Schedule)，是一国对进出口商品计征关税的规章和对进出口的应税商品和免税商品加以系统分类的一览表。它是海关征税的依据，是一个国家对外贸易政策和关税政策的具体体现。

(二) 通关程序

通关程序又称报关程序，是指进口商或出口商按海关法律法规的规定，向海关申报进口或出口，接受海关的监管与检查，缴纳进出口税费，申请海关通关放行的程序。在进出口商办理完毕通关手续，经海关同意后，货物即可通关放行。通关程序一般包括申报、查验、征税、放行四个环节。现以我国海关的规定为例简要说明。

1. 进口通关程序

我国进口货物报关的操作程序基本上有进口申报、配合查验、缴纳税费、提取货物四个环节。

(1) 进口申报与接受申报

进口申报是指进口货物的收货人或其代理人，按照《海关法》及相关的法律法规、行政规章的要求，在规定的时间和地点，采用电子和纸质报关单的形式，向海关报告进口货物的实际情况，并接受海关审核的行为。

进口货物应在装载货物的运输工具申报进境之日起14日内向海关申报。申报地点原则上为货物的进境地海关。经收货人申请，海关同意，也可以在设有海关的货物目的地海关申报。

货物到达后，进口商如在规定日期内未办理进口申报手续，海关有权将货物存入海关监管货物仓库，期间一切责任和费用均由进口商负责。如果存仓货物在规定期间内仍未办理进口申报手续，海关有权处理该批货物。

接受申报是海关受理企业进口申报并对报关单据进行审核的行为。

(2) 查验与配合查验

海关认为有必要时，可以对进口货物进行查验。查验一般在海关监管区内进行。收货人或其代理人须按海关通知的时间，到场配合海关工作人员进行查验，做好辅助配合工作。

(3) 征税与缴纳税费

经海关查验通过，海关核对计算机计算的税费，开具税款缴款书和收费票据。进口货物收货人在规定时间内，持缴款书或收费票据向指定银行办理税费交付手续。缴款成功后，即可报请海关办理货物放行手续。

(4) 通关放行与提取货物

海关同意放行，在提货单上签盖"海关放行章"，进口货物收货人凭此到海关监管仓库办理提取货物的手续。对需要签发进口报关单证明联的，可以向海关申请签发。常见的报关单证明联有进口货物报关单进口付汇证明联、进口货物证明书。

2. 出口通关程序

我国出口货物报关的操作程序基本上有出口申报、配合查验、缴纳税费、装运货物四个环节。

(1) 出口申报与接受申报

出口申报是指出口货物的发货人或其代理人，按照《海关法》及相关的法律法规、行政规章的要求，在规定的时间和地点，采用电子和纸质报关单的形式，向海关报告出口货物的实际情况，并接受海关审核的行为。

出口货物应在货物运抵海关监管场所后，装船前24小时向海关申报。申报地点原则上为货物的出境地海关。经发货人申请，海关同意，也可以在设有海关的货物启运地申报。

(2) 查验与配合查验(参照进口)

(3) 征税与缴纳税费(参照进口)

(4) 通关放行与装运货物

海关同意放行，在装货单上签盖"海关放行章"，出口货物发货人或其代理人凭此将出口货物装上运输工具出口离境。对需要签发报关单证明联的，可以向海关申请签发。常见的报关单证明联有出口货物报关单出口收汇证明联、出口退税证明联，需要办理出口收汇核销的，海关在出口收汇核销单上签字，并加盖海关公章。

任务实施

通过本节内容的学习，小杨掌握了关税的概念和特点，他认识到关税是海关部门依法向进出口商和进出关境的商品征收的税，其征收主体是国家，客体是进出口商和进出境货物，由海关部门在关境范围内征收，关税属于间接税，具有强制性、无偿性、预定性特点。了解到关税能起到增加国家财政收入、保护本国市场、维护国家主权和利益、引导国内市场等作用。理解了关税按商品流向可分为进口税、出口税和过境税;按征税目的可分为财政关税和保护关税;按征收方法可分为从量税、从价税和混合税;按征收差别可分为普通税和优惠税。

任务二　适应非关税措施

工作任务

在全球经济增长步伐放缓的大背景下,随着中国外贸的不断壮大,包括与美国在内的许多国家之间的贸易摩擦将不断升级,在对外贸易过程中遇到的各种包括“两反一保”在内的非关税壁垒也会增加。这就要求小杨熟悉各种非关税壁垒的主要形式是什么?了解现阶段非关税壁垒有哪些新的发展趋势?

知识与技能支撑

一、传统非关税壁垒

(一) 进口配额制(Import Quotas)

进口配额制是一国政府对一定时期内某种商品的进口数量或金额所规定的限额。在规定的限额以内商品可以进口,超过限额就不准进口或征收较高的关税或罚款。进口配额主要有两种:绝对配额和关税配额。

1. 绝对配额

绝对配额是指在一定的时期内,对某种商品的进口数量或金额规定一个最高额,达到这个数额后,不准再进口。在实施中又分为两种:全球配额和国别配额。

2. 关税配额(Tariff Quotas)

关税配额是指在一定时期内,对商品进口的绝对数额不加限制,而对在规定配额以内的进口商品,给予低税、减税或免税待遇;对超过配额的进口商品则征收较高的关税,或征收附加税或罚款。

案例 3-2-1

美国贸易代表 2014 年 9 月 3 日宣布了美国 2015 财年(2014 年 10 月 1 日至 2015 年 9 月 30 日)进口蔗糖关税配额国别和地区分配方案,在配额内向美国出口蔗糖的国家或者地区享受较低关税。2015 财年美国进口蔗糖的关税总配额为 1 117 195 吨,这些配额根据美国历史进口蔗糖的情况分配给全球 40 个国家和地区,其中多米尼加 18 万吨、巴西 15 万吨、菲律宾 14 万吨、澳大利亚 8 万吨、危地马拉 5 万吨、秘鲁 4 万吨。

资料来源:环球网,2014 年 9 月 5 日。

(二)"自愿"出口配额(Voluntary Export Restraints)

"自愿"出口配额制是指出口国在进口国的要求或压力下,"自愿"规定在某一时期内某种商品对该国的出口配额,在限定的配额内自行控制出口,超过配额即禁止出口。"自愿"出口限制往往是出口国在面临进口国采取报复性贸易措施的威胁或为主动回避贸易摩擦时被迫做出的一种选择。

(三)进口许可证制

进口许可证制(Import Licensing)是指进口国家规定某些商品进口必须事先领取许可证,才可进口,否则一律不准进口。进口许可证制度作为一种行政手段,具有简便易行、收效快、比关税保护手段更有力等特点,因而成为各国监督和管理进口贸易的有效手段。

(四)进口最低限价制

进口最低限价制(Minimum Import Price)即指一国政府规定某种进口商品的最低价格,若进口价格低于最低价,则禁止进口或征收进口附加税。如规定钢材每顿最低限价为350美元,进口时每吨为300美元,则进口国就要征收50美元的附加税,以抵消差价。

案例 3-2-2

中欧光伏组件最低进口限价或于2015年4月上调至每瓦0.56欧元。

自2015年4月1日始,签署"价格承诺"协议的中国光伏制造商输欧太阳能组件的最低价格很可能上调为每瓦0.56欧元——许多业内人士均证实这一消息。与此同时,自4月1日始,中国太阳能电池的最低进口价格将增至0.28欧元。

不过,欧元汇率下跌导致上调幅度如此之大,还是令业内代表们大吃了一惊。消息人士向记者透露称,协议针对中国太阳能制造商指定的最低进口量暂时保持不变。

上周,欧盟委员会发布声明,指控阿特斯太阳能、中盛光电及昱辉阳光违反中欧光伏协议,提议将之除名。

截至目前,昱辉阳光已宣布决定退出中欧光伏价格协议。不过,阿特斯太阳能与中盛光电则纷纷表示其是严格遵循价格协议的,他们将与欧委会保持密切沟通,积极配合,以期最大程度澄清事实。

据路透社预计,欧委会将于4月底或5月初针对此事做出最终决定。

资料来源:中国经济新闻网,2015年3月17日。

(五)设置海关障碍

设置海关障碍(Arbitrary Measures for Customs Valuation)主要有两种形式:海关估价和通关壁垒。

1. 歧视性海关估价

海关估价是指海关按照国家规定,对申报进口的商品价格进行审核,以确定或估定其完税价格。但在实践中,它经常被作为一种限制进口的非关税壁垒措施。假如海关通过价格高估征收关税,就提高了进口商品的应税税额,增加了其关税负担,达到限制进口的目的。

2. 通关壁垒

一些国家虽然名义上对进口没有什么限制,但把进口的海关手续弄得非常繁琐复杂,阻碍商品的正常进口,即构成通关壁垒。

(六) 进出口国家垄断

进出口国家垄断(Monopoly of Import & Export State)指在对外贸易中,对某些或全部商品的进出口,规定由国家机构直接经营,或者把某些商品的进口或出口的专营权给予某些垄断组织。

(七) 歧视性政府采购政策

歧视性政府采购政策(Discriminatory Government Procurement Policy)是指一些国家通过法令,规定政府机构在采购时必须优先购买本国产品,从而对国外产品构成歧视。由于政府采购是一国消费的重要组成部分,从而成为用来进行贸易保护的政策工具之一。

(八) 外汇管制

外汇管制(Foreign Exchange Control)是一国政府通过法令对外汇的收支、结算、买卖和使用所采取的限制措施。其目的是集中外汇使用,防止外汇投机,限制资本的流出和流入,稳定货币汇率,改善或平衡国际收支。政府可以通过控制外汇的供应数量和供应成本来掌握进口商品的种类、数量和来源国别,从而起到限制进口的作用。

案例 3-2-3

乌克兰的外汇管制

乌克兰货币格里夫纳兑美元周一再挫跌 10%,引致乌克兰央行加强外汇管制。分析师称,央行此举对提振该国货币将是杯水车薪。

格里夫纳"跌跌不休",正值人们越发担忧停火协议能否执行。格里夫纳币值 2015 年迄今已跌去一半,2014 年全年累计下跌 50%。

"我们将不会允许情况失控。"乌克兰央行总裁 Valeriia Gontareva 在新闻简报会上说道。她称,从基本面来看,格里夫纳没有理由进一步走软。

截至 1 400 GMT,格里夫纳兑美元周一平均汇率下滑 10%,至纪录新低 30.55;此前乌克兰军方称,只要旗下军队仍受到攻击,就无法按照停火协议所要求的从前线撤回武器。

一家大型外资银行驻乌克兰的交易员表示,格里夫纳兑美元的市场汇率约为 31.3～31.8。

"市场目前趋弱,而且只要战争还在继续,就没有理由回稳。"他说。

格里夫纳最新报价较乌克兰 2015 年预算案中预期的 21.7 贬值近 30%。如果格里夫纳持续走疲,将破坏该国政府严格的紧缩计划。

"他们计划提高(能源)关税。但若格里夫纳持续贬值,他们将不得不在两三个月后再度上调关税。"智库 Razumkov Centre 的经济计划主管 Vasyl Yurchyshyn 指出。她说,根据周二生效的外汇管制措施,央行将对所有金额超过 5 万美元的进口合同进行核实,以确定其合法性。任何合同金额超过 50 万美元的进口商必须持有最高评级外资银行开具的信用证。银行业者还将禁止向企业出借格里夫纳,用于购买外汇。

资料来源:新浪财经,2015 年 2 月 24 日。

二、歧视性"两反一保"

"两反一保"即倾销与反倾销、补贴与反补贴、保障措施和特别保障措施。"两反一保"是世贸组织允许的由成员方为保护国内同类产品产业免遭进口产品损害而采取的限制进口的政府行为，是一种法律制度。

(一) 倾销与反倾销

倾销，是指一个国家或地区的出口经营者以低于国内市场正常或平均价格甚至低于成本价格向另一国市场销售其产品的行为，目的在于击败竞争对手，夺取市场，并因此给进口国相同或类似产品的生产商及产业带来损害。

反倾销，是指一国针对他国对本国的倾销行为所采取的对抗措施。贸易的全球化趋势愈强，各国对本国产业的保护倾向也随之愈强，反倾销就成为大多数国家主要采取的贸易保障制度。

根据《WTO反倾销协议》，反倾销措施的实施必须具备三个基本条件：

一是存在倾销，即进口产品的出口价格低于其正常价值；

二是存在损害，即对国内已建立或建立相关产业造成实质损害或损害威胁或实质障碍；

三是倾销与损害之间存在因果关系。

《反倾销协定》对反倾销调查程序做出了详细的规定。反倾销调查程序包括申诉、立案、调查、裁决、复审等阶段。

案例 3-2-4

中国大量出口钢材引发抗议　欧盟开征反倾销税

欧盟通过官方公报发布的通知显示，欧盟将从 2015 年 3 月 26 日开始对来自中国大陆和台湾地区的不锈钢冷轧板征收惩罚性的反倾销税。

公报指出，欧盟在 2014 年 5 月收到欧洲钢铁生产商联盟的投诉，在经过调查后决定，对来自中国大陆的相关产品征收 24%到 25%的反倾销关税，对来自台湾地区的相关产品征收 11%到 12%的反倾销关税。

欧洲钢铁生产商联盟在投诉中指出，中国大陆和台湾地区在 2013 年向欧洲出口价值 6.2 亿欧元(4.55 亿美元)的冷轧不锈钢，在整个市场中有 17%的占比。投诉称，这些产品是以不公平的低价格出售到欧洲的。

欧盟表示，惩罚性的反倾销关税将是暂时性的，最终决定将在 9 月结束的一项调查后出来。

《华尔街日报》报道援引国际钢铁协会和世界贸易信息服务股份公司(GTI)的数据显示，去年中国出口钢铁 8 210 万吨，较前年增长 59%，使中国成为本世纪钢铁出口量最高的国家。但是，去年中国的钢铁消耗量仅增长 1%，今年增速会降至 0.8%。

该消息出来后，北京兰格钢铁信息研究中心分析师 Wang Guoqing 在接受英国《金融时报》记者采访时称，征收反倾销税意味着很多中国钢铁制造商会失去价格优势，她说："很多中国公司会被迫使去提升价格以抵消新增的倾销税。"

Wang 还表示，中国的钢铁制造商应该提高他们的产品质量和竞争策略去与反倾销税的压力抗争。同时，钢铁产业应寻求出口多元化，寻找钢铁的新兴市场。

资料来源：和讯期货网，2015 年 3 月 26 日，有删改。

(二) 补贴与反补贴

补贴是指一成员方政府或任何公共机构向某些企业提供的财政捐助以及对价格或收入的支持,以直接或间接增加从其领土输出某种产品或减少向其领土内输入某种产品,或者对其他成员方利益形成损害的政府性措施。

一项措施是否构成补贴,取决于两个要素,一个是政府或公共机构的财政资助,另一个是该资助产生利益。

反补贴是指一国政府或国际社会为了保护本国经济健康发展,维护公平竞争的秩序,或者为了国际贸易的自由发展,针对补贴行为而采取必要的限制性措施。包括临时措施、承诺征收反补贴税。

常见的反补贴的种类主要有:第一,临时措施;第二,承诺;第三,反补贴税征收。

案例 3-2-5

美国对华出口轮胎征收反补贴税

美国商务部 2014 年 11 月 24 日公布初裁结果,认定自中国进口的轮胎存在补贴行为,美国拟对此类产品征收反补贴税。

美商务部发表的声明称,美方认定中国输美乘用车和轻型卡车轮胎产品获得不当政府补贴,补贴幅度为 12.5%至 81.29%,根据美国贸易救济程序,基于这一初裁结果,商务部将指示美国海关向相关企业征收反补贴税现金保证金。

应美国钢铁工人联合会和另一家劳工组织的申请,美国商务部 2014 年 7 月 15 日宣布对进口自中国的乘用车和轻卡轮胎发起“双反”调查。根据美方统计数据,2013 年中国输美相关产品总额约为 21 亿美元,2012 年总额约为 12.7 亿美元。

这不是美国第一次将贸易制裁大棒挥向中国轮胎产业,2009 年美国曾对上述轮胎产品采取特保措施,涉案轮胎对美出口量一度下降超过 60%,主要出口美国市场的中国轮胎企业持续亏损,该举措并未给美国轮胎行业带来实质利益,反使美国零售业遭受巨大损失。

资料来源:参考消息,2014 年 11 月 25 日,有删改。

(三) 保障措施

保障措施是指成员方在进口激增并对其国内产业造成严重损害或严重损害威胁时,依据《1994 年 GATT》所采取的进口限制措施。

保障措施实施方式主要有:提高关税,实行关税配额以及数量限制等。但保障措施应在防止或救济严重损害或严重损害威胁的必要限度内。保障措施实施期限一般不应超过 4 年。

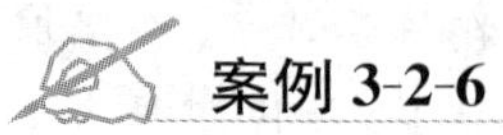

案例 3-2-6

印度对进口饱和脂肪醇征收 3 年保障措施税

2015 年 3 月 13 日,印度消费税和海关中央委员会发布公告称,接受印度保障措施局于 2014 年 10 月 9 日对进口饱和脂肪醇做出的保障措施终裁,对进口涉案产品征收为期 3 年的保障措施税,第一年(2014 年 8 月 28 日—2015 年 8 月 27 日)为 20%,第二年(2015 年 8 月 28 日—2016 年 8 月 27 日)为 18%,第三年(2016 年 8 月 28 日—2017 年 8 月 27 日)为 12%。涉案产品海关编码为 3823.7010、3823.7020、3823.7040、3823.7090、2905.1700。

2014 年 2 月，印度商工部对进口饱和脂肪醇进行保障措施立案调查；2014 年 10 月，印度商工部对此案作出肯定性终裁。

资料来源：中国国际招标网，2015 年 3 月 20 日，有删改。

三、非关税壁垒的新发展

（一）技术性贸易壁垒的含义

技术性贸易壁垒(Technical Barriers to Trade，TBT)，是指一国以维护国家安全或保护人类健康和安全，保护动植物的生命和健康，保护生态环境，或防止欺诈行为，保证产品质量为由，采取一些强制性或非强制性的技术性措施，这些措施成为其他国家商品自由进入该国的障碍。

案例 3-2-7

浙江省应对技术性贸易壁垒联席会议办公室发布《浙江省技术贸易壁垒白皮书》(2014)称，2013 年浙江省(含宁波地区)出口遭受技术壁垒的损失为 60.87 亿美元，其中除宁波地区外全省损失额为 36.1 亿美元，相比往年首次有所回落。

60.87 亿美元的损失额是个什么概念？浙江省技术性贸易措施研究与应对中心主任潘洋解释说，这个金额折合成人民币约为 366 亿元，按照 2013 年浙江省城镇居民人均纯收入 3.7 万元算，等于 99 万人白忙活了一年。

从出口目标市场来看，受损最为严重的为欧盟地区市场，损失额达 7.95 亿美元，占到总损失额的 22.01%，其次美国市场、韩国市场等受损也较为严重。

资料来源：浙江在线，2014 年 11 月 24 日。

1. 技术性贸易壁垒的表现形式

(1) 繁杂的技术标准与法规

技术标准是指经公认机构批准的、非强制执行的、供通用或重复使用的产品或相关工艺和生产方法的规则、指南或特性的文件。有关专门术语、符号、包装、标志或标签要求也是标准的组成部分。

技术法规是指必须强制执行的有关产品特性或其相关工艺和生产方法，包括：法律和法规，政府部门颁布的命令、决定、条例，技术规范、指南、准则、指示，专门术语、符号、包装、标志或标签要求，其中有些规定是针对某些国家的。

案例 3-2-8

美国为了阻止墨西哥的土豆输入，对土豆的标准规定有成熟度、个头大小等指标，这就给墨西哥种植的土豆销往美国造成了困难，因为要销往美国的土豆不能太熟就得收获，否则易烂，而这样的话又难以符合成熟性要求。

美国的《儿童玩具法》对进口的儿童玩具提出众多要求，如不能有棱角、锐角；玩具涂料含铅量不超过百万分之六;玩具附着物的拉力不小于30磅(不然会脱落);拉链长不超过12英寸;玩具声响不能过大等。

(2) 苛刻的合格评定程序

合格评定程序一般由认证、认可和相互承认组成,影响较大的是第三方认证。认证是指由授权机构出具的证明,一般由第三方对某一事物、行为或活动的本质或特征,经过对当事人提供的文件或实物进行审核后给予的证明,这通常被称为"第三方认证"。认证可以分为产品认证和体系认证。

欧盟对欧洲以外的国家的产品进入欧洲市场要求符合欧盟指令和标准(CE);北美主要有美国的UL认证和加拿大的CSA认证;日本有JIS认证。

体系认证是指确认生产或管理体系符合相应规定。目前最为流行的国际体系认证有ISO9000质量管理体系认证和ISO14000环境管理体系认证。

知识链接 3-2-1

ISO9000 和 ISO14000

ISO9000系列标准是第一套管理性质的国际标准。它是各国质量管理与标准化专家在先进的国际标准的基础上,对科学管理实践的总结和提高,它既系统、全面、完善,又简洁、扼要。1994年7月1日正式公布的ISO9000系列标准的核心内容由以下5部分组成:以满足顾客需求为己任、重视过程控制、强调以预防为主、持续的质量改进和重视高层领导的作用。

ISO14000是1995年6月由国际标准化组织在挪威的奥斯陆召开的会议上确立的环境管理监督标准,主要包括规定建立企业内环境管理系统(EMS)程序的14001、规定商品须实施环境管理标准的14020和规定从商品原材料供给到商品报废为止的环境标准14040等。

(3) 严格的产品检疫、检验制度

基于保护环境和生态资源,确保人类和动植物的健康,许多国家,特别是发达国家针对农副产品、食品、药品和化妆品等制定了严格的产品检疫、检验制度。由于各国环境和技术标准的指标水平和检验方法不同以及对检验指标设计的任意性,而使之成为技术贸易壁垒。

(4) 信息技术壁垒

EDI和电子商务将是21世纪全球商务的主导模式,而电子商务的主导技术是信息技术。目前,发达国家在电子商务技术水平和应用程度上都明显超过发展中国家,并获得了战略性竞争优势;而发展中国家和不发达国家在出口时因信息基础设施落后、信息技术水平低、企业信息化程度低、市场不完善和相关的政策法规不健全等而受到影响,在电子商务时代处于明显劣势,导致信息不透明、信息传递不及时、信息传递途径不畅通等。这样,新的技术壁垒——信息技术壁垒在发达国家与发展中国家之间形成了。

(二) 绿色壁垒

绿色贸易壁垒又称环境壁垒,是指进口国政府以保护生态环境、自然资源和人类健康为由,以限制进口保护贸易为目的,通过颁布复杂多样的环保法规、条例,建立严格的环境技术标准和产品包装要求,建立繁琐的检验认证和审批制度,以及通过征收环境进口税的方式对进口产品设置的贸易障碍。

1. 绿色壁垒表现形式

(1) 环境附加税和市场准入制度

发达国家保护环境、限制进口最早的手段是采用环境附加税，即对一些污染环境、影响生态的进口产品征收进口附加税，或者限制、禁止进口，甚至实行贸易制裁。

(2) 产品加工标准制度

产品的标准、法规是指针对有形产品在使用时能成功满足用户需要的程度作出的强制性规范，政府、各标准组织、行会及其他机构都可以制定。发达国家往往拥有较高的技术水平，而以环境保护为目的的环保技术标准都是根据发达国家的生产和技术水平制定的，但靠发展中国家的技术力量很难达到这些严格的环保标准，这就导致发展中国家的产品被排斥在发达国家市场之外。

这些标准涉及范围非常广泛，如食品中的农药兽药残留量标准、汽车尾气排放标准、纺织品有毒有害物质标准、偶氮染料标准、陶瓷含铅量标准、皮革的PCP残留量标准、玩具和机电产品的安全性标准、包装材料的可循环比例标准等。

案例3-2-9

输欧茶叶经历了年初唑虫酰胺农残项目履遭欧盟通报退货的绿色壁垒后，近日又遭蒽醌项目的通报，这对绍兴地区刚有起色的输欧茶叶来说无疑是雪上加霜，出口前景更加堪忧。

据统计，遭唑虫酰胺通报后的第一季度，绍兴局辖区出口欧盟茶叶的数量和金额与去年同比的下降幅度达51.2%和43.6%。第二季度开始，出口茶叶企业主动控制风险，在全力排查库存输欧茶叶的同时，加强原料基地管理，及时调整科学的用药清单并严格实施，进一步抓好了源头控制，使出口欧盟茶叶质量大幅提高，对欧出口开始复苏。1月至10月，绍兴出口欧盟茶叶789.8吨，货值332.6万美元，同比下降幅度开始收窄，降幅分别33.0%和31.0%，且没有一批被欧盟通报。

绍兴检验检疫局提醒广大出口茶叶企业，目前能做的就是积极控制好风险，慎重对欧出口，对没有把握的茶叶千万不能抱有侥幸心理，更不能以次充好，以杜绝通报退货事件的发生。其次还要对目前库存输欧茶叶进行全面排查，将蒽醌、唑虫酰胺等项目作为重点进行检测筛选，待风险分析后再行决定。此外更要积极搜集国外信息，加强同国外客户联系，找出切实有效的防控措施，真正从源头控制好茶叶的安全卫生质量。

资料来源：杭州日报网，2014年11月25日。

(3) 环境标志制度

环境标志制度也称绿色标志、生态标志，是由政府部门或公共、私人团体依据一定的环境标准颁发的图形标签，印制或粘贴在合格的商品及包装上，用以表明该产品不仅质量、功能符合要求，而且从生产到使用及处理全过程都符合环境保护要求，对环境和人类健康无害或危害极少，有利于资源的再生产和利用。进口产品取得环境标志意味着取得了进入实施环境标志制度国家市场的“通行证”。

环境标志制度作为一种激励机制，有利于环境成本内化，规范市场秩序，保护本国市场及环境。但由于环境标志认证程序复杂、手续繁琐、标准严格，增加了外国厂商的生产成本和交易成本，成为其他国家产品进入一国市场的环境壁垒。

（4）绿色包装和标签制度

绿色包装是指能节约资源、减少废弃物、用后易于回收再利用，易于自然分解、不污染环境的包装。近十几年来发达国家相继采取措施，大力发展绿色包装。这类产品在发达国家已广泛流行，简化包装、可回收再循环包装、多功能包装、以纸代塑料包装已悄然兴起。

现有规范对商品标签也有细致的规定。例如，美国食品药品管理局要求大部分的食品必须标明至少 14 种营养成分的含量，仅仅是在这一领域处领先地位的美国制造商就为此每年要多支出 10.5 亿美元，由此可见其他落后国家的出口商的成本压力了，尤其对没条件进行食品成分分析的国家而言，这无疑就是禁止进口性措施。

（5）绿色补贴制度

为了保护环境和资源，各国政府采取干预政策，将环境和资源成本内在化。发达国家将严重污染的产业转移到发展中国家以降低环境成本，造成发展中国家环境成本上升。而发展中国家的企业大多无力承担环境治理的费用，政府有时不得不给予一定的环境补贴。这一政策又被发达国家认为有违关贸总协定和世界贸易组织的规定，因而限制其产品的进口。

（6）绿色卫生检疫制度

WTO《卫生与动植物卫生措施协议》规定，各成员国政府有权采取措施，保护人类与动植物的健康，使人、畜免遭污染物、毒素、添加剂的影响，确保人类健康免遭进口动植物携带疾病所造成的伤害。为保护国内消费者的利益，满足对此商品健康、安全等隐性需求，各国海关、商检机构都制定了不同的卫生检疫制度，对进口商品的品质进行检测和鉴定。

任务实施

通过本节内容的学习，小杨了解到传统非关税壁垒形式主要有：进口配额、“自愿”出口配额、进口许可证、进口最低限价、海关障碍、进出口国家垄断、歧视性政府采购、外汇管制。非关税壁垒的发展趋势是技术壁垒作用开始增强，逐步取代关税壁垒和传统非关税壁垒，绿色壁垒和“两反一保”也成保护贸易的趋势。

任务三　适应鼓励出口和出口管制措施

工作任务

对外贸易措施经常会随国情而进行调整，除了前面了解的关税措施和非关税措施之外，一国还经常通过鼓励出口和出口管制措施来调节对外贸易。那么，常见的鼓励出口和出口管制措施具体有哪些？小杨在工作中需要了解常见的鼓励出口和出口管制措施。

知识与技能支撑

一、鼓励出口措施

(一) 出口信贷

出口信贷是一种国际信贷方式，它是一国政府为支持和扩大本国大型设备等产品的出口，增强国际竞争力，对出口产品给予利息补贴、提供出口信用保险及信贷担保，鼓励本国的银行或非银行金融机构对本国的出口商或外国的进口商（或其银行）提供利率较低的贷款，以解决本国出口商资金周转的困难，或满足国外进口商对本国出口商支付货款需要的一种国际信贷方式。

(二) 出口补贴

出口补贴又称出口津贴，是一国政府为了降低出口商品的价格，增加其在国际市场的竞争力，在出口某商品时给予出口商的现金补贴或财政上的优惠待遇。出口补贴的目的就是促使该国的补贴商品扩大出口量。出口补贴又包括直接补贴和间接补贴两种方式。

例如，出口退税是指政府对出口商品的原料进口税和其在国内生产及流转过程中已缴的国内税税款全部或部分地退还给出口商。出口退税有利于出口商降低销售成本和价格，提高竞争能力。出口退税具体包括两方面内容：① 是退还出口商品所用原材料或半制成品的进口税，因为这些进口货不是为了本国消费，而是通过改制、修理或加工以后再出口。② 是退还出口商品的各种国内税，包括销售税、消费税、增值税、盈利税等，以减轻出口商的业务负担。如欧共体市场对钢铁等产品的出口采用退还增值税的办法，巴西政府对出口工业品免征工业产品税和商品流通税。我国也一直采取出口退税制。

(三) 外汇倾销

外汇倾销是指政府利用本国货币对外贬值的机会争夺国外市场的一种手段。由于货币贬值后，出口商品以外国货币表示的价格降低，从而提高了竞争能力，达到扩大出口的目的。具体来说，外汇倾销的本币贬值会降低本国出口产品的价格水平，从而提高出口产品的国际竞争力，扩大出口；外汇倾销使外国货币升值，提高了外国商品的价格水平，从而降低进口产品的国内市场竞争力，有利于控制进口规模。

(四) 经济特区措施

许多国家或地区，为了促进经济和对外贸易的发展，采取了建立经济特区的措施。经济特区是一个国家或地区在其国境以内，关境以外所划出的一定区域范围，在这个区域内，通过实行较国内其他地区更加灵活开放的政策和措施，如降低地价、减免关税、放开海关管制和外汇管制。

二、出口管制措施

(一) 出口管制的目的

出口管制是指一国政府通过建立一系列审查、限制和控制机制，以直接或间接的方式防止本国限定的商品或技术通过各种途径流通或扩散至目标国家，从而实现本国的安全、外交和经济利益的行为。出口管制的目的有以下两个：

1. 政治与军事的目的

通过限制或禁止某些可能增强其他国家军事实力的物资，特别是战略物资的对外出口，来维护本国或国家集团的政治利益与安全。同时，也通过禁止向某国或某国家集团出售产品与技术，作为推行外交政策的一种手段。

2. 经济的目的

对出口商品进行管制，可以限制某些短缺物资的外流，有利于本国对商品价格的管制，减少出口需求对国内通货膨胀的冲击。同时，出口管制有助于保护国内经济资源，使国内保持一定数量的物资储备，从而利用本国的资源来发展国内的加工工业。

(二) 出口管制的对象

各个国家都有程度不同的出口管制。一国实施出口管制政策时，一般是根据其国内市场及对外经济、政治关系情况，实行差别性的国别政策，即把受到出口管制的国家分成组别，进行程度不同的管制。出口管制的商品大致有以下几类。

1. 战略物资及有关的尖端技术产品

如对武器、军事设备、军用飞机、军舰、先进的电子计算机及其有关技术资料等进行严格的出口限制，规定必须领取特别出口许可证才准予出口，有的则禁止出口。对这类商品实行出口管制，主要是从“国家安全”和“军事防务”的需要出发，以及从保持科技领先地位和经济优势的需要考虑。

2. 国内生产和生活紧缺的物资

其目的是保证国内生产和生活需要，抑制国内该商品价格上涨，稳定国内市场。西方国家大多对稀有金属、石油和天然气、煤等物品实施出口管制。我国亦对粮、棉、油以及重要工业原材料等限制出口。从 1989 年 1 月 1 日起，国务院禁止铝、锌、镍等六种有色金属的出口，以首先满足国内工业生产的需要。

3. 出口国“自动”控制出口的商品

有些国家在出口某类商品时，为了缓和与进口国的贸易摩擦，在进口国的要求下或迫于对方的压力，不得不对某些具有很强国际竞争力的商品实行出口管制。

4. 历史文物和艺术珍品

这是出于保护本国文化艺术遗产和弘扬民族精神的需要而采取的出口管制措施。如英国政府规定，古董和艺术珍品历史在 100 年以上者，必须领取出口许可证方能出口，而这类许可证很难领取。我国也规定，历史在 150 年以上的古董、艺术珍品不准出口。

5. 在国际市场上占主导地位的重要商品和出口额大的商品

对于一些出口商品单一、出口市场集中，且该商品的市场价格容易出现波动的发展中国家来讲，对这类商品的出口管制，目的是为了稳定国际市场价格，保证正常的经济收入。比如，欧佩克(OPEC)对成员国的石油产量和出口量进行控制，以稳定石油价格。被出口国垄断的某些商品控制其出口，目的在于保持垄断商品的垄断高价。

任务实施

通过本章内容的学习，小杨了解到常见的鼓励出口的措施有出口信贷、出口补贴、外汇倾销和经济特区制度，而出口管制主要通过各种出口许可证制度来控制。

任务四 项目实训

知识巩固

◇ 单项选择

1. 正常关税待遇一般指的是(　　)。

A. 普通税率　　B. 最惠国税率
C. 普惠制税率　　D. 特惠制税率

2. 某国对某种进口商品征收10%的从价关税,另加上每公吨15美元的从量关税,从征税的方法看,这种税叫做(　　)。

A. 从价税　　B. 从量税　　C. 混合税　　D. 选择税

3. 假定某国规定1995年从中国进口鞋不超过2 000万双,它是(　　)。

A. 全球配额　　B. 国别配额　　C. 关税配额　　D. 自愿出口限制

4. 进口许可证是一种限制进口的手段,其作用是(　　)。

A. 只能限制商品价格　　B. 只能限制商品的数量
C. 只能限制商品的质量规格　　D. 既可限制进口的数量,又能限制价格

5. 鼓励出口的措施是(　　)。

A. 出口信贷　　B. 商品倾销　　C. 外汇倾销
D. 出口信贷国家担保制　　E. 出口补贴

6. 出口信贷国家担保(　　)。

A. 由商业保险公司承担风险　　B. 其担保对象主要是本国进出口商
C. 主要担保经济风险和政治风险　　D. 收费较高
E. 分短期、中期、长期

◇ 判断

1. 一国征收出口税的目的是限制该国商品的出口流量。　　(　　)
2. 所有发展中国家都可以享受普遍优惠制。　　(　　)
3. 进口配额项下的商品都必须提供原产地证明书。　　(　　)
4. 不限进口国别和地区,而由进口商的申请先后批给一定的额度,这种配额叫全球配额。　　(　　)
5. 外汇倾销可以无限制无条件地进行。　　(　　)

项目实操

◆ 项目实训操作

【项目背景一】 我向美商出口蘑菇罐头一批,价值50万美元,美进口关税普通税率为45%,最惠国税率为12.5%,普惠税率为3%。

【任务】 请计算美进口商应支付多少关税?

【项目背景二】 瑞典某进口商拟从我国进口玩具一批,价值 20 万美元,若从日本进口只需 19.5 万美元,瑞典玩具普通税率为 30%,最惠国税率为 15%,普惠制税率为 0%,它最终从中国进口。

【任务】 请分析它的最终进口成本减少了多少。

项目四　了解区域经济一体化

【知识目标】

- 了解区域经济一体化的含义
- 熟悉区域经济一体化集团的特征
- 掌握区域经济一体化的主要形式
- 了解区域经济一体化的发展历程
- 熟悉全球主要的区域经济一体化组织

【能力目标】

- 能够理解区域经济集团形成和发展的原因
- 能够掌握区域经济一体化对进出口贸易的影响及作用

【项目背景】

郑州豫港进出口贸易有限公司外贸业务员小杨在办公室看到一篇文章，题目是《2015 年博鳌亚洲论坛今日开幕:“一带一路”方案将出炉》。文章提到:“一带一路”是指“新丝绸之路经济带”和“21 世纪海上丝绸之路”。人们期待着详细的规划列表，其中重大基础设施项目可能达到数百个，包括铁路、公路、能源、信息技术和工业园区。文章说，古丝绸之路主要通过中亚连接中国与欧洲，而中国“一带一路”规划还包括孟加拉国、印度、缅甸以及中国、巴基斯坦经济走廊。中国政府旨在把“一带一路”建设与区域经济开发结合起来，加强新亚欧大陆桥、陆海口岸支点建设。“‘一带一路’建设是打造亚洲命运共同体的具体措施，对推动亚洲以及整个欧亚大陆区域经济发展影响深远，因此，具体方案的推出值得全球期待。”看到这里，不禁要思考：什么是区域经济一体化？它的特征是什么？世界上主要的区域经济一体化组织都有哪些？对全球贸易有何影响？

任务一　认知区域经济一体化

工 作 任 务

自荷兰经济学家丁伯根于 1954 年最早提出经济一体化的定义以来，区域经济一体化蓬勃发展。区域经济一体化是指在世界经济一体化的过程中，两个或两个以上地理或经济制度邻近的国家和地区通过让渡自己的部分经济或政治主权，建立起超国家的管理机构，以集团的力量参与国际市场竞争，对内实行贸易投资自由化和经济技术合作，对外构筑种种显性或隐性的贸易壁垒的一种追求地区利益和民族利益的思潮和行为。

区域经济一体化具有鲜明的特征，它使成员资格实现区域性、超国家性、利益的放大性以及对外部成员的排斥性等。世界上主要的区域经济一体化组织有世界贸易组织、欧盟、东盟、亚太经合组织等。区域经济一体化对内部成员的影响主要体现在：

（1）促进了集团内部贸易的增长。

（2）改变了国际贸易的地区分布。

（3）有利于区域经济一体化国家整体贸易地位的提高。

（4）成员国经贸政策的自主权相应地受到约束。

知识与技能支撑

一、区域经济一体化的含义

（一）经济一体化学说

经济一体化是指通过共同的商品市场、生产要素市场或者两者的结合达到生产要素价格的均等、自由流动及成员国之间宏观经济政策的一体化。

知识链接 4-1-1

经济一体化的各种观点学说

经济一体化的定义最早是由荷兰经济学家丁伯根在 1954 年提出的。他认为："经济一体化就是将有关阻碍经济最有效运行的人为因素加以消除，通过相互协调与统一，创造最适宜的国际经济结构。"丁伯根还把经济一体化分为消极一体化和积极一体化。他认为，消除歧视和管制制度，引入经济交易自由化是消极的一体化。而运用强制的力量改造现状，建立新的自由化政策和制度是积极的一体化。

关于经济一体化的定义众说纷纭。其中，最具代表性的定义是美国经济学家巴拉萨在 1961 年提出的。他说："我们建议把经济一体化定义为既是一个过程，又是一种状态。就过程而言，它包括旨在消除各国经济单位之间差别待遇的种种举措；就状态而言，则表现为各国间各种形式的差别待遇的消失。"巴拉萨的定义是从行为或手段的角度来描述经济一体化的，但没有指出经济一体化的目的或效果是什么。为此，另外一位美国经济学家柯森对巴拉萨所说的一体化是"过程"的解释为：导向全面一体化的成员国间生产要素再配置；对一体化是"状态"的解释为：业已一体化的国家间生产要素最佳配置。波兰经济学家查尔斯托斯基回避"过程"或"状态"之分，指出经济一体化的本质是劳动分工，即"按国际劳动分工的要求来调整各国的经济结构"。

（二）区域经济一体化的定义

区域经济一体化是指在世界经济一体化的过程中，两个或两个以上地理或经济制度邻近的国家和地区通过让渡自己的部分经济或政治主权，建立起超国家的管理机构，以集团的力量参与国际市场竞争,对内实行贸易投资自由化和经济技术合作,对外构筑种种显性或隐性的贸易壁垒的一种追求地区利益和民族利益的思潮和行为。

二、区域经济一体化的优势和特征

(一) 区域经济一体化的优势

区域经济一体化有着诸多优点,尤其在经济方面,主要表现如下:

1. 加强内部合作或统一内部,抵御外部强大压力;
2. 根据比较优势的原理通过加强专业化提高劳动生产率;
3. 技术的提高带来生产质量和数量的提高;
4. 区域经济一体化所带来的积极效应是其产生和发展的内在动因。

(二) 区域经济一体化的特征

根据区域经济一体化的优势,区域经济集团的特征可表述为:

1. 成员资格的区域性(现在不甚鲜明)

典型的是首先在相邻或相近国家建立起来,并不断沿同心圆规律向外拓展,即便后续加入的成员也多是同一地区的地理临近国或经贸上、经济体制上、文化习俗上极其相近的国家和地区。

2. 内部的开放性(超国家性)

总是推行相互间全面降低关税,取消非关税壁垒,实现商品的自由流通,并放宽内部的投资限制,促进地区的资本和其他生产要素的自由流动,从而达到改善资源配置、降低生产成本、互相得益的目的。

3. 对外的排斥性

其目标是为了形成一个封闭性的经贸集团,以集团的力量抢夺国际市场,对外实行共同的关税,并利用天时(周边关系、市场自然联合)、地利(地缘政治、资源禀赋)、人和(政治经济制度和文化习俗相近)的有利条件,约束、限制与集团外非成员之间经贸关系的发展。

4. 利益的放大性

其根本出发点是谋求使每一个成员方获得比单独一方更大的利益。按照规模经济原理,从最佳的国际生产分工出发,实现资源的优化配置,提高效率,增强与区域外国家或集团对抗的实力。

(三) 区域经济一体化的宗旨

各成员国之间依据共同章程,通过有序分工,更加有效地利用区域内资源,获得综合分工利益,促进共同发展与繁荣。

三、区域经济一体化的主要形式

区域经济一体化组织按照组织性质与经济贸易壁垒取消的程度划分可分为以下几种形式:

(一) 优惠贸易安排

优惠贸易安排(Preferential Trade Arrangement)是区域经济一体化中最低级和最松散的组织形式。成员国之间通过贸易条约或协议,规定了相互贸易中对全部商品或部分商品的关税优惠,对来自非成员国的进口商品,各成员国按自己的关税政策实行进口限制。如 1932 年英国与其前殖民地建立的“英联邦特惠制”(原称“帝国特惠制”)就规定:成员国之间互减关税,但对非成员国仍维持较高关税,形成一种优惠贸易集团。

(二) 自由贸易区

自由贸易区(Free Trade Area)是指签订自由贸易协议的成员国相互彻底取消了在商品贸易中的关税和数量限制,使商品在各成员国之间可以自由流动。但是,成员国仍保持各自对来自非成员国进口商品的限制政策。例如:2003 年 6 月 29 日我国中央政府与香港特别行政区政府签署的《内地与香港关于建立更紧密经贸关系的安排》(CEPA),其主要规定三大内容:货物贸易自由化;内地自 2004 年 1 月 1 日起对 273 个税目的港产品执行零关税;2006 年 1 月 1 日起全部产品对港执行零关税。

知识链接 4-1-2

1994 年 1 月,“北美自由贸易区”(NZFTA)宣告成立。

1998 年 4 月,第二届美洲首脑会议在圣地亚哥召开,《圣地亚哥声明》宣布关于建立美洲自由贸易区(AFTA)的谈判正式启动。该自由贸易区具有两大特征。

特征一:一体化组织内部的自由贸易。真正实现商品的自由流通,成员经济体内的企业可以像在国内一样进行自由贸易。

特征二:成员经济体之间没有共同对外关税。在此,一体化组织内部的自由贸易并不妨碍各成员经济体针对非成员方采取其他的贸易政策,也不按照共同的关税对非成员方商品征收进口关税。

随之而来的问题是:来自自由贸易区外的商品从对外关税较低的成员方进入自由贸易区市场后,再转而进入关税水平较高的成员方,从而造成较高关税成员税收流失和对外贸易政策失效。

为解决这一问题,常采用“原产地原则”——只有产自成员国内的商品才享有自由贸易及免征进口关税的待遇。一般来说,所谓原产地商品,是指商品价值的 50%以上是在自由贸易区由内部成员方生产的。有些地区更高。

典型例子是 1960 年建立的欧洲自由贸易联盟和北美自由贸易区,还有 2001 年我国总理朱镕基倡导十年内形成的中国—东盟自由贸易区。

(三) 关税同盟

关税同盟(Customs Union)是指成员国之间彻底取消了在商品贸易中的关税和数量限制,使商品在各成员国之间可以自由流动。另外,成员国之间还规定对来自非成员国的进口商品采取统一的限制政策,关税同盟外的商品不论进入哪个同盟内的成员国都将被征收相同的关税。例如,早期的“欧洲经济共同体”和“东非共同体”。

关税同盟意味着撤除了成员国各自原有的关境,组成了共同的对外关境。这样使成员国的商品在区域内部自由流动的同时,排除了来自非成员国商品的竞争。关税同盟使成员国在商品贸易方面彻底形成了一体化。关税同盟开始具有超国家性质,是实现全面经济一体化的基础。

(四) 共同市场

共同市场(Common Market)是指成员国之间不仅在商品贸易方面废除了关税和数量限

制，并对非成员国商品进口征收共同关税，另外还规定了生产要素（资本、劳动力等）也可在成员国间自由流动。例如，“欧洲共同体”在1992年底建成的统一大市场。其主要内容就是实现商品、人员、劳务、资本在成员国之间的自由流动。

（五）经济联盟

经济联盟（Economic Union）是指成员国之间除了商品与生产要素可以进行自由流动及建立共同对外关税之外，还要求成员国实施更多的统一的经济政策和社会政策，如财政政策、货币政策、产业政策、区域发展政策等。例如，“欧洲联盟”属于此类经济一体化组织。

在理论上，应在多大的经济政策范围内实现统一才能称得上经济联盟，尚没有明确界定。但是，货币政策的统一作为一个重要标志是具有共识的，即成员国之间有统一的中央银行、单一的货币和共同的外汇储备。到目前为止，世界上也只有欧洲联盟达到这一阶段。

（六）完全经济一体化

完全经济一体化（Complete Economic Integration）是经济一体化的最高级组织形式。区域内各成员国在经济联盟的基础上，全面实行统一的经济和社会政策，使各成员国在经济上形成单一的经济实体。而该经济实体的超国家机构拥有全部的经济政策制定和管理权。目前世界上尚无此类经济一体化组织，只有欧盟在为实行这一目标而努力。

上述六种形式的区域经济一体化组织是由低级到高级排列的。各种形式的一体化组织之所以可以分级排列是因为上一级形式的一体化组织包含下一级形式的一体化组织的特点。

四、二战后区域经济一体化的发展历程

（一）迅速发展时期（“二战”后初期至20世纪70年代初）

如今仍运行的许多区域经济一体化组织就是在这一阶段发展起来的，一些组织在欧洲、拉美和非洲得到蓬勃发展。

据统计，20世纪60年代全球共19个区域经济一体化组织，70年代增至28个，欧洲经济共同体（简称欧共体）、欧洲自由贸易联盟和经互会表现尤为突出。

当时的区域经济一体化之所以迅速发展是因为20世纪60年代，大批殖民地国家摆脱了宗主国的统治，进而需要开辟宗主国以外的经济关系，迫切需要一套有利于自力更生和纠正殖民地经济特有畸形产业结构的对外经济关系；欧共体的成功则起到了成功的示范效应，从而成为不同发展层次国家谋求建立互利对外经济关系的样板。

知识链接 4-1-3

区域经济联盟快速发展

1. 1944年9月，签订《伦敦关税协定》，于1948年1月成立“比荷卢关税同盟”。

2. 1949年1月，前苏联、保加利亚、匈牙利、波兰等社会主义国家为打破冷战初期资本主义国际的经济封锁和巴统的禁运，在莫斯科成立了“经济互助委员会”。

3. 1951年4月，法、德、意、比、荷、卢六国在巴黎签署《煤钢联营条约》。以防止战火刚刚熄灭的欧洲成员国利用煤钢等战略资源重整军备，从而起到安定人心，实现地区共同繁荣的作用。1952年5月9日欧洲煤钢共同市场正式成立。

4. 1957年3月，六国外长云集罗马，签署了《欧洲经济共同体条约》和《欧洲原子能条约》——统称为《罗马条约》。标志着人类历史上最成功、一体化程度最高、规模最大的区域经

济集团正式登上历史舞台。1958 年 1 月 1 日欧共体和欧洲原子能共同体宣告成立。1967 年 7 月六国又在布鲁塞尔将上述三个条约合并，欧共体正式成立，这就是欧盟的前身。

5. 1960 年 1 月，英国、瑞典、挪威、丹麦、瑞士、奥地利和葡萄牙七国正式成立了“欧洲自由贸易联盟”(西欧七小国 VS 六大国)。

6. 1967 年 8 月，印尼、马来、菲、新加坡、泰国在曼谷签订《曼谷宣言》(现亦包含文莱、柬埔寨、老挝、缅甸、越南)东南亚国家联盟。

(二) 停滞时期(20 世纪 70 年代中期至 80 年代中期)

由于世界资本主义经济处于经济危机、能源危机和货币制度危机，生产增长停滞并伴随着高失业率、高通货膨胀，市场萎缩，贸易保护主义抬头，贸易与投资自由化受到较大的阻力。除了欧洲共同体经济仍在缓慢的推进经济一体化外，其余的经济一体化组织几乎都停滞发展，有的甚至中断活动或解体。

(三) 迅猛发展并实现新飞跃阶段

20 世纪 80 年代中期以来，国际政治环境良好而国际经济竞争日益激烈，区域经济一体化迅猛发展并实现新的飞跃。这一时期参与经济一体化的国家日益增多，经济一体化的层次越来越高，经济一体化逐渐走向开放，并突破某一区域的界限，实现跨区域、跨地区的区域经贸合作。

五、区域经济一体化组织出现和发展的原因

区域经济一体化的成因与特定的历史背景有关系，二战以后，冷战爆发，域内国家为了增强自身的经济活力，促进经济加速发展，扩大对外需求，有必要走向共同结合以求联合一致抗衡外部强大势力，这是区域经济一体化形成的直接动因。战后科学技术和社会生产力的高速发展，要求各国更多地分享发展的机遇，这是区域经济一体化形成的客观基础。生产力的发展和经济生活的国际化趋势，客观上要求冲破国家壁垒造成的障碍，增强彼此间经济协调和联合。发达国家政府对此做出迅速反应，使国家对经济的干预和调节能力不断强化，并将这种干预和调节，从国内经济领域扩展到国际经济领域。为了扩大内部贸易，进而使区域外国家受益，从而促进国际贸易的发展；国际市场对国际直接投资的诉求，都成为区域经济一体化进一步发展的条件。

任务实施

小杨通过本次任务的学习，了解了国际经济一体化的含义，区域经济集团的特征，区域经济一体化的主要形式和发展历程，以及区域经济一体化组织出现的原因。

任务二　熟悉主要的区域经济一体化组织

工作任务

日新月异的科技拉近了世界的时空距离,原来遥不可及的地方通过现代通讯和交通实现了即时沟通和短时通达,巨大的地球成了地球村,因而全球化和一体化成为可能。区域经济一体化有效拓展了市场,降低了企业的成本,成为推动组织内部国家发展的新引擎。由于自由贸易区对促进经济发展的巨大作用,各国出于自身利益的考虑,顺应潮流纷纷发起或加入自由贸易区等区域经济一体化组织。在众多的区域性组织中,最有代表性和规模最大的区域经济一体化组织是欧洲联盟、北美自由贸易区、亚太经济合作组织和中国—东盟自由贸易区。对于外贸从业人员来说,熟悉这些区域经济一体化组织,有助于从宏观角度理解国际贸易形式。

知识与技能支撑

一、欧洲联盟

欧洲联盟(European Union,EU)的前身是欧洲经济共同体(European Economic Community,EEC)。1951 年 4 月,西欧 6 国(法国、德国、意大利、荷兰、比利时、卢森堡)在法国巴黎签订了《欧洲煤钢联营条约》(也称《巴黎条约》),建立了欧洲煤钢共同体。欧洲煤钢共同体建立后,西欧 6 国认为可以把巴黎条约的原则扩大到其他领域。1957 年 3 月 25 日,西欧 6 国政府在意大利罗马签订了《建立欧洲原子能共同体条约》和《欧洲经济共同体条约》。这两个条约合在一起统称为《罗马条约》。《罗马条约》于 1958 年 1 月 1 日生效,同时,欧洲原子能共同体和欧洲经济共同体正式成立。欧盟是当今世界一体化程度最高的区域整治、经济集团组织。

(一) 欧洲联盟的发展历程

1. 基本建成内部大市场

欧洲经济共同体提出和实施“内部统一大市场”计划。1958 年 12 月欧洲共同体首脑会议通过“欧洲一体化文件”,决定于 1992 年 12 月 31 日以前建成一个没有国界的“内部统一大市场”,实现商品、劳务、人员和资金的自由流通。1993 年初,统一大市场已经开始运行。

2. 签署并实施《马斯特里赫条约》

在建设欧洲统一大市场的计划确定之后,欧共体又不失时机地把经济与货币联盟的建设提上议事日程,以实现《罗马条约》的最终目标。1991 年 12 月,在荷兰马斯特里赫特城举行了成员国首脑会议,决定正式签署《马斯特里赫特条约》(简称“马约”),又称《欧洲联盟条约》。这个条约由《经济和货币联盟条约》和《政治联盟条约》组成。一直到 1993 年 11 月,“马约”才被所有的成员国批准通过。从此,“欧洲共同体”则被改名为“欧洲联盟”。

3. 建设欧洲经济区

欧共体同时与“欧洲自由联盟”于 1991 年 10 月 22 日在卢森堡达成了建设“欧洲经济区”

的协议。按照该协议，欧洲19个发达国家将建成一个能保证货物、服务、资本和人员自由流动的贸易集团，1994年1月1日，“欧洲经济区”正式启动。

4. 欧洲联盟与中东欧四国签订、实施《欧洲协定》

早在1991年12月16日，欧共体与波兰、匈牙利、捷克和斯洛伐克签订了使后者成为欧洲共同体联系国的协定。1995年2月1日，欧洲联盟与捷克、斯洛伐克、保加利亚、罗马尼亚四国签订的《欧洲协定》又正式生效。根据协定规定，双方将在协定生效后5～10年内，逐步相互取消关税及其他壁垒，同时在一定限度内允许并实现人员和资本的自由流动。东欧通过该条约完全融入欧洲一体化进程，为其日后加入欧盟创造了条件。

5. 欧洲联盟实现第四次扩大

1995年1月1日，瑞典、奥地利、芬兰正式加入欧盟，欧洲联盟成员国达到15个，在地理上地中海国家和斯堪的纳维亚国家联为一体，欧洲主要工业国家被纳入到欧洲联盟的一体化轨道，其集团实力迅速扩张面积达到330万平方公里，人口接近3.8亿，国内生产总值达到9万亿美元。

6. 欧洲货币联盟的启动及欧盟的进一步扩大

1999年1月1日开始，欧盟11国开始在其国内经济贸易活动中使用欧元，并计划在2003年推行欧元的全面使用。为此，欧盟11国强调财政政策和货币政策的协调，争取在2003年使欧盟15国都能实现货币联盟所确定的所有国家货币统一的政策。2011年1月1日，爱沙尼亚加入欧元区，成为欧元区第17个成员国。

欧盟目前有成员国27个，其经济总量超过了美国，已经建成经济、货币联盟，实施了统一的货币政策，建立了多种经济一体化制度。欧元打破了美元作为世界货币的垄断地位，使得欧洲在世界金融界发言权空前提高。

(二)欧洲联盟的发展状况

欧盟经济一体化经济方面的成功表现为以下几个方面：

第一，从1970年起基本实现共同外贸政策，在贸易和关税协定的缔结、贸易自由化措施、关税、出口贸易政策等方面实施一致行动原则。在欧盟内部实现了商品、人员、资本和服务的自由流通，建立了欧洲内部的统一大市场。

第二，实行共同农业政策，建立共同农业基金，统一农产品市场和价格，对农产品予以补贴，并调整农业结构，促进了欧盟农业发展，不但解决了欧洲食品短缺问题，而且农产品生产相对过剩也得以解决。

第三，欧元区的建立，欧元在国际金融市场上地位逐渐确立，对美元作为世界货币的垄断地位形成了挑战。欧元区的建立有效地抵御了欧元区内部的金融风险，并对经济发展起到了积极作用。

欧盟经济一体化政治方面的成功主要表现在：

第一，欧洲一体化奠定了欧洲大陆的稳定与繁荣。欧洲一体化减少了邻国的矛盾与冲突，欧盟各国及周边各国不断形成向心力，这种向心力和凝聚力同样也吸引着邻国迫切的加入，例如巴尔干国家及土耳其、乌克兰等。

第二，《马约》规定欧盟逐步实行共同的外交和安全政策。欧盟国家要求在政治上独立，摆脱对美国的军事依赖，这种愿望愈加强烈。欧盟的成立为此使独立防务迈出了坚实的步伐。

知识链接 4-2-1

欧盟成员国和欧盟的组织机构

欧共体创始国为法国、联邦德国、意大利、荷兰、比利时和卢森堡六国。

罗马尼亚和保加利亚两国于2007年1月1日正式加入欧盟,使欧盟成为一个拥有27个成员国,人口超过4.8亿的区域组织。

至2011年1月,欧盟共有27个成员国,分别是:

英国、法国、德国、意大利、荷兰、比利时、卢森堡、丹麦、爱尔兰、希腊、葡萄牙、西班牙、奥地利、瑞典、芬兰、马耳他、塞浦路斯、波兰、匈牙利、捷克、斯洛伐克、斯洛文尼亚、爱沙尼亚、拉脱维亚、立陶宛、罗马尼亚、保加利亚。

主要语言有:

英语、法语、德语、西班牙语和意大利语。(语言冲突时以英语为标准)

欧盟的主要组织机构为:

1. 欧盟理事会。包括首脑会议和部长理事会,欧盟的最高决策和日常决策机构。

2. 欧盟委员会。欧盟的常设执行机构,负责起草政策、法规、报告和建议,并保证欧盟的政令在各成员国畅通。

3. 欧洲议会。为欧盟最高立法机构。

此外还有欧洲中央银行、欧洲法院、欧洲审计署、欧洲投资银行、欧洲经济社会委员会、欧洲统计局、欧洲投资基金会等。

二、北美自由贸易区

(一) 北美自由贸易区的产生

北美自由贸易区(North American Free Trade Area,NAFTA)的前身是由美国和加拿大两国建立的美加自由贸易区。到了20世纪80年代后,美加之间的经济关系获得了进一步发展,双方在投资、贸易上相互渗透、相互依赖关系更深厚。然而,两国在经济上的矛盾又频频发生并不断扩大,以致危及双方的经济利益。于是,两国逐步认识到,只有通过双边自由贸易,才能避免矛盾的进一步激化,并获得自由贸易的好处,求得最佳的经济利益。这是促成"美加自由贸易协议"签订的内在动因。

美国和加拿大于1986年5月开始谈判,两国经过23轮,历时一年零四个月的谈判,拟定了双边自由贸易的草案。1988年1月2日,美国总统和加拿大总理签署了《美加自由贸易协议》,该协议在1989年1月1日分别获得了美国国会和加拿大议会的批准,正式生效。

美国签订了《美加自由贸易协议》后,又于1990年6月与墨西哥磋商签订美墨自由贸易协议事宜。双方磋商过程中感到加拿大也应参加谈判。1990年9月加拿大宣布将参加谈判。三国于1991年6月正式开始谈判。经过14个月的讨论和协调,于1992年8月12日签订了《北美自由贸易协议》,该协定在1994年1月1日正式生效。

(二) 北美自由贸易区的影响

北美自由贸易区在世界各大区域贸易组织中具有重要的地位和作用。它拥有4.21亿人口,包含两个发达国家(美国和加拿大)和一个发展中国家(墨西哥),是世界上第一个由发达国家和发展中国家组成的经济集团。该自由贸易区成员间的政治、经济情况的差异非常大，因此具有比较典型的研究和参考价值与意义。

北美自由贸易区的建立，不仅对美、加、墨三国的经济产生推动作用，也对国际贸易和世界经济产生很大影响。

第一，《北美自由贸易协定》取得了显著成效，有效地促进了区域内贸易和投资。当然和所有贸易集团一样，北美自由贸易区也会有“贸易创造”和“贸易转移”的双重结果。对美国来讲，与墨西哥合作获得了更大的市场。这对于美国商品的输出极为有利。其中包括：农产品、电讯、环保、能源、金融等相关技术产品。对墨西哥来讲则得到了美国和加拿大两大市场，在纺织业、皮革制品、玻璃制品等都有了更多的出口机会。

第二，《北美自由贸易协定》为墨西哥带来了就业岗位，同时提高了工人待遇。

第三，《北美自由贸易协定》推进了自由贸易的共识。通过自由贸易加深了区域贸易发展的信心，为美洲自由贸易区的建立提供基础和合作蓝本。

三、亚太经济合作组织

亚太经济合作组织（Asia Pacific Economic Cooperation，APEC）是在20世纪80年代由澳大利亚建议下建立起来的。1989年11月，亚太地区的12个国家（美国、日本、澳大利亚、加拿大、新西兰、韩国、马来西亚、泰国、菲律宾、印度尼西亚、新加坡、文莱）在澳大利亚堪培拉举行第一届部长会议，这标志着亚太经济合作组织的成立。此后，1991年11月，中国、中国台湾、中国香港一起正式加入，1993年增加了墨西哥、巴布亚新几内亚；1994年又增加了智利，现已达到21个成员国。该组织每年举行一届部长年会。从1993年起，每年举行一次成员国首脑非正式会议。成员国首脑非正式会议不仅扩大了亚太经济合作组织的国际影响，而且为今后亚太经济合作组织向贸易投资和技术一体化方向发展注入了政治推动力。

APEC成员位于环太平洋地区，分布在美洲、亚洲和大洋洲，总人口约占世界人口45%，贸易额约占46%，国内生产总值约占世界55%，在全球经济活动中占有重要地位。

APEC的宗旨和目标是在1991年11月APEC韩国汉城（现称首尔）年会通过的《汉城宣言》正式确立的，其内容为“相互依存，共同利益，坚持开放的多边贸易体制和减少区域贸易壁垒”。

APEC具有以下特点：

第一，开放性。成员国之间的优惠措施不局限于成员国内部同样也适用于非成员国。

第二，灵活性。允许成员国根据其所在区域或本国具体情况，选择实现贸易投资自由化的进程和速度。

第三，多层次性。亚太地区地域辽阔，社会、文化、经济差异极大，因此，次区域经济合作发展迅猛，如北美自由贸易区、中国——东盟自由贸易去等。

第四，渐进性。因为APEC成员国之间差异性较大，所以在短期内无法形成像NAFTA或欧盟那样的一体化组织。因此只能先易后难、由初级到高级渐进式的发展。《茂物宣言》宣布发达国家不迟于2010年，发展中国家不迟于2020年在亚太地区实现贸易和投资自由化的长远目标。

四、中国—东盟自由贸易区

中国—东盟自由贸易区（China-ASEAN Free Trade Area，缩写CAFTA）是中国与东盟十国组建的自由贸易区，是中国对外商谈的第一个自贸区，也是东盟作为整体对外商谈的第一个自贸区。中国—东盟自贸区为目前世界人口最多的自贸区，也是发展中国家间最大的自贸区。

东盟是东南亚国家联盟(Association of Southeast Asian Nations，简称 ASEAN)的简称，正式成立于 1967 年 8 月，是一个在政治、经济和安全问题上协调合作的区域性组织，由文莱、柬埔寨、印度尼西亚、老挝、马来西亚、缅甸、菲律宾、新加坡、泰国和越南组成。

2000 年 11 月，时任我国总理的朱镕基提出建立中国—东盟自贸区的设想，得到了东盟各国领导人的积极响应。2001 年 11 月，第五次东盟—中国领导人会议在文莱举行。双方领导人一致同意在 10 年内建立中国—东盟自由贸易区，并授权经济部长和高官尽早启动自由贸易协定谈判。2002 年 11 月 4 日，中国与东盟签订《中国与东盟全面经济合作框架协议》，这标志着中国—东盟建立自由贸易区的进程正式启动。2010 年 1 月 1 日，经过 10 年努力，涵盖 19 亿人口、1 400 万平方公里土地的中国—东盟自由贸易区正式建成，接近 6 万亿美元国民生产总值、4.5 万亿美元贸易额的区域，90%左右的商品开始步入零关税时代，中国与东盟各成员国间的经济合作掀开崭新一页。

至此，欧盟(European Union)、北美自由贸易区(NAFTA)以及中国—东盟自由贸易区(China and ASEAN Free Trade Area，CAFTA)成为世界上三大区域经济合作区。

知识链接 4-2-3

中国—东盟自贸区建设发展进程

第一阶段(2002 年至 2010 年)

启动并大幅下调关税阶段。自 2002 年 11 月双方签署以中国—东盟自贸区为主要内容的《中国—东盟全面经济合作框架协议》始，至 2010 年 1 月 1 日中国对东盟 93%产品的贸易关税降为零。

第二阶段(2011 年至 2015 年)

全面建成自贸区阶段，即东盟越、老、柬、缅四国与中国贸易的绝大多数产品亦实现零关税，与此同时，双方实现更广泛深入的开放服务贸易市场和投资市场。

第三阶段(2016 年之后)

自贸区巩固完善阶段。

五、其他区域经济一体化组织

(一) 亚洲

1. 东南亚国家联盟(简称东盟)

东盟的前身是 1961 年由马来西亚、菲律宾和泰国三国建立的东南亚联盟(ASA)。1967 年 8 月 8 日，东南亚联盟三国加上新加坡、印尼共 5 国在泰国曼谷举行会议，发表了《东南亚国家联盟宣言》(也称《曼谷宣言》)，成立了东南亚国家联盟。1984 年文莱加入了东盟；1995 年越南加入东盟；1997 年 7 月，缅甸、老挝入盟；1999 年柬埔寨成为东盟的第 10 个成员国。

2. 南亚区域合作联盟(简称南盟)

南盟是在 1985 年 12 月成立的，成员有印度、孟加拉、巴基斯坦、斯里兰卡、马尔代夫、尼泊尔、不丹等 7 个国家。1993 年 4 月，南盟就 7 国间优惠贸易安排达成了协议，以此作为今后贸易谈判的基础。1994 年 11 月起，实施了 1993 年 4 月形成的优惠贸易安排。南盟成立后近 20 年来，区域经济合作进展不大，其主要原因是成员国之间存在着严重的政治分歧和边界争端，加上印巴两个南亚大国之间在该地区禁止核武器问题上存有不可调和的矛盾。这也从一个方面说明，政治关系是影响区域经济一体化发展的一个重要因素。

3. 海湾合作委员会

该组织于 1965 年成立，成员国有沙特阿拉伯、科威特、巴林、阿曼、卡塔尔、阿联酋 6 国。1992 年底，海湾合作委员会宣布，从 1993 年 3 月起建立共同市场，统一进口关税，以保证进口货物在 6 国间自由流动。2003 年 1 月 1 日，海合会 6 国正式启动关税联盟。2009 年 5 月，海合会首脑协商会议决定，海湾货币委员会总部设在利雅得。

（二）欧洲

1. 欧洲自由贸易联盟

1959 年 7 月，英国、瑞士、丹麦、挪威、瑞典、奥地利、葡萄牙 7 国在瑞典首都斯德哥尔摩举行了部长级会议，会上通过了“成立欧洲自由贸易联盟的计划草案”。同年 11 月又签订了《欧洲自由贸易联盟条约》。1960 年 5 月 3 日，欧洲自由贸易联盟正式成立。以后芬兰、冰岛、列支敦士登相继加入。但随着英国、丹麦、瑞典、奥地利、葡萄牙、芬兰加入欧洲经济共同体，2001 年底仅剩下挪威、瑞士、冰岛和列支敦士登 4 个国家。

2. 黑海经济合作组织

该组织是 1992 年 6 月在伊斯坦布尔签署《黑海经济合作宣言》而正式成立的。该文件表明，参加国间将通过双边或多边合作网，逐步加强成员国间经济合作，取消或削减不利于扩大贸易和投资的一切障碍，为商品、劳务和资金的自由流动创造条件。该组织 12 个成员国 2007 年 4 月 19 日举行部长理事会第 16 次会议，表示要加强成员国之间经济、文化和外交方面的合作，使拥有 3.5 亿人口的黑海地区充分发挥其潜能。

（三）拉丁美洲

1. 南方共同市场

1991 年 3 月 26 日，阿根廷、巴西、乌拉圭、巴拉圭 4 国总统在巴拉圭首都亚松森签署了《亚松森条约》，决定建立由 4 国参加的南方共同市场。经过近 4 年的艰苦谈判，于 1994 年 12 月 17 日签署了《黑金城协定》，宣布 1995 年 1 月 1 日南方共同市场正式启动运转。智利(1996 年)、玻利维亚(1997 年)和南非(2000 年)是南共市的“联系国”。智利已就成为正式成员同南共市开始进行谈判。

2008 年 7 月，第 35 届南共市国家首脑会议在阿根廷北方城市图库曼举行。会议通过的声明强调将继续推动地区一体化进程，该组织成员国贸易将弃用美元以求消除双重关税。

2. 安第斯集团

1966 年，玻利维亚、智利、哥伦比亚、厄瓜多尔、秘鲁 5 国签订了《安第斯条约》，以开展自由贸易和加强成员国之间的经济合作。不久委内瑞拉加入，智利退出。《安第斯条约》规定，成员国间在 1980 年前建立自由贸易区，并实施共同对外关税政策，为最终建立关税同盟创造条件。2006 年 4 月，委内瑞拉因秘鲁和哥伦比亚与美国签订自由贸易协定而退出该组织。故现在只有哥伦比亚、秘鲁、玻利维亚和厄瓜多尔 4 个国家。

（四）非洲

西非国家经济共同体

1975 年 5 月，15 个西非国家在尼日利亚首都拉各斯举行首脑会议，签署了《拉各斯条约》，成立了西非国家经济共同体。成员国有：贝宁、象牙海岸、几内亚、上沃尔特、马里、毛里塔尼亚、尼日尔、塞内加尔、多哥、冈比亚、尼日利亚、加纳、利比里亚、塞拉利昂、几内亚比绍。1977 年佛得角加入，现为 16 国。它是目前非洲最大的区域性经济组织。

任务实施

小杨通过本次任务的学习，了解了世界三大区域经济一体化组织的成立原因、发展历程以及前景走向。

任务三　WTO 与贸易全球化

工作任务

世界贸易组织（World Trade Organization，WTO），简称世贸组织。它是 1995 年 1 月 1 日在瑞士日内瓦成立的，是以市场经济机制和多边贸易规则为基础，以“乌拉圭回合”达成的各项协定为法律框架，具有国际法人地位的正式国际经济组织，其前身是关贸总协定。了解世贸组织的产生与发展以及其与中国的渊源是很重要的。

知识与技能支撑

一、关税与贸易总协定及世界贸易组织的产生

（一）关税与贸易总协定的含义和宗旨

1. 关税与贸易总协定的定义

关税与贸易总协定（GATT，General Agreement on Tariff and Trade），是在美国策动下由包括中国在内的 23 个国家于 1947 年 10 月 30 日在日内瓦签订并于 1948 年 1 月 1 日正式生效的关于调整缔约国对外贸易政策和国际贸易关系方面的相互权利、义务的国际多边协定。

关贸总协定从 1948 年 1 月 1 日起开始实施，到 1994 年 12 月 31 日结束其历史使命。

2. 关税与贸易总协定的宗旨

关贸总协定的宗旨是：“缔约国各国政府认为在处理他们的贸易和经济事业的关系方面，应以提高生活水平，保证充分就业，保证实际收入和有效需求的巨大持续增长，扩大世界资源的充分利用以及发展商品生产与交换为目的。期望达成互惠互利协议，导致大幅度地削减关税和其他贸易障碍，取消国际贸易中的歧视待遇，以对上述目的作出贡献。”

(二) 关税与贸易总协定的产生

二战后,除美国之外的许多发达资本主义国际都受到了战争的严重创伤,战后的世界满目疮痍,惨不忍睹。恢复国民经济,重建国际经济秩序迫在眉睫。各国意识到,有三个主要问题亟待解决:

1. 金融方面

金本位制度在战前的世界经济危机中已经崩溃,重建国际货币制度,维持各国间汇率的稳定和国际收支的平衡已成为当务之急。

2. 国际投资方面

由于世纪大战对国际政治经济关系的破坏,亟须创建处理长期国际投资问题的国际组织。

3. 贸易方面

针对战后各国纷纷奉行的关税壁垒和非关税壁垒,亟须恢复和重建国际贸易新秩序,扭转贸易保护主义和歧视性贸易政策,促进国际贸易自由化。

于是 1944 年 7 月 1 日,在美国的积极策划下,由 44 国代表在美国的新罕布什尔州的布雷顿森林召开了“联合国国际货币与金融会议”,即著名的“布雷顿森林会议”。国际货币基金组织(IMF)和世界银行(WB)于 1945 年 12 月 27 日成立。而 ITO 却由于种种原因迟迟未能成立。

从 1946 年 10 月到 1948 年 3 月,由 23 国代表组成的宪章起草委员会最后审议通过了《国际贸易组织宪章》,即《哈瓦那宪章》。该宪章目标是建立一个全面处理国际贸易和经济合作事宜的国际组织。

但由于各国在国际投资等领域的分歧,一时无法调和,宪章草案并没有完全通过,该宪章一直没有获得包括美国在内的各国政府的批准,建立国际贸易组织的计划因此夭折。在《哈瓦那宪章》起草和审议的同时,在美国的倡议下,1947 年 4—10 月举行了包括英、法、荷、比、中国等 23 国参加的关税减让谈判,达成了 123 项关税减让协议。为了尽快获得关税减让的好处,这些国家的代表将《哈瓦那宪章》中有关贸易政策方面的规定和各国在关税减让谈判中取得的 123 项关税减让协议汇在一起,于 1947 年 10 月 30 日形成并签署了一项关于商品关税减让的多边协定即“关贸总协定”,1948 年 1 月 1 日起开始生效。

(三) 世界贸易组织的产生

关贸总协定成立 40 多年来,为维护国际贸易秩序、推进贸易自由化和促进国际贸易发展等方面做出了贡献,但其自身还存在着许多缺陷和局限性。

首先,关贸总协定只是一个临时性、过渡性的多边协定。

其次,关贸协定的适用范围也很有限,关贸总协定只适用于有形的商品贸易。

再次,关贸总协定缺乏健全的争端解决机制,主要以调解为主,使得矛盾争端的解决缺乏强制性,而有赖于成员国的自觉性和经济实力。

1994 年 4 月 15 日,在摩洛哥的马拉喀什市举行的关贸总协定乌拉圭回合部长会议决定成立更具有全球性的世界贸易组织,简称“世贸组织”,以取代成立于 1947 年的关贸总协定。1995 年 1 月 1 日,世贸组织成立并开始运行。

二、世界贸易组织的宗旨和基本原则

（一）WTO的宗旨

世界贸易组织的宗旨是：提高世界范围内人民的生活水平，保证充分就业和大幅度稳步提高实际收入和有效需求，扩大货物与服务的生产和贸易，为持续发展之目的扩大对世界资源的充分利用，保护和维护环境，并以符合不同经济发展水平下各自需要的方式，加强采取各种相应的措施。确保发展中国家，尤其是最不发达国家，在国际贸易增长中获得与其经济发展水平相应的份额和利益。

（二）WTO的基本原则

世贸组织的基本原则是各成员方公认的、具有普遍意义的适用于世贸组织全部规则体系一切效力范围的，并构成该规则体系基础的最高共同准则。这些基本原则包括：非歧视原则、透明度原则、公平贸易原则、市场准入原则和公平解决争端原则。

1. 非歧视原则（Rule of Non-Discrimination）

非歧视原则，又称不歧视待遇或无差别待遇原则，是世贸组织全部规则体系的基础，它充分体现了平等精神，完全符合各国主权平等的国际法原则。非歧视原则规定：成员方在实施某种优惠或限制措施时，不得对其他成员方采取歧视待遇。该原则主要通过关贸总协定中的最惠国待遇条款和国民待遇条款予以体现。

（1）最惠国待遇（Most-Favored-Nation Treatment）

最惠国待遇是《1947年关税与贸易总协定》实施以来最基本的一条原则。它的含义是，一成员现在和将来给予另一成员的优惠、特权和豁免，都不应低于该成员给予任何第三方的优惠、特权和豁免，否则就构成差别待遇或者歧视。这就意味着，成员方可以不直接就每个商品项目同其他成员方谈判就可以享受任何成员方通过谈判达成的所有优惠待遇。可见，通过最惠国待遇，世贸组织将双边互惠推广到了多边，这种多边无条件最惠国待遇使成员方享受到比双边协议中更为广阔的待遇。

（2）国民待遇（National Treatment）

国民待遇要求在国内税费和规章等政府管理措施方面，进口商品与本国商品享受同等待遇。这一原则保证了进口商品和本国商品能在同等条件下竞争，避免成员方利用征收国内税费的办法保护国内产业、抵消关税减让效果。如果说，最惠国待遇实现的是要求一国给予A国的企业与产品的待遇，也必须同样地给予B国，即实现“外外平等”，那么，国民待遇原则要求一国给予本国产品或企业的待遇，也须同样适用于本国境内的外国企业与产品，即实现“内外平等”。

总之，最惠国待遇和国民待遇都体现了非歧视原则。

2. 透明度原则（Rule of Transparency）

透明度原则要求各成员方正式实施的有关进出口贸易的所有法律、法规、条例以及与其他成员方达成的所有影响贸易政策的条约与协定等都必须事先正式公布，否则不得实施。《1994年关税与贸易总协定》对有关公布和实施的具体规定为：① 成员方在互惠基础上迅速公布现行有效的有关贸易法律、法规、条例以及条约与协定等；② 成员方采取的按既定统一办法提高进口货物关税或其他税费的征收率或者对进口货物及其支付实施新的或更严格的规定、限制或禁止的普遍适用的措施，未经正式公布不得实施；③ 成员方应以统一、公正和合理的方式实施所有应予公布的法律、法规、条例等。透明度原则的目的是为了保证各成员方在货物贸易、服务贸易和知识产权保护方面的贸易政策实现最大限度的透明。

3. 公平贸易原则(Rule of Fair Trade)

公平贸易原则也称公平竞争原则,是指各国在国际贸易中不应采用不公正的贸易手段进行竞争,尤其是不应以倾销或补贴方式出口商品。但是为了促进公平贸易环境的形成,进口国如果遇到其他国家出口商以倾销或补贴方式出口商品,就可以采取反倾销或反补贴措施来抵制不公平竞争,维护公平竞争的贸易环境。不过,为防止滥用反倾销和反补贴措施达到贸易保护主义目的,世贸组织对反倾销和反补贴规定了严格的程序和标准。

4. 市场准入原则(Rule of Market Access)

市场准入是指成员方允许其他成员方的货物、服务与资本进入其市场的程度。市场准入原则要求各成员方根据自身经济发展水平,在一定期限内对其他成员方的货物、服务与资本逐步开放国内市场,并不断加大开放程度。市场准入原则具体体现在乌拉圭回合的一系列协定或协议中:

首先,货物贸易领域。市场准入原则体现在关贸总协定的所有有关协议中。例如《1994年关税与贸易总协定》要求缔约方降低关税和取消对进口的数量限制,允许外国商品进入本国市场。

其次,服务贸易领域。市场准入原则在《服务贸易总协定》中不是一般性义务,而是具体承诺的义务,只适用于缔约方承诺开放的部门。《服务贸易总协定》要求各缔约方在非歧视原则基础上,通过分阶段谈判逐步开放本国服务市场,以促进服务及服务提供者间的竞争。

5. 公平解决争端原则(Rule of Fair Settlement of Disputes)

世贸组织争端解决机制以公正、平等为原则,这些原则体现在调节程序、上诉机构以及从关贸总协定的全体一致通过到世贸组织的全体一致否决机制的转变等。公平解决争端原则要求缔约方之间一旦出现国际贸易争端,应通过公正、客观、平等和友好的方式使有关贸易争端得到妥善解决。

三、中国“入世”后的权利与义务

按照中国“入世”谈判的原则,“入世”后,中国可以享受的权利与应尽的义务如下:

(一) 权利

1. 享有多边的、无条件的和稳定的最惠国待遇

关贸总协定第1条第1款规定:一成员方对来自或运往其他国家的产品所给予的利益、待遇、特权或豁免,应当立即无条件地给予来自或运往所有其他成员方的相同产品。“入世”后,中国可以在当时所有的130多个成员方享受多边的、无条件的、稳定的最惠国待遇,这将使中国产品在最大范围内享受有利的竞争条件,从而促进出口的发展。

2. 享有“普惠制”待遇及其他给予发展中国家的特殊照顾

“普惠制”又称“普遍优惠制”,是根据关贸总协定的第四部分、东京回合的“授权条款”以及“乌拉圭回合”有关规则对发展中国家出口的制成品和半制成品所给予的单方面减免关税的特殊优惠待遇。目前给予我国普惠制的国家有39个,即欧盟27国、挪威、瑞士、土耳其、俄罗斯、白俄罗斯、乌克兰、哈萨克斯坦、日本、加拿大、澳大利亚、新西兰和列支敦士登公国。“入世”使中国在更大范围内和更大程度上享受到这些优惠。给予中国出口的制成品半制成品普惠制待

遇，对中国扩大出口、提高出口效益都有一定好处。

3. 充分利用争端解决机制

随着中国对外开放程度的扩大，各种经济贸易上的纠纷也会逐渐增多。在双边贸易中，发达国家往往利用国内的、单边主义的，甚至过时的法律条款对中国实行歧视待遇，如美国、欧盟、澳大利亚等均以中国为“非市场经济国家”为理由，在反倾销案的处理中专横地以他们主观选定的“类比国”价格或生产成本作为测算中国出口产品倾销率的依据，而完全无视中国向市场经济体制转轨的过程业已基本完成这一事实，这种歧视性待遇，使我国劳动密集型产品成本低廉的优势得不到应有的发挥，阻碍了出口的发展。目前这类问题只能通过双边谈判来解决而不能诉诸比较公正的、多边的贸易争端解决程序。中国“入世”，可以通过世贸组织特设的贸易争端解决机构和程序，比较公平地解决贸易争端，维护中国的贸易利益。

4. 获得在多边贸易体制中“参政议政”的权利

世贸组织号称“经济联合国”，“入世”前中国在其中以观察员身份参加，只有表态权，没有表决权。在“入世”后，中国可以参与各个议题的谈判和贸易规则的制定，充分表达中国的要求和关切，有利于维护中国在世界贸易中的地位和合法权益，并在建立和维护公正合理的国际经济秩序等方面发挥更大的作用。

(二) 义务

为了符合世界贸易组织对其成员国的要求，中国在入世谈判中做出了一系列的承诺，主要包括降低贸易壁垒和开放服务业市场两个方面，这些承诺具体体现在中国入世议定书和工作组报告等法律文件中。

1. 降低贸易壁垒

中国承诺进一步开放国内市场，包括关税的大幅下降和非关税壁垒的逐渐取消，为外国商品和投资进入中国提供更多的机会。

2. 逐步取消非关税措施

在降低关税的同时，中国已经并且还将取消许多非关税壁垒，主要包括进口配额、投标资格、贸易经营权、国产化要求、技术转让要求、政府采购等。入世后，民航、医疗器械和 IT 产品的所有进口配额立即被取消，汽车等产品的进口配额也将以每年 15%的速度递增直到全部被取消。自 2002 年 1 月 1 日起，中国已取消了粮食、羊毛、棉花、腈纶、涤纶、聚酯切片、化肥、部分轮胎等产品的配额许可证管理。

入世后中国一些主要产品非关税配额取消时间表

配额类别		单位	最初配额量/额	年增率	取消时间（日历年 1 月 1 日）
1	成品油	百万吨	16.58	15%	2004 年
2	氰化钠	百万吨	0.018	15%	2002 年
3	化肥	百万吨	8.9	15%	2002 年（部分加入时）
4	天然橡胶	百万吨	0.429	15%	2004 年
5	汽车轮胎	百万条	0.81	15%	2002 年（部分加入时或 2004 年）
6	摩托车及其关键件	百万美元	286	15%	

（续表）

配额类别		单位	最初配额量/额	年增率	取消时间（日历年1月1日）
7	汽车及关键件	百万美元	6 000	15%	小轿车2005年，其他车辆2004年，关键件加入时或2003年
8	空调器及其压缩机	百万美元	286	15%	加入时或2002年
9	录像设备及其关键件	百万美元	293	15%	2002年
10	录音录像磁带复制设备	百万美元	38	15%	加入时或2002年
11	收、录音机及其机芯	百万美元	387	15%	2002年
12	彩色电视机及显像管	百万美元	325	15%	加入时或2002年
13	汽车超重机及其底盘	百万美元	88	15%	2004年
14	照相机	百万美元	14	15%	2003年
15	手表	百万美元	33	15%	2003年

任务实施

小杨通过本次任务的学习，明确了国际贸易对全球经济的巨大影响作用，了解了我国对外开放的程度。

任务四　项目实训

知识巩固

◇ 不定项选择

1. 经济一体化最为低级和松散的一种形式是(　　)。
   A. 优惠贸易安排　　B. 自由贸易区
   C. 关税同盟　　D. 共同市场
2. 按经济一体化范围划分，欧洲煤钢联营，欧洲原子能联营属于(　　)。
   A. 部门一体化　　B. 全盘一体化
   C. 水平一体化　　D. 垂直一体化
3. 经济发展水平不同的国家所形成的一体化是(　　)。
   A. 部门一体化　　B. 全盘一体化
   C. 水平一体化　　D. 垂直一体化
4. 经济一体化过程中贸易由成本高的供给来源替代成本低的供给来源是(　　)。
   A. 贸易转移效果　　B. 贸易创造效果
   C. 贸易扩大效果　　D. 贸易利得效果

5. 共同市场的理论基础是(　　)理论。

A. 关税同盟　　　　B. 协议性国际分工

C. 综合发展战略　　D. 大市场

6. 欧洲联盟的最终目标就是要达到(　　)。

A. 关税同盟　　　　B. 完全经济一体化

C. 共同市场　　　　D. 经济同盟

7. 共同市场与完全经济一体化相比,前者未实现(　　)。

A. 生产要素在成员国之间的自由流动

B. 统一的对外关税政策

C. 货物在成员国之间的自由流动

D. 统一的对外经济社会政策

8. 在关税同盟成员国内(　　)。

A. 生产要素可以自由流动

B. 废除关税与数量限制

C. 建立对非成员国的共同关税

D. 执行某些共同的经济政策

E. 在经济、金融、财政政策上完全统一化

◇ **判断**

1. 关税同盟的建立必将使成员国的福利水平上升。(　　)

2. 自由贸易区内各成员国的商品实现了自由流动。(　　)

3. 关税同盟成员国实行统一的对外贸易政策。(　　)

4. 欧盟是完全经济一体化组织形式。(　　)

5. 区域经济一体化促进了区域内的贸易自由化发展。(　　)

6. 完全经济一体化是经济一体化的最高、最终阶段。(　　)

7. 关税同盟成员国之间的经济结构越相似,经济竞争性越大,则贸易创造的机会就越大。(　　)

项目实操

◆ **项目实训操作**

【项目背景】　　中国—东盟自由贸易区将引发亚太新格局

中国—东盟自由贸易区于2010年1月1日正式启动。这是一个拥有19亿人口、国内生产总值接近6万亿美元、贸易总额4.5万亿美元、由发展中国家组成的世界最大自由贸易区。中国与新加坡、马来西亚、泰国、印尼、菲律宾、文莱6个东盟老成员国之间93%的贸易商品关税降为零,与柬埔寨、老挝、缅甸、越南4个东盟新成员将在5年后实施零关税,与货物贸易自由化同时启动的还有服务贸易和投资的自由化安排。

中国东盟自贸区的经济潜力巨大,但其政治效应更是不容忽视,其中一个最主要的方面在于它将引发亚太地区新一轮的区域整合。多年来,中国东盟双边关系的发展已经带动了东亚的“竞争性区域主义”发展。

中国与东南亚地区关系源远流长，但由于近几个世纪以来西方殖民主义特别是冷战时期大国对抗的影响，中国与东盟国家关系的全面正常化展开基本上开始于20世纪90年代。尽管时间很短，但双方关系发展迅速，其中有几个重要的里程碑事件：一是1997年东南亚金融危机以及当年所建立起的中国东盟峰会机制。中国在危机中的举动获得了东南亚国家的肯定与赞扬，东南亚的“中国威胁论”逐步变成“中国机遇论”。另几项举措发生在本世纪初：双方签署《南海各方行为宣言》、中国加入《东南亚友好合作条约》、双方决定建立自由贸易区等。

中国东盟关系的快速提升引发了东亚地区其他国家的竞争性赶超：首先是日本与韩国，它们不仅相继加入《东南亚友好合作条约》，而且也各自以双边或多边的形式与东南亚各国签署经济合作协议；接着是东亚地区外的澳大利亚、新西兰以及印度也争相效仿，积极推进与东南亚的关系，致使当今的东亚合作呈现多层面与多机制的发展态势。

东亚合作的发展同样引发了后冷战时代唯一超级大国的美国之严重关注，它先是推出包括“亚太自由贸易区”在内的各种旨在应对与消解东亚地区的泛亚太区域合作倡议，接着入主白宫的奥巴马政府更是迫不及待地直接在东南亚采取了相似的跟进性外交举动，不但试图进一步提升与东南亚重要伙伴的双边关系，更是引人注目地加入了《东南亚友好合作条约》。昔日不受大国注重的东南亚如今成了国际社会竞相争取的香饽饽。

中国东盟自贸区的正式启动，标志着双方关系的另一次实质性提升。根据已经被中国东盟关系所启动的东亚合作的发展历程来看，完全可以预期，整个亚太国际格局会随着中国东盟自贸区而进一步整合与调整。东盟会再次成为世界大国竞相拉拢与角逐的对象。中国东盟自贸区的启动将引发亚太国际关系的新格局。

【任务一】 中国—东盟自由贸易区是否能够提升东盟各国的国际地位？

【任务二】 中国—东盟自贸区建设对本区域的经济发展有哪些影响作用？

项目五　交易准备

【知识目标】

- 熟悉国际贸易业务基本流程
- 了解进出口经营权备案工作
- 了解进出口市场调研的内容
- 熟悉进出口商品经营方案
- 掌握寻找贸易伙伴的方法

【能力目标】

- 能够办理进出口经营权备案登记
- 能够开展进出口市场调研工作
- 能够制订进出口商品经营方案
- 能够有效寻找贸易伙伴

【项目背景】

小杨毕业于国际商学院，经过层层面试筛选，进入郑州豫港进出口贸易有限公司工作，郑州豫港进出口贸易有限公司是一家集研发、生产、销售为一体的外贸企业，市场遍及中国、北美、南美、西欧、东欧、东南亚、中东及非洲。公司主打产品在国内外行业中具有领先地位。小杨作为外贸公司新人，要想在公司立住脚，就要尽量争取在试用期获得第一份订单。因此小杨必须充分运用所学知识，尽快找到客户并达成交易。所以他需要熟悉国际贸易业务基本流程，了解进出口经营权备案工作，了解进出口市场调研的内容，熟悉进出口商品经营方案，掌握寻找贸易伙伴的方法，做好一系列的交易准备工作。

任务一　熟悉国际贸易流程

工作任务

熟悉并全面了解公司进口及出口业务的所有流程，这是后续开展外贸业务工作的基础。小杨所在的郑州豫港进出口贸易有限公司通过德国杜塞尔多夫 CPD 国际服装展与德国客户 DESEN EUROPE GMBH. 建立了业务关系。DESEN EUROPE GMBH 对郑州豫港进出口贸易有限公司的"RAIKOU"Homewear("瑞蔻"牌家居服)产生了兴趣,于是双方就买卖"瑞蔻"牌家居服的各项交易条件进行磋商,最终达成交易,小杨需要通过对这笔业务的跟进来了解国际贸易的具体流程。

知识与技能支撑

一、熟悉出口业务流程

出口贸易中,采用的价格术语和支付方式不同,合同的履行程序也不同。以CIF条件成

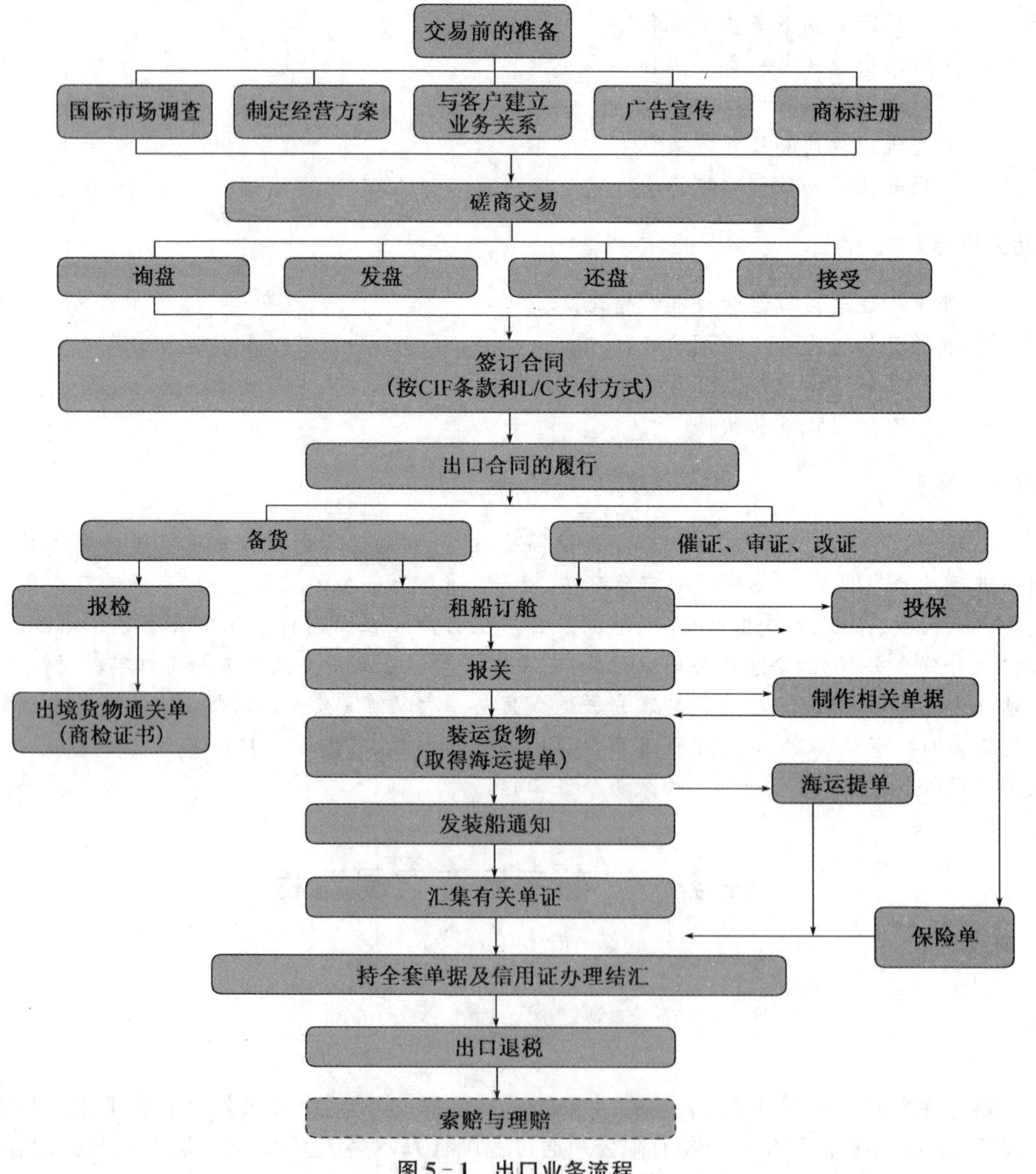

图5-1 出口业务流程

交和 L/C 支付方式为例，其履行程序可以简单的归结为“证、货、船、款”四个基本环节，这些环节有些是平行展开的，有些是互相衔接的，出口方必须严格按照信用证和合同的要求做好每一步工作，同时还应密切注意买方履约的情况，以保证合同最终圆满履行。以下将以美城进出口贸易有限公司出口合同为例，介绍 CIF 成交、L/C 支付方式下出口合同的流程。

（一）交易前的准备阶段

1. 国际市场调查

是指出口企业通过各种途径广泛收集市场资料，对国外市场消费者需求、市场供求状况、价格动态、政策法令措施和贸易习惯、竞争者状况、销售渠道等方面进行研究，以便选择适当的目标市场和合理地确定市场布局。

2. 制订商品经营方案

商品经营方案内容包括国外市场的特点、国内货源情况、世界经济贸易动向和价格趋势、销售意图和经营方针、计划初步安排、营销计划和措施、价格和掌握的幅度、佣金和折扣的运用、支付方式的运用和掌握、预期利润等。

3. 寻找国外客户、与客户建立业务关系

企业可以通过建立企业的英文网站、在互联网上发布信息、通过 Google 关键词推广、通过参加国内外展会、通过浏览我国驻外机构网站上发布的信息、通过报刊上刊登的信息、通过向商会和咨询公司等寻找到国外客户的信息，并且与国外客户建立业务关系。

图 5 - 2 外贸企业通过国际展会找到国外客户

例如：美城进出口贸易有限公司通过德国杜塞尔多夫 CPD 国际服装展（如图 5 - 2）与德国客户 DESEN EUROPE GMBH. 建立了业务关系。

4. 广告宣传

目前国际市场是买方市场，买方选择的余地很大，卖方之间竞争激烈，必要的广告宣传是要有的。

例如：美城进出口贸易有限公司为了加强“瑞蔻（Raikou）”产品在德国市场的知名度，特别在德国推出了车体广告和网络广告（见图 5 - 3）。

图 5－3　美城进出口贸易有限公司在德国市场上推出车体广告和网络广告

5. 商标注册

按照国际惯例,商标权的取得是以注册在先为准。近年来,一些境外企业或个人掀起了抢注中国知名商标的狂潮,恶意抢注暴露了国内企业在商标注册和国际知识产权保护上的软肋。

例如:美城进出口贸易有限公司为了防止"瑞蔻(Raikou)"商标被抢注,在德国进行了商标注册。

BUNDESREPUBLIK DEUTSCHLAND

URKUNDE

uber die Eintragung der Marke

Nr. 30 2010 076 043

RAIKOU

Markeninhaber/in:

Desen Europe GmbH, 45131 Essen, DE

Tag der Anmeldung: 29.12.2010　　Tag der Eintragung: 15.03.2011

Die Präsidentin des Deutschen Patent- und Markenamts

Rudloff-Schaffer

图 5－4　"瑞蔻(Raikou)"在德国的商标注册证书

(二) 磋商交易

1. 磋商交易的概念和内容

磋商交易是指买卖双方就买卖某项商品的各项交易条件进行谈判,以取得一致意见的过程。磋商交易的内容包括品名品质、数量、包装、价格、装运、保险、支付、商检、索赔、仲裁、不可抗力。其中,前七项为主要交易条件,后四项为次要交易条件。

2. 磋商交易的程序

磋商交易的一般程序

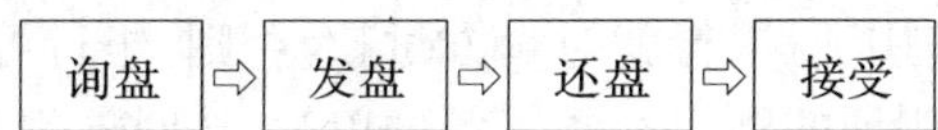

磋商交易的必要程序

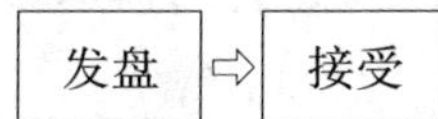

询盘是指交易的一方欲出售或购买某项商品，向交易的另一方询问买卖该项商品的有关交易条件。询盘的内容可涉及品名品质、数量、包装、价格、装运、支付等，多数情况下，询问的是价格，所以询盘又叫询价。询盘多数由买方发出。

发盘是指交易的一方欲出售或购买某项商品，向交易的另一方提出买卖该项商品的主要交易条件，并愿意按照这些条件达成交易的口头或书面的表示。

还盘是指受盘人不同意或不完全同意发盘的内容，对发盘提出修改或附加条件的表示。一经还盘，发盘即告失效，还盘属于一项新的发盘。

接受是指交易的一方在接到对方的发盘或还盘后，在其有效期内，表示同意。一方一旦对发盘或还盘表示接受，国际贸易合同即告成立。

（三）国际贸易合同的订立

买卖双方通过询盘、发盘、还盘、接受或仅通过发盘和接受对买卖双方交易商品的各项交易条件进行磋商，取得一致意见后，买卖双方即达成交易。为了稳妥起见，买卖双方一般需要订立书面合同，作为国际贸易合同成立的证据和买卖双方履行合同的依据。

例如：美城进出口贸易有限公司通过磋商，与德国客户 DESEN EUROPE GMBH 达成交易，签订国际贸易合同。（见单据 1－2　国际贸易合同）

（四）出口合同的履行

履行典型的按 CIF 术语成交、采用信用证结算的出口合同时，业务环节包括：

1. 备货、报检

卖方要严格按国际贸易合同规定的装运期将符合合同规定的品名品质、数量、包装的货物准备好。如果卖方出口的商品属于我国进出口商品检验法规定的法定检验的商品，货物备好后，卖方还要将货物向出入境检验检疫机构报检，检验检疫机构检验合格后，会签发出境货物通关单，作为海关放行的报关单据之一。

2. 催证、审证、改证

卖方在备货的同时，还要根据需要，进行催开信用证、审核信用证和修改信用证。催开信用证是指卖方催促买方按时向银行申请开证，以便于卖方按时履行交货义务；审核信用证是指卖方收到国外银行开来的信用证后，按照合同条款审核信用证，看信用证是否符合合同的规定；经过审核，如果发现信用证有与合同不符且对卖方不利的地方，即可要求买方修改信用证。

3. 租船、订舱、报关、投保、装船出运

按 CIF 术语成交，办理租船、订舱手续是卖方的义务，船租订好之后，卖方在装货前还要办理报关和投保的手续，然后就可以将货物装船出运了。按照 CIF 术语的解释，卖方只要在装运港将货物装上船就履行了其交货的义务。

4. 制单结汇

在信用证结算方式下，银行是否对卖方付款，唯一的条件就是看卖方提交的单据是否符合信用证的规定。单据符合信用证,银行就对卖方付款,否则,银行可以拒付。所以,卖方在履行了交货义务后,即要按照信用证的规定准备好各种单据,按时向银行交单结汇。

5. 出口退税

卖方出口的商品如果是国家鼓励出口的有出口退税的商品,结汇后,还可以凭相关的单据向国税局办理出口退税的手续。

至此,一笔出口业务基本完成了。但是,如果货物运抵目的港,买方接受货物前,请进口国商检机构对商品进行复验,结果证明卖方交付的货物不符合合同的规定,还可以向卖方提出索赔,卖方还要理赔。

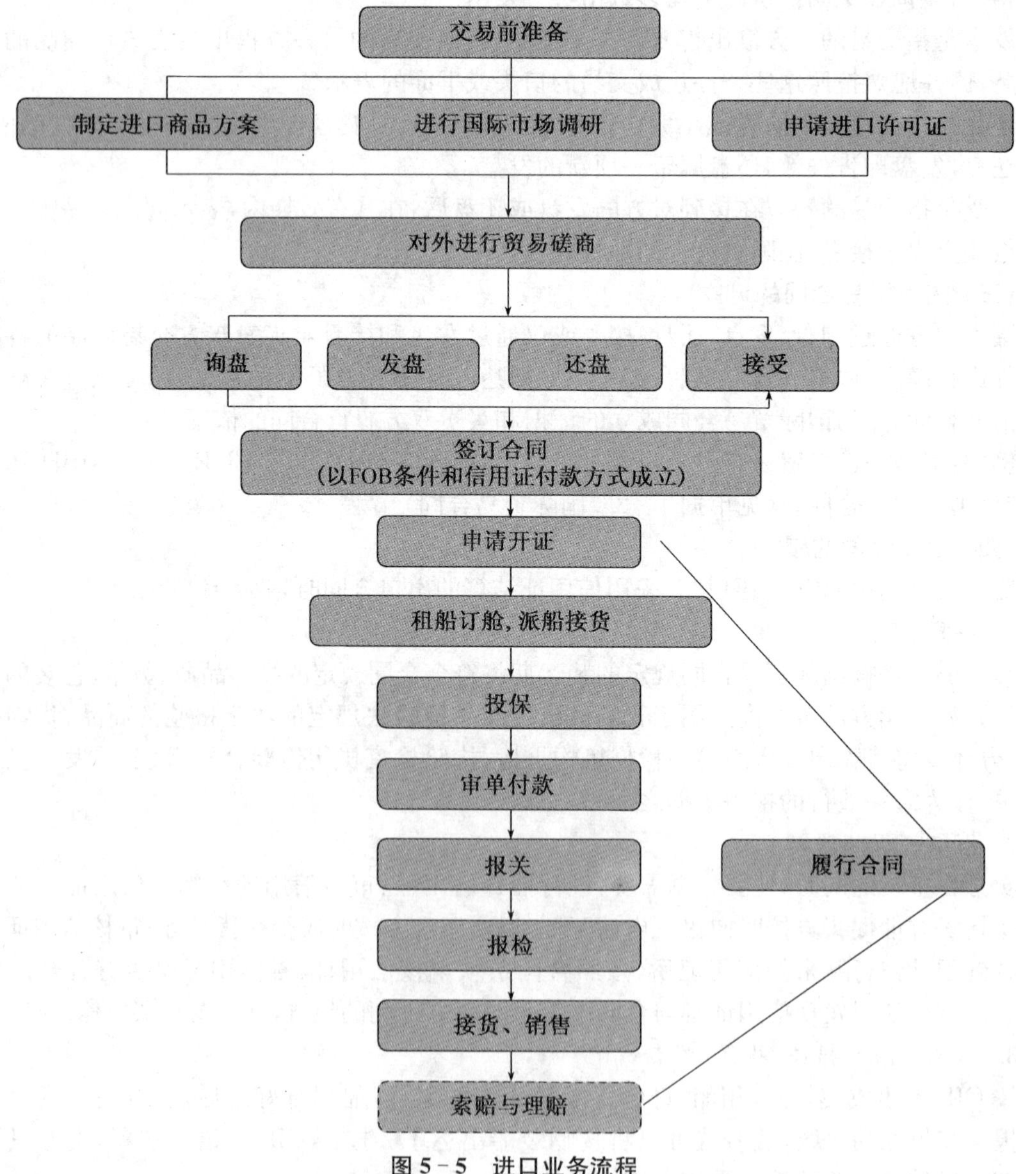

图5-5 进口业务流程

二、熟悉进口业务流程

(一) 交易前的准备

1. 制定进口商品经营方案

制定进口商品经营方案是为了在与外商磋商交易和采购商品时,做到心中有数,以避免盲目性。内容主要包括:数量的掌握、市场的安排、客户的选择、价格的掌握、交易条件的掌握、贸易方式的运用等。

2. 进行国际市场调研

进行国际市场调研可以使进口商在对国外市场和外商各种情况调查研究的基础上,经过货比三家,选择适合的进口市场和进口商。

3. 申请进口许可证

进口许可证(Import License),是指商务部及其授权发证机构依法对实行数量限制或其他限制的进口货物颁发准予进口的许可证件。如果买方进口的商品属于许可证管理的商品,须按规定向指定发证机关申领进口许可证。

(二) 磋商交易与合同的订立

同出口业务中的磋商交易与订立合同阶段。

(三) 进口合同的履行

履行典型的按 FOB 术语成交,采用信用证结算的进口合同时,业务环节包括:

1. 申请开证

在采用信用证结算的交易中,向银行申请开立信用证是买方的义务。买方要按国际贸易合同填写开证申请书,向银行交纳押金和手续费,请银行给卖方开立信用证,由开证银行对卖方做出有条件的书面的付款保证。银行对卖方付款的条件就是提交的单据要符合信用证的规定。

2. 租船订舱,派船接货

在 FOB 术语条件下,租船订舱时买方的义务。买方要按照国际贸易合同规定的时间将船租订好,然后派船到装运港接运货物。

3. 投保

卖方将货物装船后,需要向买方发出装船通知,买方凭以向保险公司办理货物运输保险的手续。

4. 审单付款

收到卖方提交的单据后,买方和银行要仔细审核单据是否符合信用证的规定。如果单据符合信用证规定,买方即要通过银行对外付款;否则,即可拒付。

5. 进口报检

如果买方进口的商品属于法定检验的范围,海关放行后,买方还要向商品检验检疫机构报检,商品检验检疫机构检验合格,即签发入境货物通关单,进口人凭以向海关报关。

6. 进口报关

买方审单付款取得全套货运单据后,即可准备好报关单据,向进口国海关办理进口报关手续。海关核验单单相符、单货相符,即放行。

7. 接受货物(或拒收货物)

根据商品检验检疫机构检验检疫结果,如果货物是符合国际贸易合同规定的,买方即接收货物;否则,可以拒收货物或者提出索赔。

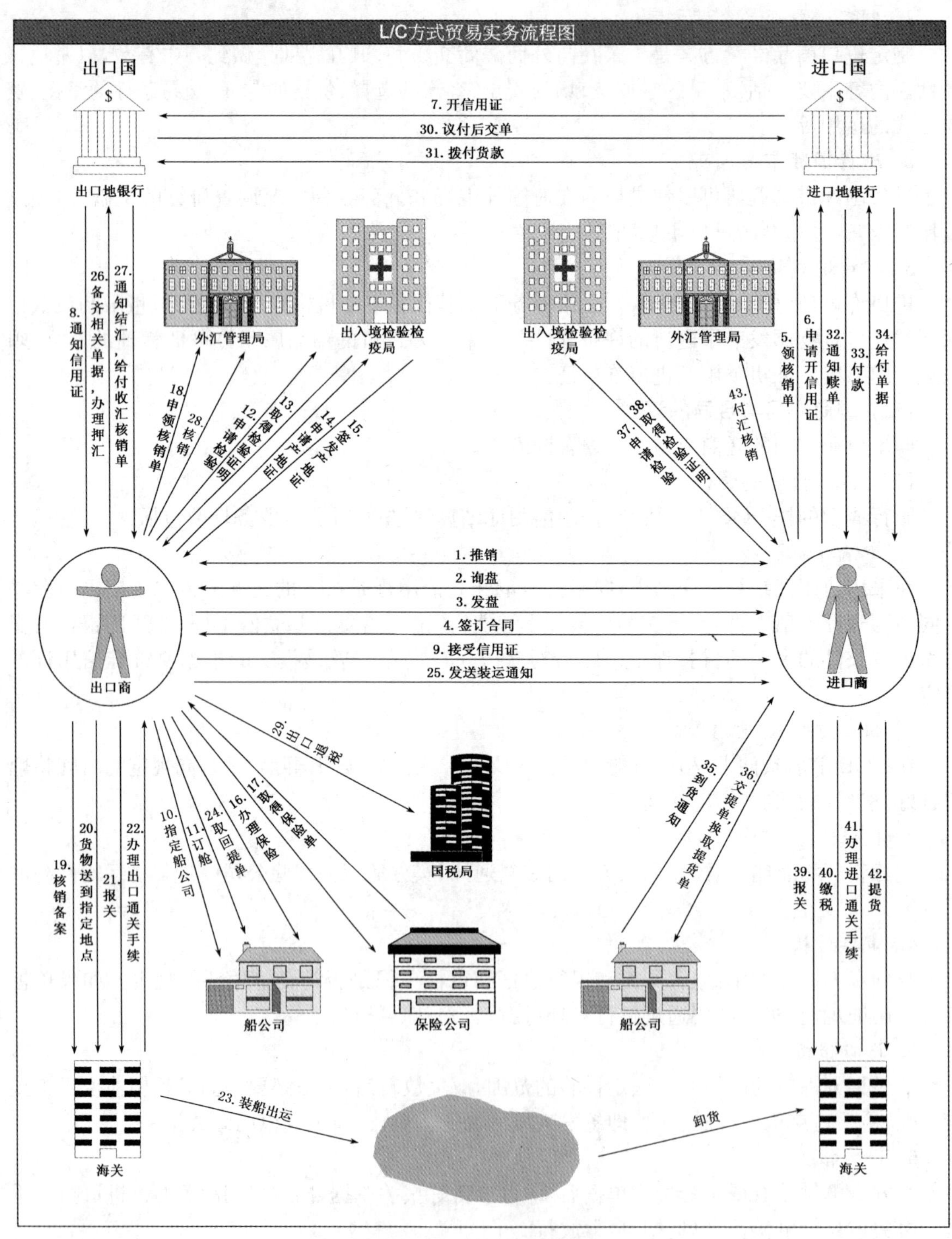

图 5-6 进出口商工作流程

任务实施

小杨通过跟进郑州豫港进出口贸易有限公司与德国客户 DESEN EUROPE GMBH. 交易的实际案例，全面系统了解并掌握了一般贸易的进出口流程，为后续任务的实施奠定了良好的基础。

任务二　取得进出口经营资格

工作任务

小杨进入公司后，需要了解公司的方方面面，如何取得进出口经营权就是其中很重要的一项，现实社会中千千万万个专业从事进出口贸易活动的公司也正是从国际贸易经营权的办理及备案出发的，不同类型的企业能否以自己的名义开展进出口业务？自营业务和代理业务有什么不同？小杨为了解答类似企业的疑问，需要了解国际贸易经营权的办理及备案。

知识与技能支撑

拥有进出口经营权的企业，可依法自主地从事进出口业务；无进出口经营的企业，不能直接办理进出口手续，可选择外贸代理企业办理。具有进出口经营权是企业直接与外商签订进出口合同的必要条件。取得了进出口经营权的企业即为对外贸易经营者。随着外贸管理体制的改革，我国对进出口经营权的授予已由审批制向备案登记制转变。《关于进出口经营资格管理的有关规定》明确了进出口经营资格实行登记和核准制，对各类所有制企业的进出口经营资格实行统一的标准和管理办法；对申请进出口经营权的企业资格条件、办理登记核准的程序等都做了规定。

一、进出口经营资格种类

(一) 外贸流通经营权

可经营各类商品和技术的进出口，但国家限定公司经营或禁止进出口的商品及技术除外。

(二) 生产企业自营进出口权

具有自营进出口权的生产企业可以经营本企业自产产品的出口业务和本企业所需的机械设备、零配件、原辅材料的进口业务，但国家限定公司经营或禁止进出口的商品及技术除外。

二、申请进出口经营权的要求

(一) 申请外贸流通经营权

1. 资格条件

(1) 企业应具备企业法人资格，成立 1 年以上，经工商行政管理部门登记注册领取《企业法人营业执照》，按国家规定办理工商年检并通过年检。

(2) 注册资本(金)不低于500万元人民币(中西部地区不低于300万元人民币)。

(3) 已办理税务登记，依法纳税，按国家规定办理税务年检并通过年检。

(4) 该企业法定代表人或负责人，在3年内未曾担任过被撤销对外贸易经营许可的企业的法定代表人或负责人(指在其担任法定代表人或负责人期间，企业违法违规被撤销对外贸易经营许可)。

2. 提交的材料

(1) 企业书面申请。

(2) 经年检的《企业法人营业执照》副本复印件(经工商行政管理部门签章)。

(3) 经年审的《税务登记证》复印件。

(4)《企业法人营业执照》登记的法定代表人身份证复印件。

(5) 其他需要申报的材料。

(二) 生产企业申请自营进出口权

1. 资格条件

(1) 企业应具备企业法人资格或为依法设立的个人独资企业、合伙企业(以下统称企业)，经工商行政管理部门登记注册领取《企业法人营业执照》或《营业执照》。

(2) 企业注册资本(金)不低于300万元人民币(中西部地区、少数民族地区不低于200万元人民币，科研院所、高新技术企业和机电产品生产企业不低于100万元人民币)。

(3) 已办理税务登记，依法纳税。

(4) 该企业法定代表人或负责人，在3年内未曾担任过被撤销对外贸易经营许可的企业的法定代表人或负责人(指在其担任法定代表人或负责人期间，企业违法违规被撤销对外贸易经营许可)。

2. 提交的材料

(1) 企业书面申请。

(2) 经年检的《企业法人营业执照》或《营业执照》副本复印件(经工商行政管理部门签章)。

(3) 经年审的《税务登记证》复印件。

(4)《全国组织机构代码证书》复印件。

(5)《企业法人营业执照》。登记的法定代表人或《营业执照》登记的负责人身份证复印件。

(6) 个人独资企业、合伙企业要提交会计事务所、审计事务所或其他具有验资资格的机构出具的验资报告。

(7) 高新技术企业、机电产品生产企业，要提交科技主管部门或有关部门的证书复印件。

(8) 其他需要申报的材料。

三、办理进出口业务的主要途径

(一) 获取进出口经营权

如果希望以本企业的名义办理进出口业务，企业需要到工商局变更工商营业执照的经营范围，增加"货物及技术进出口"，并向外经贸局外贸科进行备案。在取得《对外贸易经营者备案登记表》后，在正常开展外贸业务前，企业还需办理如下手续：

1. 到所在地海关注册登记；
2. 到所在地外汇局，取得核销号码；
3. 省海关金关中心 IC 卡录入；
4. 省技监局网上认定盖章；
5. 所在地工商局、税务局网上认定盖章
6. 省海关金关中心开卡
7. 所在地外经贸局网上审核盖章；
8. 所在地外汇管理局审批盖章；
9. 材料送回所在地海关审核认定；
10. 海关 IC 卡开通使用；
11. 企业将海关注册登记书传真到市外经贸局。

备案登记成功后，企业拥有了进出口经营权，即可以自己的名义开展各项外贸业务，如对外签约、对内采购、报关、报检报验、外汇核销、出口退税等。企业具有进出口权，有利于树立企业形象、培植品牌、拓展海外市场。获得进出口经营权的企业，在享有诸多便利的同时，也要接受相关政府管理部门的监督和管理，需要向相关政府管理部门办理各项手续，还要配置相应的专业人员，无形中也会增加企业的运营成本。

（二）代理进出口

如果企业不具有进出口经营权或不直接操作进出口业务，可以通过代理进出口开展业务。

代理进出口，是寻找一家外贸公司或者具有进出口经营权的企业合作，由生产企业负责同外商磋商，使用外贸公司的名义与外商签订合同。根据合同的要求，生产企业负责备货，外贸公司负责办理出口手续，包括报检报验手续、报关手续、外汇收支等。外商将货款汇至外贸公司的账上，外贸公司按代理进出口合同约定的比例收取代理费，并扣除相关费用后，支付余款。代理进口与此类似，由外贸公司负责进出口手续的办理。

表 5－1　外贸企业和外贸业务类型

<table>
<tr><td rowspan="2">外贸企业类型</td><td>流通型外贸企业</td></tr>
<tr><td>生产型外贸企业</td></tr>
<tr><td rowspan="2">外贸业务类型</td><td>自营进出口业务</td></tr>
<tr><td>代理进出口业务</td></tr>
</table>

任务实施

小杨通过了解实际中各公司办理进出口经营权的实例，掌握了不同类型企业进出口经营权的办理流程，并可以为其他企业成功办理进出口的经营权提供帮助。

任务三　调研国际商品市场

工作任务

小杨接下来的工作重点是熟悉公司的产品和主要市场状况。为了使公司业务活动能够有明确的方向性和目的性，作为外贸业务人员，小杨事先应该根据自己公司所从事的行业特点，以及主营产品的特点组织国际市场调研活动。在市场调研活动的基础上，进一步确定目标市场，并学习制定调研方案。

知识与技能支撑

国际市场调研是企业整个对外经济活动的基础，很难想象不对同际市场进行调查研究的企业能够成功地开拓国际市场。国际市场调研就是系统地搜集、记录和分析信息，以供市场经营决策之用的各种活动，其所使用的工具和方法与国内市场没有太大的区别，但它们应用的环境却大相径庭。国际市场调研的对象是不同国家、不同市场和不同竞争对手的错综复杂的国际销售环境。

一、国际市场调研的内容

对国际市场的调查研究、分析和对其发展趋势的预测，是开展进出口贸易首先应当做好的工作。因为，只有做好这项工作，才能做到知己知彼，掌握主动，做出正确的经营决策。国际市场调查的内容，可分为国别（地区）的调查研究、商品市场的调查和交易对象的调查三个方面。

（一）国别（地区）的调查研究

国别（地区）的调查主要是为达到贯彻国别政策、选择适宜的市场、创造有利条件发展贸易关系的目的。调查的内容包括：

1. 社会和政治气候情况

它是直接影响到企业国际市场销售计划实施的重要因素，包括政治稳定性、社会风俗习惯、文化方式、语言文字、宗教和道德背景、法律体系、生态环境、安全标准等。一因的对外政策、进出口商品结构、贸易对象国等。

2. 经济情况

它是企业确定国际市场发展方向和目标的重要依据，包括经济环境特征、经济增长速度、通货膨胀率、外贸及外汇政策、货币政策等。

3. 对外贸易情况

它是企业作为确定国际市场发展方向的重要参数，包括一国的对外政策、进出口商品结构、贸易对象国等。

4. 运输条件情况

包括港口及其设备、港口惯例、对外航线等。

(二) 商品市场的调查研究

通过商品市场的调查研究，了解适销市场，使商品更好地进行销售。内容包括：

1. 商品的供求情况

企业要开展对外贸易，必须要了解商品的供求情况，具体包括目标国的市场结构、市场容量、需求总量、对某商品的进出口量在其国内消费或生产的比重、该国对国际市场的依赖程度、本企业的生产能力等。

2. 市场竞争情况

市场竞争日益激烈，了解和搜集同行对手的情报资料也是一项十分重要的工作。竞争者包括国内的、当地的以及第三国的竞争者。调查的内容包括：市场竞争结构和垄断程度、主要竞争者的产品优劣势及市场占有率、占主导地位的竞争者对销售渠道的控制程度和方法等。

3. 市场消费特点

这是企业的商品能否顺利销售的关键因素，包括目标国居民的生活方式、消费习惯、消费观念等。

(三) 交易对象的调查

进行对外贸易也是与国外客户打交道的过程。为使交易建立在可靠的基础上，必须根据业务需要对国外客户进行调查和选择。交易对象的调查具体内容包括：

1. 政治情况

主要指企业负责人的政治背景、与政府的关系以及对我国的政治态度等。

2. 资信情况

包括注册资本、经营额、资产负债情况、客户品德、经营作风、经营范围、企业性质等。

3. 经营能力

包括企业历史、企业规模、经营技能和经验、业务往来关系户等。

二、国际市场调研方法

根据取得调研信息的途径不同，可把信息资料分为两类：一类是原始资料，是通过自己亲自观察、询问、登记取得的，另一类是二手资料、是别人收集到的，调查者根据自己研究的需要，将之取来为己所用。在国际市场调研中，有相当一部分信息资料的获取是利用二手资料，但有些目对性较强的信息资料往往需要调查人员亲自收集，也就是要进行原始资料的搜集。

根据消息资料获取的方法不同，可把调研方法分为案头调研法和实地调研法。

(一) 案头调研法

案头调研法实际就是第二手资料调研或文献调研，它以在室内查阅的方式收集有关资相。第二手资料的信息来源渠道归纳起来有以下几种途径：

1. 企业本身的信息系统

企业本身的信息系统是指有关同际市场销售的档案资料或记录。如：客户例单、销售资料、业务函电、报价单、成交合同、谈判记录等。

2. 政府及行业协会的资料

本国、外同政府及研究机构公开出版的有关资料。如国内的《外贸调研》《外贸参考》《国际简报》，中国香港贸易发展局的《海外市场简汛》，国际商会、中国贸促会及行业协会提供的报告。美国的《美国统计摘要》《商业周刊》等。

3. 国际组织出版的国际市场资料

各种国际组织发表的进比口贸易统计资料，如国际贸易中心（ITC）出版的特种产品研究、各种市场介绍，联合国贸易和发展理事会（UNCTAD）出版的会议公报和各种国际贸易问题的资料等。

4. 我国驻外机构、外国驻我国领事馆及金融机构的资料

通过我国驻外机构、外国驻我国领事馆，可以获得较准确全面的信息。通过银行等金融机构进行资料收集也是一种常用的方法。调查客户的情况也属于银行的业务范围。

5. 海内外市场调研公司

海内外市场调研公司是指专门接受客户的委托进行某一项或几项市场调研的专业公司。

（二）实地调研法

实地调研法是国际市场调研人员采用实际调研的方法直接到国际市场上收集情报信息的办法。采用这种方法收集到的资料，是第一手资料，也是原始资料。常用的方法有三种；

1. 访问法

由调查人员通过直接向被调查者询问有关问题来收集信息资料的方法。这是最常用、最普遍采用的一种方法.它包括面谈调查、电话访问、信息调查等。

2. 观察法

由调查人员通过直接观察和记录被调查者的言行来收集资料的一种方法。该方法因被调查者事前并未知晓自己是被调查对象，可使得被调查者的言行在一种自然状况下表现出来，从而有利了解到真实情况，准确性较高。

3. 实验法

实验法是指在新产品投入市场或批量生产某商品之前，或某种商品在设计、质量、包装、价格、广告、分销渠道等方面有所改变后，先采取小规模的或在一定范围内的试销，通过市场销售试验，来取得有根据的数据或资料的一种方法。如参加交易会、博览会等，了解国外消费者或用户的反应，以此作为制定或调整国际市场销售策略的依据。

三、国际市场细分

国际市场细分有两个层次上的含义。第一层次.又称宏观细分，是指世界上有众多的国家，企业究竟进人哪个或哪些市场最有利？第二层次，又称微观细分，是指企业进入某一国外行场后，将发现该国的顾客需求也是千差万别。企业不可能满足该国所有顾客的需求，而只能将其细分为若干个子市场，企业只能满足一个或几个子市场的需求。

（一）国际市场宏观细分

进行国际市场宏观细分的标准有以下几种。

1. 地理标准

划分国家的一个最常用的方法是使用地理标准。根据地理标准、习惯上把国际市场分成西欧、东欧、南美、亚洲、中东以及非洲市场，进行这样的细分有以下优势：第一，地理上接近便于管理；第二，有时，处于同一地理区域的各国具有相似的文化背景；第三.处于同一区域的各国还组成了区域经济一体化，如欧盟和北美自由贸易区。这样如果企业进入了一体化组织巾的某一个国家，就相当于进入该组织中的其他国家。但要注意，地理细分也不是万能的，在有

些地区如中东、非洲，相邻的国家在文化背景、生活习俗等方面相去甚远，就不宜采用这种标准。

2. 经济标准

可以用人均国民收入作为衡量标准。根据世界银行《2009 年世界发展报告》的分类，人均国民收入 765 美元及以下为低收入国家，766～3 035 美元为下中等收入国家，3 036～9 385 美元为上中等收入国家，9 386 美元及以上为高收入国家。

3. 文化标准

文化所包含的内容有宗教、艺术、语言、教育、美学、价值观、社会组织等。但应注意，单纯用文化作为细分市场的标准在很多情况下是不可行的。比如，法国人和菲律宾人大多信仰天主教，但绝不能使用同样的营销策略进入这两个国家，因为两国在其他方面相差甚远。

4. 组合细分法

里兹克拉于 1980 年提出，即从国家潜量、竞争力和风险三个方面把世界各国进行分类。国家潜量是把企业的产品或服务在一国市场上的销售潜量，以人均收入、工业生产和消费模式等数据资料为参考。竞争力主要考察内部因素和外部因素两方面。内部团素指企业在该国市场上所占份额、企业资源便利条件以及企业适应该国特点的能力和优势。外部因素包括该行业中竞争对手的竞争力、来自替代产品行业的竞争以及国内外的行业结构。风险，是指企业在该国面临的政治风险、财务风险和业务风险以及各种影响利润、资金流动和其他经营结果的因素。

（二）国际市场微观细分

国际市场进行微观细分要考虑以下几方面：

1. 人口因素。涉及人口的年龄、性别、家庭、职业、种族、宗教等。
2. 社会经济因素。涉及社会阶层、收入、家庭生命周期等。
3. 地理因素。涉及城市、农村、沿海、内地等。
4. 心理因素。涉及性别、生活方式等。
5. 行为因素。涉及消费模式、购买频率、追求的利益等。

（三）目标市场的选择标准

企业在对市场进行细分之后，要对各细分市场进行评估：然后，根据细分市场的市场潜力、竞争状况、本企业资源条件等多种因素，再确定目标市场。企业在确定目标市场时，一般会考虑以下因素：

1. 市场规模和发展潜力

值得企业努力去开拓的市场，要具备一定的市场规模，如果市场规模狭小或者趋于萎缩状态，企业进入后难以获得发展，就不宜轻易进入。但也不要把市场规模作为唯一的指标，还要考虑发展潜力，对一些现有的规模较小但有潜力的市场不应轻易放弃。

2. 市场竞争结构

进入一个海外市场的难易程度，主要取决于竞争情况。在有的市场上，几股大的竞争力量相互勾结，划分势力范围，共同抵制外来者，使其无法进入；有的市场，少数几家大企业占支配地位，其他一些规模较小的企业追随其后；有的市场上，没有大的垄断寡头，进入这样的市场就容易些。

3. 对竞争者同类产品的比较

本企业生产的产品要和其他竞争者生产的同类产品或类似产品进行全面的比较，不仅限于产品本身,还涉及产品的售前和售后服务等。

4. 可用的销售渠道

有效可用的销售网络是企业开拓海外市场的重要一环,因此企业要重点了解细分市场上的可为企业采用的销售渠道。

一般来说,产品的销售渠道有直接渠道和间接渠道。直接销售渠道是指不经过出口国中间商的销售,如出口企业—进口中间商—国外批发商—国外零售商—国外最终用户。间接渠道是指经过出口国中间商完成的销售,如出口企业—出口中间商—进口中间商—进口批发商—国外零售商—国外最终用户。对于需广泛占领市场的日用消费品,可采用中间商分销的销售渠道,对于生产资料及初级产品,可选择较短的直接渠道。

5. 企业的发展目标和能力

如果某些细分市场虽然有较大的吸引力,但不能推动企业实现发展目标,甚至分散企业的精力,无法完成其主要目标,这样的市场应考虑放弃。另一方面还应考虑企业的资源条件是适合目标市场经营。要选择那些企业有条件进入,能充分发挥其资源优势的市场作为目标市场,才能有利于企业发展目标的实现。

四、企业进入国际市场的渠道

企业进入国际市场的渠道多种多样,归纳起来,主要有三条渠道,即间接出口、直接出口和国外生产。在每条渠道之下,又有若干进入国际市场的具体方式。

(一) 间接出口

间接出口是指企业将产品卖给国内的出口商或委托国内的外贸代理机构,由他们负责经营出口业务。通过间接出口,企业可以在不增加固定资产投资的前提下开始出口产品,开业费用低,风险小,而且不影响目前的销售利润。此外,企业还可以借助该方式,逐步积累经验,为以后转化为直接出口奠定良好的物质基础。间接出口主要是通过以下几种方式进行:

1. 出口管理公司

出口管理公司是一种专门为生产企业提供服务而从事出口贸易的公司。它们通常根据国际商品市场的供求状况和产品差异,利用自身拥有外贸人才,熟悉出口业务操作程序,了解国际市场行情发展变化,拥有一定的资金规模等优势,来帮助那些缺乏必要的出口资源的中小型生产企业将本企业的产品打入国际商品市场。

2. 进出口公司

进出口公司是指专门从事进出口业务的专业外贸公司。这些企业了解国内外市场行情,拥有外贸人才、资金和外销渠道,并与国外客户有比较广泛的业务联系。通过这种方式,生产企业可将产品卖给进出口公司,由其转卖出口,也可以委托其代理出口。

3. 外国企业在本国的采购处

一些外国企业,例如外国的大型批发、零售企业和国际贸易公司,往往在本国设有采购处。本国企业可以把产品卖给这些采购处,由它们负责将产品输出或者出口到国际市场。这种形式在我国比较普遍,如日本、韩国的大商社在中国几乎都设有办事处,负责采购销售事宜。

4. 国际贸易公司

国际贸易公司是高度多样化的大型贸易企业,通常既经营批发业务又经营零售业务,既从事国际贸易,又从事国内贸易,有些还有相当规模的生产性业务。许多中小型生产企业,甚至一些大型生产企业都通过国际贸易公司将自己的产品打入国际市场。

5. 合作出口

合作出口又称“互补出口营销”，是指两家生产企业进行出口合作，根据协议，其中一家企业利用自己的出口力量和在海外的渠道为另一家企业出口产品。这种方式产生的原因有很多，主要是两家企业的产品相互关联，配套出口更容易被外国客户所接受。合作的两家企业既可以是买卖关系，也可以是委托代理关系。

总之，间接出口主要是由中小生产企业采用的国际营销方式。

(二) 直接出口

直接出口是指生产企业不通过中间人，而自己直接从事一切出口营销活动。在直接出口方式下，企业的一系列重要业务活动都是由其自身完成的。直接出口使企业部分或全部控制外国营销规划，可以从目标市场快捷地获取更多的信息，并针对市场需求制定及修正营销规划。采取直接出口方式，标志着企业真正开始了国际营销活动。

直接出口有以下几种形式：

1. 直接向最终用户销售

直接最终向用户销售就是将产品直接卖给国外的最终用户，而不经过经销商、代理商等中间机构。例如，在下述情况下可采用这种方式：(1) 价格高或技术性强的产品，如电子集成网络、大型机器设备等；术性强的产品，如电子集成网络、大型机器设备等；(2) 最终用户是国外政府、地方当局及其他官方或半政府机构；(3) 以直接销售方式更受最终用户欢迎。近些年兴起的跨境电子商务也是直接向最终用户销售的一种有效方式。

2. 设立驻外办事机构

设立驻外办事机构实际上是企业向其他国家和地区的延伸，其主要职能是搜集市场情报、推销产品、负责产品的实际分销、提供服务、维修及零部件等。但设立驻外办事机构需要前期大量的投资和后续的各种费用，在其生产和销售量没有达到一定程度，且今后发展潜力有限时，不宜采用。

3. 建立国外营销子公司

国外营销子公司是作为一个独立的当地公司建立的，它以当地注册企业的身份进行经营和生产，受当地法律制约和保护，在法律上和赋税方面与母公司相分离，都有独立性。

4. 利用国外代理商

代理商是指出口企业(委托人)在其商品输出市场国所委托的贸易机构。代理商的主要职能就是根据双方签订的代理合同，在当地为委托人推销商品或服务，同时向委托人提供商业情报、市场信息等，以获取佣金。

5. 利用国外经销商

经销商是指企业根据经销协议，在国外特定地区或市场上，在购买及销售本企业某类产品或服务方面的销售权或优先权授予的国外客户。大部分经销商都具有进口批发商或零售商性质，他们大量采购，然后批发给自己的买主，其收益来自买进与卖出的差价。

总之，通过直接参加国际营销活动，有利于企业在国际市场上直接地树立自己的形象和声誉，建立起自己的营销渠道网络，为今后进一步扩大及占领市场打下良好的基础。

(三) 国外生产

在国外生产的形式多种多样，其中比较重要的形式，有以下几种：

1. 合同制造

合同制造指企业向外国企业提供零部件由其组装,或向外国企业提供详细的规格标准由其仿制,由企业自身保留营销责任的一种方式。这种做法适合于那些工艺和营销占有优势而制造方面较弱的企业。

2. 交钥匙承包

交钥匙承包是指企业通过与外国企业签订合同并完成某些大型项目,然后将项目交付给对方经营。企业的责任一般包括项目的设计、建造、在交付项目之后提供服务,如提供管理和培训工人,为对方经营该项目做准备。

3. 许可证贸易

许可证贸易是指许可方与国外企业(被许可方)签订许可证协议,授权对方使用本企业的专利、商标、产品配方、公司名称或其他有价值的无形资产的使用权,进行生产或销售,然后向对方收取许可费。它是一种低成本的进入,当出口由于关税的上升而不再盈利时,或当配额制限制出口数量时,或当企业由于风险过高或者资源方面的限制而不愿在目标市场直接投资时,制造商可以利用许可证贸易模式。

4. 海外合资经营

海外合资经营是指与目标国家的企业联合投资,共同经营,共同分享股权及管理权,共担风险。联合投资方式可以是外国公司收购当地的部分股权,或当地公司购买外国公司在当地的股权。也可以双方共同出资建立一个新的企业,共享资源,共担风险,按比例分配利润。

5. 海外独资经营

海外独资经营是指企业独自到目标国家去投资建厂,进行产销活动。这是企业在国外投资的最高形式。独资经营的方式可以是单纯的装配,也可以是复杂的制造活动。其组建方式既可以是收买当地公司,也可以是直接建新厂。

任务实施

小杨学习了相关国际市场调研的知识后,运用国际市场调研的方法开始根据自己公司业务的特点组织全面深入的国际市场调研,并撰写国际市场调研方案,为公司下一步业务的拓展指明了方向。

任务四　制定商品经营方案

工作任务

小杨完成国际市场调研后发现,很多商品尤其是大宗商品的进出口需要提前了解货源及市场经营等方面情况以便进行各项经济效益的核算。进出口经营方案就是以商品为中心、以效益为根本目标的全面经营策略。对进出口企业来说,制订一个全面、周到、翔实的计划,对完成进出口计划、提高经济效益具有重要意义。因此在市场调研的基础上,小杨需要精心制定一个进出口经营方案。

知识与技能支撑

进出口经营方案是指对进出口商品进行市场调研和初步成本核算的基础上，为进出口交易制订的经营计划和为实施这种方案而采取的各种措施，以此作为对外贸易谈判和业务管理控制的重要依据。进出口企业一般只在经营大宗或重点进出口商品时才逐个制定商品进出口方案；对其他商品可只按商品大类制定；对中小商品可制定内容简单的价格方案，仅对市场和价格提出分析意见，规定对各个地区的进出口价格及掌握进出口价格的原则和幅度。这里以大宗产品进出口为例，完成进出口经营方案制订的操作。

一、制定进出口计划

（一）制定出口计划

大宗商品和重点商品应做出口计划，一般中小商品可做出口价格方案。出口计划的内容有：

1. 国外市场情况，包括国外市场环境的特点，如市场大小、对产品要求、市场销售和市场竞争状况、国外进出规定、今后一段时期内发展趋势预测等；

2. 出口经营情况，包括以前有无这类产品的出口经验、出口的具体品种和数量、出口地理方向等；

3. 国内货源情况，如生产能力、技术水平、交货周期等；

4. 销售安排，如市场安排、客户选用、广告宣传、贸易方式、价格和支付条件的掌握；

5. 成本和经济效益核算。

（二）制定进口计划

进口计划的主要内容包括品名、数量、时间和国别的安排，交易对象的选定，价格和佣金幅度的掌握等。总的要求是：在符合国家方针政策的前提下，既要力争比较优惠的价格，又要不影响国内的需要；既要做到“货比三家”，又要不失时机地进口。

二、进出口贸易经济效益核算

（一）出口成本核算

出口成本包括出口商品进价和出口流通费用两个部分。出口商品进价是指购进用于出口的商品的价格。出口企业与国外进口商签订了出口合同后，与国内的某生产企业签订购货合同，订购符合出口要求的商品。购货合同的价格构成出口商品进价的主要部分。这部分价格包含了生产成本和生产企业的利润。出口商品进价的另一部分是有增值税构成的。我国现行税制规定，对各流通环节统一征收17%的增长税。因此，出口商品的进价实际应该是：出口商品进价＝购货合同价格×（1＋增值税税率）。

出口流通费用在业务中又被称为定额费用。它是指出口企业就某一商品的出口，从与国外进口商品进行交易磋商起，一直到商品出口、收取货款为止，除出口商品进价外所发生的一切费用开支。其主要项目有银行利息、邮电通信费、工资支出、交通费、仓储费、国内运输费、码头费用、差旅费、招待费等。出口流通费用的逐项计算非常繁杂。一般地，企业在业务中按不同出口商品自行确定一个费率(5%～10%不等),从而使其计算简便,易于操作。

我国为了鼓励出口,对出口产品实行退增值税制度。这是世界各国通行的做法。现行的退税办法是:对国内各流通环节统一征收17%的增值税;当商品出口后,由出口企业按当时国家规定的退税率获取一定的退税额。出口退税实际上是国家补贴出口商品,降低出口企业的出口成本,提高出口商品竞争力的一种做法。因此,把出口退税计入出口成本,出口成本就有一定程度的下降。

(二) 进口成本核算

进口成本也由两个部分组成:进口合同价和进口流通费用。进口合同价是进出口双方通过交易切磋而确定的价格。他是进口成本中的主要部分。确定进口合同价时,要以平等互利的原则为基础,以国际市场价格水平为依据,结合企业的经营意图,制定进口商品的适当价格。

在具体的交易中,进口商品的价格应掌握以下原则:① 凡有国际市场价格的商品,按国际市场价格水平作价;② 凡一时无法掌握国际市场价格的一般商品,则参考类似商品的国际市场价格作价,评估后再定价。

进口流通费用(或称为流通费用),是指在进口商品中,从与国外进口商交易磋商起,直到商品进口后转售给国内用户或其他企业为止,除进口合同价以外的所发生的一切费用开支。在进出口公司的企业管理中,有些进口流通费用与其他业务活动的费用混合在一起,难以区别,因而,采用一个简单的办法,即根据各笔进出口业务额的大小进行分摊。有些进口流通费用能明显区别是在哪一笔进口项下发生的,就计入该笔进口业务的进口成本。

如果某一商品的进口,国际运输费和货物的国际运输保险费也由进口方负担,那么,进口成本中还要加上这部分运输费和保险费。有时进口方负担保险费,出口方负担运输费,这些方面的费用一般由进出口双方通过交易磋商,在合同中加以明确。

除了国家运输及其保险所发生的费用外,在进口流通费用中,主要项目有:包括卸货费、驳船费、码头建设费、码头仓租费和卸货费用;根据我国法令规定,按进口货物的品种分别征收的税款,一般有进口关税、增值税、营业税等;进口商品的检验费和其他公证费用;银行费用,如开证费及其他手续费;报关提货费;国内运输费、仓租费;从开证付款到收回进口商品转销货款之间所发生的利息支出等。

案例 5-4-1

M公司某进口经营方案

进口商品品名与品质:N原料,纯度95%以上,沸点180 ℃～210 ℃。

进口商品数量:50公吨。

进口商品时间:2007年第四季度。

交易对象选择:该项商品在西欧多国都可以生产,都具备供货能力。从9月起,由化工一部负责向德、法、英、荷、意等国与我国有贸易往来的大型公司进行询盘。

进口商品的价格:该项商品上半年成交价是320英镑每公吨。进入7月以来,价格有所下降。

询盘策略:每隔几日向其中一个公司询盘,避免同日向所有目标公司询价,否则会影响市场。可以要求生产厂家和贸易公司同时报价,以便更好地掌握价格动态,在还盘中获得主动权。

任务实施

小杨在之前市场调研的基础上，根据目标市场的市场行情，对经济效益进一步反复核算，精心制订了一个公司商品进出口经营方案。

任务五　寻找贸易伙伴

工作任务

寻找客户是外贸业务员的核心任务，要想拿到订单，必须先寻找到有效客户。小杨锁定目标市场之后接下来需要做的就是寻找贸易伙伴建立业务联系，如何通过行之有效的方法寻找到高质量的客户？如何通过 EMAIL 和客户建立业务联系？如何对找到的客户进行资信调查？这些都是小杨需要思考和解决的问题。

知识与技能支撑

对于一个外贸新手来说，开发客户的最大困难就是如何发现商机、确定目标客户并与之建立业务关系，这个过程需要花费大量的时间和精力。寻找客户的途径主要有以下几种。

一、寻找客户途径

（一）利用 B2B 网站

B2B 网站是外贸人常用的开发国外客户的方法，如阿里巴巴，美国环球商务通。商链网等。可先在 B2B 网站上注册会员，然后发布产品信息并留下联系方式，每天查看最新的询盘，及时回复，B2B 网站上也有很多生产商，多找几个适合推广产品的网站，并且经常更新网站信息，才会获得更多机会。

如果你的企业拥有一个海外服务器上的网站（如美国环球商务通），那么你的产品信息就能够被更多的国外潜在客户看到，这样客户就可能自动上门了。

（二）利用搜索引擎

如 Google、Yahoo 等。Google 搜索是一个非常强大的搜索引擎，里面几乎涵盖了全世界大部分的资源，很多人都用它来开发国外客户，而且效果很不错。推荐使用高级搜索，有国家、

图 5－7　Google 关键词搜索是一个寻找国外客户的有效途径

语言等不同选择,可以对客户进行区域定位。

常用的搜索方法有关键词搜索和类目搜索

1. 关键同搜索(Keywords)搜索时,可以输入"产品名字""Importers/Distributor/Buy"等相关的词汇。例如,对于化工原料,输入:Buy Chemicals,Looking For Chemicals,Chemicals importer,Chemicals Distributor 等,就可搜到不少国外客户。

2. 类目搜索(Category)。选择相应的行业类目,可搜索到该类目下的产品信息。

(三) 利用海关数据

海关数据里面的资料都是最真实的客户信息,包括客户的进口量、客户联系方式,甚至部门经理的邮箱都能找到。世界上许多国家的海关数据是可以免费查询的。

(四) 利用大使馆资料

登录各个国家或地区驻华代表处网站。很多国家在华办事机构都设有自己的网站,如美国商务处驻华办事处、韩国贸易协会驻华办事处、英中贸易协会等。登录此类网站能搜集到很多进口商的资料,里面有详细的联系方式。当然,也可在网站上发布供求信息。

(五) 利用国际工商名录

国际工商名录通常由各国的商会编纂,收录了各国著名的贸易公司,商号的名称,电传、电报、电话、传真的号码,公司的地址,主要经营项目及历史经营情况。例如,通过 Yahoo 的商业目录、欧洲黄页等,就能找到很多国外客户。

工商名录也称工商黄页,是工商企业的电话号码簿,因习惯于印在黄色纸上而得名。现在流行的企业名录、工商指南、消费指南等也可以算是黄页的各种表现形式。

(六) 登录行业网站

每个行业几乎都有行业网站,可登录行业网站,利用关键词搜索产品或企业信息。如某专业网、某行业协会等(英语关键词尽可多试)。网站上一般会有会员列表,信息量很大。另外,网站上有很多和关链接,也很有用。

(七) 利用展会寻找商机

对于外贸企业来说,参加展览会是迄今为止最有效的出口营销方法。随着国内外各大展会的日益火爆,展览会、交易会的作用已逐渐被越来越多的商家所认可。在我国的进出口贸易中,很多公司积极参加各种展会,每年出国展览的项目有 300 多个,展出面积达 8 万平方米,现场交易金额达 15 亿美元,这对协助企业走出国门,宣传和促进外交和外贸起着举足轻重的作用。此外,在国内举办的各种形式的交易会,也大大促进了我国商品的出口。

如何查找展览资讯? 下面给出 4 个使用起来比较方便的网址,供参考:中国会展服务,贸易梯梯的展览资讯库,中国尚品网,国贸资讯网。

二、对潜在客户进行资信调查

当前我国的信用环境相当严峻,失信事件时有发生,"钱敢借敢用敢不还""欠款有理、欠款致富、欠款出业绩""废债有偿,赖债有功,逃债有理"等在社会风靡。在这种社会风气下,你公司进行信用调查,不失为控制赊销风险的一种重要方法。

信用调查是现代化企业经营管理中一项十分重要的内容,信用调查工作又是一项基础性工作。通过资信调查工作,能了解投资对象(包括投资环境)或合作伙伴的事实真相,借以判断其信用的优劣,并作为决定授信或合作与否的重要参考依据。在整个贸易过程中,贸易活动之前的资信调查工作固然重要，但对于在贸易活动中和贸易活动后的资信调查工作也是必不可少的。因为在贸易活动中和活动后仍有各种信用风险的存在，诸如受信人（债务人）的倒闭、欺诈、经营不善而破产或故意赖账等，致使授信人（债权人）蒙受无法收回货款、账款、货物或其他财物的损失。因此，为防患于未然，减少或避免这些信用风险的发生，有必要在贸易活动中和活动后开展资信调查工作，以了解对方最新的信用状况。只有这样，才能运筹帷幄，稳操胜券。

资信调查应力求全面了解被调查企业的经营状况，一般来说应包括以下内容：

1. 企业概况

包括公司名称、地址、电话、传真、邮编、企业性质、业务范围、员工总数。

2. 历史背景

包括成立日期、注册机关、注册资金及号码、历史沿革、股东/股份、上级主管部门。

3. 管理人员

包括企业最高权力机构、法定代表人、董事长、总经理、副总经理等的姓名、教育背景、工作经历、组织机构。

4. 财务状况

包括资产负债表、损益表、财务比率分析。

5. 银行往来

包括企业开户银行及账号。

按规定，企业资金往来账户只能有一个开户行和一个账号，如是进出口企业，则还另有一个外币账户和账号。

6. 经营状况

包括主营、兼营范围，主要产品及产量，原材料采购，产品销售区域，购买及销售付款方式，企业商业信誉，主要供应商的名称，电话，附属企业基本信息，员工状况，办公环境及面积。

7. 发展趋势调查

主要是了解客户近期是否会扩大生产规模，是否会上新的设备，是否会转产等等。这些都是我们降低合作风险和扩大合作范围和深度的重要依据。

三、与潜在客户建立业务关系

得到潜在客户的联系方式以后，接下来就要主动出击、吸引客户、争取贸易机会了。给客户的第一封信函很重要，外贸上称之为开发函。开发函面对的是未来可能的交易对象，因此要慎重对待。开发函可以用传真的形式，但目前更多的是采用电子邮件方式。

（一）开发函的主要内容

1. 说明信息来源

首先是要说明获得客户联系方式的途径，即信息来源，以免唐突。

2. 公司简介

接下来，简要介绍一下公司的情况，包括公司规模、成立时间、业务范围及优势等。

3. 产品简介

简要介绍产品范围，特别是主打产品的介绍，必要时附上目录、报价单或另寄样品。

4. 表示合作诚意

即表达与对方建立业务关系的愿望，最后附上公司名称、地址、电话、传真、邮箱、网站等具体信息。

案例 5-5-1

发件人:abc〈johnsmith@abccompany. cn〉

收件人:dafa〈liuping@dafatrading. com〉

日期:2011－3－5　17:09:43

主题:hope to build business cooperation

Dear Mr. Steven Hans,

We get your name and email address from your trade lead on http://www. tradelead. com that you are in the market for ball pen. We would like to introduce our company and products, hoping that we may build business cooperation in the future.

Our factory has been specializing in manufacture and export of ball pen for more

than six years. We have profuse designs with series quality grade, and expressly, our price is very competitive because we are manufactory, we are the source. You are welcome to visit our website http://www. aaa. com which includes our company profiles, history and some latest designs.

Should any of these items be of interest to you, please let us know. We will be happy to give you details.

As a very active manufacturer. we develop new designs nearly every month. If you have interest in it, it will be my pleasure to offer news to you regularly.

Best regards.

Yours faithfully,

Liuping

Marketing Department of DAFA TRADING CO. , LTD.

请注意这封开发函的写法。作为初次联系的信件,它简洁鲜明地展示了自己的特点:工厂、款式多、价格有竞争力,并暗示建议客户绕开中间商直接跟厂家合作:因为不知道客户的详情,特别强调有多种品质,这样无论对方是精品路线还是廉价路线,都有洽谈的空间。

此外,自己的具体情况并没有谈论太深,而是引导客户去访问自己的网站。最后再抛出诱饵,以不断提供新款设计信息为由吸引客户回复,而客户一旦回复,就极可能确认了应该联系的人。这样的开发函,再随附一张展现琳琅满目款式的产品照片效果会很不错的。

当然,开发函要自己写,而不要抄书或者网上那种固定的范文,古板雷同的文字只会让客户反感。产品种类不同,写法也应不一样,如果是工艺品、日用消费品或时尚产品等不妨轻松活泼,如果是阀门之类的产品,还是严谨专业些比较好。

此外,开发函不同于 Trade Lead,不宜千篇一律,应该根据客户的规模、国籍不同略作调整,在信件中适合的地方自然地点一下客户的公司名字,暗示这封开发函是专门诚意写给贵公司的,而不是草率地做广告。这些小技巧虽然不起眼,但颇能给客户以好感。

(二) 电子邮件的格式要求

1. 地址与主题

邮件地址包括写信人邮件地址(From:)、收信人邮件地址(To:)、抄送收信人邮件地址(Cc.)和密送收信人邮件地址(Bcc:),可根据情况选择填写项目。邮件主题应体现邮件主旨,要引人注目、意思明确,最好为名词或动名词短语。如果为急件,可用"Urgent"表示。

2. 称呼与正文

称呼应礼貌得体,符合商务英语写作习惯,如不知对方姓名而只知头衔,可用"Dear+头衔"作为称呼;如只知对方姓名而不知性别,可用"Dear+全名"。正文应结构清楚,便于阅读,如正文内容较长,可使用小标题、小段落,或利用星号、下划线及段落间空行等方式,使邮件眉目清楚、一目了然。

3. 结束语

结束语是结束信函时的一种客套,应该与前面的称呼相呼应。例如,"Sincerely""Best Regards"或"Yours Truly"。最后的签名,最好签写信人全名,可加上写信人职务及所属部门、地址、电话号码、传真等。

4. 附件(Enclosure)

如果有附件,应在左下角注明 Encl. 或 Enc. 。例如,Ends: 2 invoices; Enc. :1 B/L。

任务实施

小杨主要通过搜索引擎搜索和展会寻找的方法,找到了自己的目标客户群,并多次给对方发函电,最后成功找到客户,建立了第一单业务联系。

任务六　项目实训

知识巩固

◇ **选择**

1. 办理外贸进出口经营权备案(　　)。

A. 必须书面申请　　B. 必须达到一定的注册资本

C. 必须经营两年以上　　D. 所有企业都必须有财产证明

2. 可向海关注册登记办理自理报关的企业有(　　)。

A. 有进出口经营权的工贸、农贸、技贸公司,外贸专业总公司及其分公司

B. 有进出口经营权和部分经营权的其他全国性和地方性的各类进出口公司和其他经常有进出口业务的企业

C. 信托投资公司、租赁公司、经济技术开发和引进公司

D. 中外合资(合作)经营企业、外商独资企业

E. 各类保税工厂、保税仓库、外国商品维修服务中心等

3. 通常情况下，国内市场调研应包括(　　)。

A. 明确国内客户的具体要求　　B. 了解国内外外贸易管理法规

C. 我国对世界贸易组织的承诺　　D. 国外客户情况

4. 一般来讲，调研方案应包含(　　)。

A. 拟作出的决策和想解决的问题、调研目标

B. 研究提纲

C. 调研单位和对象

D. 调研方法、进度表等

5. 表述建立联系的愿望一般包括(　　)。

A. 要说明信息来源、写信的目的

B. 还要表明希望早日得到答复

C. 引起对方进行业务联系的兴趣

D. 表达在未来业务中与之合作的真诚愿望

◇ **判断**

1. 借助国际市场调研，企业完全可以肯定应选择哪个国家或地区为自己的目标市场，而且一定会有利可图。　(　　)

2. 进出口经营方案只是一个大致的行动计划，对具体的业务活动没什么指导意义。　(　　)

3. 利用搜索引擎搜索是寻找客户最有效的方法。　(　　)

4. 外贸流通经营权可经营各类商品和技术的进出口，但国家限定公司经营或禁止进出口的商品及技术除外。　(　　)

5. 具有自营进出口权的生产企业可以经营本企业自产产品的出口业务和本企业所需的机械设备、零配件、原辅材料的进口业务，但国家限定公司经营或禁止进出口的商品及技术除外。　(　　)

◇ **简答**

1. 新设立公司应该如何申请进出口经营权备案登记?

2. 市场调研在整个外贸业务活动中的作用。

3. 无进出口经营权的企业也可以通过一些专业进出口公司代理自己的进出口业务，这样不必承担外汇风险及各种信贷风险。但是也有一些不利影响，你知道是什么吗?

4. 国际货物贸易的一般程序如何?

5. 专业外贸流通企业跟生产性企业相比，在业务操作方面具有哪些优势?

项目实操

◆ **项目实训操作**

【项目背景一】 程琳是一位服装生产工厂的负责人，该厂希望能开拓国际业务。她打算为公司申请对外贸易经营权，需要为公司进行对外贸易经营者的备案登记。

【任务一】 程琳负责的公司是生产型外贸企业还是流通型外贸企业?

【任务二】 如何为其进行对外贸易经营者备案登记手续的办理?

【项目背景二】 中国上海某厂生产纺织机器设备,为了开拓国际市场,某厂准备派员参加今年广州中国进出口商品交易会,参展前企业业务人员精心做了不少准备工作。希望通过这次展会,尽量吸引接触潜在客户。

【任务一】 假如你是业务人员,请在展会前为公司及产品准备简单的中英文介绍。

【任务二】 对本厂的纺织机器设备,进行国际市场调研。包括:

(1) 国际市场环境、国际市场商品情况、国际市场营销情况。

(2) 申办出口文件(相关政策),出口退税率。

(3) 寻找目标客户(客户基本情况、资信调查)。

(4) 制订出口商品经营方案。

【项目背景三】 日本泡泡糖市场年销售额约为740亿日元,其中大部分被"劳特"所垄断。可谓江山为"劳特"独坐,其他企业要想挤进该市场谈何容易。但江崎糖业公司对此并不畏惧。他们对市场进行周密调查分析,发现"劳特"有四点不足:第一,以成年人为对象的泡泡糖市场正在扩大,而"劳特"却仍把重点放在儿童市场上;第二,"劳特"的产品主要是果味型泡泡糖,而现在消费者的需求正在变得多样化;第三,"劳特"多年来一直生产单调的条板状泡泡糖,缺乏新式样;第四,"劳特"产品价格是110日元,顾客购买时需多掏10日元的硬币,往往感到不便。通过分析,江崎公司决定以成年人泡泡糖市场为目标市场,并制定相应的市场营销策略,不久便推出功能性泡泡糖四大产品:司机用泡泡糖,使用了高浓度薄荷和天然牛黄,以强烈的刺激消除司机的困倦;交际用泡泡糖,可清洁口腔,祛除口臭;体育用泡泡糖,内含多种维生素,易于消除疲劳;轻松性泡泡糖,通过添加叶绿素,可以改变人的不良情绪。同时,他们又设计了精良的包装和造型,价格定为50日元和100日元两种,避免了找零钱的麻烦。功能性泡泡糖问世后,立即席卷全日本。江崎公司不仅挤进了"劳特"独霸的市场,而且占领了一定的市场份额(从0升至25%),当年销售额达175亿日元。

【任务】 请说明该案例给我们什么启示?

【项目背景四】 青岛利华进出口公司(Qingdao Lihua import&export Co,Ltd)是一家流通性外贸企业,经营服装出口业务,主要面向中东市场。2013年某日,利华公司业务员张丽从阿里巴巴获悉,巴基斯坦客户 Tim Co,Ltd. 求购男士衬衫,并想在中国寻求与其建立长期业务关系的客户。

【任务】 请你以利华公司业务员张丽的名义写一封开发函。

项目六　交易磋商与合同签订

【知识目标】

- 明确交易磋商的内容和程序
- 熟悉《联合国国际销售合同公约》对交易磋商的相关规定
- 明确进出口合同的意义、形式与内容
- 掌握进出口合同的主要条款

【能力目标】

- 能够利用电子邮件与客户进行交易磋商
- 能够撰写询盘、发盘、还盘和接受的往来函电
- 能够掌握外贸合同中应包含的条款
- 能够正确填制书面合同中的条款

【项目背景】

在一次迪拜展览会上，郑州豫港进出口贸易有限公司外贸业务员小杨和经理结识很多外商。从迪拜回来后，小杨又开始忙碌起来。他将在展览会上收集到的外商名片盒信息逐一进行整理。并在第一时间给每位潜在客户发去了电子邮件，询问客户的成交意向，表达了希望开展贸易的合作愿望。并将公司所组织、准备的货源基本情况，包括商品品质、报价等详细信息提供给了对方。没多久，小杨接到了迪拜东方之星贸易有限公司的回邮，欲购买相关机电产品。内容如下："We learn that are manufacturing and exporting a variety of Chinese electric hair dryer. As there is a steady demand here for high-quality Chinese home appliance, we want to establish direct business relationship with you. We will appreciate it very mach if you can send us details of your prices and terms of payment. It would be most helpful if you could also supply more information concerning the products. With best regards."小杨内心不禁挺兴奋，他该如何回复邮件呢？

收到对方的回复以后，小杨将此业务的联系情况向经理做了汇报，公司决定开展这单业务。于是小杨将电吹风机的销售价格详细向对方做了一个报价。经过激烈的磋商，对方同意了公司的最终报价，但客户要求小杨按照他们之间的约定拟草一份外销合同，小杨把之前商议好的价格、支付方式列入合同后，下一步还有商品的品质、数量、包装等条款内容又该如何与外商磋商？怎样书写这些合同条款？

任务一　了解交易磋商的原则、形式和内容

工作任务

交易磋商是买卖双方对买卖商品的成交条件进行反复磋商，以达成交易的过程，通常称为谈判。在国际贸易中，这是一个十分重要的环节。因为交易磋商是签订合同的基础，是对外贸易工作的重要环节。没有交易磋商就没有买卖合同。做好这项工作，既要努力掌握我国的外贸政策，又必须充分掌握交易磋商的原则、形式和内容。

在进行交易磋商的过程中，双方应遵循求同原则、阶梯原则、迂回原则、墨菲原则来保证交易磋商的顺利进行，以期达成双赢。交易磋商的内容包括主要交易条件和一般交易条件。双方主要围绕主要交易条件来进行洽谈。

知识与技能支撑

交易磋商(Business Negotiation)是指买卖双方以买卖某种商品为目的而通过一定程序就交易的各项交易条件进行洽商并最后达成协议的全过程。交易磋商的目的是买卖双方通过磋商取得一致意见，达成交易。因此，交易磋商时签订货物买卖合同的基础，是进出口商品贸易的基础工作。

交易磋商是合同的根据，合同是交易磋商的结果。交易磋商的成功与否直接关系到合同能否签订以及合同本身的质量高低，而合同质量的高低又直接影响到国家和企业的利益。

一、交易磋商的原则

双赢原则是洽商谈判的前提，只有树立"双赢"的观念，才能建立持久的良好贸易关系。

而为了在具体谈判过程中解决某一细节问题，我们应当要遵循下列原则。

1. 求同原则，谈判中必须坚持"求大同存小异"的原则，多找共同点，把分歧、不同点搁置起来。

2. 阶梯原则，阶梯原则是指在谈判中由容易达成共识的问题入手，逐渐由易到难，分段洽谈，分段受益。

3. 迂回原则，迂回原则是指在谈判过程中各方对某一问题僵持不下时，把此问题放置或绕开，寻找新的突破点。

4. 墨菲原则，其涵义是指：任何可能发生的事情都必定要发生。在谈判中要求谈判参加人，把谈判中的可能性当作必然性，以自己足够重视，从而防患于未然。

二、交易磋商的形式

交易磋商的方式主要有口头和书面两种。

口头磋商是指在谈判桌上面对面的谈判，如参加交易会、洽谈、贸易小组出访、邀请客户来

华洽谈生易等，另外，还包括双方通过长途电话进行的交易磋商。

书面磋商是指通过信件(letter)、电报(cable)、电传(telex)及传真(fax)等通讯方式来洽谈交易。目前各国已广泛应用传真，取代了以往的电报。传真内容可以是照片、图表、书信、文件等。

三、交易磋商的内容

交易磋商的内容包括主要交易条件和一般交易条件。

主要交易条件，全面地来讲，包括进出口合同的所有条款，即合同的标的(货物的品名、品质、数量、包装)、价格与支付条款、交货条件(运输、保险)、预防与解决争议的条款(检验、索赔、不可抗力和仲裁)等。

一般交易条件(general terms and conditions)指由出口商为出售或进口商为购买货物而拟订的每笔交易都适用的一套共性的交易条件。通常包含以下几个方面：

1. 有关争议的预防和处理条件(如检验，索赔，不可抗力及仲裁的有关规定)；
2. 有关主要交易条件的补充说明(如品质的机动幅度，分批装运，保险险别等)；
3. 个别的主要交易条件(如通常的包装方式，付款方式等)。

在交易磋商中，双方主要围绕主要交易条件来进行磋商。为简化磋商内容，提高磋商的效率，降低磋商成本，往往在进行正式磋商之前，先就一般交易条件与对方达成一致，双方若无异议，可以不必逐条就一般交易条件进行磋商。

任务实施

小杨通过本次任务的学习，掌握了交易磋商的定义、原则、内容和形式。并就对方感兴趣的具体产品进行交流。

Dear Sirs,

We learned from the internet that you are one of the major imports and garments in your country. We are waiting to enter into business relations with you on the basis of mutual benefits and common interests.

Our corporation is a private foreign trade organization, dealing in the import and export. Our products are of fashionable design, comfortable feeling and high quality, which enjoy high reputation both in America and Asian.

As requested, enclosed is our latest catalogue. If you have special requirements, please inform us.

Looking forward to receiving your prompt reply.

Yours faithfully,
Xiao Yang

任务二　掌握交易磋商的程序与策略

工作任务

经过市场调研，找到了有意向成交的客户，如果客户发来函电："可供××货品，现寄去图片说明及报价资料，如有意，请速洽！"如果公司将这项业务交由你负责，请你与对方进行交易磋商，该如何开展？《联合国国际销售合同公约》对此做出何种相关规定？要想解答这些问题，就要掌握进出口业务磋商所要经过的主要环节及操作要求，即交易磋商的程序与策略。

知识与技能支撑

一、交易磋商的程序

交易磋商可通过来往函电进行，也可以通过彼此面谈。一般来说，交易磋商有可能出现询盘、发盘、还盘和接受四个环节，其中，发盘和接受是每笔交易达成与合同成立不可缺少的两个环节和必经的法律步骤。

(一) 询盘(Inquiry)

询盘是交易的一方打算购买或出售某种商品，向对方询问买卖该项商品的有关条件，或者就该项交易提出带有保留条件的建议。询盘主要是试探对方交易的诚意和了解其对交易条件的意见，内容涉及价格、规格、品质、数量、包装、交货期以及索取样品、商品目录等，而多数是询问价格，所以也称询价。询盘通常由买方发出，一般被称为"邀请发盘"；它也可以由卖方发出，习惯上将其称为"邀请递盘"。询盘只是一种交易意向，对询盘人和被询盘人均无法律约束力。若被询盘人愿与询盘人成交，还需要同对方进行进一步的洽商。

询盘往往是交易的起点，但并不是交易磋商的必经阶段。

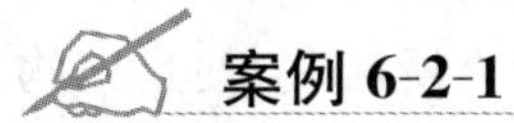
案例 6-2-1

询盘实例

(1) 中国松香 AA 级 200 公吨，8 月份装船，请报 CIF 安特卫普价。

Please offer Chinese rosin AA grade 200 M/T August shipments CIF Antwerp.

(2) 可供中国松香 AA 级，8、9 月份装船，请递实盘。

We can supply Chinese rosin AA grade shipment Aug. /Sept. Please firm bid.

(二) 发盘(Offer)

发盘，又称发价、报盘、报价，是指交易的一方为出售或购买某种商品，向交易另一方提出买卖该种商品的交易条件，并愿意按照所提条件与对方达成交易，订立合同的表示。其中，发出发盘的一方称为发盘人,发盘的对象方称为受盘人。

在实际业务中,发盘往往是发盘人在收到对方的询盘后发出的,但也可以在未收到询盘的情况下由发盘人直接向受盘人发出。发盘大都由卖方发出,称作售货发盘(selling offer),少数由买方发出,称作购货发盘(buying offer)或递盘(bid)。

发盘具有法律效力。在发盘有效期内,发盘人受其约束,不得任意撤销或修改其内容,一旦被受盘人所有效接受,交易即告成立,发盘人就必须按发盘条件与受盘人签订合同。否则即为违约,要承担相应的法律责任。

下面是一个发盘的实例:

"贵方5月16日来函收悉,我方报价如下:木材种类:辐射松;长度:4～12 m;最小直径:16 cm;平均直径:20 cm;最低数量:50 000 m^3;价格:100美金/m^3,CFR中国主要港口;付款方式:不可撤销即期信用证;6月15日前复到有效。"

根据《联合国国际货物销售合同公约》的解释,发盘的相关要领如下:

1. 发盘的构成条件

发盘具有法律效力,因此对发盘的要求也相应是严格的。《联合国国际货物销售合同公约》(以下简称《公约》)明确规定:"向一个或一个以上特定的人提出订立合同的建议,如果十分确定并且表明发盘人在得到接受时承受约束的意旨,即构成发价。"据此,一项有效的发盘应具备以下条件:

(1) 发盘必须具有特定的对象。在发盘中必需指定一个或一个以上特定的受盘人,只有这些特定的受盘人才可以对发盘表示接受并与发盘人签订合同。若发盘中没有指定受盘人,它便不能构成有法律约束的发盘,而只能被视为邀请发盘。

(2) 发盘必须表明订立合同的意旨。在发盘中,发盘人必须表明自己有责任在受盘人做出有效接受时与其订立合同。这种订立合同的意旨通常可以用有关述语或词句表示,如"发盘""发价""供应"或"递盘""订购""订货"等;也可以从发盘的整个内容、当事人相互之间的关系以及交易磋商的先后情况做出判断。《公约》第八章第三款做了这样规定:"在确定一方当事人的意旨或一个通情达理的人应有的理解时,应当适当地考虑与事实有关的一切情况,包括谈判情形,当事人之间确立的任何习惯做法、惯例和当事人其后的任何行为。"当然,若发盘中没有明确的文字表明订立合同的意旨,或这种意旨不能肯定时,受盘人最好还是向对方提出,以避免日后争议。

(3) 发盘的内容必须十分确定。发盘内容的确定表现为发盘中的交易条件是完整的、明确的和终局性的。所谓完整,即主要交易条件完备,一旦这些条件为受盘人所接受,便足以构成一项有效的合同;所谓明确,即意思表达清楚,解释确切,没有含糊不清、模棱两可的词句,如"大概""大约""参考价"等;所谓终局性,即发盘中不附有任何保留及限制性条件,如"以我方最终确认为""以商品未售有效"等。

(4) 发盘必须送达受盘人。发盘于送达受盘人时才生效,在此之前,即使受盘人通过其他途径知道了发盘内容,也不能在收到发盘前主动对该发盘表示接受。如果发盘在传递过程中被误投或遗失,以致受盘人没有收到,则该发盘无效。如果发盘在发出后,在受盘人收到之前发盘人以更快的传递方式撤回发盘,只要撤回通知比发盘先到或同时到达受盘人,则该发盘可以撤回。

以上是构成一项有效发盘的四个必要条件,也是考查发盘是否具有法律效力的标准。若不能同时满足这四个条件，即使在发盘上注明“实盘”或类似字样，也不能使发盘具有法律约束力。

2. 必须注意的几个问题

关于发盘，以及判断发盘是否有效，在实际业务中必须注意四个问题：

(1) 关于发盘的有效期问题。

发盘都有一个有效期，只有在有效期内，受盘人对发盘的接受才有效，发盘人才承担按发盘条件与受盘人成交的责任。发盘的有效期可以在发盘中明确规定，也可以不做明确规定。明确规定有效期不是构成发盘的必要条件。若无明确规定有效期，按照国际惯例，发盘在合理时间内接受有效。但是，国际上对“合理时间”没有明确、统一的解释，一般由商品的特点和行业习惯决定，容易引起争议，因此在实际业务中最好还是明确规定有效期为宜。

明确规定有效期，常见的做法是在发盘中规定一个最后时限。这时发盘人既要在发盘中规定最后时限的具体日期，也要说明受盘人的接受是在这一日期前发出的，还是在这一日期前送达发盘人，还要说明该日期是以何处的时间为准。如“本发盘限 3 月 2 日复到，以我方时间为准”。明确规定有效期，也可以只规定一段有效期限，如“本发盘有效期 5 天”。有效期一般从发盘发出时起算，至接受送达发盘人时止。如果有效期的最后一天是发盘人所在地的正式假日或非营业日，则发盘的有效期可顺延到下一个营业日。这种规定方法是《公约》允许的，但在具体业务中却经常引起争议，实际使用较少。

若发盘采用的是口头表达方式，则除非交易双方另有约定，受盘人必须立即表示接受才有效。

(2) 关于主要交易条件是否完整的问题。主要交易条件完整是构成有效发盘的一项必要条件。在实际业务中，判断一个发盘的主要交易条件是否完整，不应当从形式上判断，要看发盘内容的实质；不能孤立地以一函一电为依据，而应系统地考察交易双方的业务关系和交易磋商的整个过程。具体地说，要结合考虑如下因素：

其一，交易双方事先已建立业务关系，若干主要交易条件已在一般交易条件中做出规定，如“支付方式：即期不可撤销信用证”。这样，在磋商某一具体商品交易或在发盘时，不需要重复这些“一般交易条件”协议中已经规定的内容。

其二，交易双方在长期交易中已形成一些习惯做法或惯例，如卖方在收到买方信用证后 14 天内发货。这些习惯做法已为双方理解和承认，无须在每项发盘中一一列举。

其三，交易双方在交易磋商的过程中，对某些交易条件已经明确，这些条件在以后的发盘中也往往不再重复。

在上述情况下，一项发盘的主要交易条件形式上不完整，但实际上是完整的，应予以肯定。

(3) 关于发盘的撤回和撤销问题。

发盘的撤回，是指发盘人在发盘发生法律效力之前取消他所承担的受该发盘约束的责任。如前所述，发盘送达受盘人时生效，如果撤回通知在此之前或与发盘同时送达受盘人，发盘可以撤回。

发盘的撤销，是指发盘人在发盘发生法律效力之后取消他所承担的受该发盘约束的责任。不同的国家对发盘能否撤销有不同的规定，《公约》则对此做了折中。《公约》规定，若发盘人撤销发盘的通知于受盘人发出接受通知之前送达受盘人，则发盘得以撤销；但若在发盘中规定了有效期，或通过其他方式表明该发盘不可撤销，或受盘人有理由信赖发盘是不可撤销的，并已本着对该发盘的信赖并已采取了行动，如寻找用户、组织货源等，则该发盘不可撤销。

例如：一家香港木材商发来一万立方米木材卖盘，规定有效期为4天，我某公司于有效期满前一天去电报表示接受，接受电报发出后不久，收到该商来电，以国际运价上涨为由，要求撤销发盘，该商的撤销电报与我方接受的电报在传递中交叉，我方公司接电后，立即电复指出，对方发盘系卖盘并规定有效期4天，接受已在有效期内并在接到撤销通知前发出，故要求撤销无效，结果，买卖合同仍按原发盘条件成立，如期履行。

我国以《公约》为依据，认为发盘可以撤回与撤销。但为了维护我方发盘的严肃性与我国外贸企业的信誉，应尽量减少对发盘的撤销。

(4) 关于发盘的失效问题。发盘的失效一是表示发盘人不受发盘约束了，二是表示受盘人丧失了接受发盘的权利。发盘效力终止的原因，一般有以下几个方面：

第一，过期。若受盘人未在发盘规定的有效期或合理时间内接受发盘，则该发盘失效。

第二，拒绝或还盘。若受盘人对发盘表示拒绝或还盘，则该发盘立即失效。

第三，撤销。若发盘被发盘人有效撤销，则至撤销通知送达受盘人时失效。

第四，不可抗力。若发生了不可抗力事件，如政府突然颁布出口或进口禁令、突然实施对某国的封锁、突然爆发战争以及发盘人或受盘人突然丧失行为能力或死亡、或破产，则该发盘失效。

案例 6-2-2

发盘实例

兹报200公吨中国松香AA级铁桶装，每公吨CIF安特卫普195美元，8月份装运，不可撤销即期信用证支付，限本月20日复到。

Offer Chinese rosin AA grade iron drum 200 M/T USD 195 per M/T CIF Antwerp August shipment irrevocable sight L/C reply here 20th.

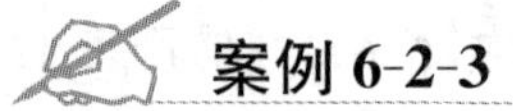

案例 6-2-3

我某公司向美国A公司发盘售一批大宗商品，对方在发盘有效期内复电表示接受。第三天，我方收到A公司通过银行开来的信用证。因获知该商品的国际市场价格已大幅度上涨，我公司当天将信用证退回，但A公司认为其接受有效，合同成立。双方意见不一，于是提交仲裁机构解决。

讨论：如果你是仲裁员，你将如何裁决？

(三) 还盘(Counter Offer)

还盘是指受盘人对发盘内容不完全同意而提出修改或变更的表示。还盘可以针对价格，也可以针对其他条件。即一方在接到另一方发盘以后，可以就提高或降低价格、改变支付方式、改变交货期等要求更改报盘内容。交易可以多次还盘与反还盘。

需要注意的是，还盘是对发盘的拒绝，还盘一经做出，原发盘即失效，发盘人不再受其约束。一项还盘实际就是受盘人的一项新发盘。还盘做出后，还盘者处于发盘人的位置，原发盘人则变成了受盘人，他有权对还盘的内容进行考虑，决定接受、拒绝或再还盘。

如何草拟还盘，是检验外销员业务素质以及应对能力的重要方面。因此，外销人员收到对方发盘后，要认真思考、分析，拟写还盘函。首先确认对方来函，表示感谢；其次，不管最后是否接受对方条件，一般都会先坚持原发盘的合理性，同时给出各种适当的理由，如强调品质优秀、或认为报价符合市价、或指出原料价格上涨、人工成本提升、或言明利润降至最低点等；最后，提出我方条件，并催促对方行动。毫无说明地接受或拒绝都是不可取的。

案例 6-2-5

还盘实例

你14日电收悉，还盘每公吨185美元CIF安特卫普24日复到有效。

Your 14th cables counter-offer USD 185 per M/T CIF Antwerp till 24th our time.

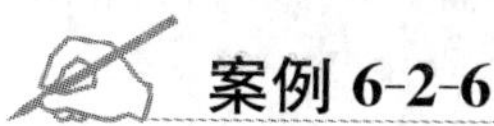

案例 6-2-6

我某公司于5月20日以电传发盘，并规定“限5月25日复到”。国外客户于5月23日复电至我方，要求将即期信用证改为远期见票后30天。我公司正在研究中，次日又接到对方当天发来的电传，表示无条件接受我5月20日的发盘。

问：此笔交易是否达成？

（四）接受（Acceptance）

接受是受盘人接到对方的发盘或还盘后，同意对方提出的条件，愿意与对方达成交易、订立合同的一种表示。也就是说，交易的一方完全同意对方发来的报盘或还盘的内容所做出的肯定表示。

1. 构成接受的条件

接受是交易磋商的结果，是合同成立的依据。与发盘一样，一项有效的接受必须具备一定的条件。这些条件是：

（1）接受必须由特定的受盘人做出。这个条件实际上是与构成发盘的第一个条件相对应的。只有发盘中指定的受盘人才能对发盘表示接受，任何第三者对发盘的接受对发盘人都没有约束力，只能被认为是第三方对原发盘人做出了一项新的发盘。

（2）接受的内容必须与发盘相符。一项有效的接受必须是同意发盘提出的所有交易条件，只接受其中的部分内容，或对发盘提出实质性的修改，或提出有条件的接受，均不能构成接受，只能视为还盘。但是，如果受盘人接受时，对发盘内容提出某些非实质性的添加、限制或更改（如要求增加装箱单、原产地证或某些单据的份数等），此项接受能否构成有效接受，取决于发盘人是否同意。

（3）必须在有效期内接受。如果发盘没有规定有效期，则应在合理时间内接受方为有效。如果接受通知超过发盘规定的有效期限，或发盘没有具体规定有效期限而超过合理时间才送达发盘人，这就是一项逾期接受，也称迟到的接受。对于迟到的接受，不管受盘人有无责任，能否接受的主动权在发盘人。

（4）接受必须表示出来。接受必须由特定的受盘人表示出来，缄默或不采取任何行动不能构成接受。一般来说,对口头发盘要立即作出口头接受,对书面形式的发盘也要以书面形式表示接受。除了采用声明方式接受外,还可以行为表示接受。

2. 必须注意的几个问题

关于接受以及判断接受是否有效,在实际业务中必须注意以下 4 个问题:

(1) 关于逾期接受问题。从原则上讲,逾期接受是一项无效的接受。但是,《公约》同时又主张,一项逾期接受是否有效应取决于发盘人。如果发盘人认为逾期接受是可以接受的,并毫不迟延地以口头或书面形式通知受盘人,则该逾期接受有效;如果是因传递不正常而延误,造成逾期接受,则除非发盘人在收到该逾期接受时毫不迟延地以口头或书面方式通知受盘人原发盘已失效,该逾期接受就仍然有效。

(2) 关于有条件接受问题。从原则上讲,有条件的接受是一项无效的接受。但是有两种情况必须注意:

其一,一方在接受另一方发盘的前提下,提出某种希望或建议。例如,要求在可能情况下提前装运。这是一种期望,不是对发盘提出的更改条件。这种期望无论发盘人同意与否,都不影响交易的成立,应视为有效接受。

其二,接受通知内载有某些更改条件,但这些更改在实质上并不变更发盘的条件,只要发盘人没有及时表示异议,仍能构成有效接受而成立合同,而且合同条件以发盘的条件以及接受中所载更改的为准。《公约》规定,凡接受中载有关于价格、支付、商品的品质和数量、交货的时间和地点、赔偿责任范围或解决争端等方面的更改条件,均视为在实质上变更了发盘的条件。

(3) 关于接受的撤回和修改问题。按《公约》规定,接受于送达发盘人时生效。因此,若撤回或修改通知先于接受,或与接受同时到达发盘人,受盘人就可以在接受生效前将其撤回或对其进行修改。但已生效的接受是不得撤销和修改的。

在接受的撤回问题上,《公约》的规定同遵循"到达原则"的大陆法系国家的法律规定一致,但英美法系国家依据"投邮原则"认为接受在发出时即生效,因此接受不能撤回。我们应注意到法律规定上的这种差别,以免在实际业务中产生误解或争议。

案例 6-2-7

你 18 日电我接受。200 公吨中国松香 AA 级铁桶装每公吨 185 美元 CIF 安特卫普,8 月份装运不可撤销即期信用证付款。

Your cables 18th we accept. Chinese rosin AA grade iron drum 200 M/T USD 185 per M/T CIF Antwerp August shipment irrevocable sight L/C.

案例 6-2-8

某外贸土产进出口公司,拟向外商出口一批土特产品。双方就出口商品的各项交易条件进行磋商,3 月份基本达成协议。唯有价格一项,中方坚持单价不得低于每公吨 1 500 元人民币,并要求外商"在两个月内答复"。下半年,国际市场上该土特产品价格猛涨,外商才复电可按中方 1 500 元/公吨的价格成交,中方未予理睬。外商于数日后未接到中方答复,便指责中方违约,并要求中方承担违约责任。

问:中方是否要承担违约责任？为什么？

二、交易磋商的策略

(一) 卖方发盘的策略选择

交易的任何一方在准备发盘的时候,均有两种基本的策略可供选用,其一是速决的方针,其二是克制的方针。所谓速决方针就是预计所选择的发盘不需进一步磋商就会被对方所接受,或某些重要的发盘条件得到积极的响应。所谓克制方针,就是所安排的发盘有足够的吸引力,对方是不会拒不理睬的,具有一定的余地,对方的某些要求可以考虑,或者能够保证对方的还盘是能够达到本企业的谈判目标的。这种策略的直接目的在于得到对方的还盘,使得谈判得以进行下去。

除了上述策略选择以外,发盘后的买方策略,还应根据是否已经还盘来确定,如果已经还了盘,交易磋商的难点就显示出来了。这时,买方应采取的策略是仔细观察对方的反应而不是做任何让步。如果还没有还盘,买方就应该继续促使对方亮出他对自己发盘中各种交易条件所能承担的责任,并尽可能不显露出自己的立场。

任务实施

小杨通过本次任务的学习,认识到了发盘和接受是达成一笔交易必不可少的两个基本环节,并掌握了交易磋商的策略和技巧,能够与外商通过函电进行交易磋商,建立业务关系。

【业务实例】

小杨进行的交易磋商

(一) 客户询盘

小杨的开发函发出不久,便收到了来自法国 LUCERNA TRADING CO.,LTD 的询盘。

Dear Mr. Yang,

We are very glad to receive your letter of Mar. 7. As you know, we are one of the leading importers of home appliances in France, and we need a reliable supplier in China.

Your catalogue has been carefully studied and we are interested in your Orient brand electric hair dryer Model No. MT201Y, MT202Y, MT203Y, MT204Y. Can you offer us your favorable price of CIF Marseilles if we order 1800 PCs for each of the above four model?

Your early reply will be highly appreciated.

(二) 小杨发盘

收到客户的询盘后,小杨不敢掉以轻心,首先联系公司生产部门,确定了装箱规格为 12 只/箱,包装箱尺寸为 58 cm×26.5 cm×56.5 cm,共 600 箱,40 英尺货柜整箱装。然后全面收集了有关生产成本、保险费、运费、公司的预期利润率等资料进行价格核算,并在老业务员的指导下报出了每件 3.20 美元的价格。

除了数量和价格之外,小杨对其他成交条件考虑如下:先电汇货款的 20%作为定金,余款以不可撤销的即期信用证支付。信用证必须注明允许转船。装运在收到对方开来的信用证后 45 天进行;保险按 110%的发票金额向中国人民保险公司投保一切险和战争险。小杨的发盘如下:

Dear Mr. Burton,

Thank you for your inquiry of Mar. 15 for our HIAR DRYER. At your request, we fax back this morning, offering you 1×40′ FCL (600 cartons) of Orient brand electric hair dryer Model No. MT201Y, MT202Y, MT203Y, MT204Y, 1800 PCS for each model. CIF Marseilles USD 3. 20/PC, reply reaching here before Mar. 28.

Payment: 20% deposit, balance by irrevocable sight L/C. The L/C must specify that transshipment is allowed.

Delivery Date: Within 45 days after receipt of your L/C.

Insurance: To be covered by the seller for 110% of total invoice value against All Risks and War Risks, as per and subject to the relevant Ocean Marine Cargo Clauses of the People's Insurance Company of China, 1/1/1981.

(三) 客户还盘

第一次报价 5 天后，小杨收到了法国客户的回函，还盘每只 2. 70 美元。还盘如下：

Dear Mr. Yang,

Thank you for your quotation of Mar. 18. Although you believe your price is competitive, we think it's too high for us to accept it. You know there is a very large market in our country, and we are the leading importer in this line. If you would like to cut your price to USD 2. 70, we will place our order immediately. All other terms and conditions are unchanged.

Please consider our counter-offer and give us your reply ASAP.

(四) 接受成交

面对法国客户的还价，小杨重新报出了每双 2. 90 美元的价格。报价得到了客户的接受。接受函如下：

Dear Mr. Yang,

We have received your E-mail of Mar. 23, 2008. After consideration, we have pleasure in confirming the following offer and accepting it:

1. Commodity: Orient brand electric hair dryer
2. Specification: MT201Y, MT202Y, MT203Y, MT204Y
3. Packing: 1 PC per polybag and inner box, 12 PCS/CTN, total 600 cartons, standard export carton must be strong, shipped by 1×40′container.
4. Quantity: 1 800 pieces for each model, total 7200 pieces
5. Unit Price: USD2. 90/PC CIF Marseilles
6. Total Amount: USD20 880. 00
7. Shipment: To be effected by seller from China to Marseilles, France within 45 days after receipt of L/C.

Other terms and conditions remain the same as we agreed in our previous mails.

Please send us a contract and thank you for your cooperation.

任务三 签订进出口合同

工作任务

国际商业活动中，合同起着十分重要的作用，在业务活动的各个具体运转环节上，几乎都是通过合同这个形式将有关当事人联系起来。他们各自按照规定的义务去履行合同，从而使整个国际商业活动有次序、有节奏地运转。当进出口商经过磋商，就某项交易条件达成一致后，接下来就是订立合同。要想做好这些工作，就要能够熟练掌握国际销售合同的含义、形式及内容。

国际货物买卖合同就是该企业与其他国家企业所订立的货物进出或出口的合同，它也被称作国际货物销售合同。常用的国际货物销售合同形式有合同、成交确认书等。一份国际货物销售合同通常由约首部分、基本条款和约尾组成。

知识与技能支撑

在国际货物贸易中，当买卖双方就交易条件经过磋商达成协议后，合同即告成立。依法成立的合同，具有法律约束力，合同自成立时生效。但要说明的是，合同成立与合同生效是两个不同的概念。合同成立的判断依据是接受是否生效；而合同生效是指合同是否具有法律上的效力。在通常情况下，合同成立时，就是合同生效之日，二者在时间上是同步的。但有时，合同虽然是成立的，却不立即产生法律效力，而是需要其他条件成立时，合同才开始生效。

一、进出口合同的含义

根据《联合国国际货物销售合同公约》的规定，国际货物进出口买卖合同是指营业地处于不同国家（或地区）的当事人之间所达成的、以买卖货物为目的的协议。如果站在某一个国家的角度上，国际货物买卖合同就是该企业与其他国家企业所订立的货物进出或出口的合同，它也被称作国际货物销售合同。

二、签订进出口合同的意义

（一）书面合同是合同成立的证据

国际贸易实践中，买卖双方达成交易后，一般均以书面合同形式作为合同成立的依据，特别是对通过口头协商达成的交易，其作用更为明显。

（二）书面合同是履行合同的依据

国际货物买卖合同的履行五一节复杂，涉及的部门多，若有口头协议，或凭分散于往来函电中的协议条款履行合同，将会给履行工作带来麻烦。因此，为了给履行合同提供方便，使履行合同准确及时地进行，无论通过什么方式达成的协议，最好把双方协商一致的条件用文字归纳记录，并由双方签字确认，作为履行合同的依据。

(三) 书面合同有时是合同生效的条件

《公约》和大多数国家的合同法规定,只要接受生效,合同即告成立。但在有些情况下,书面合同则是成立的必备条件。如在交易磋商过程中,有一方曾声明“以签订书面合同为准”等。

三、进出口合同成立的时间

在国际贸易中,合同成立的时间是一个十分重要的问题。根据《联合国国际货物销售合同公约》的规定,合同成立的时间为接受生效的时间,而接受生效的时间,又以接受通知达到发盘人或者按照交易习惯及发盘要求做出接受的行为为准。由此可见,合同成立的时间有两个判断标准:一是有效接受的通知到达发盘人时,合同成立;二是受盘人做出接受行为时,合同成立。此外,在实际业务中,有时双方当事人在洽商交易时约定,合同成立的时间以订约时合同上所写明的日期为准,或以收到对方确认合同的日期为准。

根据《中华人民共和国合同法》(以下简称《合同法》)第三十二条规定:“当事人采用合同书形式订立合同的,自双方当事人签字或者盖章时合同成立。”签字或盖章不在同一时间的,最后签字或者盖章时合同成立。

四、进出口合同生效的要件

买卖双方就各项交易条件达成协议后,并不意味着此项合同一定有效。根据各国合同法规定,一项合同,除买卖双方就交易条件通过发盘和接受达成协议后,还需具备以下条件,才是一项有效地合同,才能得到法律上的保护。

1. 合同当事人必须具有签约能力

签订买卖合同的当事人主要为自然人或者法人。按各国法律的一般规定,自然人签订合同的行为能力,是指精神正常的成年人才能订立合同;未成年人、精神病人、禁治产人订立合同必须受到限制。关于法人签订合同的行为能力,各国法律一般认为,法人必须通过其代理人,在法人的经营范围内签订合同,即越权的合同不能发生法律效率。

知识链接 6-3-1

禁治产人

指因心神丧失或精神耗损,不能治理自己的财产,经有关人员的申请,由法院依法宣告为无民事行为能力的人。成为禁治产人的条件:(1) 须心神丧失或精神耗弱,不能处理自己事务;(2) 须由本人或利害关系人(配偶、近亲属等)提出禁治产申请;(3) 须由法院作出禁止治理其财产的宣告。法院作出禁治产宣告后,即剥夺了被宣告人的民事行为能力。当被宣告人心神或精神恢复后,经本人或有关人员申请,法院可经一定程序撤销禁治产宣告,恢复其行为能力。中国民法未采用禁治产概念,但在《民法通则》第 13 条中规定:“不能辨认自己行为的精神病人是无民事行为能力人,由他的法定代理人代理民事活动。”无民事行为能力人和禁治产人的法律地位相当。

我国《合同法》第九条规定:“当事人订立合同,应当具有相应的民事权利能力和民事行为能力。”由此可见,在订立合同时,注意当事人的缔约能力和主体资格问题是十分重要的。

2. 合同必须有对价或约因

英美法认为,对价(Consideration)是指当事人为了取得合同利益所付出的代价。法国法认为,约因(Cause)是指当事人签订合同所追求的直接目的。按照英美法和英国法的规定,合同只有在有对价或约因时,才是法律上有效地合同,无对价或约因的合同,是得不到法律保障的。

3. 合同的标的和内容必须合法

许多国家往往从广义上解释"合同内容必须合法",其中包括不得违反法律、不得违反公共秩序或者公共政策,以及不得违反善良风俗或道德三个方面。

根据我国《合同法》第七条规定:"当事人订立、履行合同应当依照法律、行政法规,尊重社会公德,不得扰乱社会经济秩序,损害社会公共利益。"

4. 合同必须符合法律规定的形式

世界上大多数国家,只对少数合同要求必须按照法律规定的特定形式订立,而对大多数合同,一般不从法律上规定应采取的形式。我国《合同法》第十条规定:"当事人订立合同,有书面形式、口头形式和其他形式。"

5. 合同当事人必须在自愿和真实的基础上订立合同

各国法律认为,合同当事人的意思表示必须是真实的才能成为一项有约束力的合同,否则,这种合同无效。

为了使签订的合同能得到法律上的保护,我们必须了解上述合同生效的各项要件,并依法行事。此外,我们还应了解造成合同无效的下列几种情况。根据我国《合同法》第五十二条规定:有下列情形之一的,合同无效:(1) 一方以欺诈、胁迫的手段订立合同,损害国家利益;(2) 恶意串通,损害国家、集体或者第三人利益;(3) 以合法形式掩盖非法目的;(4) 损害社会公共利益;(5) 违反法律、行政法规的强制性规定。

五、进出口合同的形式与内容

(一) 形式

在国际贸易中,对书面合同的形式没有具体的限制,买卖双方既可以采用正式的合同、确认书、协议,也可以采用备忘录、订单等多种形式。

1. 合同

合同(contract)的特点在于:内容比较全面,对双方的权利、义务以及发生争议后如何处理,均有较详细的规定。大宗商品或成交金额较大的交易,多采用此种形式的合同。

我国在对外贸易中使用的合同,分为销售合同和购买合同,又称出口合同和进口合同。

合同有正本和副本之分。在我国的对外贸易业务中,通常由我方缮制合同正本一式两份,经双方签字后,买卖双方各保存一份。合同副本与正本同时制作,无需签字,亦无法律效力,仅供交易双方内部留作参考资料,其份数视双方需要而定。

2. 成交确认书

成交确认书是合同的简化形式。它所包括的条款比合同简单,一般只就主要的交易条件作出规定,对买卖双方的义务描述不很详细。这种形式的合同适用于金额不大、批数较多的商品,或者已订有代理、包销等长期协议的交易。

我国在对外贸易业务中使用的确认书,分为销售确认书和购买确认书。这两种确认书的格式基本一致。当达成交易,通常也由我方填制一式两份,经双方签字后,各自保存一份。它无正本和副本之分。

3. 协议

在法律上,协议一般与合同同义。书面文件冠以“协议”或“协议书”的名称,只要其内容对买卖双方的权利和义务都作了明确、具体的规定,它就与合同一样对买卖双方具有法律约束力。

4. 备忘录

备忘录是进行交易洽商时用来记录洽谈的内容,以备今后核查的文件。如果双方当事人把洽谈的交易条件完整、明确、具体地记入备忘录,并经双方签字,那么这种备忘录的性质和作用就与合同无异。如果双方洽商后,只是对某些事项达成一致或一定程度的理解,并记入备忘录,甚至冠以“理解备忘录”的名称,则这种备忘录不具有法律约束力。

5. 订单

订单是指进口商或实际买家拟制的货物订购单。在我国外贸实践中,有的客户往往发出订单,要求我方签回。这种经洽商成交后发出的订单,实际上是国外客户的购买合同或购买确认书。

(二) 内容

书面合同不论采用何种格式,其基本内容通常包括约首、基本条款和约尾三个组成部分。销售合同基本样式如表 6-1 所示。

表 6-1　合同式样

正本
(ORIGINAL)

合同　　**No.**
CONTRACT　　**Date:**

卖方　　中国矿产进出口公司
The Sellers. CHINA NATIONAL MINERALS IMPORT & EXPORT CORPORATION

北京二里沟　　电报挂号
Erh Li Kou. Beijing　　**Cable Address: MINMETALS BEIJING**
22773 MIMET CN 22241 MIMET CN
Telex: 22774 MIMET CN 22190 MIMET CN
Fax: 8315079

买方:　　**Cable Address**
Telex　　**Telex**

双方同意按下列条款由卖方出售,买方购进下列货物:
The Sellers agree to sell and the Buyers agree to buy the undermentioned goods on the terms conditions stated below:

(1) 货物名称、规格、包装及唛头 Name of Commodity, Specifications, Packing term and Shipping Marks	(2) 数量 Quantity	(3) 单价 Unit Price	(4) 总值 Total Amount

检验:以中国商品检验局出具的品质重量证书作为付款依据。 Inspection : The certificates of Quality and Weight issued by the China Commodity Inspection Bureau are to be taken as the basis for effecting payment.			
	卖方有权在　%内多装或少装 Shipment　% more or less at Sellers' option		

(5) 装运期限:

Time of Shipping:

(6) 装运口岸:

Port of Loading: China ports

(7) 目的口岸:

Port of Destination:

(8) 保险:由卖方按发票金额110%投保

Insurance: To be effected by the Sellers for 110% of invoice value covering

(9) 付款条件:

Terms of Payment:

凭保兑的、不可撤销的、可转让的、可分割的即期信用证在中国见单付款。信用证以卖方为受益人,并允许分批装运和转船,该信用证必须在装运月　天前开到卖方,并在装船后在上述装运港继续有效15天。否则卖方无需通知即可有权取消本销售合同,并向买方索赔因此而发生的一切损失。

By confirmed, irrevocable, transferable and divisible Letter of Credit in favour of the Sellers payable at sight against Presentation of shipping documents in China, with partial shipments and transshipment allowed. The covering Letter of Credit must reach the Seller days before the contracted month of shipment and remain valid in the above loading port until the 15th day after shipment, failing which the Sellers reserve the right to cancel the contract without further notice and to claim against the Buyers for any loss resulting therefrom.

(10) 单据:卖方应向议付银行提供已装船清洁提单、发票、中国商品检验局或工厂出具的品质证明、中国商品检验局出具的数/重量鉴定书:如果本合同按CIF条件,应在提供可转让的保险单或保险凭证。

Documents: The Sellers shall present to the negotiating bank, Clean On Board Bill of Lading, Invoice Quality Certificate issued by China Commodity Inspection Bureau or the Manufacturers, Survey Report on Quantity/Weight issued by the China Commodity Inspection Burean and Transferable Insurance Policy Insurance Certificate when this Contract is made on CIF basis.

(11) 装运条件:

Terms of Shipment:

1. 载运船只由卖方安排,并允许分批装运并允许转船。

The carrying vessel shall be provided by the Sellers. Partial shipments and transhipments are allowed.

2. 卖方于货物装船后,应将合同号码、品名、数量、船名、装船日期以电报通知买方。

After loading is completed, the Sellers shall notify the Buyers by cable of the contract number, name of commodity, quantity, name of the carrying vessel and date of shipment.

(12) 品质与数量、重量的异议与索赔:

货到目的口岸后,买方如发现货物品质及/或数量/重量与合同规定不符,除属于保险公司及/或船公司的责任外,买方可以凭双方同意的检验机构出具的检验证书向卖方提出异议。品质异议须于货到目的地口岸之日 30 天内提出，数量/重量异议须于货到目的口岸之日起 15 天内提出。卖方应于收到异议后 30 天内答复买方。

Quality/Quantity Discrepancy and Claim:

In case the quality and/or quantity/weight are found by the Buyers to be not in conformity with the Contract after arrival of the good at the port of destination. The Buyer may lodge claim with the Sellers supported by survey report issued by an inspection organization agreed upon by both parties, with the exception, however, of those claims for which the insurance company are to be held responsible. Claim for quality discrepancy should be filed by the Buyers within 30 days after arrival of the goods at the port of destination. While for quantity/weight discrepancy claim should be filed by the Buyers within 15 days after arrival of the goods at the port of destination. The Sellers shall, within 30 days after receipt of the notification of the claim, send reply to the Buyers.

(13) 人力不可抗拒：

由于人力不可抗拒事故，使卖方不能在本合同规定期限内交货或者不能交货，卖方不负责任。但卖方必须立即以电报通知买方。如买方提出要求，卖方应以挂号函向买方提供由中国国际贸易促进委员会或有关机构出具的发生事故的证明文件。

Force Majeure: In case of Force Majeure, the Sellers shall not be held responsible for late delivery of non-delivery of the goods but shall notify the Buyers by cable. The Sellers shall deliver to the Buyers by registered mail, if so requested by the Buyers, a certificate issued by the China Council for the Promotion of International Trade or and competent authorities.

(14) 仲裁：

凡因执行本合同有关事项所发生的一切争执，应由双方通过友好方式协商解决。如果不能取得协议时，则在被告国家根据仲裁机构的仲裁程序规则进行仲裁。仲裁决定是终局的，对双方具有同等的约束力。仲裁费用除非仲裁机构另有决定外，均由败诉方负担。

Arbitration: All disputes in connection with this Contract or the execution thereof shall be Settled by negotiation between two parties If no settlement can be reached, the case in dispute shall then be submitted for arbitration in the country of defendant in accordance with the arbitration regulation of the arbitration organization of the defendant country. The decision made by the arbitration organization shall be taken as final and binding upon both parties The arbitration expenses shall be borne by the losing party unless otherwise awarded by arbitration organization.

(15) 备注：

Remarks:

卖方	买方
Sellers	**Buyers**
中国矿产进出口公司	
CHINA NATIONAL MINERALS	
IMPORT & EXPORT CORPORATION	

1. 约首部分

约首部分一般包括合同的名称、合同的编号、订约双方的名称、地址、电报挂号、电传号码等项内容，有时包括序言。

2. 基本条款

这是合同的主体，包括商品名称、品质规格、数量、包装、单价、总价、交货、保险、支付方式、商检、不可抗力、索赔、诉讼等项内容，以及根据不同的交易情况需要加列的其他条款。

3. 约尾

约尾一般包括订约日期、订约地点、合同的份数，使用的文字和效力以及双方的签字等。

案例 6-3-1

阅读以下资料，指出订单中对货物的名称、数量、颜色、包装及装运条件的要求。

INTERNATIONAL TEXTILES

ORDER SHEET

ORDER NO. 100530　　　　　　　　　　DATE：MAY 30，2014

TO：TAISHUN CO.

ART. NO.	GOODS	QUANTITY(DZ)	COLOR
ART. NO. bs-12	Bed-sheet	600	WHITE/RED
ART. NO. bs-14	Bed-sheet	600	NAVY/ORANGE
ART. NO. pc-12	pillowcase	1 200	YELLOW
ART. NO. pc-14	pillowcase	1 200	RED

Packing：

ART. NO. bs-12& bs-14 to be packed in cartons of 12 dozens each totally 100 cartons；

ART. NO. pc-12& pc-14 to be packed in cartons of 24 dozens each totally 100 cartons；

200 cartons in one 20' FCL container.

Shipment：

Must be made before July 20th，2014.

任务实施

小杨通过本次任务的学习，认识到一方发盘被对方接受后，双方之间就建立了合同关系。在实际业务中，为了进一步明确双方的权利与责任，在达成合作协议后，双方还必须签订书面合同。书面合同应采用中英文形式，按照相应的条款，填制必要的内容。书面合同不仅是合同成立的证据，也是双方履行合同的依据。

任务四　项目实训

知识巩固

◇ **不定项选择题**

1. 按《联合国国际货物销售合同公约》的规定，接受于（　　）生效。

A. 合理时间
B. 向发盘人发出时
C. 送达发盘人时
D. 发盘人收到后以电报确认时

2. 一项发盘,经过还盘后,则该项发盘(　　)。

A. 失效
B. 仍然有效
C. 对原发盘人有约束力
D. 对还盘人有约束力

3. 某项发盘与某月12日以电报形式送达收盘人,但在此之前的11日,发盘人以传真告知受盘人发盘无效,此行为属于(　　)。

A. 发盘的撤回
B. 发盘的修改
C. 一项新发盘
D. 发盘的撤销

4. 交易磋商的两个基本环节是(　　)。

A. 询盘接受
B. 发盘签合同
C. 接受签合同
D. 发盘接受

5. 英国某买主向我轻工业品进出口公司来电"拟购美加净牙膏大号1 000罗请电告最低价格最快交货期"此来电属交易磋商的哪一环节(　　)。

A. 发盘　B. 询盘　C. 还盘　D. 接受

6. 交易磋商的两个基本环节是(　　)。

A. 询盘、接受　B. 发盘、签合同　C. 接受、签合同　D. 发盘、接受

7. 某发盘人在其订约建议中加有"仅供参考"字样,则这一订约建议为(　　)。

A. 发盘　B. 递盘　C. 邀请发盘　D. 还盘

8. 根据《公约》规定,合同成立的时间是(　　)。

A. 接受生效的时间
B. 交易双方签订书面合同的时间
C. 在合同获得国家批准时
D. 当发盘送达受盘人时

9. 据《公约》规定,下列哪些为一项发盘必须具备的基本要素(　　)。

A. 货名、品质、数量
B. 货名、数量、价格
C. 货名、价格、支付方式
D. 货名、品质、价格

◇ **判断**

1. 交易磋商是签订买卖合同的必需阶段和法定程序。(　　)

2. 询盘与发盘一样是达成交易、合同成立的基本环节和必经的法律步骤,具有法律约束力。(　　)

3. 发盘有买方发盘和卖方发盘,习惯上将后者称为递盘(Bid)。(　　)

4. 在订约建议中如果没有提到交货的时间、地点和付款的时间、地点,是不能构成一项有效的发盘,因而也会妨碍合同的成立。(　　)

5. 根据〈联合国国际货物销售合同公约〉规定,在发盘生效后但受盘人尚未表示接受之前,发盘人及时将撤销通告送达受盘人一般可将其发盘撤销。(　　)

6. 逾期接受是否有效完全取决于发盘人的态度。(　　)

7. 根据〈联合国国际货物销售合同公约〉的规定,一项有效的接受必须是同意发盘所提出的交易条件。(　　)

8. 在国际贸易中，订立合同只能以书面形式或口头形式表示，否则无效。　　（　　）

项目实操

◆ 项目实训操作

【项目背景一】 美国A公司10月4日向我B公司以传真发盘，出售电子元器件，规定于当天下午5时复到有效。B公司于当天下午4时以传真答复，对发盘中的价格及检验索赔条件提出了不同意见。10月5日，A公司与B公司通过电话进行洽商，双方各作了让步，B公司同意接受A公司的价格，A公司同意B公司提出的检验索赔条件，至此，双方口头达成了一致意见，并一致同意两公司的代表在广交会上签署合同。10月20日，A公司的代表去广交会会见了B公司的代表，并交给他一份A公司已签了字的合同文本，B公司的代表则表示要审阅后再签字。三天后，A公司的代表再次会见B公司的代表，而B公司的代表仍未在合同上签字。A公司的代表即索回了未签字的合同。11月份，A公司致电B公司要求开证履约，B公司不同意，双方当事人发生争议。

【任务一】 试问：双方于5日通过电话协商达成一致意见是否表示合同已于此时

【任务二】 试问：要求签署书面合同是否仅仅是一种形式而不会影响到合同的有效成立？

【任务三】 试问：双方最终是否建立合同关系？

【项目背景二】 我们从阿里巴巴网站上看到贵公司的名称和地址，很高兴地了解到您需要的产品正好符合我们的业务范围。我们很荣幸有这个机会向您介绍我们的公司。

我公司是一家中国的出口企业，主营各类罐头食品。我们非常希望能在互利的基础上尽早同贵公司建立业务关系。我们另外给您寄送了产品目录和价格表以供参考。如果能够收到您具体的询盘，我们将为您提供最优惠的价格。

期待您的早日回复。

【任务】 请将此函电翻译成英文。

【项目背景三】

Dear Sir or Madam,

We owe your name and address from the website of alibaba. com. We are informed that you are looking for men's shirts. As an importer and exporter of clothing, we would like to avail ourselves of this opportunity to introduce our company to you.

Our company is located in the coast city of Qingdao, China, dealing with the import and export of clothing. We have more than 10 years of experience in this field and have gained good reputations. As Middle East is our major market, we sincerely hope to establish long-term business relations with you at an early date on the basis of mutual benefit. Enclosed please find our catalogue. If you are interested in any of our products, please inform us, we will offer our best price to you upon receipt of your specific inquiry.

We are looking forward to your early reply.

Best regards.

Yours faithfully,

LILI

EXPORTING DEPARTMENT
QINGDAO LIHUA IMPORT&EXPORT CO. LTD
TEL：86－532－88015660　FAX：86－532－8015661
MOBILE：13053235351　　E-MAIL：lili@lihuaqingdao. com

【任务】 请将此函电翻译成中文。

项目七 核算价格

【知识目标】

- 了解贸易术语及贸易术语有关的国际贸易惯例
- 熟悉 Incoterms®2010 中的十一种贸易术语
- 熟悉商品价格构成、价格换算及对外报价
- 了解合同中的价格条款

【能力目标】

- 能够掌握贸易术语及与贸易术语有关的国际贸易惯例
- 能够准确合理选用 Incoterms®2010 中的十一种贸易术语
- 能够准确掌握十一种贸易术语间的关系
- 能够核算商品单价及价格换算,学会正确对外报价
- 能够熟练制定合同中的价格条款

【项目背景】

为了让小杨开开眼界,长长见识,郑州豫港进出口贸易公司的经理决定带着小杨参加德国柏林消费电子展览会。展览会在德国柏林展览中心举行,是迄今世界上展览规模和影响力最大的消费电子及家电博览会,是全球电子生产商和贸易商展示新产品和进行商贸及技术交流的盛会;同时也是欧洲采购商、批发商、零售商了解和采购该领域商品的重要平台。在展会上,经理在参展之前约好见面的几个老客户陆续到来。他们与经理进行了紧张、激烈的交易磋商。最终签下了几笔利润非常可观的 CIF 柏林出口合同。经理讨价还价的能力给小杨留下了极为深刻的印象。假设这几单业务由小杨负责,他该如何报价?怎样的价格能使进出口商都有利润空间?国际贸易中的商品价格与国内贸易相比有什么区别?

任务一 理解国际贸易术语与有关国际惯例

工作任务

在国际贸易的整个交易过程中,有很多问题经常要在磋商中遇到,比如买卖双方在哪里交接货物?运输途中出现的风险谁来承担?谁来办理通关手续?交易过程中的费用和风险如何

划分？要解决这些复杂的问题如果逐一磋商，将会非常繁琐，耗费大量的时间和费用。那么有没有一种国际惯例能简化这种复杂的磋商而提高效率呢？作为一个外贸业务员，小杨必须要熟悉与贸易术语有关的国际贸易惯例。

知识与技能支撑

一、贸易术语的定义与作用

（一）贸易术语的含义

贸易术语(Trade Terms)，又称价格术语，是用三个英文字母来表示价格构成，区分买卖双方的责任、费用和风险划分的专门术语。贸易术语是进出口商品价格的重要组成部分。“责任”是指因交货地点不同而产生的租船订舱、装货、卸货、投保、申请出口许可证及报关等项事宜。“费用”是指因货物的移动而产生的运杂费、保险费、仓储费等。“风险”是指由于各种原因导致货物被盗、串味、锈蚀、水渍和灭失等危险。

但贸易术语不等于价格，只是价格的重要组成部分。贸易术语具有两重性：一方面，它是用来确定交货条件；另一方面又用来表示该商品的价格构成因素。

（二）贸易术语的作用

贸易术语的产生，极大地便利和促进了国际贸易的发展。贸易术语的作用可概括为：

1. 明确交易方式，简化交易内容，缩短磋商时间，节约费用开支；

2. 明确价格内涵，有利于交易双方进行比价和加强成本核算；

3. 明确交货地点，有利于界定合同性质、运输方式和保险事宜；

4. 明确责任、风险、费用的分担及其他权利义务关系，有利于减少贸易纠纷和妥善解决贸易争端。

二、与贸易术语有关的国际贸易惯例

国际贸易惯例(International Trade Custom)，是指在国际贸易长期实践中形成的习惯性做法，这些习惯性做法由某些国际组织规范成文，成为国际贸易活动中当事人可以遵循的行为准则。

国际贸易惯例不是法律，对当事人没有强制性；当事人可以选择是否按照惯例去做；在使用国际贸易惯例时当事人还可以根据业务的需要对惯例加以改变；但在国际贸易中国际贸易惯例的指导性很强，大多数人是愿意按照惯例来做的；如果双方当事人在履行合同过程中发生了争议纠纷，通过友好协商解决不了，将争议提交给了法院或仲裁机构，法院和仲裁机构解决问题的依据往往还是有关的国际贸易惯例。

（一）《1932 年华沙-牛津规则》

《1932 年华沙-牛津规则》(Warsaw-Oxford Rules 1932)是由国际法协会制定的。国际法协会于 1928 年在华沙举行会议，制定了关于 CIF 买卖合同的统一规则，即《1928 年华沙规则》，后又经过 1932 年牛津会议修订为《1932 年华沙-牛津规则》。该规则共 21 条，对于 CIF 的性质、买卖双方承担的风险、责任和费用的划分以及货物所有权的转移等问题作了详细的解释。该惯例沿用至今。

（二）《1990 年美国对外贸易定义修正本》

《1990 年美国对外贸易定义修正本》(Revised American Foreign Trade Definitions 1990)是由美国九大商业团体制定。最早于 1919 年制定，称为《美国出口报价及缩写条例》，后经 1941 年、1990 年修改为《1990 年美国对外贸易定义修正本》。该修正本对以下六种贸易术语做了解释：

EXW(EX Works)工厂交货

FAS(Free Along Side)运输工具旁边交货

FOB(Free On Board)运输工具上交货

CFR(Cost and Freight)成本加运费

CIF(Cost. Insurance and Freight)成本加保险费、运费

DEQ(Delivered Ex Quay)目的港码头交货。

（三）国际贸易术语解释通则

国际贸易术语解释通则(International Rules for the Interpretation of Trade Terms，简称 Incoterms)，是由国际商会制定的关于贸易术语方面影响力最大的惯例。最早于 1936 年制定，后为了使其不断地适应国际贸易的发展，又先后于 1953 年、1967 年、1976 年、1980 年、1990 年、2000 年和 2010 年做了七次修订和补充。是国际商会与 1936 年制定的，并先后进行过多次修订和补充。国际贸易术语解释通则是目前包含术语最多的惯例，为世界上绝大多数国家所采用惯例。

其中，《Incoterms 2000》是国际商会于 2000 年 1 月 1 日正式颁布实施的，在当前的国际贸易实践中仍有大量应用。该通则归纳了当时国际贸易实践中 13 个常用的贸易术语，按卖方义务由小到大的顺序排列，分为 E、F、C、D 四组。见表 7-2-1。

表 7-1-1 《Incoterms 2000》解释的 13 种贸易术语特征简表

贸易(价格)术语		交货地点	风险转移界 限	适用的运输方式
EXW (EX Works)	工厂交货	商品产地	货交买方处置时起	任何方式
FCA (Free Carrier)	货交承运人	出口国内地/港口	货交承运人处置时起	任何方式
贸易(价格)术语	交货地点	风险转移界 限	适用的运输方式	
FAS (Free alongside ship)	装运港船边交货	装运港口	货交船边后	水上运输
FOB (Free on Board)	装运港船上交货	装运港口	货物越过装运港船舷	水上运输
CFR Cost and Freight	成本加运费	装运港口	货物越过装运港船舷	水上运输

（续表）

贸易(价格)术语		交货地点	风险转移界限	适用的运输方式
CIF (Cost, Insurance and Freight)	成本加保险费运费	装运港口	货物越过装运港船舷	水上运输
CPT (Carriage Paid To)	运费付至	出口国内地/港口	货交承运人处置时起	任何方式
CIP (Carriage. Insurance Paid To)	运费保险费付至	出口国内地/港口	货交承运人处置时起	任何方式
DAF (Delivered at Frontier)	边境交货	两国边境指定地点	货交买方处置时起	任何方式
DES (Delivered Ex Ship)	目的港船上交货	目的港口	目的港船上货交买方为界	水上运输
DEQ (Delivered Ex Quay)	目的港码头交货	目的港口	目的港船上货交买方为界	水上运输
DDU (Delivered Duty Unpaid)	未完税交货	进口国内	指定目的地货交买方为界	任何方式
DDP (Delivered Duty Paid)	完税后交货	进口国内	指定目的地货交买方为界	任何方式

国际贸易术语解释通则最近一次修订是在 2010 年，本课程中我们将主要学习《Incoterms® 2010》及其在国际贸易中的应用。

三、《Incoterms® 2010》简介

《Incoterms® 2010》是国际商会根据近 10 年来国际贸易的新变化，对 Incoterms 2000 进行的重新修订，于 2011 年 1 月 1 日正式颁布实施。需要说明的是，并非 Incoterms® 2010 实施之后，Incoterms 2000 就自动作废。因为国际贸易惯例在适用的时间效力上并不存在“新发取代旧法”的说法。即 Incoterms® 2010 实施之后，当事人在订立贸易合同时仍然可以选用 Incoterms 2000，甚至 Incoterms 1990。

(一)《Incoterms® 2010》的主要特点

1. 关于术语分类的调整。贸易术语由原来的 E、F、C、D 四组，分为适用于任何运输方式和适用于海运及内河水运两类。

2. 关于贸易术语的变化。两个新增术语 DAT(运输终端交货)和 DAP(目的地交货)取代了《Incoterms 2000》中的 DAF(边境交货)、DES(目的港船上交货)、DEQ(目的港码头交货)和 DDU(未完税交货)。贸易术语由原来的 13 个减少为 11 个。

3. 关于风险划分。在 FOB、CFR 和 CIF 三个装运港交货术语中，《Incoterms 2000》强调买卖双方风险转移以“船舷为界”。修订后的《Incoterms® 2010》取消了“以船舷为界”的概念，改为：“交到船上”，即货物灭失或损坏的风险在货物交到船上时转移，卖方承担货物装上船为

止的一切风险，买方承担货物自装运港装上船开始起的一切风险。

表 7-1-2 《Incoterms® 2010》解释的 11 中贸易术语

适用的运输方式	国际代码	贸易术语全称
任何运输方式或多种运输方式	EXW	EX Works 工厂交货
	FCA	Free Carrier 货交承运人
	CPT	Carriage Paid To 运费付至
	CIP	Carriage. Insurance Paid To 运费、保险费付至
	DAT	Delivered At Terminal 运输终端交货
	DAP	Delivered At Place 目的地交货
	DDP	Delivered Duty Paid 完税后交货
海运和内河运输方式	FAS	Free Alongside Ship 装运港船边交货
	FOB	Free On Board 装运港船上交货
	CFR	Cost and Freight 成本加运费
	CIF	Cost. Insurance and Freight 成本加保险费、运费

4. 关于贸易术语的准确表述。《Incoterms® 2010》强调了贸易术语的准确表述，要求所选用的贸易术语，包括写明地点、表明《Incoterms® 2010》并要求对港口或地点的描述要尽可能具体确切。准确表述的范例如下："FCA 38 Cours Albertler，Paris，France Incoterms® 2010"。

5. 关于贸易术语的变形。《Incoterms 2000》中 FOB、CFR、和 CIF 三个贸易术语都可以变形，并涉及装船和卸货费用的划分问题。《Incoterms® 2010》认为装船和卸货费用应由卖方承担，通常不需要变形。《Incoterms® 2010》不禁止此类变形，但提醒这样做是有风险的。如果买卖双方都希望变形，则需要在合同中非常清晰的明确他们希望修改术语的效果。

6. 关于链式销售下的交货义务。与特定产品的销售不同，在大宗货物买卖中，货物在运送至销售链终端的过程中常常被多次转卖，即"String Sales"（链式销售）。出现这种情况时，在销售链中端的卖方实际上不运送货物，因为处于销售链始端的卖方已经安排了运输。因此，处在销售链中间的卖方不是以运送货物的方式，而是以"取得"货物的方式，履行对其买方的义务。《Incoterms® 2010》对此链式销售模式下卖方的交付义务做了细分，在相关术语中规定了卖方以"取得运输中货物"的方式完成交货义务，弥补了以前版本中的不足。

7. 关于电子讯息的效力。国际贸易术语解释通则以往的版本曾经规定诸多文件可用电子数据信息替代，《Incoterms® 2010》赋予了电子讯息与纸质讯息完全等同的效力，只要各方当事人达成一致，电子文件可取代纸张文件。

8. 关于注册商标。国际商会还将 Incoterms 注册成商标，并提出使用该商标的要求。

9. 扩大到国内贸易。国际贸易术语传统上用于货物跨越国界的国际货物买卖合同。但是在世界许多地区，像欧盟一样的贸易同盟已使不同成员国之间的边界形式显得不再重要。因此《Incoterms® 2010》规定，贸易术语不仅适用于国际销售合同，也适用于国内销售合同，这是它与以往通则的明显区别。

10. 明确了码头作业费。在使用有些贸易术语时，卖方必须安排货物运输至指定目的地，运费虽由卖方支付，但买方为实际支付方，因为通常运费已由买方包含在货价之中。运输费用有时会包括在港口或集装箱码头设施内处理和移动货物的费用，而承运人或港口运营人很可能向接收货物的买方索要这些费用。在这种情况下，买方会希望避免为同一服务支付两次费用：一次是在货物总价中包含的运费，另一次是单独向承运人或港口运营人支付。为了避免此类问题发生，《Incoterms® 2010》相关术语的条款中明确了此类费用的分摊。

（二）《Incoterms® 2010》中的几个专用词语

为了更加明确和便利地使用《Incoterms® 2010》，该通则对几个专用词的特定涵义进行了指导性说明。

1. 承运人：在《Incoterms® 2010》中承运人是签约承担运输责任的一方。

2. 交货：在《Incoterms® 2010》中，交货指的是货物灭失与损坏的风险从卖方转移至买方的点。

3. 海关手续：指为遵守任何适用的海关规定所需满足的要求，并可包括各类文件、安全、信息或实物检验的义务。

4. 交货凭证：指证明已交货的凭证。在《Incoterms® 2010》的许多术语中，交货凭证是运输凭证或对应的电子记录。但是，在使用 EXW、FCA、FAS 和 FOB 时，交货凭证可能仅仅是一张收据。交货凭证也会有其他作用，比如作为支付安排的构成部分。

5. 电子记录或程序：由一条或多条电子信息组成的整套信息，同时如适用时与对应的纸质凭证具有同等效力。

6. 包装：此词可用于不同目的：(1) 为满足买卖合同的要求对货物进行包装；(2) 为适应运输需要对货物进行包装；(3) 在集装箱或其他运输工具中装载包装好的货物。在《Incoterms® 2010》中，包装所指的是上述第一种和第二种情况。《Incoterms® 2010》中的术语不涉及各方在集装箱内的装载义务，因此，如需要的话，各方应在买卖合同中作出约定。

任务实施

通过学习，小杨了解了什么是贸易术语，理解了贸易术语的作用，也熟悉了几个常用的有关贸易术语的国际贸易惯例。

任务二　掌握《Incoterms® 2010》中的贸易术语

工作任务

在每一笔进出口贸易中，都要选用到一种贸易术语。贸易术语的选用决定了贸易合同的性质。当前使用最为广泛的国际贸易惯例版本是《2010 年国际贸易术语解释通则》，选择适当的贸易术语对促进合同的订立和履行，提高企业经济效益具有重要意义。在实际业务中，小杨必须准确理解各种贸易术语的内涵，能够准确合理选用“Incoterms® 2010”中的贸易术语。

知识与技能支撑

一、《Incoterms® 2010》规定的买卖双方的义务

《Incoterms® 2010》把各种贸易术语下买卖双方的基本义务归纳为相互对应的10项。

表7-2-1　《Incoterms® 2010》贸易术语下买卖双方的基本义务对照表

贸易术语	中文含义	卖方义务	买方义务
EXW	工厂交货	A1 卖方一般义务	B1 买方一般义务
FCA	货交承运人	A2 许可证、授权、安检通关和其他手续	B2 许可证、授权、安检通关和其他手续
CPT	运费付至	A3 运输合同与保险合同	B3 运输合同与保险合同
CIP	运费、保险费付至	A4 交货	B4 收取货物
DAT	运输终端交货	A5 风险转移	B5 风险转移
DAP	目的地交货	A6 费用划分	B6 费用划分
DDP	完税后交互	A7 通知买方	B7 通知卖方
FAS	船边交货	A8 交货凭证	B8 交货证据
FOB	船上交货	A9 查对—包装—标记	B9 货物检验
CFR	成本加运费	A10 协助提供信息及相关费用	B10 协助提供信息及相关费用
CIF	成本加保险加运费		

但是，各种术语在交货地点、风险转移、运输办理、保险义务等方面都有不同的要求。为此，我们将在充分了解买卖双方基本义务的基础上，进一步分析每个术语的使用要求。买卖双方的基本义务如下：

1. 买卖双方的一般义务

卖方必须提供符合买卖合同约定的货物和商业发票，以及合同要求的其他相关证据。

卖方必须按照买卖合同约定支付价款。

2. 许可证、授权、安全通关和其他手续

卖方必须自担风险和费用，取得所需的出口许可或其他官方授权，办理货物出口的一切海关手续(EXW术语下该义务由买方承担)。

买方自担风险和费用，取得进口许可证或其他官方授权，办理货物进口和从他国过境运输所需的一切海关手续(DDP术语下该项义务由卖方承担)

3. 运输合同与保险合同

运输合同：在CPT、CIP、CFR、CIF术语下，卖方有对买方订立运输合同的义务；在EXW、FCA、FAS、FOB术语下，由买方自付费用签订运输合同；在DAT、DAP、DDP、术语下，由卖方自付费用签订运输合同。

保险合同：在CIP、CIF术语下，卖方有对买方订立保险合同的义务；在其他术语下，双方均无为对方订立保险合同的义务。

4. 交货与收货

卖方必须在约定的时间和地点、按照规定的方式交货。

当卖方按约定完成交货义务时，买方必须收取货物。

5. 风险转移

风险在完成交货时转移。卖方承担完成交货前货物灭失或损坏的一切风险。

买方承担自完成交货时起货物灭失或损坏的一切风险。

6. 费用划分

卖方必须支付：完成交货前与货物相关的一切费用，货物出口应缴纳的一切关税及费用(EXW 术语下该项费用由买方承担)，相关的运输及保险费用。

买方必须支付：自完成交货时起与货物相关的一切费用，货物进口应缴纳的一切关税及费用(DDP 术语下该项费用由卖方承担)，由于其未履行相关义务而产生的额外费用及对卖方提供协助的费用补偿。

7. 相互通知

为了顺利完成交货，买卖双方必须承担起相互通知的义务，并承担因未按规定通知而发生的任何额外费用。

8. 交货证明

卖方必须向买方提供运输凭证或已交货的通常证据，以确保买方能够收取货物。

如果运输凭证或交货凭证与合同相符，则买方必须接受。

9. 核对—包装—标记与货物检验

卖方必须支付为交货所需要的核对费用，必须自付费用包装货物，包装应做适当的标记。

买方必须支付任何装运前必需的检验费用(DDP 术语下该项费用由卖方承担)。

10. 信息协助及相关费用

卖方必须及时向买方提供或协助其取得相关货物的任何单证和信息，包括安全相关信息，偿付买方信息协助所发生的相关费用。

买方必须及时向卖方提供或协助取得货物运输和出口及从他国过境运输所需的任何单证和信息，包括安全相关信息，偿付卖方信息协助所发生的相关费用。

二、适用于任何运输方式的贸易术语

《Incoterms® 2010》的第一类术语共 7 个，分别是 EXW、FCA、CPT、CIP、DAT、DAP 和 DDP，这类术语可适用于任何一种运输方式，也可适用于多种运输方式的联合运输。

(一) EXW

术语全文是 Ex Works(... named place of delivery) Incoterms® 2010，即工厂交货(... 指定交货地点)，是指当卖方在其所在地或其他指定地点(如工厂、车间或仓库)将货物交给买方处置时，即完成交货。货物灭失或损坏的风险在交买方处置时转移。

在使用该术语时，卖方的义务包括：按合同规定备好货物，并在约定的时间和地点内将货物交给买方处置。卖方不需要将货物装上任何前来接收的运输工具。买方的义务包括：自行安排运输工具到交货地点接受货物，自行办理进、出口清关的一切手续，承担一切风险、责任和费用，并将货物从交货地点运到目的地。

需要强调的是，在《Incoterms® 20010》中，EXW 术语是唯一一个由买方负责办理出口清关手续的术语，也是卖方责任最小、买方责任最大的术语，在性质上类似国内贸易。因此，如果买方不能直接或间接地完成出口清关手续时，则不应该使用 EXW，而应使用 FCA。

（二）FCA

术语全文是 Free Carrier(... named place of delivery) Incoterms® 2010，即货交承运人(...指定交货地点)，是指卖方在其所在地或其他指定地点，将货物交给买方指定的承运人，即完成交货。货物灭失或损坏的风险在货交承运人时转移。

在使用该术语时，卖方的义务包括：办理出口清关手续并承担相关税费；在指定地点和装运期内将货物交付给买方指定的承运人，并就交货情况给予买方充分的通知；承担货物交付承运人之前的一切费用和风险；向买方提供已交货的通常凭证。

买方的义务包括：自付费用签订自指定的交货地点起运货物的运输合同，并及时向卖方发出交货通知；承担自货物交付给承运人之后货物灭失与损坏的一切风险；按合同规定领受卖方提供的交货凭证并支付货款；办理进口清关手续并承担相关税费。

需要强调的是，在使用 FCA 术语时应注意以下问题：

1. 关于交货。以下情况完成交货：若指定地点是卖方所在地，则当货物被装上买方提供的运输工具时；在其他任何情况下，则当货物在卖方的运输工具上可供卸载，并可由承运人或买方指定的其他人处置时。

2. 关于风险划分。卖方只需承担货物交给承运人控制之前的风险。在多式联运情况下，卖方只承担货物交给第一承运人之前的风险。在 FCA、CPT、和 CIP 三个货交承运人术语中，风险划分的原则是相同的。

3. 关于车货衔接。以 FCA 条件成交的合同，买方负责订立运输合同，卖方负责把货物交给买方指定的承运人。为了保证车货衔接，买方必须将承运人名称、交货时间、运输方式及具体交货点及时通知卖方，并承担因未及时指定承运人、指定的承运人未及时接管货物或买方未能给予卖方相应的通知而发生的任何额外费用；卖方必须就其已经交货或承运人未在约定时间内收取货物的情况给予买方充分的通知。这一点和后面的 FAS、FOB 情况相同。

4. 关于运输合同。卖方对买方无订立运输合同的义务。但若买方要求，并由买方承担风险和费用，卖方可按通常条件签订运输合同；如予拒绝，卖方应立即通知买方。

（三）CPT

术语全文是 Carriage Paid To (... named place of destination) Incoterms® 2010，即运费付至目的地(...指定目的地)，是指卖方自付费用订立将货物运至指定目的地的运输合同，在约定的时间和地点内将货物交给承运人即完成交货。货物灭失或损坏的风险在货交承运人时转移。

在使用该术语时，卖方的义务包括：办理出口清关手续并承担相关税费；自费订立运输合同，如期将货物交给承运人，并向买方发出装运通知(已交货通知)；承担货物自装运地至目的地的通常费用；承担货交承运人之前的一切费用和货物灭失与损坏的一切风险；向买方提供运输凭证。

买方义务包括：承担自货物交付给承运人之后货物灭失与损坏的一切风险；在指定目的地自承运人处收取货物，接受运输凭证并支付贷款；办理进口清关手续并承担相关税费。

需要强调的是，在使用 CPT 术语时应注意以下问题：

1. 关于风险划分。CPT 术语虽然要求卖方办理运输并支付运费，但并不要求卖方承担运输途中的风险，卖方只需承担货物交给承运人控制之前的风险。在多式联运情况下，卖方只承运货物交给第一承运人之前的风险。

2. 关于交货地点与指定目的地。CPT 术语中，交货地点在出口国，代表了风险转移点；指定目的地在进口国，代表了费用转移点。这一点和后面的 CIP 情况相同，不再解释。

3. 关于装运通知。按 CPT 条件成交的贸易合同，要求买方承担货交承运人之后的风险。为了避免双方脱节，卖方在交货后必须向买方发出装运通知，以便买方办理保险。这一点和后面的 CFR 情况相同。

（四）CIP

术语全文是 Carriage and insurance paid to（... named place of destination）Incoterms® 2010，即运费、保险费付至目的地（... 指定目的地），是指卖方自付费用订立将货物运至指定目的地的运输合同和保险合同，在约定的时间和地点内将货物交给承运人即完成交货。货物灭失或损坏的风险在货交承运人时转移。

在使用该术语时，卖方的义务包括：办理出口清关手续并承担相关税费；自费订立运输和保险合同，如期将货物交给承运人，并向买方发出已交货的通知；承担货物自装运地至目的地的通常费用；承担货交承运人之前的一切费用和货物灭失与损坏的一切风险；向买方提供运输凭证。

买方义务包括：承担自货物交付给承运人之后货物灭失与损坏的一切风险；在指定目的地自承运人处收取货物，接受运输凭证并支付货款；办理进口清关手续并承担相关税费。

需要强调的是，在使用 CIP 术语时应注意以下问题：

1. 关于风险划分。CIP 术语虽然要求卖方办理运输和保险，但并不要求卖方承担运输途中的风险，卖方只需承担货物交给承运人控制之前的风险。在多式联运情况下，卖方只承担货物交给第一承运人之前的风险。

2. 关于运输保险。以 CIP 条件成交时，卖方要办理货物运输保险并支付保险费。根据 Incoterms® 2010，如买卖双方未约定具体投保险别，该保险需至少符合《协会货物条款》"条款"（C）或类似条款的最低险别，最低保险金额为合同规定价格另加 10%，并采用合同货币。这一点和后面的 CIF 情况相同。

（五）DAT

术语全文是 Delivered At Terminal（... named terminal at port or place of destination）Incoterms® 2010，即运输终端交货（... 指定目的港或目的地的运输终端），是指卖方自负风险和费用，在指定目的地港或目的地运输终端，将货物从运输工具上卸下交给买方处置时完成交货。运输终端意味着任何地点，而不论该地点是否有遮盖，如码头、仓库、集装箱堆场或公路、铁路、空运货站等。货物灭失或损坏的风险在交给买方处置时转移。

在使用该术语时，卖方的义务包括：办理出口清关手续并承担相关税费；向买方发出到货通知并提供运输凭证；在指定时间和地点向买方交货，承担将货物运送至运输终端并其将卸下期间的一切风险和费用。

买方义务包括：领受货物；承担交货时起货物灭失与损坏的一切风险；接收运输凭证并支付货款；办理进口清关手续并承担相关税费。

如果双方希望由卖方承担将货物由运输终端运至另一地点的风险和费用，则应当使用 DAP 术语。

（六）DAP

术语全文是 Delivered At Place(... name place of destination)Incoterms® 2010，即目的地交货(... 指定目的地)，是指当卖方在指定目的地将仍处于抵达的运输工具上可供卸载的货物交由买方处置时完成交货。货物灭失或损坏的风险在交给买方处置时转移。

在使用该术语时，卖方的义务包括：办理出口清关手续并承担相关税费；向买方发出到货通知并提供运输凭证；在指定时间和地点向买方交货，承担将货物运送到指定地点前的一切风险和费用（进口清关的风险及税费除外）。

买方义务包括：领受货物并承担卸货费用；承担交货时起货物灭失与损坏的一切风险；接收运输凭证并支付贷款；办理进口清关手续并承担相关税费。

如果双方希望由卖方办理进口清关的所有手续并支付进口税费，则应当使用 DDP 术语。

（七）DDP

术语全文是 Delivered Duty Paid(... named place of destination)Incoterms® 2010，即完税后交货(... 指定目的地)，是指卖方承担将货物运至目的地的一切风险和费用，在指定目的地将仍处于抵达的运输工具上、但已完成进口清关且可供卸载的货物交由买方处置时完成交货。货物灭失或损坏的风险在交给买方处置时转移。

在使用该术语时，卖方的义务包括：办理进、出口清关手续并承担相关税费；向买方发出到货通知并提供运输凭证；在指定时间和地点向买方交货，承担将货物运送到指定地点前的一切风险和费用。

买方义务包括：领受货物并承担卸货费用；承担交货时起货物灭失与损坏的一切风险；接受运输凭证并支付贷款。

在 Incoterms® 2010 中，DDP 术语代表了卖方的最大责任。卖方承担将货物运至目的地的一切风险和费用，并且有义务完成货物进口清关、支付所有进口关税并办理所有海关手续。如果卖方不能直接或间接地完成进口清关，则不建议使用 DDP，应使用 DAP。

三、适用于海运及内河水运的贸易术语

《Incoterms® 2010》中的第二类术语共 4 个，包括 FAS、FOB、CFR 和 CIF，其交货地点和运达地点都是港口，因此被划分为“适用于海运及内河水运的术语”。其中 FOB、CFR 和 CIF 三个术语均以将货物置于“船上”构成交货。

（一）FAS

术语全文是 Free Alongside Ship(... named port of shipment)Incoterms® 2010，即装运港船边交货(... 指定装运港)，是指当卖方在指定装运港将货物交到买方指定的船边（如置于码头或驳船上），或以取得已经在船边交付的货物的方式交货。货物灭失或损坏的风险在装运港船边转移。

在使用该术语时，卖方的义务包括：办理出口清关手续并承担相关税费；在指定装运港和装运期内将货物交到买方指定的船边，并就交货情况给予买方充分的通知；承担完成交货前的一切费用和风险；向买方提供已交货的通常凭证。

买方义务包括：自付费用签订自指定装运港起运货物的运输合同，并及时向卖方发出派船通知；承担完成交货之后货物灭失与损坏的一切风险和费用；按合同规定收取货物，接受运输凭证并支付贷款；办理进口清关手续并承担相关税费。

需要强调的是，在使用 FAS 术语时应注意以下问题：

1. “取得”一词适用于商品贸易中发生了连环贸易的情况，后面将要述及的 FOB、CFR、CIF 情况相同，不再解释。

2. 关于船货衔接。与后面的 FOB 情况完全相同，见后面的解释。

3. 关于术语的不适用情况。当使用集装箱运输时，卖方通常将货物在集装箱码头移交给承运人，而非在船边交货。这时 FAS 不合适，而应当使用 FCA 术语。

（二）FOB

术语全文是 Free On Board(... named port of shipment) Incoterms® 2010，即装运港船上交货(... 指定装运港)，是指卖方以在指定装运港将货物交到买方指定的船上或通过取得已交付至船上货物的方式交货。货物灭失或损坏的风险在装运港刚船上转移。

在使用该术语时，卖方的义务包括：办理出口清关手续并承担相关税费；在指定装运港和装运期内将货物交给买方指定的船上，并就装船情况给予买方充分的通知；承担完成交货前的一切费用和风险；向买方提供已交货的通常凭证。

买方义务包括：自付费用签订自指定装运港起运货物的运输合同，并及时向卖方发出派船通知；承担完成交货之后货物灭失与损坏的一切风险和费用；按合同规定收取货物，接受运输凭证并支付货款；办理进口清关手续并承担相关税费。

需要强调的是，在使用 FAS 术语时应注意以下问题：

1. 关于风险划分。卖方承担货物装上船为止的一切风险，买方承担货物自装运港装上船开始起的一切风险。在 FOB、CFR 和 CIF 三个装运港交货术语中，风险划分原则相同。

2. 关于船货衔接。以 FOB 条件成交的合同，买方负责租船订舱，卖方负责货物装船。为了保证船货衔接，买方必须就船舶名称、装船点及具体交货时间向，卖方发出充分的通知，并承担因未能给予卖方相应的通知，买方指定的船舶未准时到达、不能装载货物或早于通知的时间停止装货等原因而发生的任何额外费用；卖方必须就其已经交货或船舶未在约定时间内收取货物给予买方充分的通知。

3. 关于术语的不适用情况。FOB 不适合货物在上船前已经交给承运人的情况，如用集装箱运输的货物通常是在集装箱码头交货。以此类情况下，应当使用 FCA 术语。

（三）CFR

术语全文是 Cost And Freight(... named port of destination) Incoterms® 2010，即成本加运费(... 指定目的港)，是指卖方以在装运港船上交货或通过取得已交付至船上货物的方式交货。货物灭失或损坏的风险在装运港船上转移。卖方必须签订将货物运至指定目的港的运输合同，并支付必要的运费。

在使用该术语时，卖方的义务包括：办理出口清关手续并承担相关税费；租船订舱并支付运费；在约定时间内装船并及时向买方发出装船通知；承担完成交货前的一切费用和风险；向买方提供运输凭证。

买方义务包括：承担完成交货之后货物灭失与损坏的一切风险和费用；在指定目的港地自承运人处收取货物，接受运输凭证并支付贷款；办理进口清关手续并承担相关税费。

需要强调的是，在使用 CFR 术语时应注意以下问题：

1. 关于风险划分。CFR 术语虽然要求卖方办理运输并支付运费，但并不要求卖方承担运输途中的风险，卖方只需承担完成交货前的风险。

2. 关于交货地点与指定目的地。交货地点在装运港船上，代表了风险转移点；指定目的港则在进口国，代表了费用转移点。在这一点上，CFR 与 CIF 情况相同，不再解释。

3. 关于装船通知。按 CFR 条件成交的贸易合同，要求买方承担装船后的风险。为了避免双方脱节，卖方在交货后必须向买方发出装船通知，以便买方办理保险。

4. 关于术语的不适用情况。CFR 不适合货物在上船前已经交给承运人的情况。例如，用集装箱运输的货物通常是在集装箱码头交货。在此类情况下，应当使用 CPT 术语。

（四）CIF

术语全文是 Cost Insurance and Freight（... named port of destination）Incoterms® 2010，即成本、保险费加运费（... 指定目的港），是指卖方以在装运港船上交货或通过取得已交付至船上货物的方式交货。货物灭失或损坏的风险在装运港船上转移。卖方必须签订将货物运至指定目的港的运输合同和保险合同，并支付所需运费和保险费。

在使用该术语时，卖方的义务包括：办理出口清关手续并承担相关税费；租船订舱、办理保险并支付运费和保险费；在约定时间内装船，承担完成交货前的一切费用和风险；向买方提供运输凭证。

买方义务包括：承担完成交货之后货物灭失与损坏的一切风险和费用；在指定目的港地自承运人处收取货物，接受运输凭证并支付贷款；办理进口清关手续并承担相关税费。

需要强调的是，在使用 CFR 术语时应注意以下问题：

1. 关于风险划分。CIF 术语虽然要求卖方办理运输和保险，但并不要求卖方承担运输途中的风险，卖方只需承担完成交货前的风险。

2. 关于运输保险。与 CIP 要求一致。投保险别需至少符合《协会货物条款》“条款（C）”或类似条款的最低险别，最低保险金额为合同规定价格另加 10%，并采用合同货币。

3. 关于象征性交货。象征性交货是指卖方只要按期在约定地点完成装运，并向买方提交包括物权凭证在内的有关单证，就算完成了交货义务，而无须保证到货。这意味着，只要卖方提交了符合合同规定的单据，即使货物在运输途中损坏或灭失，买方也必须付款；否则，即使货物完好无损地到达目的地，买方也有权拒付贷款。CIF 就是一种典型的象征性交货术语，CIP、CFR、CPT 术语也具有此类性质。

与象征性交货所对应的是实际交货。实际交货是指卖方必须按期将货物实际交付给买方，买方才有责任付款，不能以交单代替交货。DAT 等其他术语属于实际交货。

4. 关于术语的不适用情况。CIF 不适合于货物在上船前已经交给承运人的情况，如用集装箱运输的货物通常是在集装箱码头交货。在此类情况下，应当使用 CIP 术语。

四、贸易术语的比较与选择

国际贸易中，使用频率较高的贸易术语有两组：一组是传统的装运港交货术语（FOB、CFR、CIF）、另一组是货交承运人术语（FCA、CPT、CIP）。货交承运人术语的产生与被广泛运用，是近几十年来集装箱运输和国际多式联运迅速发展的产物，可以认为，装运港交货术语在改变了交货地点和运输方式后，就变成了货交承运人术语。

（一）两组术语的联系与区别

1. 两组术语的联系

从卖方责任、费用及价格构成上看，两组贸易术语具有一致性。

(1) FOB 与 FCA 一致。卖方支付交货责任，承担交货前费用、价格依据为交货时成本价。

(2) CFR 与 CPT 一致。卖方承担交货责任加运输责任，承担交货前费用与出口运费，价格构成为成本加工费。

(3) CIF 与 CIP 一致。卖方承担交货责任、运输责任加保险责任，承担交货前费用、出口运费与保险费，价格构成为成本加运费加保险费。

2. 两组术语的区别

(1) 运输方式不同。装运港交货术语适用于海运及内河水运，货交承运人术语适用于任何运输方式及各种运输方式组成的多式联运。

(2) 交货地点不同。装运港刚交货术语的交货地点为装运港船上，货交承运人术语的交货地点为出口国内某约定地点。

(3) 风险转移点不同。装运港刚交货术语下货物灭失或损坏的风险在装运港船上转移，货交承运人术语下货物灭失或损坏的风险在货交承运人时转移。

(二) 贸易术语的合理选择

不同的贸易术语下，买卖双方的责任、费用和风险是不同的。实际业务中到底选用何种贸易术语，还要根据具体情况而定。

1. 要考虑货源位置及运输方式。如卖方装船比较方便，可在装运港交货术语中进行选择；如货源离港口较远，则可在货交承运人术语中进行选择。目前，随着集装箱船、滚装船及多式联运的迅速发展，使得广泛采用 FCA、CPT、CIP 等新型术语成为趋势。相反，仅仅适用与海运及内河水运的 FOB、CFR、CIF 等传统术语，将会面临着越来越多的局限性。

2. 要便于控制在途货物。进出口业务中，应尽量选用自办运输和保险的贸易术语，以便控制在途货物、规避货运风险。同时，这样也可以为国家增加收入和节省外汇支出运费和保险费，并有利于促进我国对外保险业和运输业的发展。例如，出口业务使用 CIF 术语，由出口商自办运输和保险，既有利于船货衔接，又可有效避免从出口商仓库到装运上之间的“保险盲区”；进口业务使用 FOB 术语，由进口商自办运输和保险，可有效防止出口商和不良货代勾结的诈骗行为。另外，保险单在手，在途货物一旦出险也方便赔偿。

3. 要根据贸易伙伴的业务实际。选择贸易术语，还要根据贸易伙伴的业务实际灵活掌握。如出口大宗货物时，对方为了在运价和保险费上获得优惠，往往要求使用 FOB 术语，在进口方资信较好的情况下，出口商应该同意。

4. 选用价格术语必须考虑国外港口装卸条件和港口惯例。各国港口装卸条件不同，装卸费和运费水平也不一样，并且某些港口还有一些习惯做法，交易中往往难以把握。如果我们进口时，国外装运港的条件较差，费用较高，则力争采用 CIF 或 CFR 术语。出口时，如果目的港条件较差，费用较高，我方应力争用 FOB 术语成交。

5. 选用价格术语时应考虑海上风险程度。在国际贸易中，出口人一般不愿意用目的地交货类的价格术语，如 DDU、DDP、DES、DEQ；进口人一般不愿意用出口国内陆交货的价格术语，如 EXW。这主要是由于对国外情况不了解，谁都不愿冒此风险。

另外，还要根据自身的实力、地理因素、运输条件等情况，权衡利弊，综合考虑。

【知识巩固】 请同学们完善此表，以巩固所学的知识。

表 7-2-2 《Incoterms® 2010》中 11 种贸易术语对比表

英文缩写	中文全称	交货地点	风险划分界限	出口报关方	进口报关方	适用的运输方式	标价时后注
EXW	工厂交货						
FCA	货交承运人						
CPT	运费付至						
CIP	运费、保险费付至						
DAT	运输终端交货						
DAP	目的地交货						
DDP	完税后交货						
FAS	船边交货						
FOB	船上交货						
CFR	成本加运费						
CIF	成本加保险加运费						

任务实施

通过学习，小杨认真领会了《Incoterms® 2010》各个术语的内涵，并能够在业务中选择合适的贸易术语。

任务三　核算商品价格

工作任务

在参加完展会后，小杨发现经理在向客户报价前，都要经过仔细的核算。那么经理在报价前都是怎么核算的呢？都需要考虑哪些因素呢？价格核算都要用到哪些方法是小杨急需掌握的技能。

知识与技能支撑

一、出口价格核算

在国际贸易中，出口价格核算非常重要，它关系着出口企业的利润，也关系着国家的利益。所以，需要报价者谨慎、认真，能够进行正确的核算。进行出口报价的步骤如下：

（一）明确商品的价格构成

即明确成交的价格是FOB、CFR还是CIF，或是它们的含佣价。以下是常用术语的价格构成，其他贸易术语的价格换算类似。

FOB＝出口成本＋国内费用＋出口利润

FOBC＝出口成本＋国内费用＋佣金＋出口利润

CFR＝出口成本＋国内费用＋国外运费＋出口利润

CFRC＝出口成本＋国内费用＋国外运费＋佣金＋出口利润

CIF＝出口成本＋国内费用＋国外运费＋国外保险费＋出口利润

CIFC＝出口成本＋国内费用＋国外运费＋国外保险费＋佣金＋出口利润

（二）核算出口成本

出口成本＝采购成本－出口退税额

＝采购成本－采购成本÷(1＋增值税率)×出口退税率

（三）核算出口费用

常用的出口费用包括国内费用(国内运费、银行费用、商检费、港杂费)和国外费用(国外运费、国外保险费、佣金)。

1. 国内费用。是货物在装运港交货前发生的各项费用。国内费用在报价时大部分尚未发生，因此，该费用的核算实际上是一种估算。费用估算的常用方法如下。

(1) 经验估算法。将装运前的各项费用根据以往经验进行估算并累加。

(2) 定额费率法。一般规定为成交额或购货成本的3%～10%。该费率由贸易公司按照实际情况自行确定。

（四）核算出口利润

利润是价格的重要组成部分，也是出口商应得的收入。价格中所包含的利润水平一般根据商品、行业、市场需求及企业的价格策略来确定。因此，利润并没有定标准，往往由出口商按市场情况和自己的销售意图自行决定。实践中，出口商往往根据以往的经验，按某一固定百分比作为自己的预期利润率，一般为成交额或购货成本的10%～30%。

（五）核算出口报价

出口价格＝出口成本＋出口费用＋出口利润

案例分析 7-3-1

美城进出口贸易有限公司与德国 DESEN EUROPE GMBH 进行家居服的交易磋商，德国 DESEN EUROPE GMBH 请美城公司报“瑞蔻”牌家居服、货号 RH1140 的 CIF 汉堡欧元价。已知美城公司的采购成本(含税价)为47.6元/件，增值税率17%，国内运费1 600元，银行费用为货价的0.3%，商检费用为货价的0.15%，其他国内费用500元，出口退税率16%，已知1 600件家居服从上海到汉堡的基本运费为500欧元，附加费率10%，运输保险加成率10%，投保一切险加保战争险，费率合计为0.1%，试计算美城进出口贸易有限公司应报价多少(保留2位小数)?

设该商品出口报价为X欧元/件。假设预期销售利润率10%，为了有讨价还价的余地，预期销售利润率设为12%，假设2012年11月2日欧元的现汇买入价为1欧元兑换8.819 8元人民币。

【案例解析】

1. 明确商品的价格构成

由上述已知条件得知，德国客户要求美城公司报CIF汉堡欧元价

CIF＝出口成本＋国内费用＋国外运费＋国外保险费＋出口利润

设CIF汉堡欧元价为X

2. 核算出口成本

出口成本＝采购成本－出口退税额

＝采购成本－采购成本÷(1＋增值税率)×出口退税率

＝[47.6.7－47.6÷(1＋17%)×16%]÷8.819 8

＝4.66欧元/件

3. 核算出口费用

(1) 国内费用

国内费用＝国内运费＋银行费用＋商检费＋其他国内费用

＝1 600÷1 600÷8.819 8＋0.3%X＋0.15%X＋500÷1 600÷8.819 8

＝0.145＋0.45%X

(2) 国外费用

国外运费＝基本运费＋附加运费

＝(500＋500×10%)÷1 600

＝0.34欧元/件

国外保费＝CIF×(1＋保险加成率)×各种保险费率之和

＝X×(1＋10%)×0.1%

＝0.0011X

4. 核算出口预期利润

出口预期利润＝出口价格×预期利润率

＝0.12X

5. 核算出口报价

则等式可写成：

X＝出口成本＋国内费用＋国外运费＋国外保险费＋出口利润

＝4.66＋0.145＋0.45%X＋0.34＋0.001 1X＋0.12X

X＝5.88欧元/件

答:美城进出口贸易有限公司出口报价为每件5.88欧元CIF汉堡

(六) 出口盈亏核算

外贸企业在对外报价时,必须进行出口盈亏核算。出口盈亏核算主要有以下几个指标。

(1) 出口总成本。是指实际采购成本加上出口前的一切费用,用人民币表示。

(2) 出口销售外汇净收入。是指出口商品按 FOB 价出售所得外汇净收入,用美元表示。

(3) 出口盈亏额。即出口销售人民币净收入与出口总成本的差额,前者大于后者为盈利,反之为亏损。

(4) 出口商品盈亏率。是出口盈亏额与出口总成本的比率,用百分比表示。

(5) 出口换汇成本。是指出口商品净收入一美元所需的人民币成本。凡换汇成本高于银行外汇牌价的,为出口亏损;反之则为盈利。

案例分析 7-3-2

某出口商品每公吨进货成本 7 000 元人民币,商品流通费 2 000 元人民币,成交价为 CIFC3 每公吨 1 200 美元,其中含运费 42.37 美元,保险费 8.58 美元,佣金 36 美元。求该商品的换汇成本。

【案例解析】

换汇成本＝出口总成本(人民币)/出口销售外汇净收入(美元)

其中:出口总成本＝7 000＋2 000＝9 000(美元)

FOB＝CIF－C－I－F＝1 200－36－8.58－42.37＝1 113.05(美元)

换汇成本＝9 000÷1 113.05＝8.09(RMB/USD)

二、进口价格核算

(一) 确定进口价格

进口业务中,经常按 FOB 术语成交。

进口价格(FOB)＝国内销售价格－进口费用－进口利润

(二) 国内销售价格

此条件为已知。

(三) 进口费用

进口费用包括国外运费、国外保险费、进口关税、进口增值税、银行费用、其他进口费用等。

1. 国外运费＝海运运费×运费吨
2. 国外保险费＝CIF 价×(1＋保险加成)×保险费率
3. 进口关税＝进口关税的完税价格(CIF)×进口关税率
4. 进口增值税＝进口增值税的完税价格×进口增值税率
5. 实缴增值税＝国内销售价格÷(1＋增值税率)×增值税率－进口增值税
6. 银行费用＝进口价格×银行费率

(四) 进口利润

由进口方由按市场情况和自己的经营意图自行决定,比如:10%、15%、20%。

(五) 核算进口价格

进口价格(FOB)＝国内销售价格－进口费用－进口利润。

案例分析 7-3-3

美城进出口贸易有限公司从日本进口机床 20 台，国内销售价为 8 000 元人民币/台，纸箱包装，每箱装 1 台，每箱毛重 400 公斤，每箱尺码 100 cm×120 cm×80 cm，海运费按尺码吨计。每运费吨货物自汉堡港至上海港基本运费为 100 美元，保险按 CIF 的 110%投保，保险费率为 1%，银行费用为进口成交金额的 0.5%，进口关税税率为 20%，增值税率为 17%，其他进口费用包括领证费、报关费、检验费、国内运杂费等共 4 200 元人民币，美元卖出价：1 美元＝6.883 7 元人民币，如果进口方预期利润率不低于 20%，则进口该机床的 FOB 东京价应该为多少？（保留到小数点后 2 位）

【案例解析】

设该商品进口的 FOB 东京价为 X 美元／台。

进口价格＝国内销售价格－进口费用－进口利润

国内销售价格＝8 000÷6.883 7＝1 162.165 7 美元／台

进口费用＝国外运费＋国外保险费＋进口关税＋进口增值税＋实缴增值税＋银行费用＋其他费用

国外运费＝100×(100×120×80÷1 000 000)＝96 美元

国外保险费＝$(X+96)\div(1-110\%\times1\%)\times110\%\times1\%=0.011\ 1X+1.067\ 7$

进口关税＝$(X+96)\div(1-110\%\times1\%)\times20\%=0.202\ 2X+19.413\ 5$

进口增值税＝$[(X+96)\div(1-110\%\times1\%)+(X+96)\div(1-110\%\times1\%)\times20\%]\times17\%$

$=0.206\ 3X+19.801\ 8$

实缴增值税＝$8\ 000\div(1+17\%)\div6.883\ 7\times17\%-(0.206\ 3X+19.801\ 8)$

$=149.059\ 9-0.206\ 3X$

银行费用＝$0.5\%X=0.005X$

其他进口费用＝4 200÷20÷6.883 7＝30.506 8 美元／台

进口费用＝$96+0.011\ 1X+1.067\ 7+0.202\ 2X+19.413\ 5+0.206\ 3X+19.801\ 8+149.059\ 9-0.206\ 3X+0.005X+30.506\ 8$

$=315.849\ 7+0.218\ 3X$

进口利润＝$20\%X=0.2X$

带入公式为：

$X=1\ 162.165\ 7-(315.849\ 7+0.218\ 3X)-0.2X$

$1.418\ 3X=846.316$

$X=596.71$ 美元／台

答：该商品进口应报 FOB 东京价为 596.71 美元／台。

三、贸易术语价格换算

（一）FOB 价换算成其他价格

CFR＝FOB＋F

CFRC=(FOB+F)/(1-佣金率)

CIF=(FOB+F)/(1-保险费率×投保加成)

CIFC=(FOB+F)/(1-佣金率-保险费率×投保加成)

案例分析 7-3-4

某公司按每公吨 1 200 美元 FOB 大连对外报价某出口商品,国外客户要求改报 CIF 旧金山,问应报价多少?(设运费为每公吨 130 美元,加一成投保,保险费率为 1%。)

CIF=(FOB+F)/(1-保险费率×投保加成)=(1 200+130)/(1-1%×110%)

=1 330/0.989=1 344.80(美元)

(二) CFR 价换算成其他价格

FOB=CFR-F

FOBC=(CFR-F)/(1-佣金率)

CIF=CFR/(1-保险费率×投保加成)

CIFC=CFR/(1-佣金率-保险费率×投保加成)

(三) CIF 价换算成其他价格

FOB=CIF×(1-保险费率×投保加成)-F

FOBC=[CIF×(1-保险费率×投保加成)-F]/(1-佣金率)

CFR=CIF×(1-保险费率×投保加成)

CFRC=[CIF×(1-保险费率×投保加成)]/(1-佣金率)

案例分析 7-3-5

某公司与外商洽谈出口某商品,公司发盘每公吨 3 000 美元 CIF 新加坡,而外商的还盘为每公吨 2 880 美元 FOB 中国口岸。经查该种商品由中国口岸运至新加坡按体积 10 级货物每运费吨运费为 89 美元,保险费率合计 0.95%。问:单纯从价格考虑,公司是否可以接受该还盘?

【案例解析】

将该公司发盘的 CIF 价换算成 FOB 价:

FOB=CIF-F-I=3 000-89-3 000×110%×0.95%=2 879.65(美元)

将外商还盘的 FOB 价换算成 CIF 价:

CIF=(FOB+F)/(1-保险费率×投保加成)=(2 880+89)/(1-0.95%×110%)

=3 000.35(美元)

案例分析 7-3-6

公司某业务员第一次参加广交会,对其负责的某种商品进行计算后算出该商品可报每桶 150 美元 FOB 厦门,但他认为只准备一种报价是不够的;该商品销往北美比较多,他准备再计算出 CIFC3 洛杉矶的价格,请帮助他报价。(经查该商品每桶运费 15 美元,加一成投保,保险费率为1%。)

【案例解析】

CIFC3＝(150＋15)/(1－3%－1%×110%)＝165/0.959＝172.05(美元)

任务实施

通过学习,小杨终于学到了在报价前要仔细核算成本、费用和利润,而且学会了在各种贸易术语之间的价格换算。

任务四　制定合同中的价格条款

工作任务

当你与贸易伙伴经过磋商,就价格条件达成一致后,接下来就是确定合同的价格条款,价格条款的内容与双方利益息息相关。在合同中应该如何作价?如何准确地表述价格呢?

知识与技能支撑

一、进出口商品作价原则与方法

(一)进出口商品的作价原则

我国进出口商品的作价原则是在贯彻我国对外贸易政策的基础上,按照国际市场价格水平、结合地区(国别)政策、按照购销意图制定适当的价格。

在制定进出口商品价格时,往往还要考虑下列因素:商品的质量、运输距离、交货地点、交货条件、销售季节、成交数量、支付条件、汇率风险等。

(二)进出口商品的作价方法

1. 固定价格

固定价格是指明确规定的具体价格。通常是指货物的单价。合同订立后,即使市场价格发生很大变化,该价格也不再变动,买卖双方必须进行货款结算。如果合同中没有其他特殊约定,一般应理解为固定价格。在有的合同中,也有对此做出明确规定的,如:“合同一经生效,价格不得因市场变化而调整。”

2. 非固定价格

是指我们通常说的“活价”,主要适用于价格变动频繁、波动幅度大的商品交易。具体有下述做法:

(1)具体价格待定

它是指在价格条款中不规定出具体价格,而是规定定价时间和定价方法或只规定作价时间而不规定作价方法。例如:在合同中规定,以某月某日某地的有关商品交易所中该商品的收盘价为准或以此为基础再或减若干美元。待定价格的使用，主要是由于某些货物的国际市场价格变动频繁，幅度较大，或者交货期较远，买卖双方对市场趋势难以预测，但又有订约的意向，于是，约定价格待定。

(2) 暂定价格

是指在合同中先订立一个初步的价格，作为买方开立信用证和预付货款的依据，以后在某个时间，再由双方按照当时的国际市场价格商定最后价格。在我国的出口业务中，有时在与信用可靠、业务关系密切的客户洽商大宗货物的远期交易时，偶尔也有采用这种暂定价格的做法。例如：在合同中规定如下：

"每公吨 200 美元 CIF 纽约。备注：该价格以装船月的这个月期货平均价加 8 美元计算，并以此开立信用证。"

非固定价格是一种变通做法，在行情变动剧烈或双方未能就价格取得一致意见时，采用这种做法有一定的好处。

但应看到，这种做法是先订约后作价，合同的关键条款——价格是订约之后由双方按一定的方式来确定的。这就不可避免地给合同带来较大的不稳定性，存在着双方在作价时不能取得一致意见，而使合同无法执行的可能；或由于合同作价条款规定不当，而使合同失去法律效力的危险。

3. 部分固定价格，部分非固定价格

为了照顾买卖双方的利益，解决在定价方法上可能存在的分歧，可以采用部分固定价格，部分非固定价格的方法。尤其是分期交货的合同，可以在订约时将交货期近的价格固定下来，其余的在交货前一定期限内由双方议定价格。

(三) 货物的计价货币和支付货币的选择

计价货币是指合同中规定用来计算价格的货币。如合同中的价格是用一种双方当事人约定的货币(如欧元)来表示的，没有规定用其他货币支付，则合同中规定的货币，既是计价货币，又是支付货币。如在计价货币之外，还规定了其他货币(如日元)支付，则日元就是支付货币。

如何选择合同的计价货币就具有重大的经济意义，是买卖双方在确定价格时必须注意的问题。主要有下列方法可供参考：

1. 尽量使用可以自由兑换，且汇率较稳定的外汇。

2. 出口时争取使用"硬币"，进口时争取使用"软币"。

3. "硬币"、"软币"结合使用，这一方法主要针对某几种货币经常性的"软""硬"币交叉变化。

4. 如果出口时使用了"软币"，应相应提高报价；进口时使用"硬币"，应相应压价

除此之外，还有不少减少外汇风险的办法，如订立黄金保值条款，特别提款权保值条款等。

(四) 计价货币的汇率折算

汇率是用一个国家的货币折算成另一个国家的货币的比率。汇率的折算有直接标价与间接标价两种方法，我国采用直接标价法，即用本国货币来表示外国货币的价格(外币是常数，本币是变量)。例如，100 美元＝790.85 人民币。

国家外汇管理总局对外公布的外汇牌价，一般列有买入价和卖出价两栏，买入价是银行买入外汇的价格，卖出价是银行卖出外汇的价格。出口结汇是银行付出本国货币，买入外汇，用买入价；进口付汇的银行买入本国货币，卖出外汇，用卖出价。

业务中，有时需要把本币折成外币，有时需要把外币折成本币，还有时需要将一种外币折成另一种外币。分别介绍如下

1. 本币折合外币

如在实际业务中，对外报某商品每公吨人民币 2 000 元 FOB 新港，国外客户要求改按美元重报。牌价上买入价为 860.25，卖出价为 863.69，应如何折算？是按买价还是按卖价？其正确的计算方法是：

$$外币=\frac{本币\times 100}{汇率(买入价)}$$

即 2 000÷8.602 5＝232.49(美元)

照此算法，如到结汇时牌价未变，则卖方仍可收回 2 000 元人民币。如按卖价折算，卖方就会吃亏。

2. 外币折合本币

如对外报某商品每公吨 150 美元 FOB 新港，国外客户要求改按人民币重报。若按上述牌价，其正确的计算方法是：

$$本币=\frac{外币\times 100}{汇率(卖入价)}$$

即 150×8.636 9＝1 295.54(人民币元)

按卖价折合的好处是专访可增加人民币的收益。

3. 一种外币折合本币

在实际业务中，有时需要把一种外币折合成另一种外币，方能洽谈交易。其折算的方法有两种：一种是用中国银行的牌价，另一种是用外国银行的牌价。在采用中国银行的外汇牌价时，应先间接地求出两种外币的折合率。例如，我对外报某商品每公吨 200 美元，国外要求改报马克报价，若当日中国银行牌价每 100 美元为 860.25(买)～863.69(卖)人民币元，每 100 欧元为 1 085.69(买)～1 088.96(卖)人民币元。那么，美元折合元的比率就是中国银行的美元牌价与中国银行的马克牌价之间的比率。亦即：

860.25(买)÷1 085.69(买)＝0.792，然后用此折合率乘 200 美元便求得欧元数为 158.47。反之，如对外报的是欧元，国外要求改报美元时，则欧元折合美元的比率为 1 085.69(买)÷860.25(买)＝1.262，然后用此折合率乘欧元数便得到所求的美元数。其他外币之间的相互折算均可依此类推。不过应注意的是，在换算中如用买价，则两者都应用买价；如用卖价，则两者都应用卖价。这样折算，就可保持原报价水平。

世界上很多国家货币单位的名称是相同的，但币值差很大。所以，必须写明是哪一国货币。在简写时应采用习惯标法或国际货币标准名称。还应特别注意在单据、信用证方面的一致性。

表 7-4-1　常用货币名称及代码

货币名称	货币代码	国内习惯表示	ISO 国际标准
人民币	142	RMB¥	CNY
英镑	303	£	GBP
美元	502	US$	USD

（续表）

货币名称	货币代码	国内习惯表示	ISO 国际标准
港元	110	HK＄	HKD
日元	116	J￥	JPY
欧元	300	€	EUR

注：货币代码是指在进出口报关时对货币使用的代码。

二、佣金与折扣

（一）佣金的含义

佣金（Commission）是指中间商为买卖双方介绍交易而取得的报酬。

价格中含有佣金的叫做含佣价；不包含佣金和折扣的价格叫做净价。凡在国际贸易合同的价格条款中，明确规定佣金的百分比的，这种佣金叫做“明佣”。不在合同的价格条款中标明佣金的百分比，甚至连佣金字样也不标出，而由双方当事人私下另行约定佣金的叫做“暗佣”。中间商要求给予暗佣，则是要同时收取买卖双方的佣金，这种做法叫做“双头佣”。

（二）含佣价的表示方法

1. 在成交价格后以文字来说明佣金

例如：每件 5.88 欧元 CIF 汉堡包括 3%佣金

€5.88 PER PC CIF Hamburg including 3% commission

2. 在价格条款的贸易术语后加注佣金的英文字母缩写“C”和佣金的百分比

例如：每件 5.88 欧元 CIF C3%汉堡

€5.88 PER PC CIFC3% Hamburg

（三）佣金的计算

佣金＝含佣价×佣金率

净价＝含佣价－佣金

　　＝含佣价×（1－佣金率）

含佣价＝净价÷（1－佣金率）

如某商品 CFR 净价每台 2 000 美元，试改报为 CFRC4%的价格，并保持卖方的净收入不变。

含佣价＝净价÷（1－佣金率）

CFRC4%＝2 000÷（1－4%）＝2 083.33（美元）

即改报后的 CFRC4%价格为每台 2 083.33 美元。

（四）佣金的支付方法

佣金的支付要根据中间商提供服务的性质和内容来定。支付方法有两种：(1) 交易达成时就向中间商支付佣金。(2) 卖方收到全部货款后，再另行支付佣金。第一种情况下，虽交易已达成，但万一合同无法履行，委托人仍要向中间商支付佣金。第二种情况对委托人比较有利。为避免误解，除要明确规定委托人与中间商之间权利与义务之外，委托人最好事先与佣金商达成书面协议，明确规定支付佣金的方法。通常佣金可在合同履行后逐笔支付，也可按月、季半年，甚至一年汇总支付。

(五) 折扣的含义

折扣(Discount)是指卖方在原价格的基础上给予买方的一定比例的价格减让。

使用折扣方式减让价格,而不直接降低报价,使卖方既保持了商品的价位,又明确表明了给予买方的某种优惠,是一种促销手段。折扣直接关系到商品的价格,货价中是否包括折扣和折扣率的大小都会影响商品价格,折扣率越高,则价格越低。常见的折扣有数量折扣、品质折扣、季节折扣、特别折扣等。

凡在价格条款中明确规定折扣率的,叫做"明扣";买卖双方在私下就折扣问题达成协议而不在合同中表示出来的,称为"暗扣"。折扣一般是在买方支付货款时预先予以扣除;也有的折扣金额不直接从货价中扣除,而按暗中达成的协议另行支付给买方,这种做法通常在给"暗扣"或"回扣"时采用。

(六) 折扣在价格条款中的表示

1. 在成交价格后以文字来说明折扣

例如:每件 5.88 欧元 CIF 汉堡减 3%折扣

€5.88 PER PC CIF Hamburg less 3% discount

2. 在价格条款的贸易术语后加注折扣的英文字母缩写"D"和折扣的百分比

例如:每件 5.88 欧元 CIFD3%汉堡

€5.88 PER PC CIFD3% Hamburg

(七) 折扣的计算

折扣额=原价×折扣率

折实售价=原价-折扣额

例如某商品 CIF 价为每台 2 000 美元,若给予买方 2%的折扣,请问每台商品的折扣额和折实售价各为多少?

折扣额=原价×折扣率=2 000×2%=40(美元)

折实售价=原价-折扣额=2 000-40=1 960(美元)

即每台商品的折扣额为 40 美元,每台商品的折实售价为 1 960 美元。

案例分析 7-4-1

某出口商品对外报价为 FOB 上海价每打 50 美元,含 3%折扣,如出口该商品 1 000 打,试计算其折扣额和实收外汇各为多少?

【案例解析】

折扣=含折扣总金额×折扣率=1 000×50×3%=1 500(美元)

折实销售价=原价×(1-折扣率)=50×(1-3%)=48.5(美元)

实收外汇=1 000×50-1 500=48 500(美元)

三、价格条款的拟定

(一) 价格条款的内容

合同中的价格条款,一般包括商品的单价(Unit Price)和总值(Amount)两项基本内容。商品的单价通常由四部分组成,即计量单位(如公吨)、单位价格金额(如 600)、计价货币(如美元)和贸易术语(如CIF纽约)。在价格条款中可规定:"每公吨600美元,CIF纽约"。总值是指单价与成交商品数量的乘积,即一笔交易的货款总金额。总值项下一般同时列明贸易术语。

(二)制定价格条款的注意事项

1. 合理地确定商品的单价,防止偏高或偏低。

2. 单价中涉及的计量单位、计价货币、装卸地名称,必须书写正确、清楚,表明适用于《Incoterms®2010》,以利合同的履行。

3. 争取选择有利的计价货币,必要时可加订保值条款。

4. 灵活运用不同的作价方法,避免价格变动的风险。如价格调整条款。

5. 参照国际贸易的习惯做法,注意佣金和折扣的合理运用。

6. 如交货品质、交货数量有机动幅度或包装费用另行计价时,应一并订明机动部分作价和包装费计价的具体办法。

(三)合同中的价格条款举例

3. 价格条款 Price Terms	
单价 Unit Price	金额 Amount
CIF Hamburg	
€5.88/PC	€2,352.00
€6.08/PC	€2,432.00
€5.38/PC	€2,152.00
€5.18/PC	€2,072.00
总计 Total:	€9,008.00
总计 Total: Say Euro Nine Thousand and Eight Only.	

任务实施

通过学习,小杨知道了合同中价格条款的内容及表述方法,也了解了佣金和折扣在价格条款中的运用。

任务五 项目实训

知识巩固

◇ 不定项选择

1. 以CFR贸易术语成交,应由( )。

A. 买方办理租船订舱并保险　　B. 卖方办理租船订舱并保险

C. 买方办理租船订舱,卖方办理保险　　D. 卖方办理租船订舱,买方办理保险

2. 按《Incoterms®2010》以CIF汉堡条件成交，卖方对货物风险应负责(　　)。

A. 船到汉堡港为止　　B. 在汉堡港卸下货为止

C. 货在装运港越过船舷为止　　D. 货在装运港装上船

3. CPT贸易术语中，买卖双方划分风险的界限是(　　)。

A. 装运港船舷　　B. 货交承运人　　C. 目的港船上　　D. 目的港码头

4. 以CIF贸易术语成交，货物所有权(　　)。

A. 随运输单据交给买方而转移给买方

B. 随货物风险转移至买方而转移给买方

C. 随货物交给买方而转移给买方

D. 随货物在装运港越过船舷而转移给买方

5. 就卖方承担的风险而言(　　)。

A. CIF比FOB大　　B. FOB比CIF大

C. CIF与FOB相同　　D. 有时CIF与FOB相同

7. FOB、CFR、CIF三种贸易术语的主要区别在于(　　)。

A. 交货地点不同　　B. 买卖双方风险划分界限不同

C. 买卖双方承担的责任与费用不同　　D. 适用的运输方式不同

8. 江华钢卷尺厂以CFR术语报价出口一批钢卷尺，如果国外客户要求改为航空运输时，应采用(　　)术语为宜。

A. FCA　　B. CIP　　C. CPT　　D. DDP

9. 根据《Incoterms®2010》的规定，由卖方支付运费的贸易术语是(　　)。

A. EXW　　B. FCA　　C. FOB　　D. CFR

10. 根据《Incoterms®2010》规定，卖方必须要办理保险并支付保费的贸易术语有(　　)。

A. CIF　　B. DAT　　C. DAP　　D. CIP

◇ 判断

1. 当合同中的规定与国际贸易惯例发生冲突时，要以惯例为准。(　　)

2. 按FCA、CPT和CIP三种贸易术语成交，就卖方承担的风险而言，FCA最小，CIP最大。(　　)

3. 如果卖方不能直接或间接地取得进口许可证，则不应采用DDP术语成交。(　　)

4. 按FOB条件成交的合同，风险与费用的划分点是一致的。(　　)

5. 某公司以CFR贸易术语出口一批货物，由于船只在运输途中搁浅，使部分货物遭受损失，我方可不理睬。(　　)

6. 把CIF称作“到岸价”，理所当然它包括成本、运费和保险费。(　　)

7. 如果买卖双方在合同中做出与国际贸易惯例完全相反的约定，只要这些约定是合法的，将得到有关国家法律的承认和保护，并不因与惯例相抵触而失效。(　　)

8. 按照FOB、CIF、CFR贸易术语成交，货物在装运港装上船之后，风险即由卖方转移给买方。因此，如果当货物到达目的港后，买方发现到货品质、数量或包装有任何与合同规定不符的情况，卖方不负责任。(　　)

9.《1932年华沙—牛津规则》解释了Ex(point of origin)、FOB、FAS、C&F、CIF和Ex Dock六种贸易术语。(　　)

10. 按 DAP 术语成交，卖方是否投保，由其自便；按 CIF 术语成交卖方则必须投保。（　）

项目实操

◆项目实训操作

【项目背景一】出口某商品 100 公吨，每公吨 1 500 美元 FOB Shanghai Incoterms® 2010，现客户要求改报 CFRC4London 价，已知该货每公吨运费为 180 美元。

【任务】应如何报价？

【项目背景二】某外贸公司与国外一客户按 FOB 贸易术语达成一笔交易，合同规定装运期为 2015 年 11 月。11 月 15 日，该外贸公司派外贸业务员小王将货物送到装运港，直到 11 月 20 日（星期五）货物顺利装上运往目的港的船上，并于当晚驶离装运港。忙碌了一个星期的小王感到疲惫不堪，周末好好休息了两天，11 月 23 日上午一上班，小王就给进口商补发了一份装船通知，半小时以后，小王收到一份传真，被告知载货船舶于 11 月 21 日晚在某海域发生海难，货物全部灭失。小王对此并不在意，认为货物已经装船并出了装运港，风险由买方承担；如果是保险范围内的损失，买方可以找保险公司索赔，因为，办理保险是买方的责任。

【任务】小王的这种想法对吗？为什么？

【项目背景三】出口一个 20 英尺集装箱的内衣，纸箱装，每箱 20 套，纸箱尺码和毛重分别为 65 cm×60 cm×59 cm 和 18 公斤，供货价格为 52 元/每套（含 17%的增值税，退税率为 15%），出口包装费每纸箱为 15 元，商检费，仓储费，报关费，国内运杂费，港口费及其他各种税费每个集装箱约为 1 950 元，20 英尺集装箱的国外运费约为每箱 1 200 美元，如果按 CIF 成交，我方按成交金额的 110%投保一切险，费率为 0.5%。现假设（汇率为 8.3 元人民币兑换 1 美元）

【任务一】我方欲获得 10%的利润（按成交金额计算），试计算该货的 FOB 价和 CIF 价

【任务二】如果外商欲获得 3%的佣金，CFRC3 价应为多少？

【任务三】如果在我方所报的 CIF 价基础上还价 10%，我方利润还有多少？

【任务四】如果外商坚持所还价格，而我方又想保持 10%的利润不变，供货价应不高于每套多少元？

【项目背景四】我某出口公司向法国某进口公司就某类出口商品询盘，法商报价为每公吨 400 欧元 CIF 马赛，而我公司对该商品内部掌握价为 FOB 大连每公吨人民币 1 978 元。当时中国银行外汇牌价为每 1 欧元的买入价人民币 728.12 元，卖出价人民币 730.35 元。我公司备有现货，只要不低于公司内部掌握价即可出售。现该商品自中国某口岸至汉堡港的运费为每公吨人民币 598 元，保险费为每公吨人民币 102 元。

【任务】问我公司能否接受此报价？为什么？

项目八　出口备货

【知识目标】

- 了解表示货物品质的方法及应注意的问题
- 了解商品数量的规定方法及数量的机动幅度
- 了解商品包装的种类和包装标志的构成
- 熟悉商品采购的原则和步骤
- 了解货物生产中的商品质检的重要性和备货跟单

【能力目标】

- 能够准确选择表示货物品质的方法，明确品质条款的内容与订立技巧
- 能够熟练掌握数量与交易的重要关系，准确运用计量单位
- 能够精于设计和选用合适的包装，善于计算和使用合理的装运空间
- 能够完成外销合同的商品采购
- 能够按程序跟踪货物的备货过程

【项目背景】

小杨在与具有进口意向的法国莱塞纳公司(LUCERNA TRADING CO.,LTD)进行交易磋商后，双方签订了合同，小杨需要按照合同上产品的相关条款规定进行出口备货。进行出口备货，首先要着手进行商品采购。通过国内的几个采购网站的筛选和对比，小杨最后确定郑州市梦华股份有限公司作为自己的供货商，但采购合同该如何拟草呢？双方签订合同后，为了按时、按量、按质的完成合同，小杨又要加紧组织生产并随时跟踪生产情况，在跟踪生产过程中又有哪些问题需要注意呢？

任务一　确定商品名称和品质

工作任务

出口备货，小杨首先面对的问题就是要确保商品名称准确，商品品质与合同严格相符。货物的名称和品质是买卖双方洽谈的依据，是外销人员在业务中要处理的重要内容。没有确定货物的名称和品质，交易就无法展开。因此，它是买卖合同中的主要条款之一。如何能够准确

选择表示货物品质的方法，明确品质条款的内容与订立技巧是小杨接下来需要研究的问题。

知识与技能支撑

一、确定商品名称

（一）列明商品品名的意义

国际贸易与国内的零售贸易不同，除国际拍卖、国际展卖等看货成交、立即成交的贸易方式以外，绝大多数的交易是远期合约交易。从签约到交货往往相隔相当长的时间；而且在很多情况下，买卖双方在洽谈交易和签订合同的过程中并没有看到具体的商品，只是凭借对拟行买卖的商品进行必要的描述来确定交易的标准。因此，在国际货物买卖中明确买卖的标的物，是必不可少的。

（二）合同中的品名条款

国际货物买卖合同中的品名条款没有统一格式，通常都在“商品名称”或“品名”的标题下列明所交易商品的名称。

例如，品名：中国桐油

Name of commodity：Chinese Tung Oil.

有时为了省略起见也可不加标题，只在合同的开头部分列明双方同意买卖某种商品的文句。在国际贸易实务中，商品的品名条款比较简单，一般不单列，而是将其包含在品质条款中。因为许多商品往往具有不同的品种、等级和型号，有时候一份合同里交易的商品不止一种，为了明确起见，便把有关具体品种、规格、等级或型号等品质条件包括在品名中，实际上是把品名和品质条件合并在一起。

（三）规定品名条款应注意的事项

国际货物买卖合同中的品名条款是合同中的主要条款，应注意下列事项：

1. 必须明确具体，必须能够准确反映交易商品的特点，避免空泛笼统的规定，以避免纠纷、利于合同的履行。
2. 针对商品实际作实事求是的规定。必须是卖方能够交付且为买方所需的商品。
3. 品名要尽可能使用国际上通用的名称，要和海关等部门规范的名称相吻合。
4. 注意选用合适的品名，以利于减低关税、运费等。

二、确定商品的品质

商品的品质一般是指商品本质性的质量和它的外观形态。商品本质性的质量表现为商品的物理和机械性能、化学成分的构成、生物学的特征等；商品的外观形态则表现为商品的色泽、味觉、造型因素等。

国际货物买卖合同中的品质条款，是买卖双方交接货物的依据。《联合国国际货物销售合同公约》规定，卖方所交付的货物，必须符合约定的质量。如卖方所交货物不符合约定的品质条件，买方有权索赔，也可以要求修理或交付替代物，甚至拒收货物和撤销合同。因此，在磋商交易和订立合同时，要正确掌握和订明品质条款。

(一) 表示品质的方法

在国际贸易中,表示商品品质的方法可分为两大类:一类是用实物表达;另一类是以文字和图示说明。至于在具体业务中使用何种方式,需根据商品的种类、特性及交易习惯等实际情况而定。

1. 用实物样品表示货物品质

若买卖双方根据商品的实际品质进行交易,通常是先由买方或其代理人到卖方所在地验看货物。只要卖方交付的是验看过的商品,买方就不得对其品质提出异议。这种做法,多用于寄售、拍卖和展卖业务中。

在国际贸易中,由于交易双方相隔遥远,现场看货交易是非常有限的。要看到实际的商品,通常是寄送样品。

样品(Sample)是指从一批商品中抽出来的或由生产、使用部门设计、加工出来的,足以反映和代表整批商品质量的少量实物。凡以样品表示商品质量并以此作为交货依据的,称为凭样品买卖(Sales by Sample)。

在国际贸易中这种方法适用于质量难以标准化、规格化的商品,如土特产品、服装、工艺品、轻工产品等。

根据样品提供者的不同,可分为以下几种:

(1) 卖方样品(Seller's Sample)。交易双方约定以卖方提供的样品作为交货的依据。样品应编号留存,卖方在寄出原样(original sample)时应留存与送样品质完全一致的另一份样品,即复样(duplicate sample),以备将来组织生产、交货或处理品质纠纷时作核对之用。

(2) 买方样品(Buyer's Sample)。交易双方约定以买方提供的样品(来样)作为交货的依据。凭买方样品买卖时,要特别注意是否侵犯第三方知识产权等问题,通常在合同中加列免责条款。

(3) 对等样品(Counter Sample)。对等样品是指按买方来样复制、加工并提供给买方确认以后的类似样品,也叫回样。凭对等样品买卖等于将凭买方样品买卖转变为凭卖方样品买卖,对卖方来说,可以争取主动,避免交货时产生纠纷。

如卖方所寄的样品仅仅作为交货品质的参考或作为推销之用,而不作为交货依据,则应表明"参考样品"(For Reference Only)字样,以免被误认为是凭以交货的品质依据。

案例 8-1-1

某公司向法国商人出口铁铲一批,合同规定:所交货物的品质以卖方第 15 号样品为准。

货交买方后,法商未提出任何异议,中方也顺利结汇。事隔半年,法商寄来生锈铁铲一把,并称:"贵公司运来的铁铲,放在我方门市部销售,现已全部生锈,须全部退货,请贵方退回已结汇货款。"我方拿出留存的复样发现也已生锈。

问:中方是否应接受对方要求?如何复电?

2. 用文字说明表示货物品质

在国际贸易中,大多数商品以文字和图示表示商品的品质,即买卖双方在合同中以文字、图表、照片等方式来说明商品质量的方法。具体又可以分为下列几种:

(1) 凭规格买卖(Sales by Specification)

商品的规格是指一些足以反映商品质量的主要指标,如化学成分、含量、纯度、性能、容量、长短和粗细等。交易时以规格来确定商品品质的方法称为凭规格买卖。该方法具有简单易行、明确具体的特点，故应用最为广泛。

如：芝麻，水分最高14%，含油量最低51%，杂质最高5%。

(2) 凭等级买卖(Sales by Grade)

商品的等级指同一类商品按其品质、质量、成分、外观或效能等的差异，用文字、数码或符号所作的分类。通常是由制造商或出口商根据长期实践经验，在掌握商品质量规律的基础上制定出来的。如我国出口的钨砂，按其三氧化钨和锡含量的不同，分为特级、一级和二级三种。"凭等级买卖"时，只需说明其级别，即可了解所要买卖的商品的品质。但对于买卖双方不熟悉的等级内容，最好明确每一等级的具体内容，以免争议。

(3) 凭标准买卖(Sales by Standard)

商品的标准是指将商品的规格和等级予以标准化。商品的标准，有的由国家或有关政府主管部门规定，也有的由同业工会、交易所或国际性的标准化组织、工商组织规定。由于各国的标准常随生产技术的发展和情况的变化而修改和变动，因此，同一国家颁布的某种商品标准往往有不同年份的版本，版本不同，品质标准的内容也不相同。因此，援引标准时，应列明标准的年份和版本，以免引起争议。

例如：阿司匹林　符合1993年版英国药典

在国际市场上买卖农副产品时，由于其品质变化较大，难以等级化或标准化，故常采用FAQ(Fair Average Quality)标准，即"良好平均品质"，它是一定时期内某地出口商品的平均品质水平，一般指中等货。我国习惯上称为"大路货"，是和"精选货"(Selected)相对而言的。在我国出口农副产品的业务中，合同中除了标明大路货之外，还应定有商品的具体规格。

例如：木薯片2003年产，良好平均品质，水分最高15%。

(4) 凭说明书和图样买卖(Sails by Description or Illustration)

这种方法适用于结构、用材和性能等较复杂的机器、机械仪表或电器等商品的买卖。这是由于有些商品在交易时很难用几个简单的指标来表明其品质的全貌。在凭说明书和图样买卖时，要求所交的货物必须符合说明书和图表的各项指标。

例如：品质按卖方提供的技术说明书。

(5) 凭商标或品牌买卖(Sales by Trade Mark or Brand)

商品的品牌是指工商企业为区别同类产品而给本企业生产或销售的商品冠以的名称。这种方法适用于信誉良好，品质稳定，在国际市场上行销已久的商品的买卖，因为这些商品的商标或品牌已能代表一定的品质，如可口可乐、海尔电器等。

(6) 凭产地买卖(Sales by Origin)

在国际货物买卖中，有些产品，因产区的自然条件、传统加工工艺等因素的影响，在品质方面具有其他产区的产品所不具有的独特风格和特色，对于这类产品，一般可用产地名称来表示其品质，如涪陵榨菜。

以上各种表示商品品质的方法，一般是单独使用，也可根据情况结合起来使用。

(二) 合同中的品质条款

合同中的品质条款一般要列明商品的品名、规格或等级、标准和商标等，凭样品买卖时，应列明样品的编号及寄送日期，并规定交货品质与样品相同。

例如：5678，中国红茶一级；

东北大豆，水分(最高)13%，杂质(最高)1%，不完善颗粒(最高)6%，含油量(最低)17%；

在国际贸易中，卖方交货品质必须严格与买卖合同规定的品质条款相符。但在实际业务中，由于生产条件、产品特征、运输条件以及气候等方面因素，卖方要使商品完全符合合同规定的品质条款并非易事。因此在拟订合同的品质条款时，要注意必要的灵活性和科学性，以保证交易的顺利进行。通常是在合同中对某些商品加列品质机动幅度和品质公差条款。

1. *品质机动幅度*

品质机动幅度是指允许卖方所交商品的品质指标可在一定幅度内机动掌握。这种做法一般适合于农副产品等初级产品的交易。具体规定办法有：

(1) 规定范围

指对某项品质指标允许有差异的范围。

例如：全棉印花布，幅宽 35/36″。

(2) 规定极限

对所交货物的品质规格，规定上下极限。

例如：籼米，含水率最高 13%。

(3) 规定上下差异

例如：灰鸭绒，含绒量 18%±1%。

对于在机动幅度内的品质差异，价格一般仍按合同计算。但如因品质指标的变动给商品质量带来实质性的变化，则买卖双方可以在合同中订立品质增减价条款。

2. *品质公差*

在工业制成品的生产过程中，产品的质量指标出现一定的误差有时是难以避免的，如手表每天出现误差若干秒，棉纱支数的确定等。因此在工业制成品的交易中，还有品质公差(Quality Tolerance)的概念。品质公差是指国际上公认的产品品质的误差。只要卖方交货品质在公差范围内，不能视作违约。

交货品质如在品质机动幅度和品质公差范围内有上下浮动，一般均按合同单价计价。

任务实施

小杨能够根据业务需要选择合理的品质表示方法、拟定合同的品质条款，并且能够按照合同上的名称和品质条款备货。

任务二　确定商品数量

工作任务

小杨在业务进行中发现，商品的数量是国际贸易中不可缺少的主要条件之一，没有数量就无法进行磋商，只有一定数量的货物与一定金额货款的互换，才构成一笔交易。正确掌握成交数量，对促进交易的达成和争取有利的价格具有重要的作用。如何熟练掌握数量与交易的重要关系，准确运用计量单位，如何拟定数量条款，这些都是小杨需要面对的问题。

知识与技能支撑

货物的数量条款也是合同的主要交易条款之一。《联合国国际货物销售合同公约》规定，按约定的数量交付货物是卖方的一项基本义务。如卖方交货数量大于约定的数量，买方可以拒收多交的部分，也可以收取多交部分中的一部分或全部，但应按合同价格付款。如卖方交货数量小于约定的数量，卖方应在规定的交货期届满前补交，但不得使买方承担不合理的开支，即便如此，买方也有保留要求损害赔偿的权利。因此，正确地确立成交数量和订好合同中的数量条款，具有十分重要的意义。

一、商品的计量单位和计量方法

（一）计量单位

国际贸易中商品种类很多，性质也多有不同，加上各国度量衡制度也不尽相同，所以表示商品数量的方法也不相同。采取何种计量单位，除了主要取决于商品的种类和特点外，还取决于交易双方的意愿。常用的计量单位有以下几种：

1. 重量(Weight)单位

分别用：公吨(Metric Ton 或 MT)、长吨(Long Ton)、短吨(Short Ton)、千克(kilogram)、克(gram)、磅(Pound)等来衡量商品的重量。按重量计量是当今国际贸易中使用最广的一种，许多农产品、矿产品和工业制成品，都按重量计量。

2. 个数(Number)单位

分别用：件或只(Piece 或 pc.)、双(Pair 或 pr)、台或套(Set)、打(Dozen)、卷(Roll)、令(Ream)、罗(Gross)、袋(Bag)以及包(Bale)等来表示。大多数工业制成品，尤其是日用消费品、轻工业品和机械产品，采用按个数来进行买卖。

3. 长度(Length)单位

分别有：米(Meter)、英尺(Foot)和码(Yard)等单位。多用于金属、绳索、丝绸和布匹等商品的交易中。

4. 面积(Area)单位

常见的有：平方米(Square)、平方英尺(Square Foot)和平方码(Square Yard)等。一般习惯用于玻璃、塑料、纺织品和木板等的交易中。

5. 体积(Volume)单位

一般有：立方米(Cubic Meter)、立方英尺(Cubic Foot)和立方码(Cubic Yard)等。按体积成交的商品不多，仅限于木材、天然气和化学气体等。

6. 容积(Capacity)单位

常用的有：公升(Litre)、加仑(Gallon)和蒲式耳(bushel)等。谷物和流体货物往往按容积计量。公升和加仑用于酒类、油类商品，美国用蒲式耳作为各种谷物的计量单位。

（二）度量衡制度

由于世界各国的度量衡制度不同，导致同一计量单位所表示的商品实际数量也不同。在国际贸易中，通常采用四种度量衡制度：公制(The Metric System)、英制(The British System)、美制(The U. S. System)和国际标准组织在公制基础上颁布的国际单位制(The

International System of Units)。

我国《计量法》规定:“国家采用国际单位制。国际单位制计量单位和国家选定的其他计量单位,为国家法定计量单位。”目前,除个别特殊领域外,我国不再允许使用非法定计量单位。我国出口商品,除照顾对方国家贸易习惯或按合同规定采用公制、英制或美制计量单位外,应使用我国法定计量单位。在进口贸易中,我国进口的机器设备和仪器等,应要求使用法定计量单位。否则,一般不允许进口。

(三)重量的表示方法

在国际贸易中,许多商品都按重量计算。方法通常有:

1. 按毛重计算

按毛重(Gross Weight)计是指按商品本身的重量加上包装物的重量(皮重)之和来计算商品的重量并作为计价的基础。这种计量方法一般适用于低值产品。

2. 按净重计算

按净重(Net Weight)计算是指商品本身的重量(净重)来计算商品的重量并作为计价的基础。按重量计算的商品,多数以净重计价。按国际惯例,如合同中未明确规定用毛重还是用净重计价的,应以净重计价。

大宗的散装低价商品,一般无包装物。有些虽有简单包装,但包装物的质量同货物质量相比很小,价值也较低,因此,在计价时可以将毛重当作净重计,习惯上称为“以毛作净”(Gross for Net)。

对于任何计算包装的重量,国际上有几种做法:

(1) 按实际皮重。即将整批货物的包装逐一过秤求得每一件包装的重量然后得出包装的总重量。

(2) 按平均皮重。有些货物的包装材料和规格比较统一,在计算包装的重量时,就可以从整批货物中抽取一定件数的包装物,称出其实际皮重,然后求出平均重量,再乘以总件数即可得出总皮重。

(3) 按习惯皮重。对于一些商品,由于其使用的包装已定型、规范,重量已为市场公认,在计算皮重时就无需过磅称重,只要按习惯上公认的每件包装的皮重乘以总件数即可。

(4) 按约定皮重。即以买卖双方事先约定的包装重量作为计算的基础而不必过称。

进出口商品究竟采用哪一种计算办法求得净重,应根据商品的性质、所用包装的特点、合同数量的多少以及交易习惯等,由买卖双方事先约定并在合同中列明。

3. 按公量计算

公量(Conditioned Weight)是指用科学的方法抽取商品中的水分后,再加上标准含水量所得的商品的重量。棉花、羊毛或生丝等商品有较强的吸湿性,其所含的水分受客观环境的影响较大,故其质量不稳定。为了准确计量这类商品的质量,国际上通常采用按公量计算的办法。公量的计算公式为:

$$公量=\frac{商品实际质量\times(1+标准回潮率)}{1+实际回潮率}$$

案例 8-2-1

某公司出口生丝 150 公吨，买卖双方约定的标准回潮率是 11%。经实际检测，所交货物的回潮率为 10%。按公量计算，该批货物应为多少公吨？

解：公量＝150×(1＋11%)/(1＋10%)

＝151.36 公吨

4. 按理论质量计算

按理论质量(Theoretical Weight)计算是指对某些有固定统一规格、形状、尺码及每件重量大致相同的商品，如钢板、马口铁等，根据件数推算出商品的总重量。

5. 按法定重量计算

按照一些国家海关的规定，在征收从量税时，商品的重量以法定重量计算。法定重量(Legal Weight)是指商品本身的重量加上直接接触商品的包装物料的重量，如销售包装等的重量。

二、合同中的数量条款

合同中的数量条款是买卖双方交接货物的数量依据，卖方必须严格按合同规定的数量交货。但是，在粮食、矿砂、化肥和食糖等大宗商品的交易中，由于受商品特性、货源变化、船舱容量、装载技术和包装等因素的影响，完全准确地按约定数量交货，存在一定的困难。为了使交货数量具有一定范围内的灵活性和便于履行合同，买卖双方可以在合同中合理规定数量机动幅度。只要卖方交货数量在约定的增减幅度范围内，就视为按合同数量交货，买方就不得以交货数量不符为由而拒收货物或提出索赔。

规定数量机动幅度有以下几种方法：

1. “约”量

即在数量前加“约”，“大约”或“近似”(about、circa、approximate)等类似字样。由于“约”量的含义在国际上没有统一的标准，因而易引起纠纷。但采用信用证支付时，按《跟单信用证统一惯例》(《UCP600》)的解释，凡“约”或“大约”或类似意义的词语用于信用证金额或信用证所列的数量或单价时，应理解为对有关金额或数量或单价有不超过 10%的增减幅度。

2. 溢短装条款(More or Less Clause)

即在买卖合同中的数量条款中明确规定可以增减的百分比。即卖方交货时有权根据具体情况多交或少交一定数量的货物，但以不超过规定数量的百分比为限。

例如：300 Metric tons, gross weight, 5% more or less at seller's option(300 公吨，毛重，卖方可以选择多交或少交 5%)。

案例 8-2-2

我方 A 公司从英国进口某商品，数量为 20 万公吨，允许 5%溢短装。英方装船时，共装运了 25 万公吨，对多装的 4 万公吨，根据《公约》如何处理？

3. 按《跟单信用证统一惯例》(《UCP600》)的规定

合同中未明确规定数量机动幅度，卖方一般应按合同规定交货，但采用信用证支付且货物不是以包装或个数单位计量的，按《跟单信用证统一惯例》的规定，卖方交货的数量允许有5%的增减，但最多交货数量要受信用证金额的限制。

案例 8-2-3

外贸公司向中东出口电风扇1 000台，L/C规定：Partial Shipment Unallowed。

装船时，发现有40台严重损坏，临时更换又来不及。为保证质量，发货人根据《UCP600》规定："未规定溢短装条款，数量上仍允许5%的增减，决定少交40台风扇，即少交4%。

问：是否可以少交？

(三) 合同中的数量条款举例

1. 品名及规格 Commodity & Specifications	2. 数量 Quantity
"RAIKOU" Homewear	
RH1140 Blue	400　PCS
RH1150 Pink	400　PCS
DRRW005 Gray	400　PCS
DRRW008 Purple	400　PCS

(四) 认知订立数量条款应注意的问题

数量条款的内容及其繁简，应视商品的特性而定。规定数量条款时需要注意下列问题：

1. 正确掌握成交数量

在磋商交易时，应正确掌握进出口商品成交数量，防止心中无数，盲目成交。一方面，在商订具体数量时，应当考虑国外市场的供求情况、国内货源的供应情况、国际市场价格动态、国外客户的资信状况和经营能力等因素；另一方面，应考虑国内的实际需要、国内支付能力以及市场行情变化情况等因素。

2. 数量条款应当明确具体

为了便于履行合同和避免引起争议，进出口合同中的数量条款应当明确具体。进出口合同中成交量一般不宜采用"大约""近似""左右"等带伸缩性的字眼来表示。

3. 合理规定数量机动幅度

为了订好数量机动幅度条款，需要注意下列几点：

(1) 数量机动幅度的大小要适当。数量机动幅度的大小，通常都以百分比表示，如3%、5%等，究竟百分比多大合适，应视商品特性、行业或贸易习惯和运输方式等因素而定。

(2) 机动幅度选择权的规定要合理。在合同规定有机动幅度的条件下，应酌情确定由谁来行使这种机动幅度的选择权。如果采用海运，交货数量的机动幅度应由负责安排船舶运输的一方选择。也可规定由船长根据舱容和装载情况做出选择。

(3) 溢短装数量的计价方法要公平合理。通常，对机动幅度范围内超出或低于合同数量的多装或少装部分一般按合同价格结算。但是,数量上的溢短装在一定条件下直接关系到买卖双方的利益。如在合同价格采用固定价格的条件下,交货时如果市价下跌,多装对卖方有利;如果市价上涨,少装则对卖方有利。如果在合同中没有明确规定溢短装部分的计价办法时,通常需按合同价格计算。

案例 8-2-4

我方向国外出口某种货物 80 公吨,每公吨 290 美元,合同规定数量可增减 10%。国外开来信用证金额为 23 200 美元,数量约 80 公吨。如合同规定多装或少装部分按装船时市场价格计算。卖方交货时,市场价格呈下跌趋势,我方应交货多少?

任务实施

小杨能够根据产品选择合适的计量方法,并能在合同中准确表示商品的数量条款,严格按照数量条款的要求备货。

任务三　确定商品的包装

工作任务

小杨在业务中发现包装是说明货物的重要组成部分,除少数直接装入运输工具的散装货和在形态上自成件数、无需包装或略加捆扎成件的裸装货不必包装以外,绝大多数都需要有适当的包装。选用理想的包装应结合客户的需要、商品的特性及国外的有关规定,以达到科学、经济、牢固、美观、适销的要求。因此,它是买卖合同中的主要条款之一。于是小杨就在思考如何能够精于设计和选用合适的包装?如何善于计算和使用合理的装运空间?

知识与技能支撑

包装是实现商品的价值和使用价值的重要手段之一,是商品流通的重要条件,也是商品生产必不可少的组成部分。包装良好的商品不仅有利于吸引顾客,扩大销路,而且可以起到宣传、美化和提高商品档次,促使商品增值的作用。包装条件又是买卖合同中的一项主要交易条件。《联合国国际货物销售合同公约》规定:"卖方按照合同规定的方式装箱或包装。"也就是说,如果卖方所交货物未按约定的条件包装,或者货物的包装与行业习惯不符,则构成违约,买方有权拒收货物。因此,做好包装工作对履行合同有重要的意义。

一、包装的种类

国际贸易商品种类繁多,有些需要适当的包装,有些则不需要包装,可分三类:

1. 散装货(Bull Cargo),是指不需要包装,散装在船甲板或船舱中的大宗货物,如煤、粮食、矿砂和石油等。这类商品的装卸需要有相应的码头装卸设备,有的还需要特殊的运输工具,如油轮等。

2. 裸装货(Naked Cargo),是指那些品质不易受外界影响,自成件数,不需要包装或难于包装的商品,如钢材、木材、汽车等。这类商品有时加以捆扎。

3. 包装货(Packed Cargo),是指必须加以包装,以保护商品在流通过程中品质完好和数量完整,便于运输、储存和销售的商品。

根据进出口商品包装作用的不同,包装可分为运输包装(外包装)和销售包装(内包装)两大类。

(一) 运输包装

1. 运输包装的作用

运输包装(Transport Packing),又称大包装或外包装(Outer Packing),是指将货物装入特定容器,或以特定方式成件或成箱的包装。主要作用在于保护货物在长时间、远距离的运输过程中不被损坏和消失,方便货物的搬运和储存,利于节省储运费用,记数和分拨等。

2. 运输包装的分类

按包装的方式划分,运输包装主要有以下两种:

(1) 单件运输包装

单件运输包装是指将货物在运输过程中作为一个计件单位的包装。如:箱(Case)、桶(Drum)、袋(Bag)、包(Bale)、篓(Basket)和捆(Bundle)等。业务中,一般要按商品的特点及买卖双方的约定选择使用。

(2) 集合运输包装

集合运输包装是指为适应现代化运输和装卸的需要,为提高装卸效率、保护商品,而在单件包装的基础上,将若干单件运输包装组合成一件的大包装。在国际贸易中,常见的集合运输包装有集装箱、集装包(袋)和托盘。

集装箱(Container)是一种规格化的、密封良好的巨型箱,材料多为金属的,有的配有空气或温度调节。集装箱一种是运输货物的容器,又称“货柜”或“货箱”,它既是货物的运输包装、又是运输工具的组成部分,一般由轮船公司提供周转使用,是目前使用广泛且发展很快的一种运输包装。集装箱通用的规格为 20 英尺和 40 英尺两种。

集装包(袋)(Flexible Container)一般是用合成纤维或复合材料编织成的圆形大口袋或方形大包,分一次性使用和可以重复使用两种,其容量不一,一般为 1～4 吨,最高达 13 吨左右。适合装载粉粒状货物,如水泥、化肥、面粉和食糖等。

托盘(Pallet)是指按一定规格制成单层或双层平板载货工具,在平板上集装一定数量的单件货物,并按照要求捆扎加固,组成一个运输单位。托盘下面有插口,能够被叉车叉起。根据国际惯例,运输中对托盘本身不计运费,且每一块托盘装货后重量不能超过 2 200 kg,也不得低于 500 kg 或体积不得小于 1 立方米。一般是用木材、金属或塑料制成,也分一次性和多次使用两种。

(二) 销售包装

销售包装(Sales Package)又称内包装、小包装,是指直接接触商品并随商品进入零售市场的包装。销售包装除具有保护商品的作用外,还有便于陈列展销和便于消费者识别、选购、携带、保存、计量及使用等用途，另外，它还有美化商品、促进销售的功能。常见的销售包装有：

1. 挂式包装，指带有吊钩、吊带或挂孔等装置的包装。这类包装便于悬挂。

2. 堆叠式包装，如罐、瓶、盒类的商品，其包装的盖部和底部在造型设计上可以相互吻合，以使商品能在商店货架上堆叠摆放。

3. 携带式包装，为方便顾客携带，在包装上附有提手装置的包装。

4. 易开式包装，指密封的容器上设有容易开启装置的包装，如易拉罐。

5. 喷雾包装，指包装是一个液体喷雾器，使用时按动按钮液体即可自动喷出。

6. 配套包装，把经常同时使用的不同种类和不同规格的商品搭配成套的包装。

7. 礼品包装，即专门作为礼品的包装。

8. 复用包装，这种包装除用作出售商品的包装外，还可用来存放其他商品或供人们观赏，具有多种用途。

目前，许多国家超市都使用条形码技术进行自动扫描结算，从而使条形码成为商品销售包装的一个组成部分。

国际上通用的条形码有两种，一种是由美国、加拿大组成的统一编码委员会编制的，其物品标识符号是UPC码；另一种是由欧盟成立的欧洲物品编码协会(后改名为“国际物品编码协会”)编制的，其标识符号为EAN码。

为了与国际市场接轨，我国于1988年12月建立了“中国物品编码中心”。1991年4月我国正式加入国际物品编码协会，该协会分给我国条形码标志的国别号是690、691、692、693、694、695，也就是说条形码前三位标有690、691、692、693、694、695条形码的商品，都是中国生产的商品。

二、包装标志

在国际贸易中，为了便于识别货物，便于运输、检验、仓储、报关和收货人收货，应买方的要求或由卖方决定，往往在商品的外包装上按合同规定书写或刷制一定的标志，以保证顺利交接货物，避免错发错运。

包装标志按其用途分为运输标志、指示性标志和警告性标志等。

(一) 运输标志

运输标志(Shipping Mark)，习惯上称“唛头”(Mark)，它通常由一个简单的几何图形、必要的字母、数字及文字组成。

为了适应运输业的发展和电子计算机的应用，联合国欧洲经济委员会简化国际贸易程序工作组制订了一套标准运输标志向各国推荐使用。它包括：① 收货人或买方名称的英文缩写字母或简称；② 参考号，如运单号、订单号或发票号；③ 目的地；④ 件号。

示例见图8-1。

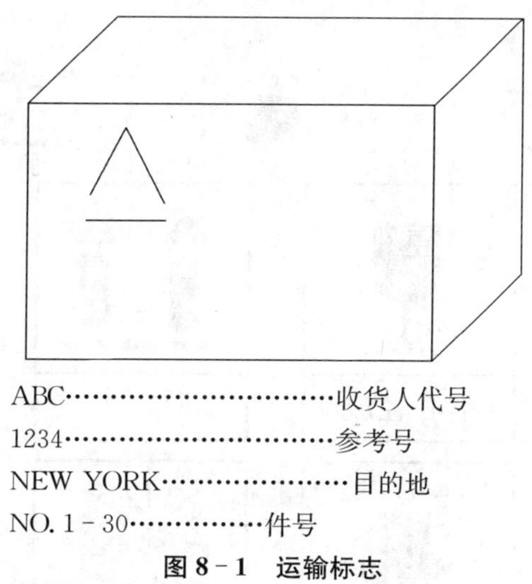

ABC……………………………收货人代号

1234……………………………参考号

NEW YORK…………………目的地

NO. 1－30……………件号

图 8－1　运输标志

在刷运输标志时应注意：标志要简明清晰，大小适当，易于辨认，颜色牢固；另外，部位要得当，应在每件包装相对应的两个侧面上刷制相同的标志，便于装卸识别。

示例见图 8－2

DESEN……………………………… 收货人代号

DSN13008…………………………参考号

HAMBURG……………………………目的地

NOS：1－40……………………………件号

图 8－2　唛头实例

（二）指示性标志（Indicative Mark）

即将某些在装卸、搬运、操作、存放和保管条件方面的要求和注意事项，用简单醒目的图形、符号或文字表示出来，以提醒有关人员在操作时注意。这种标志一般用于易碎、易损坏或易变质的商品。如“小心轻放”“此端向上”“禁用手钩”和“怕热”等。示例见图 8－3 指示性标志图例。

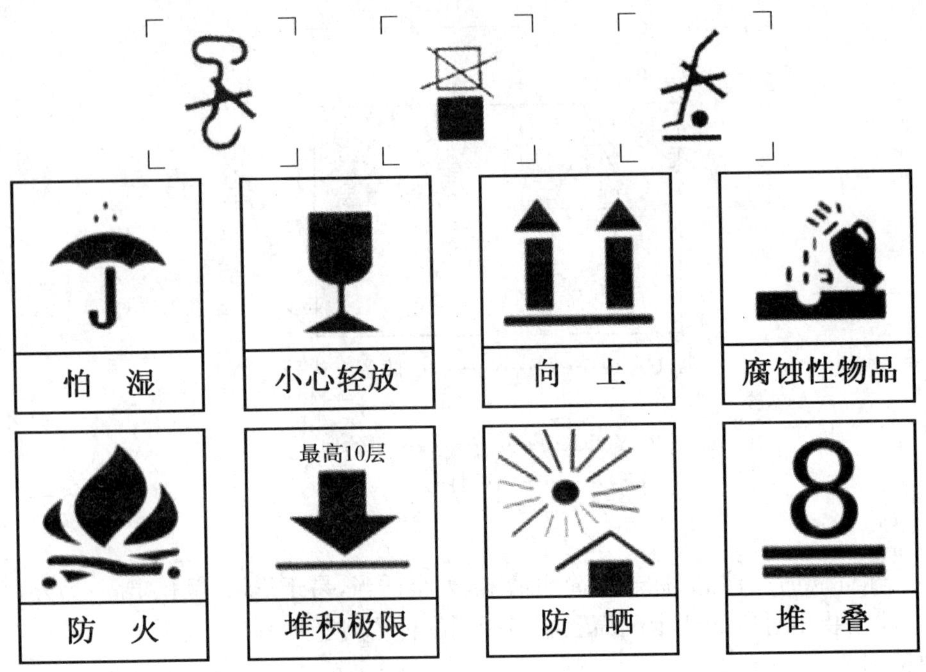

图 8-3 指示性标志图例

(三) 警告性标志

警告性标志(Warning Mark),又称危险性标志,是指为了保障货物和操作人员的安全,在易燃、易爆和有放射性等危险品的外包装上刷印简单图形和文字以示警告。如爆炸品、易燃品、有毒品、腐蚀性物品和遇水燃烧品等。示例见图 8-3 警告性标志图例。

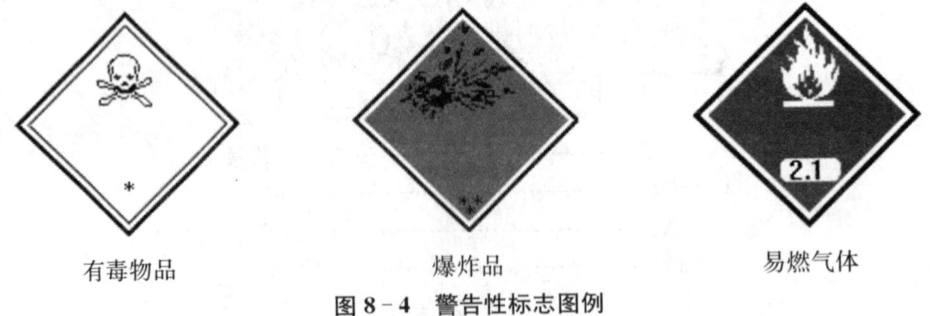

图 8-4 警告性标志图例

联合国海事协商组织规定,在出口危险品的外包装上要刷写"国际海运危险品标志"。在制作危险品标志时,我国颁布有《包装储运标志》和《危险货物包装标志》。我国出口危险品时应刷制我国和国际海运所规定的两套标志,以防货到国外港口时不准靠岸卸货而造成不必要的损失。

三、中性包装和定牌生产

(一) 中性包装

中性包装(Neutral Packing)是指在商品的包装和商品本身上上不注明生产国别、地名和厂名的包装。中性包装包括无牌中性包装和定牌中性包装。前者指包装上既不注明生产地名和出口厂商名称，也不注明商标或品牌；后者指包装上只注明买方指定的商标或品牌，但无生产地名和出口厂商名称。

采用中性包装是国际贸易中的习惯做法，其目的是为了打破某些进口国家与地区的贸易壁垒及适应交易的特殊需要（如转口贸易等）。它是出口国厂商加强对外竞销和扩大出口的一种手段。

（二）定牌生产

定牌生产是指卖方按买方的要求在其生产出售的商品或包装上标明买方指定的商标或品牌。

在出口业务中，企业确定是否接受中性包装和定牌生产时，要注意：

1. 如果外商提供的图案文字有不妥之处，则不应接受。

2. 在合同中需与外商事先订明，如果采用买方指定的商标、牌号后，在国际市场上发生知识产权的争议或侵权行为，一切责任由买方负责。

现在世界上大多数国家对进口商品都规定了必须在内外包装上标明产地，甚至在商品上标明产地。因此，在国际贸易中采用中性包装的交易越来越少。

四、合同中的包装条款

国际货物买卖合同中的包装条款主要包括包装材料、包装方式、包装规格、包装费用和运输标志等。订立包装条款时，需注意以下事项：

（一）对包装方式和包装材料的规定

首先要根据商品的性能和特点，如玻璃制品易碎、水泥怕潮、流体货物易渗漏等，其次要根据商品所采取的运输方式而定，如海运包装要求牢固并具有防止挤压和碰撞的能力，铁路运输包装要求不怕震动，航空运输包装则要求轻便、不能过大。

在合同条款中，对包装方式和包装材料的规定有两种方法。一种是对其作出具体规定，如“木板箱装，每箱二十桶”“镀锌铁桶装，每桶净重 150 千克”。另一种方法是笼统地规定包装方式和材料，如“习惯包装”(Customary Packing)或“适合海运包装”(Seaworthy Packing)等，由于没有统一的解释，容易产生争议，应避免使用。

（二）对包装费用的规定

按照国际惯例，包装费用一般包括在货物价格中，不另计价，实际上由卖方负担。但如买方要求采用特殊包装，其额外的包装费用应由买方承担。即使由买方负担包装费用，如果卖方技术达不到，则不能轻易接受买方的条件，以免引起纠纷。为慎重起见。包装费用由谁负担，应在合同中规定清楚。

（三）对包装标志的规定

商品包装上的指示性标志和条形码等，一般在合同中无需规定，由卖方自行决定。按照国际惯例，运输标志一般由卖方决定。但在有些情况下，买方要求制定运输标志时，买卖双方需在包装条款中对买方提供运输标志的时间作出规定。若买方逾期未指定运输标志，则卖方可以自行决定。

（四）合同中的包装条款举例

4. 包装：Packing：IN CARTON OF 40 PCS EACH

8. 卖方唛头：The Sellers' Shipping Marks：RAIKOU/homewear/www. raikou. eu

(五) 认知订立包装条款应注意的问题

1. 对包装的规定应明确具体

约定包装材料、方式要明确、具体,不宜笼统地规定,如:木箱、纸箱、铁桶,不宜采用"适合海运包装(Sea-worthy Packing)""习惯包装(Customary Packing)"之类的术语。因为这些术语不明确,易引起争议。

2. 明确包装由谁供应和包装费用由谁负担

关于包装由谁供应,通常有下列三种做法:

(1) 由卖方供应包装,包装连同商品一并交付买方。

(2) 由卖方供应包装,但交货后,卖方将原包装收回。

(3) 由买方供应包装或包装物料。采用这种做法时应明确规定买方提供包装或包装物料的时间。

包装费一般包括在货价之内,不另计价,但如买方提出需要特殊包装,额外的包装费用应由买方负担。如买方所提出的特殊包装要求,卖方一时不能办到,即使由买方承担费用,也不宜轻易接受。

3. 关于运输标志(唛头)的提供问题

运输标志一般由卖方决定,并无必要在买卖合同中做出具体规定。如果是由买方规定运输标志,则应在合同中做出具体的规定,标明标志的式样和内容以及买方提供标志的时间。如果买方在约定时间内没有提供运输标志,卖方可自行规定,但应及时通知买方。

案例 8-3-1

某公司外售杏脯 1.5 公吨,合同规定纸箱装,每箱 15 公斤(内装 15 小盒,每小盒 1 公斤)。交货时,由于此种包装的货物短缺,于是便将小包装(每箱仍为 15 公斤,但内装 30 小盒,每小盒 0.5 公斤)货物发出。到货后,对方以包装不符为由拒绝收货。卖方则认为数量完全相符,要求买方付款。你认为引起争议的责任在谁?应如何处理?

任务实施

小杨了解了不同的包装方式和包装标志,能够根据业务需求准确的拟定合同中的包装条款并备货。

任务四　进行商品采购

工作任务

小杨发现一些没有自主生产能力但有进出口经营权的企业,主要的进货渠道是在国内采购商品再销往国外。如何通过国内采购商品,完成外销合同的商品采购,如何跟国内供货商签订合同，这是小杨亟须解决的问题。

知识与技能支撑

履行国际贸易出口合同的第一步就是备货。有的企业有既有生产权又有进出口经营权。下面主要介绍只具备对外贸易经营权的企业，从国内或其他市场采购货物，再外销出口的情况。

一、商品采购流程

商品采购主要有以下几个步骤：

第一步，制订采购目标；

第二步，编制商品采购计划；

第三步，选择供应商；

第四步，掌握采购批量和采购时间；

第五步，签订采购合同。

具体如下图：

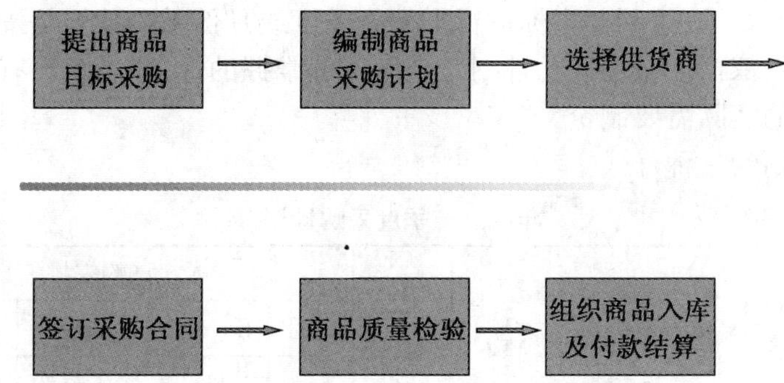

二、商品采购原则

采购要求一般来说有五大原则：

(一) 适价

大量采购与少量采购，长期采购与短期采购，价格往往有较大的差别。决定一个合适的价格要经过以下几个步骤：

1. 多渠道询价，多方面订探市场行情，包括市场最高价、最低价、一般价格等。

2. 比价，要分析各供应商提供商品的性能、规格、品质要求、用量等，以建立比价标准。

3. 自行估价，自己成文估价小组，由采购、技术人员、成本会计等人组成，估算出符合品质要求的、较为准确的底价资料。

4. 议价，根据底价的资料，市场的行情。供应商用料的不同，采购量的大小，付款期的长短等等与供应商议定出一个双方都能接受的合理价格。

(二) 适时

现代企业竞争非常激烈，时间就是金钱。采购计划的制订要非常准确，该进的商品不依时间进来，造成店铺缺货，增加管理费用，影响销售和信誉；太早采购，又会造成商品和资金的积压、场地的浪费，所以依据销售计划制定采购计划。按采购计划适时地采购商品，既能使销售顺畅，又可以节约成本，提高市场竞争力。

(三) 适质

采购商品的成本是直接的，所以每个公司领导层都非常重视，而品质成本是间接的，所以就被许多公司领导层忽略了。“价廉物美”才是最佳的选择，偏重任何一头都会造成员终产品成本的增加。

(四) 适量

采购量多，价格就便宜、但木是采购越多越好。资金的周转率、仓库储存的成本都直接影响采购总成本，所以应根据资金的周转车、储存成本等综合计其出最经济的采购量。

(五) 适地

供应商离自己公司越近，运输费用就越低，机动性就越高，协调沟通就越方位成本自然就越低了；反之，成本就会高。

三、商品采购计划的类型

商品采购计划一般包括年度采购计划和季度、月份采购计划。年度采购计划反映大类或类别商品的订购总量，据以同市场资源进行平衡，同企业内部进、销、存能力进行平衡，同企业的计划销售量、资金、费用、盈利等指标进行平衡。季度或月份采购计划是按具体规格编制的，它是具体组织采购的依据。市场采购计划是企业内部掌握的计划，表式没有统一规定，由企业根据进货管理工作的实际需要制定。

下图是采购计划的一种样式

年　　　季度采购计划

<table>
<tr><th rowspan="3">序号</th><th rowspan="3">商品名称</th><th rowspan="3">规格</th><th rowspan="3">单位</th><th rowspan="3">单价</th><th rowspan="3">订购量</th><th rowspan="3">总价</th><th colspan="6">订购安排</th><th rowspan="3">供应单位</th></tr>
<tr><th colspan="2">月　份</th><th colspan="2">月　份</th><th colspan="2">月　份</th></tr>
<tr><th>数量</th><th>订购单号</th><th>数量</th><th>订购单号</th><th>数量</th><th>订购单号</th></tr>
<tr><td></td><td></td><td></td><td></td><td></td><td></td><td></td><td></td><td></td><td></td><td></td><td></td><td></td><td></td></tr>
<tr><td></td><td></td><td></td><td></td><td></td><td></td><td></td><td></td><td></td><td></td><td></td><td></td><td></td><td></td></tr>
<tr><td></td><td></td><td></td><td></td><td></td><td></td><td></td><td></td><td></td><td></td><td></td><td></td><td></td><td></td></tr>
</table>

商品采购计划除了按一定的表式用数字反映计划指标的安排外，还要附以文字说明。文字说明的主要内容包括：

(1) 前期采购计划的完成情况和本计划中的突出问题。

(2) 计划期货源形势的估计和计划的依据。

(3) 根据满足需要、加速商品周转和提高企业经济效益的要求采购计划、特别是组织短缺商品采购方面的主要措施和建议。

(4) 向领导和企业有关部门提出的要求和建议。

四、采购合同的基本内容

采购合同样本见 4 - 1。

采　购　合　同

卖方：冠驰股份有限公司　　　　　　　　　　合同编号：Order01

买方：宏昌国际股份有限公司　　　　　　　　签订时间：2004-08-20

签订地点：南京

一、产品名称、品种规格、数量、金额、供货时间：

选择	产品编号	品名规格	计量单位	数量	单位(元)	总金额(元)	交(提)货时间及数量
•	01005	甜玉米罐头 每箱6罐，每罐3060克	CARTON	800	65	52000	2004年 4月16日 前工厂交货
		合计：	CARTON	800		52000	
					添 加　修 改　删 除		
合计人民币(大写)	伍万贰仟元整						
备注：							

二、质量要求技术标准、卖方对质量负责的条件和期限：

质量符合国际出口优级品，如因品质问题引起的一切损失及索赔由供方承担，质量异议以本合同产品保质期为限。(产品保质期以商标效期为准)

三、交(提)货地点、方式：

工厂交货

四、交(提)货地点及运输方式及费用负担：

集装箱门到门交货，费用由需方承担。

五、包装标准、包装物的供应与回收和费用负担：

纸箱包装符合出口标准，商标由需方无偿提供。

六、验收标准、方法及提出异议期限：

需方代表按出口优级品检验内在品质及外包装，同时供方提供商检放行单或商检换证凭单。

七、结算方式及期限：

需方凭供方提供的增值税发票及相应的税收(出口货物专用)缴款书在供方工厂交货后七个工作日内付款。如果供方未将有关票证备齐，需方扣除17%税款支付给供方，等有关票证齐全后结清余款。

八、违约责任：

违约方支付合同金额的15%违约金。

九、解决合同纠纷的方式：

按《中华人民共和国经济合同法》。

十、本合同一式两份，双方各执一份，效力相同。未尽事宜由双方另行友好协商。

卖　方	买　方
单位名称：	单位名称：宏昌国际股份有限公司
单位地址：	单位地址：南京市北京西路嘉发大厦2501室
法人代表或委托人：	法人代表或委托人：刘铭华
电话：	电话：86-25-23501213
税务登记号：	税务登记号：000000000000003
开户银行：	开户银行：南京商业银行
帐号：	帐号：SIM-dst011
邮政编码：	邮政编码：210014

图4-1

五、商品采购过程管理

为了科学地组织商品采购，商场必须根据自身状况，建立相应的采购机构；根据商品经营范围、品种，形成商品经营目录；确定采购渠道；进行进货洽谈、签订订货合同；完成商品检验与验收活动。

(一)建立相应的商品采购机构

商场的商品采购机构有两种：一种是正式的采购组织，专门负责商品采购工作，人员专职化。

另一种是非正式的采购组织，企业不设专职采购部门，由销售部、组负责商品采购工作。

(二) 制定商品经营目录

商品经营目录是商场或商品经营部(组)所经营的全部商品品种目录，是商场组织进货的指导性文件。

商场制订商品经营目录，是根据目标市场需求和企业的经营条件，具体列出各类商品经营目录；借以控制商品采购范围，确保主营商品不脱销，辅营商品花色、规格、式样齐全，避免在商品采购上的盲目性。

(三) 合理选择采购渠道

商场采购渠道多种多样，如何从中进行选择呢？我们换个角度来分析。商场的供货渠道可以分为三个方面：

1. 企业自有供货者。有些商场自已附设加工厂或车间，有些企业集团设有商品配送中心。这些供货者是商场首选的供货渠道。

2. 商场原有外部供货者。

商场稳定的外部供应者来自各个方面，既有生产商，又有批发商，还有专业公司等。在选择供货渠道时，原有的外部供货者应优先考虑，这一方面可以减少市场风险，又可以减少对商品品牌、质量的担忧，还可以加强协作关系，与供货商共同赢得市场。

3. 新的外部供货者。由于商场业务扩大，市场竞争激烈，新产品不断出现，企业需要增加新的供货者。选择新的供货者是商品采购的重要业务决策。

为了保证货源质量。商场商品采购必须建立供货商资料档案，并随时增补有关信息，以便通过信息资料的比较对比，确定选择供货商。

(四) 购货洽谈、签订合同

在对供货商进行评价选择的基础上，采购人员必须就商品采购的具体条件进行洽谈。在采购谈判中，采购人员要就购买条件与对方磋商，提出采购商品的数量、花色、品种、规格要求，商品质量标准和包装条件，商品价格和结算方式，交货方式，交货期限和地点也要双方协商，达成一致，然后签订购货合同。

(五) 商品检验、验收

采购的商品到达商场或指定的仓库，要及时组织商品验收工作，对商品进行认真检验。商品验收应坚持按采购合同办事。要求商品数量准确，质量完好，规格包装符合约定，进货凭证齐全。商品验收中要做好记录，注明商品编号、价格、到货日期。验收中发现问题，要做好记录，及时与运输部门或供货方联系解决。

任务实施

小杨根据外销合同的要求与国内郑州市梦华电器股份有限公司签订了国内采购合同，顺利完成了国内商品采购。

任务五　组织生产及跟单

工作任务

商品采购之后小杨需要完成相关跟单工作来保证按时、按量、按质的完成合同。随着业务的深入小杨发现外贸公司有两种，一种是传统意义上的流通企业，在接到订单后，需要寻找合适的生产企业来完成订单。另一种是具备对外进出口经营权的生产企业是我国外贸进出口的主体之一。这两种外贸公司需要分别完成不同的公司跟单流程，具体该如何做呢？

知识与技能支撑

一、外贸公司的跟单流程

在国际贸易中，进出口贸易公司作为商品交换的一种企业形态将始终存在。在我国的对外贸易发展过程中，外贸公司发挥了重要的作用，外贸公司具有较强的人才、专业优势，操作较规范，较好地拿捏我国及国外的贸易规则，形成一套较为完善的抵御风险机制。但是由于外贸公司大多是传统意义上的流通企业，在接到订单后，需要寻找合适的生产企业来完成订单。

在进出口贸易合同签订后，依据合同或信用证的要求，就进入履行合同阶段，主要可概括为：

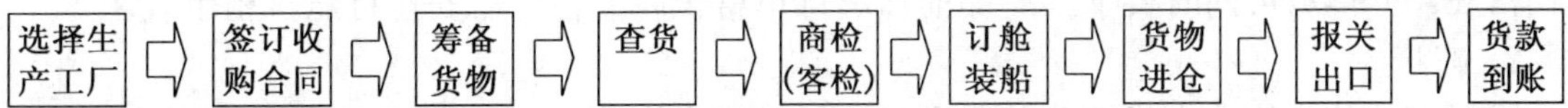

二、生产型公司的跟单流程

具备对外进出口经营权的生产企业是我国外贸进出口的主体之一，随着我国加入 WTO 组织和外贸法的实施，具有外贸经营权的生产企业越来越多，许多国际买家也热衷于直接从这些生产企业采购商品。“工厂跟单”，实质上属于生产型企业的内部跟单。

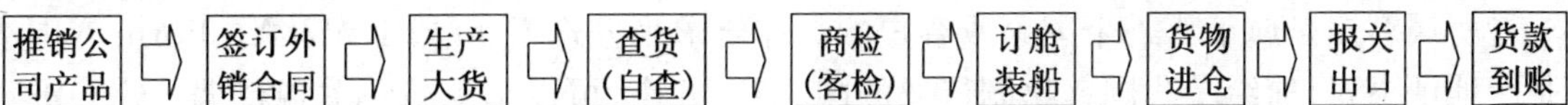

三、出口商品质量检验

生产企业的生产经营活动是一个复杂的过程，由于受人、机、料、法、环境与检测等主客观因素的影响，往往会引起产品质量的波动，甚至会产生不合格品。为了保证出口产品质量，对生产过程中的原材料、外购件、外协件、毛坯、半成品、成品以及包装等各生产环节和生产过程，进行质量检验，严格把住质量关，是企业按标准、工艺、图样组织生产的要求，确保国家利益和客户利益的需要，同时也是维护企业信誉和提高经济效益的需要。

（一）出口产品或零部件检验的主要目的

1. 判定产品或零部件的质量合格与否。通过对产品或零部件的抽样检查或全数检验，判定产品或零部件的质量是否合格。

2. 证实产品或零部件的符合性。通过检验和试验，证实产品或零部件是否达到规定的质量要求。

3. 产品质量评定。通过质量检验和试验确定产品缺陷严重程度，为质量评定和质量改进提供依据。

4. 考核过程质量，获取质量信息。通过对加工过程质量的检验，了解操作者贯彻执行工艺规程信况，检查工艺纪律，考核过程质量是否处于稳定状态；对检验数据进行统计、分析、计算，为质量改进和广泛的质量管理活动提供有用的数据。

5. 仲裁质量纠纷。对供需双方因产品质量问题产生的纠纷，或生产者对有关方因的质量检验提出疑义时，可进行检验检疫，以判定质量责任，作出公正的裁决结论。

四、外贸跟单员具体工作流程

1. 制作合同

客户下单以后，核对产品价钱是否与以前所做的订单或之前确认的价钱是否一致，总金额是否正确，如正确，将资料输入专家软件里做合同给客户确认，如是做 T/T30%，并让其安排打订金，待定金到账后，再下购货合同给工厂进行生产，如果是做 100%前 T/T，则可直接安排生产。无论是在做合同或购货合同，一定要特别注意产品描述、数量、价格、总金额、付款方式、交货期与工厂方面协调好，以免以后赶不交期。下购货合同到工厂后，要求工厂负责人签回，存档留底，如可以，可同时要求工厂提前算出订单材积以准备以后安排订舱拼柜事宜。

2. 商检

需要商检的货物在交货期前一两个星期就可以办理商检了。如果工厂安排商检，则提供商检资料给工厂，包括外销合同、装箱单、发票。大概两三天后，工厂在向当地商检局申请办好商检后，传真换证凭条给你，留存以便日后安排。换证凭条只显示实际商品的第一项商品及总金额，有效期一般为三个月，实际金额可以小于换证凭条上的金额。但一张换证凭条只能用一次，不可重复使用。

3. 办理 C/O 或 Form A

看所属客户是属于哪一个国家或客户的具体要求来办理 C/O 或 Form A。Form A 是普惠制产地证书，目前给予我国普惠制待遇的国家共 36 个，可以享受减免关税待遇。C/O 是一般性原产地证书，只是证明货物是产自中国的。一般原产地证书得到贸促会办理，而普会制的话在商检局办理就可以了。在装运期至少一个星期前办理。不管你办理的是一般产地证还是普惠制产地证，基本程序都是先在网上制作好资料（包括合同、发票、装箱单等）后再发过去，待机器检查合格后再由贸促会或者商检局的人员再人工审单一次，合格后就可以去领取了。

4. 验货订舱

经常注意工厂订单生产进度，在交货期前十多天，询问工厂是否可以按时交货，如果可以，准备向货代订舱同时安排验货人员验货。验货合格后，向货代订舱。如是客户指定货代，则直接填好订舱单给指定货代公司人员，订舱单上要填好发货人、收货人、通知人、发货港、目的港，柜型、箱数、产品名称、毛重、体积等，让其代为订舱。两三天后，货代订好舱后会传真进仓单给你，注意进仓单上面的截柜时间，截补料时间，传真给工厂，让工厂按上面注明的时间内将货物送进仓库。如果是自己安排拖车拖柜，则需填好拖柜委托书，上面注明柜型、拖柜时间、装货地址、工厂联系人、联系电话等，与进仓单一起传真给拖车公司让其安排拖柜。

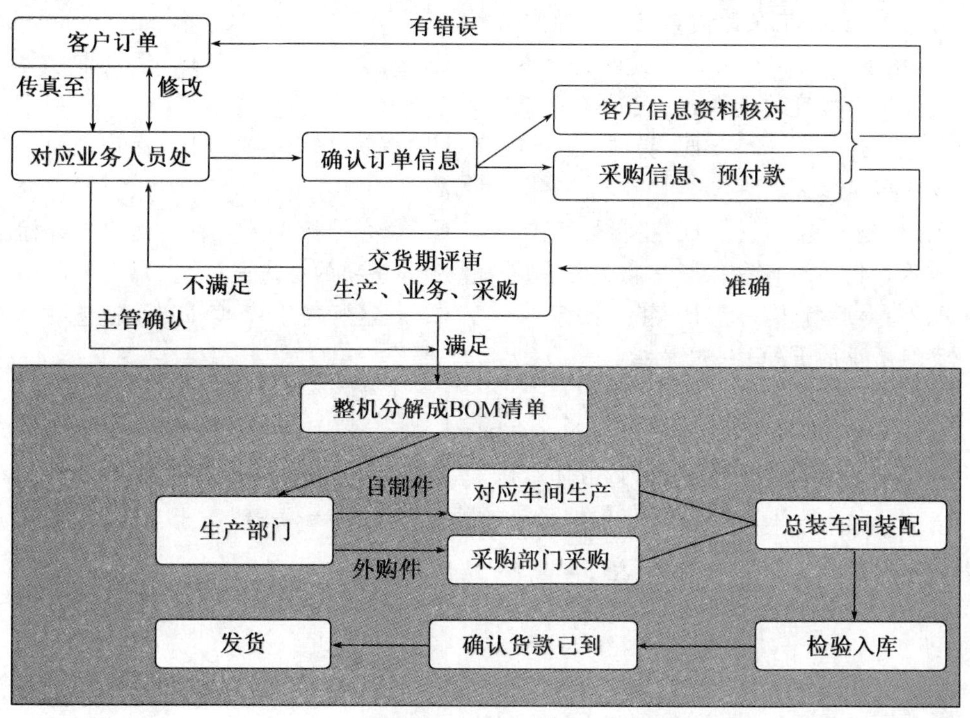

任务实施

通过学习实践小杨了解到了两种不同外贸公司的跟单流程，为按时、按质、按量交货，和合同的如期履行，奠定了良好基础。

任务六 项目实训

知识巩固

◇ **单项选择**

1. 国际贸易中最常见的计重办法是(　　)。

A. 毛重　　B. 净重　　C. 公量　　D. 理论重量

2. 对于羊毛、棉花在计量其重量时通常采用(　　)。

A. 毛重　　B. 净重　　C. 公量　　D. 理论重量

3. 数量机动幅度的选择权一般属(　　)。

A. 卖方　　B. 买方　　C. 船方　　D. 商检机构

4. 唛头即是指(　　)。

A. 运输标志　　B. 指标性标志　　C. 警告性标志　　D. 运输包装标志

5. 提示人们在运输和保管货物过程中应注意哪些事项的标志是(　　)。

A. 指示性标志　　B. 警告性标志　　C. 运输标志　　D. 运输包装标志

6. 我们所说的FAQ一般是指(　　)。

A. 精选货　　B. 一级品　　C. 大路货　　D. 次品

7. 包装上既无生产地名和厂商名称又无商标、牌号,这种包装属于(　　)。

A. 无牌中性包装　　B. 定牌中性包装　　C. 定牌生产　　D. 销售包装

8. 卖方按照买方提供的样品,复制一个类似的产品交买方确认,确认后的样品被称为(　　)。

A. 买方样品　　B. 卖方样品　　C. 对等样品　　D. 参考样品

◇ **判断**

1. 某外商来电要我方提供大豆,按含油量18%、含水量14%,不完善粒7%,杂质1%的规格订立合同。对此,在一般条件下,我方可以接受。(　　)

2. 中国A公司向《公约》缔约国B公司出口大米,合同规定数量为50 000公吨,允许卖方可溢短装10%。A公司在装船时共装了58 000公吨,遭到卖方拒收。按公约的规定。买方有权这样做。(　　)

3. 运输包装上的标志就是指运输标志,也就是通常所说的唛头。(　　)

4. 包装费用通常在单价以外另行计价。(　　)

5. 国际上通用的条形码有两类:UPC和EAN。UPC码是目前国际公认的物品编码标识系统。(　　)

6. 包装由卖方决定,买方不得要求使用特殊包装。(　　)

7. 运输标志、指示性标志和警告性标志都是刷在商品的外包装上的。(　　)

8. 对于警告性标志,各国一般都有统一规定。但我国出口危险品货物除印刷我国的危险品标志外,还应标明国际上规定的危险品标志。(　　)

◇ 简答

1. 什么是商品的品质？表示品质的方法有哪些？
2. 什么是良好平均品质？
3. 什么是上好可销品质？
4. 什么叫溢短装条款？
5. 商品采购的一般流程有哪些？

项目实操

【项目背景一】我一服装加工厂从澳大利亚进口羊毛 20 公吨，双方约定标准回潮率为 11%，若测得该批羊毛的实际回潮率为 25%。

【任务】该批羊毛的公量应为多少？

【项目背景二】一位新西兰客商前来购买童车，他看中我某公司货号为 173 的款式，约定纸箱包装，每箱装两辆，纸箱尺码 80×50×42 立方厘米。

【任务】请计算一个 40 英尺货柜可装多少箱。

【项目背景三】有一中东客商向我询购皮鞋，要求五层瓦楞纸箱包装，每箱装 12 双，每双装一纸盒，纸盒尺寸为 380×240×103 立方毫米。

【任务】试计算纸箱外径尺寸。

【项目背景四】某自行车厂菲律宾出口自行车计 3 000 辆，合同中规定黑色、墨绿色、湖蓝色各 1 000 辆，不得分批装运。该厂在发货时发现湖蓝色的自行车库存仅有 950 辆，因短缺 50 辆湖蓝色，便以黑色自行车 50 辆顶替湖蓝色出出口。

【任务】请问：该厂这种做法会产生什么后果？

项目九　安排运输

【知识目标】

- 了解国际货物的主要运输方式和基本特点
- 熟悉国际货运单据的性质和作用
- 了解买卖合同中的运输条款的相关内容和规定办法

【能力目标】

- 能够合理选用货物运输方式和通晓具体货运方式的操作程序
- 能够熟练掌握货运单据的填制
- 能够熟练运用和填制装运条款内容

【项目背景】

郑州豫港进出口贸易有限公司准备向英国 Golden Elephant Trading Co. ,Ltd. 出口一个20英尺集装箱的吹风机。为了拟定合同中的装运条款,顺利完成此次运输,业务员小杨正和英国公司的工作人员 Kate 商量采用何种运输方式。

任务一　了解货物运输方式

工作任务

国际货物运输是国际贸易中必不可少的一个环节,是实现货物转移的必要手段。进出口的商品能否安全到达目的地是买卖双方都极为关注的问题。那么,按时、按质、按量将货物装运出口,安全、迅速、准确、节省、方便地利用各种运输工具,选择适当的运输方式和路线,实现货物由卖方向买方的国际转移,是买卖双方都期望的事情。外贸业务员小杨应该选用什么样的货物运输方式呢?

知识与技能支撑

国际货物运输包括海洋运输、铁路运输、公路运输、航空运输、邮包运输、管道运输、集装箱运输及国际多式联运等多种运输方式。这些运输方式都有各自的特点,在实际业务中,应根据交易的具体情况做出合适的选择。

运输方式关系到货物的安全、费用的高低、速度的快慢、货物的销售和使用以及日后业务的发展。所以在选择运输方式时，须根据货物的特点、数量、运输距离、费用、风险程度、运输的能力、装卸地点、习惯、气候等因素以及国际间政治形势、运输技术等情况进行综合考虑。

一、认识海洋运输

国际海上货物运输是指使用船舶通过海上航道在不同的国家和地区的港口之间运送货物的一种运输方式。海洋运输（Ocean Transport）是国际货物运输中运用最广泛的一种运输方式。目前，海运量在国际货物运输总量中占 80%以上。

（一）海洋运输的特点

海洋运输之所以被如此广泛采用，是因为它与其他国际货物运输方式相比，主要有下列明显的优点：

1. 通过能力大

海洋运输可以利用四通八达的天然航道，它不像火车、汽车那样受到轨道和道路的限制，其通过能力很大。如果因政治、经济、军事等条件的变化，还可随时改变航线驶往便于装卸的目的港。

2. 载货量大

由于船舶向大型化发展，船舶的载运能力远远大于火车、汽车和飞机，是运输能力最大的运输工具。一艘万吨船舶的载重量一般相当于 250～300 个车皮的载重量。

3. 运费低

因为海运量大，航程远，分摊于每货运吨的运输成本就少，所以货物的单位运输成本相对低廉，比较容易形成规模经济。

海洋运输具有上述优点的同时，也存在不足之处。例如，由于船舶海上航行受自然气候和季节性影响较大，海洋环境复杂，气象多变，随时都有遇上狂风、巨浪、暴风、雷电、海啸等人力难以抗衡的海洋自然灾害袭击的可能，遇险的可能性比陆地、沿海要大；同时，海上运输还存在着社会风险，如战争、罢工、贸易禁运等因素的影响。此外，海洋运输的速度也相对较慢。

（二）海洋运输所涉及的基本当事人

1. 承运人

承运人（Carrier）是指专门经营水上、铁路、公路、航空等客货运输业务的交通运输部门，如轮船公司、铁路或公路运输公司、航空公司等。它们一般都拥有大量的运输工具，为社会提供运输服务。

按照我国《海商法》第 42 条的规定，在海上运输中船舶经营人作为承运人“是指本人或者委托他人以本人的名义与托运人订立海上货物运输合同的人；而实际承运人是指接受承运人委托，从事货物运输或部分运输的人，包括接受转委托从事此项运输的其他人。”由此可见，承运人包括船舶所有人（Ship owner）或光租（Bare Charter）和以期租（Time Charter）的形式对外承租，并进行船舶经营管理的经营人。

2. 货主

货主（Cargo Owner）是指专门经营进出口商品业务的外贸部门或进出口商。它们为履行贸易合同,必须组织办理进出口商品的运输,是国际货物运输过程中的托运人或收货人。

3. 装卸人

经营办理将货物装船和从船上卸下的行业的人被称为装卸人或装卸业者(Stevedore)。装卸人对于所在港口经常装卸的货物的包装、性质以及装卸方法都富有经验,对各种类型的船舶也都深有了解,能参与制订装卸计划,委托人对他们的装卸技术也比较信任。

4. 理货人

理货人(Checker)是在船舶装货或卸货时,对货物的件数进行清点,并对货物的交接做出证明的行业。理货通常是由船公司或货主各自委托他们的代理人共同进行。

5. 运输代理

运输代理(Forwarding Agent or Ship's Agent)是指根据客户的指示,为客户的利益而揽取货物的人,其本人并非承运人。而国际货运代理业务,是指国际货运代理企业接受进出货物收货人、发货人或其代理人的委托,以委托人或自己的名义办理有关业务,来收取代理费或佣金的行为。

(三) 海上运输的分类

目前,在国际贸易运输中,海洋运输的经营方式有班轮运输(Liner Transport)和租船运输(Shipping by Chartering)两种。

班轮运输

1. 班轮运输的定义

班轮运输(Liner Transport)又称定期船运输,是指船舶按固定的航线、港口及事先公布的船期表航行,并按事先公布的费率收取运费来从事客货运输业务。

2. 班轮运输的特点

班轮运输的特点主要有:

(1) 船舶按照固定的船期表,沿着固定的航线和港口来往运输,并按相对固定的运费率收取运费,因此它具有"四固定"的基本特点,即是固定航线、固定港口、固定船期和相对固定的费率。

(2) 由船方负责配载装卸,装卸费包括在运费中,货方不再另外支付装卸费,船货双方也不计算滞期费和速遣费。

(3) 船、货双方的权利、义务与责任豁免,以船方签发的提单条款为依据。

(4) 班轮承运货物的品种、数量比较灵活,货运质量较有保证,且一般采取在码头仓库交接货物,故为货主提供了较便利的条件。

班轮船舶应具有良好的技术质量,配备合格的船长、船员及船舶航运所需的供给品,且各班轮公司有着严格的管理制度,保证了货物运输的质量;班轮运输的"四个固定"特点,为进出口商订立买卖合同中的交货条款、掌握交接货时间、安排货物的运输提供了必要的依据;班轮船舶承运货物的品种、数量比较灵活,适用于零星成交、批次较多、到港分散的货物的运输;班轮船舶负责办理货物的装卸及中途转运,且定期公布船期表,为货主提供了极大的方便。因而班轮运输深受货主的欢迎,成为国际海洋货物运输中不可缺少的主要运输方式。

3. 班轮运价表

班轮运价表，也称班轮费率表，是根据不同航线、不同商品而确立的计费标准和计费方法，是班轮公司收取运费、货方支付运费的计算依据。

(1) 班轮运价表的种类

从运价表的制定来划分，运价表可分为四种：

① 航运公会运价表。由航运公会制定并决定调整改变，由参加公会的班轮公司使用，货方按它付费。这种运价表运价比较高，承运条件也有利于船方，是一种垄断性运价表。

② 班轮公司运价表。由没有参加航运公会的班轮公司自己制定，并负责调整改变，货方可提出意见，但解释权、决定权在船方。

③ 双方运价表。是由船、货双方根据货载航运的实际情况，共同协商制定、共同遵守执行的运价表。对运价表的调整、改变须经船、货双方共同协商决定。

④ 货方运价表。由货方制定，船方接受使用。能制定运价表的货方，一般是较大的货主，并能保证常年有稳定的货源供应。这种运价表对货方十分有利。

从运价表的形式上来划分，包括：

一是等级运价表。是将全部商品(主要是杂货)分为若干个等级，每一个等级有一个基本运费率，商品被规定为几级就按相应等级的运费率计算运费。一般将货物划分为 20 个等级，属于第 1 级的商品，运费率最低，第 20 级的运费率最高。

二是商品费率表，既单项费率运价表。是将每项商品及其基本费率逐个列出，每个商品有各自的费率，只要查到商品名称既可知道该商品的费率，使用比较方便。

(2) 班轮运价的内容。

① 说明及有关规定。包括运价表的适用范围、计价币别、计价单位及其他有关规定。

② 货物分级表。列明各类进出口货物所属的运价等级、计费标准等。

③ 航线费率表。列明不同航线、不同等级货物的基本运费率。

④ 附加费率表。附加费的计算方法主要有两种，一种是以百分比表示，即在基本费率的基础上增加一个百分比；另一种是用绝对数表示，即每运费吨增加若干金额，可以与基本费率直接相加计算。

⑤ 冷藏货费率表及活牲畜费率表。列明各种冷藏货物和活牲畜的计费标准及费率。

4. 班轮运费

班轮运费

班轮运费是班轮公司运输货物向货主收取的费用，它以班轮运费率为基础进行计算。每一班轮公司都事先公布有班轮运价表，根据不同货物种类，设定有不同的运价。

班轮运价包括基本运费和附加费两部分。

① 基本运费的计收标准

基本运费是指货物从装运港到卸货港所收取的基本费用，计收标准有：

—按货物的毛重计收运费，称重量吨，运价表内用“W”表示；

—按货物的体积或容积计收，称尺码吨，运价表内用“M”表示；

—按商品价格计收，又称从价运费，运价表内用“A. V. ”或“Ad. Val. ”表示；

—按商品毛重或体积计收，由船公司选择较高的收取，运价表内用“W / M”表示；

—在前三者中选择最高的一种计收，运价表内用“W / Mor A. V.”表示；

—按货物重量吨或尺码吨中选择较高者，再加上从价运费计算，运价表中用“W / M Plus A. V.”表示；

—按货物件数计收，如头(活牲畜)、辆(车辆)等。

② 附加费

班轮公司对需要特殊处理的货物或由于客观情况的变化使运输费用增加，为弥补损失而额外加收的费用。

常见的附加费主要有：超重附加费、超长附加费、燃油附加费、装卸附加费、直航附加费、转船附加费、港口附加费、绕航附加费，等等。

班轮运输运费的计算公式为：
班轮运费＝基本运费＋附加运费
＝基本运价×(1＋附加费率)×运费吨

案例 9-1-1

例如：某出口商品 200 箱，每箱体积为 0.03 立方米，每箱毛重为 35 千克，计收运费标准为 W/M，若每运费吨收费为 380 元，另加燃油附加费 20%，港口附加费 10%。请计算应付多少运费？

解：运费吨：

W＝35 千克/箱×200 箱＝7 000 千克＝7 公吨

M＝0.03 立方米/箱×200 箱＝6 立方米

由于 W>M，所以采用 W 计收运费。

班轮运费＝基本运价×(1＋附加费率)×运费吨
＝380 元×(1＋20%＋10%)×35 千克/箱×200 箱
＝380 元×1.3×7 公吨
＝3 458 元

答：该批商品应付运费为 3 458 元。

(四) 租船运输

1. 租船运输的定义

租船是一种商业行为，船舶所有人(船东)为了收取报酬，把船按照双方签订的租船合同规定的条件，租给需要用船的人(租船人或称承租人)使用，按贸易需求安排船期、航线和港口，以完成特定的货运任务。

(1) 定程租船

定程租船，简称航次租船，是指由船舶所有人负责提供船舶，在指定港口之间进行一个航次或数个航次的对承运人指定货物的租船运输。在实际业务中分为单程航次、连续单程航次、来回程航次、连续来回程航次等方式。

定程租船的特点：

① 船舶的经营管理由船方负责；

② 规定一定的航线和装运的货物种类、名称、数量以及装卸港口；

③ 船方除对船舶航行、驾驶、管理负责外，还应对货物运输负责；

④ 在多数情况下，运费按所运货物数量计算；

⑤ 规定一定的装卸期限或装卸率，并计算滞期费、速遣费；

⑥ 船舶双方的责任、义务，以航次租船合同为准。

(2) 定期租船

定期租船简称期租船，是指由船舶所有人将船舶出租给承租人，供其使用一定时期的租船运输，并在规定的期限内由租船人自行调度和经营管理。

定期租船有以下特点：

① 租赁期间，船舶的经营管理由租船人负责；

② 不规定船舶航线和装卸港口，只规定船舶航行区域；

③ 除特别规定外，可以装运各种合法货物；

④ 船方负责船舶的维护、修理和机器的正常运转；

⑤ 不规定装卸期限或装卸率，不计算滞期费、速遣费；

⑥ 租金按租期每月每吨若干金额计算；

⑦ 船租双方的权利与义务，以期租船合同为准。

(3) 光船租船。光船租船是指船舶所有人将船舶出租给承租人使用，船东不提供船员，由租船人自行配备船员，并负责船舶的经营管理和航行等事宜，是一种单纯的财产租赁。

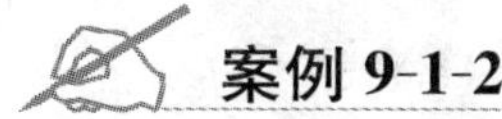

案例 9-1-2

例如我国恩派贸易公司从美国进口橡胶 1 万公吨，采用 FOB 价格条件。租船合同规定每天装货 1 500 公吨，滞期费为 3 000 美元 / 天，速遣费减半。实际装货每天 1 400 公吨。核算本例中是否会发生滞期费？如果有为多少？由谁支付？核算如下：

因每天的实际装货数量达不到合同规定的数量，会有滞期费发生。

合同规定的装货时间：10 000 / 1 500＝7(天)；实际装船时间 10 000 / 1 400＝8(天)

滞期 1 天，滞期费为 3 000 美元。滞期费应由我国恩派贸易公司承担。

二、认识铁路运输

(一) 铁路运输的特点

铁路是国民经济的大动脉，铁路运输是现代化运输业的主要运输方式之一。与其他运输方式相比较，铁路运输具有以下主要特点：

1. 铁路运输的准确性和连续性强。铁路运输几乎不受气候影响，一年四季可以不分昼夜地进行定期、有规律、准确地运转。

2. 铁路运输速度比较快。铁路货运速度远远高于海上运输。

3. 运输量比较大。铁路一列货物列车运量远远高于航空运输和汽车运输。

4. 铁路运输成本较低。铁路运输费比汽车运输运费要低很多。

5. 铁路运输安全可靠，风险远比海上运输小。

同时，铁路运输也具有一定的缺点。铁路建设初期投资大，铁路运输需要铺设轨道、建造桥梁和隧道，建路工程艰巨复杂；需要消耗大量钢材、木材；占用土地，其初期投资大大超过其他运输方式。

(二) 铁路运输的种类

铁路运输可以分为国际铁路货物联运和国内铁路货物运输。

1. 国际铁路货物联运

国际铁路货物联运是指使用一份统一的国际联运票据，由铁路负责经过两个或两个以上国家铁路的全程运输，并由一国铁路向另一国铁路移交货物时，不需要发货人和收货人参加，这种运输称为国际铁路货物联运。我国通往欧洲的国际铁路联运线有两条：一条是利用俄罗斯的西伯利亚大陆桥贯通中东、欧洲各国；另一条是由江苏连云港经新疆与哈萨克斯坦铁路连接，贯通俄罗斯、波兰、德国至荷兰的鹿特丹。

图为发往哈萨克斯坦的货物正在郑州铁路东站装箱

2. 内地与港澳地区的铁路货物运输

与一般的铁路运输不同，它是由内地段铁路运输和港澳段铁路运输组成的两段运输。供应港澳地区的货物经铁路运往香港九龙，或运至广州南部转船至澳门，也属于国内铁路的范围，不过这种运输同一般经铁路运输到港口装船出口有所区别。其具体做法是：首先要发货人把货物从始发站托运至深圳北站，交由设在深圳北站的外贸机构接货，但不卸车；然后由设在深圳的外贸机构，通过原车过轨办法再办理港段铁路的托运手续，由香港中国旅行社收货后转交给香港九龙的买主，或者先将出口货物运至广州南站再转船运往澳门。

三、认识航空运输

航空运输(Air Transport)是一种现代化的运输方式，与海洋运输、铁路运输相比具有运输速度快、货运质量高、安全准时和不受地面条件限制等优点。因此，它适宜运送急需物资、鲜活商品、精密仪器和贵重商品。

航空运输的方式主要有：

(一) 班机运输(Scheduled Airline)

班机是指在固定时间、固定航线、固定始发站、目的站和途经站运输的飞机，通常为客货混合型飞机，货舱容量较小，运价较贵，但由于定时、定航线、定站，因此有利于客户安排急需商品或鲜活商品的运送。

(二) 包机运输(Chartered Carrier)

包机运输是指航空公司按照约定的条件和费率,将整架飞机租给一个或若干个包机人(包机人指发货人或航空货运代理公司),从一个或几个航空站装运货物至指定目的地。包机运输分为整架包机和部分包机,具有费率低、运量较大、运送时间比班机长等特点,适用于货量较大的商品。

(三) 集中托运(Consolidation)

集中托运是指航空货运代理公司把若干批单独发送的货物集中成一批向航空公司办理托运,填写一份总运单将货物发送到同一目的站,然后由其在目的站的代理人负责收货、报关,并将货物分发给各个实际收货人,这种方式的主要优势是运费低,是航空货运代理的主要业务之一,适用于一般商品。

图为联邦快递公司的货机

(四) 航空快递(Air Express Service)

航空快递是指快递公司与航空公司合作,由快递公司派专人从发货人处提取货物后从最快航班将货物出运,飞抵目的地后,由专人接机提货,办妥进关手续后直接送达收货人。航空快递是一种最为快捷方便的运输方式,又称“桌到桌运输”,特别适用于急需的药品、医疗器械、贵重物品,图纸资料、货样及单证等的传递。

四、认识集装箱、国际多式联运和大陆桥运输

(一) 集装箱运输

集装箱运输是以集装箱作为运输单位进行货物运输的一种现代化运输方式,它可以适用于海洋运输、公路运输、铁路运输、航空运输和国际多式联运。

1. 集装箱应具备的条件

集装箱是一种容器,而且是能反复使用的运输辅助设备。其外形像一个箱子,又可以集装成组货物,故称“集装箱”,又称“货柜”或“货箱”。按国际标准化组织的规定,集装箱应具备下

列条件：

(1) 能长期反复使用；

(2) 途中转运，不动容器内的货物，可直接换装；

(3) 能快速装卸，并能从一种运输工具上直接和方便地换装到另一运输工具上；

(4) 便于货物的装满和卸空；

(5) 每个容器具有一立方米(35.32 立方英尺)或以上的容积。

2. 集装箱运输的优点

(1) 提高了运输质量，减少货损货差；

(2) 提高装卸效率，加快车船周转；

(3) 节省各项费用，降低货运成本；

(4) 节省货物运输的包装，简化货运手续。

国际标准化组织为统一集装箱的规格推荐了三个系列 13 种规格的集装箱，在国际运输中常用的集装箱规格为 20 英尺和 40 英尺两种。目前国际上均以 20 英尺柜作为衡量单位，以标箱 TEU 来表示，意既“相当于 20 英尺单位”。在统计不同型号的集装箱时，按集装箱的长度换算成 20 英尺单位(TEU)加以计算。

3. 集装箱货物的交接方式

集装箱运输的货物有整箱货(FCL)和拼箱货(LCL)两种装箱方式。整箱货是指达到一个集装箱容积的 75%或集装箱负荷重量的 95%的一批货物，可由货方在工厂或仓库将货物装箱后直接运交集装箱堆场(CY)，整箱货到达目的地后，送至堆场由收货人提取。拼箱货是指不足整箱货的容积或重量的货载，既需要两批或两批以上同装一箱的货载。拼箱货需送至集装箱货运站(CFS)，承运人把不同货主的货物按性质和流向进行拼装，货到目的地后，送至货运站由承运人拆箱拨给各收货人。

常见的集装箱货物的交接方式有 4 种：

(1) FCL/FCL(整装整拆)。货主在工厂或仓库把装满货后的整箱交给承运人，收货人在目的地以同样整箱接货，换言之，承运人以整箱单位负责交接。货物的装箱和拆箱均由货方负责。这种交接方式效果最好，最能发挥集装箱的优越性。

(2) FCL/LCL(整装拼拆)。货主在工厂或仓库把装满货后的整箱交给承运人，在目的地的集装箱货运站或内陆转运站由承运人负责拆箱后，各收货人凭单接货。

(3) LCL/FCL(拼装整拆)。货主将不足整箱的小票托运货物在集装箱货运站或内陆转运站交给承运人，由承运人分类调整，把同一收货人的货集中拼装成整箱，运到目的地后，承运人以整箱交，收货人以整箱接。

(4) LCL/LCL(拼装拼拆)。货主将不足整箱的小票托运货物在集装箱货运站或内陆转运站交给承运人，由承运人负责拼箱和装箱运到目的地货站或内陆转运站，由承运人负责拆箱，拆箱后，收货人凭单接货。货物的装箱和拆箱均由承运人负责。

4. 集装箱运输的费用

集装箱运输的费用包括内陆或装运港市内运输费、拼箱服务费、堆场服务费、海运运费、集装箱及其设备使用费等。

对于拼箱货物(LCL)的运输，运费以运费吨为计算单位，按传统的杂货等级收取基本运费外，还收取一定的附加费。对于整箱货物(FCL)的运输，则以一个集装箱为计算单位，按包箱费率来计算。

(二)国际多式联运

1. 国际多式联运的定义

国际集装箱运输是一种先进的现代化运输组织方式。与传统的件杂货运输相比,它具有运输效率高、经济效益好、及服务质量优等特点。

根据《国际货物多式联运公约》(United Nations Convention on International Multimodal Transport of Goods)的定义:“国际多式联运是指按照多式联运合同,以至少两种不同的运输方式,由多式联运经营人将货物从一国境内接管货物的地点运至另一国境内指定交付货物的地点。为履行单一方式运输合同而进行的该合同所规定的货物接送业务,不应视为国际多式联运。”

国际多式联运通过一次托运、一次计费、一张单证、一次保险,由各运输区段的承运人共同完成货物的全程运输,即将全程运输作为一个完整的单一运输过程来安排。根据《多式联运公约》的定义和现行的多式联运业务特点来看,国际多式联运必须具备以下基本条件:

(1) 发货人与多式联运经营人必须签订一份多式联运合同。

(2) 多式联运是使用两种或两种以上不同运输方式的运输。多式联运必须涉及至少两种不同的运输方式。同时,多式联运必须是不同运输方式下的连续运输。

(3) 多式联运经营人必须对全程运输负责。

(4) 货物运输是国际货物运输,涉及国际运输法的适用问题。

(5) 货物全程运输由多式联运经营人签发一张多式联运单证,且应满足不同运输方式的需要,并计收全程运费。

2. 国际多式联运的优越性

国际多式联运是今后国际运输发展的方向。国际多式联运具有如下优越性:

(1) 货主办理运输业务的手续简便

不论运输线路多远,运输环节多少,沿途手续多么复杂,货主只需办理一次委托,支付一笔运费,取得一张联运单证即可把货物从起点运到终点,一旦发生商务事故,只需找总承运人即多式联运经营人交涉即可解决问题。

(2) 货主可以及时收汇

货物装上第一程运输工具后,货主即可取得联运单据证明完成交付货物的义务,并可凭此及时办理收汇手续。

(3) 货主可以节省费用

国际多式联运下的运输总费用相对较低。货物使用集装箱装载时,外包装可以简化。发货人可以节省包装费用。收货人作为买卖合同下的买方,因费用减少而支付较低的货款。

(4) 运输安全可靠

多式联运采用集装箱运输,虽经过多段运输和多次装卸,均无需搬动箱中货物,所以可以较好地保证货物运输安全,减少货损货差,货物也不易被盗。

(5) 便于组织合理运输

为提高服务质量、增加收入,多式联运经营人在建立起合理、经济的联运路线基础上,开展多式联运服务、组织合理运输、缩短运输里程和运送时间、降低运输成本。

五、认识其他运输方式

(一) 公路运输

公路运输(Road Trans Portation),又称汽车运输,是一种现代化的运输方式。它不仅可以直接承担跨国货物运输,而且也是车站、港口和机场集散进出口货物的重要手段。公路运输具有机动灵活、速度快和方便等特点,尤其是实现"门到门"运输中,更离不开公路运输。

(二) 邮政运输

邮政运输(Parcel Post Transport)是指利用邮局来办理货物运输的方式,具有国际多式联运和"门到门"运输的性质。托运人只需按邮局章程办理一次托运手续,一次付清足额邮资,取得邮政包裹收据,交货手续即告完成。邮件在国际间的传递由各国的邮政部门负责办理,邮件到达目的地后,收件人可凭邮局到件通知向邮局提取。邮包运输手续简便,费用不高,适合运送小型仪器、机器零件、金银首饰以及样品、图纸、文件等贵重零星物品。

任务实施

结合实际情况,外贸业务员小杨和 Kate 商议决定选择采用集装箱的班轮运输,如果不能及时将货物出运,再采用空运,以跟上货物的销售旺季。

任务二　掌握运输单据的填制

工作任务

运输单据通常是指代表运输中的货物或证明货物已经付运的单据。它们具体反映了同货物运输有关的当事人(如发货人、承运人、收货人等)的责任与权利,是货物运输业务中最重要的文件,也是结汇的主要单据。因此,外贸业务员小杨为了顺利办理托运手续,对运输单据进行了系统的了解。

知识与技能支撑

运输单据通常是指代表运输中的货物或证明货物已经装运的单据。运输单据反映了与货运有关的各当事人之间的契约关系。在出口国装运地交货条件下,运输单据则是卖方凭之证明已履行交货责任的主要依据,也是出口商向银行进行议付和买方凭之支付货款的主要依据之一。

在对外贸易中,根据不同的运输方式,有多种运输单据,其中包括海运提单、铁路运单、承运货物收据、航空运单、邮政收据和联运单据等,用法大体相同,但又各有特点,其中最主要仍属海运提单。

一、海洋运输单据

(一) 海运提单

海运提单,简称提单(Bill of Lading, B/L),是指用以证明海上货物运输合同和货物已经由承运人接收或装船,以及承运人保证据以交付货物的单据。在进出口贸易中,提单是最主要的单据,具有十分重要的作用。

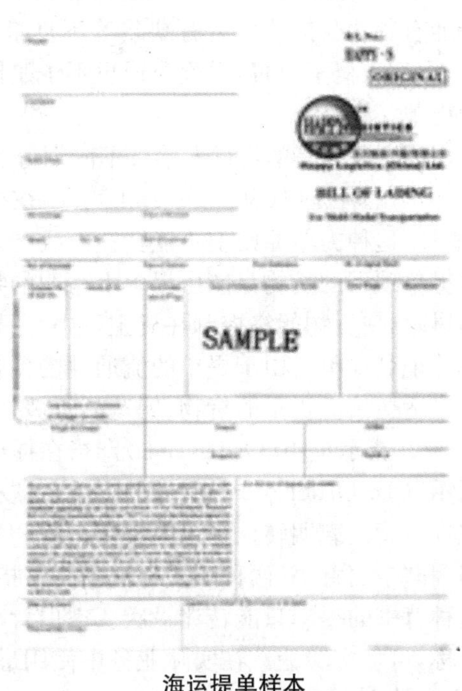

海运提单样本

1. 提单的性质和作用

(1) 提单是承运人或其代理人签发的货物收据。如承运人未另加批注,则提单正面有关货物品名、标志、包装或件数、重量或体积、外表状况等的描述构成承运人按此数量、件数及表面状态接管货物/将货物装船的初步证据,而承运人有义务在目的港依提单所载货物件数、数量、表面状态将货物交与收货人。

(2) 提单是代表货物所有权的凭证,收货人或提单的合法持有人有权凭提单向承运人提取货物。由于提单是一种物权凭证,因而在国际市场上,提单可以在载货船舶到达目的港交货之前办理转让或凭以向银办理质押贷款。

(3) 提单是运输合同的证明。在班轮运输中,提单条款明确规定了承运人与托运人相互之间的权利和义务,是确定当事各方责任的重要依据。但当提单与运输合同或提单与承、托双方的补充协议内容有差异时,确定承、托双方的责任义务就应以运输合同或补充的协议为准。

2. 提单的种类

提单的种类很多,从不同的高度可以分为以下几类:

(1) 根据货物是否装船划分:

① 已装船提单(On Board B/L)。是指承运人在货物已装上指定船舶后签发给托运人的提单。这种提单使用最广泛,目前出口人向银行仪付货款所提交的提单必须是已装船单,其特点是提单上必须载明船舶名称和装船日期。此时,装运日期和装船日期为签发日期。

② 备运提单(Received for Shipment B/L)。是指承运人在收到货物等待装运期间所签发的提单。这种提单没有明确的装船日期,不注明装运船只的名称,将来货物能否装出以及能否凭单提到货物均无确切的保障,因而买方和受让人不愿意接受,信用证项下银行一般也不予以接受。如果在货物全部装船后,托运人可凭备运提单换取已装船提单,或者由承运人在备运提单上批注实际装货船名和装船日期使之转变为已装船提单,此时,批注日期即装运日期和装船日期,对于这种提单,只要装船日期符合信用证的规定,银行就不得拒绝。

(2) 根据提单上对货物外表状况有无不良批注划分:

① 清洁提单(Clean B/L)。指货物装船时“表面状况良好”,承运人未加任何货损、包装不良等一类批注的提单。银行结汇、提单转让一般都要求清洁提单。但清洁提单只能说明承运

人确认货物在装船时外表状况良好，无破损，并不能保证货物内在品质的完好，更不能排除货物具有无法直接观察到的内在瑕疵。

② 不清洁提单(Unclean B/L，Foul B/L)。指货物装船时外表状况不良，承运人在提单上加有货物受损或包装有缺陷等不良批注的提单。这种提单所载明的货物如在运输途中受损，承运人概不负责，保险公司也不予赔偿。所以，除信用证明确规定可以接受，银行将拒绝这种提单。

(3) 根据提单收货人抬头不同划分：

① 记名提单(Straight B/L)。指在提单上"收货人"(抬头)档内填写某一特定人或公司的提单。这种提单原则上不能转让。我国《海商法》第9条规定："记名提单不得转让……"。所以提单项下的货物只能由提单上写明的特定收货人提取，避免了转让过程中可能给货方带来的风险，使货物始终控制在货主手中。只是在少数国家，依法律可以采取类似财产转让的手法转让记名提单。由于提单的流通性受到限制，给贸易商带来很大不便，所以很少使用，一般只是在运送价值贵重的货物、展览品及援外物资时使用。

② 指示提单(Order B/L)。指在提单"收货人"档内填写"凭指示"(To Order)或"凭某人指示"(To Order of ...)字样的提单。这种提单可经过背书转让给他人。所谓背书是指持单人在提单背面载明转让提单的文字记载和签名，并把提单交付给受益人的行为。背书有"记名背书"和"空白背书"两种形式。记名背书指背书人在提单背面签字外，还列明被背书人的名称，这种背书的提单只能转让一次。空白背书指背书人只在提单背面签字，而不注明被背书人的名称，可多次转让。在实际业务中使用最多的是"凭指定"并经空白背书的提单，习惯上称其为"空白抬头、空白背书"提单。

③ 不记名提单(Bearer B/L)。指在提单"收货人"档内填写"来人"或"交与持票人"字样的提单。这种提单转让手续简便，不需经过背书，仅凭交付即可，但风险较大，一旦遗失或被盗，货物容易被人提走或发生纠纷，所以很少使用。

(4) 根据运输方式不同划分：

① 直达提单(Direct B/L)。指船舶将货物从装运港装船后直接运抵目的港，中途不需换船条件下签发的提单。凡信用证规定不准转船者，必须使用直达提单，银行才可以办理仪付贷款。

② 转船提单(Transshipment B/L)。指货物从装运港装船后，不直接驶往目的港，而需在中途港换船再运往目的港条件下签发的提单。该提单上须注明"转船"或"在×港转船"字样。由于货物在中途转船，对进口人来说，不仅会增加货物受损或其他风险，而且还会因为等候换船而延误到货时间，所以买方通常争取直达提单，并在信用证内明确规定不许转船，但碍于运输条件的限制，有时转船也许会使货物更快驶达目的港，在这种情况下，经双方约定也可以使用"转船提单"。

③ 联运提单(Through B/L)。指海运和其他运输方式联合运输时由第一程承运人签发的包括全程运输手续及运费的提单。它如同转船提单一样，货物在中途转换运输工具和进行交接，由第一程承运人或其代理人向下一程承运人办理。应当指出，联运提单虽包括全程运输，但签发联运提单的承运人一般都在提单中规定只承担他负责运输的一段航程内的货损责任。

(5) 按提单内容的繁简划分：

① 全式提单(Long From B/L)。又称为繁式提单。该种提单正面列明了必要档目内容，背面列有承运人和托运人权利、义务和免责的详细条款，亦称提单条款。进出口业务中一般多使用全式提单。

② 略式提单(Short From B/L)。又称为简式提单。指略去背面有关承运人和托运人的权利、责任、义务等条款，仅有正面必要项目的提单。这种提单内一般印有“本提单货物的收妥、保管、运输和运费等事项均按本公司全式提单上的条款办理”的字样。租船合同项下的略式提单上一般注明“一切条件、条款和免责事项按照某某租船合同”字样，这种提单受租船合同的约束，不能成为一个完整的独立文件，除非信用证另有规定，银行一般不予接受。

(6) 根据提单使用效力划分：

① 正本提单(Original B/L)。指提单上有承运人、船长或其代理人签名盖章并注明签发日期的提单。这种提单在法律上和商业上都是公认有效的单证。正本提单上必须标明“正本”字样，一般一式两份或三份，凭其中任何一份提货后，其余各份即作废，因此一般买方或银行要求卖方提供正本提单，既全套提单。

② 副本提单(Copy B/L)。指提单上没有承运人、船长或其代理人签字盖章，仅供工作上参考之用的提单。副本提单上一般注明“副本”或“不可转让”字样，不得标明“正本”字样。

(7) 按运费支付方式划分：

① 运费预付提单(Freight Prepaid B/L)。指承运人在卖方支付运费的情况下签发的提单，运费预付提单多见于 CIF、CIR、CIP、CPT 等由卖方支付运费的术语的合同。

② 运费到付提单(Freight Collect B/L)。指承运人在装运港签发的，待货到目的港后，由收货人与承运人结算运费的提单。在没有付清运费前，承运人可以使用货物置留权。多见于 FOB、FCA 等由买方支付运费的术语的合同。

(8) 其他种类提单：

① 舱面提单(On Deck B/L)。也叫甲板提单。指承运货物装在船舶甲板上所签发的提单，须注明“货装甲板”字样。但在实际业务中，进口商品一般不愿意货物装在甲板上，银行也不接受甲板提单结汇。

② 交换提单。由于贸易上的需要，装运港签发提单后，应托运人的请求凭此提单在中途港另换一套提单，并将此提单收回，中途港变为装运港，发货人变为中途港的关系人，货物仍由原船运至目的港。在这种情况下，原装运港签发的提单就成为交换提单。

③ 过期提单(Stale B/L)。其原意为晚于货物到达目的港的提单，既同于航线较短或银行传递提单较慢，以致船舶到达目的港时，收货人尚未收到提单，在此情况下，买方一般要在信用证中规定“过期提单可以接受”的条款。在信用证支付方式下，卖方持单向银行议付的时间过晚都属于过期提单。

④ 倒签提单(Antedated B/L)。倒签提单是指货物装箱完毕后，承运人签发的以早于货物实际装船日期为签单日期的提单。有时由于种种原因货物未能在合同或信用证规定的装船期内装运，又来不及修改信用证，为方便结汇，有的托运人要求倒签装船日期。倒签提单是一种既违约又违法的行为，在许多国家都被视为卖方和船方的共同欺诈，一经发现，承运人将不得不与托运人共同赔偿收货人因此遭受的损失。因此业务中应尽量避免。

⑤ 预借提单(Advanced B/L)。又称无货提单，是指货物在装船前或装船完毕前，托运人为及时结汇向承运人预先借用的提单。预借提单大都是因为信用证规定的最迟装运日

期即满，但这时货尚未备妥，或货物备妥但尚未装船，或因船期延迟尚未到港，或虽已到港但尚未受载。与倒签提单相似，预借提单也是既违约又违法，也通常被视为欺诈。

3. 有关提单的国际公约

(1) 1924 年 8 月在布鲁塞尔签订的《统一提单的若干法律规定的国际公约》(General Rules of Law Relating to Bills of Lading)，即《海牙规则》。该公约于 1931 年生效，共 16 条。到目前为止，《海牙规则》已经成为世界上最为广泛使用的国际公约。

(2) 1968 年 2 月在布鲁塞签订的《关于修订统一提单若干法律规定的国际公约议定书》(Protocol to Amend the International Convention for the Unification of Certain Rules of Law Relating to Bills of Lading)，即《维斯比规则》，并于 1977 年正式生效，共 17 条。

(3) 1978 年联合国汉堡会议通过的《联合国海上货物运输公约》(United Nations Convention on the Carriage of Goods by Sea)，即《汉堡规则》。该规则已于 1992 年 11 月生效，共 34 条，目前在国际上影响不大。

(二) 海运单

海运单(Sea Waybill, Ocean Waybill)，又称不可转让海运单(Non-negotiable Sea Waybill)。它是近二十年来越来越被各国采用的，在近海贸易中来代替海运提单的一种运输单据。国际海运委员会 1990 年制定的《海运单统一规则》以及《跟单信用证统一惯例》(UCP600) 的第 24 条都对海运单的应用进行了详细的规定，为海洋单的使用提供了准则和标准。

1. 海运单的性质

(1) 是承运人收到由其照管的货物的收据。

(2) 是承运人与托运人之间订立海上运输合同的证明。

(3) 是承运人保证据以将货物交付给单证所载明的收货人的一种不可转让的单证。

2. 海运单与海运提单的区别

(1) 海运提单是货物收据，运输契约证明，还是物权凭证；而海运单则只是货物收据和运输契约证明，不具有物权凭证的性质。

(2) 海运单不能流通，不是承运人发货、收货人提货的凭证。

(3) 海运提单承认托运人的货物控制权；而在海洋运单的使用中，实物交付后，卖方仍然有权控制货物，可发出指示确定收货人，也可根据需要变更原收货人。这与象征性交货中完全代表货物的海运提单不同，也与实际交货中作为货物附属的货运单据不同。

3. 海运单流转的程序

(1) 船公司签发海运单正本一份给托运人或发货人。

(2) 船公司在船舶到达卸货港前约一个星期向海运单上标明的具体收货人发出到货通知单。

(3) 收货人签署到货通知单并将其退还船公司在当地的代理机构。

(4) 船公司代理据从签发提货单给收货人。

(5) 船舶抵港后，收货人结清运费，办好相关手续，凭提货单提货。

由于海运单提货方便，费用节省，便于防止假单据欺炸，而且利于电子数据交换系统的使用，海运单的使用范围逐渐扩大，但是海洋提单仍然是最主要的海运单据。

二、其他运输单据

1. 国际铁路联运运单

国际铁路联运单是国际铁路联运的主要运输单据，它是由发送国铁路代表所有参加运送货物的各国铁路同发货人之间订立的运输契约，其中规定了参加联运的各国铁路和发、收货人的权利和义务，对铁路和发、收货人都具有法律效力。国际铁路联运运单共五联：第一联运单正本；第二联运行报单；第三联运单副本；第四联货物交付单；第五联货物到达通知单。运单正本随同货物至终到站，并交给收货人，它既是铁路承运货物出具的凭证，也是铁路同货主交接货物、核收运杂费和处理索赔与理赔的依据。运单副本在铁路加盖承运日期戳记后发还发货人，是卖方凭以向银行结算货款的主要证件之一。铁路运单不代表货物所有权，不能背书转让。

2. 航空运单

航空运单(Air Waybill)是由承运人或其授权的代理人出具的，是航空运输中一个最重要的货物单据。它既是承运人承运货物的收据，又是发货人与承运人之间的运输契约，也可作为承运人核收运费的依据和海关查验放行的基本单据。但它不是货物所有权的凭证，不能通过背书转让。收货人提货不是凭航空运单，而是凭航空公司的到货通知单。

航空运单分为主运单和分运单两种，主运单由航空公司签发，分运单由航空货运代理公司签发，两者内容基本相同，法律效力也相同。航空运单包括三份正本、九份副本，三分正本具有同等法律效力，第一份交承运人，第二份随机交收货人，第三份交托运人办理议付或托收。

3. 邮包收据

邮包收据(Parcel Post Receipt)是邮局对邮寄商品接管并收取费用(邮资)后签发的一种收据。贷借证，也是收件人凭以提取邮件的凭证，是邮包遗失或损害时凭以向邮局索赔的依据，但邮包收据不是物权凭证。

4. 多式联运单据

多式联运单据(Multimodal Transport Documents—MTD)是为了适应集装箱运输的需要而出现的一种运输单据。是证明多式联运合同以及证明多式联运经营人已收到指定货物并负责按合同条款运输货物到目的地的单据。它还是货物所有权的凭证，可以凭单据提取货物，也可以凭单据进行转让、流通或抵押。

目前，运输单据在国际贸易中仍起着不容忽视的重要作用，但随着电子商务脚步的加快，电子信息传输逐渐代替传统的纸制文件，与单据有关的概念将随时之更新，凭单交货的必要性和可行性将不复存在。电子商务不但使传统的交货方式发生变化，也迫使人们更新观念。

任务实施

在了解了运输单据的相关知识后，外贸业务员小杨计算出待运货物的毛重和体积，准备向货运代理公司办理海运托运手续。经商议，小杨准备订一个 20 英尺的集装箱，door to door，目的港暂定为伦敦，然后准备好报关、装船需要的各种证明文件和单据，计算需要支付的运费，待双方商定合同条款之后便可办理海运提单。

任务三　制定合同中的运输条款

工作任务

在确定了运输方式、了解运输单据之后，郑州豫港进出口贸易有限公司的外贸业务员小杨与英国 Golden Elephant Trading Co.，Ltd. 的 Kate 就这批吹风机的出口运输商量如何拟定合同中的装运条款。

知识与技能支撑

装运条款就是合同中关于卖方应该如何交货等问题的规定。装运条款的订立与合同性质及运输方式有着密切的关系。我国出口合同大部分使用 FOB、CFR、CIF 术语，且多数通过海洋运输。根据国际惯例，在此类合同项下，卖方只要将货装上指定船只即算完成交货。因此，上述合同的装运条款主要包括装运时间、地点、目的港、是否允许分批与装船、装运通知及滞期和速遣条款等项内容。

一、装运时间

装运时间又称装运期，是指卖方将合同规定的货物装上运输工具或交给承运人的期限。国际商会《跟单信用证统一惯例》(UCP600)在第 46 条中明确指出："除非信用证另有规定，用于规定最早及最迟装运日期的'装运'一词，将被理解为包括诸如'装船'、'发运'、'收妥待运'、'邮局收据日期'、'收货日期等'及类似词语，还包括在信用证要求多式运输单据下的'接受监管'"。装运期是买卖合同的主要条件，卖方必须严格按规定时间交付货物，不得任意提前或延迟。否则，如造成违约，则买方有权拒收货物，解除合同，并要求损害赔偿。

(一) 装运时间的规定方法

1. 规定具体的装运时间

(1) 规定在某月内装运。

案例 9-3-1

2013 年 6 月份装运(Shipment during June，2013.)

理解为卖方应在 2013 年 6 月 1～30 日之内装运货物。

(2) 规定在某月月底或某日以前装运。

案例 9-3-2

2013 年 6 月底或以前装运(Shipment at or before the end of June 2013)

卖方可在2013年6月30日或以前装运即可。

(3) 跨月装运。

案例 9-3-3

2013年6/7/8月装运(Shipment during June/July/August,2013)
卖方可在2013年6月1日～8月31日之内装运。

上述规定方法明确、具体,使卖方有一定时间进行加工备货和安排运输,同时也有利于买方掌握货物装运期,做好支付货款和接受货物的准备,因而在国际贸易中使用较为广泛。

2. 规定在收到信用证后若干天装运

对某些外汇管制较严的国家或地区的出口交易,或对买方资信情况不够了解,或根据买方来样加工的商品或外国定牌商品,为了防止买方不按时履行合同而造成损失,在出口合同中可采用在收到信用证后一定时期内装运的方法规定装运时间,以保障出口企业的利益。

案例 9-3-4

例如:收到信用证后45天内装运。
Shipment within 45 days after receipt of relevant L/C.

但采用此方法时,必须同时规定有关信用证开到的期限,如不订明,则可能由于买方拖延或拒绝开证,使卖方无法及时安排生产、包装、装运而陷入被动。

3. 规定收到信汇、电汇和票汇后若干天装运

采用汇付方式收款时可使用这种方法。

4. 规定近期装运术语

这种方法不规定具体期限,采用如"立即装运"(Immediate Shipment)、"即期装运"(Prompt Shipment)、"尽快装运"(Shipment as soon as Possible)等术语来表示。由于这些术语在国际上没有统一解释,容易引起争议和纠纷,一般不宜使用。《证单信用证统一惯例》(UCP600)第46条也明确规定:"不应使用诸如'迅速'、'立即'、'尽可能快'及类似词语,如使用这类词语,银行将不予置理"。

(二) 规定装运时间应考虑的因素

1. 货源情况

货源情况是履行合同的基础,装运期规定长短,应与国内生产的可能性及库存商品的数量和品种规格相适应。如有现货供应或加工需要较短时,装运期可以规定短一些;加工费时较多的,则可以规定长一些。对于粮油、矿砂、煤炭等大宗交易的商品,因交货数量大,在合同中应规定跨月装运。

2. 运输情况

在由我方负责租船订舱的条件下,对装运期的规定要考虑我国与有关国家间的运输能力、航线、港口条件等情况。对有直达船和航次较多的港口,装运期可规定短一些;对无直达船或较偏僻的港口,以及虽有直达船但航次较少的港口,装运期要规定长一些,对属于季节性封冻

港口，装运期应避开冰冻期。

3. 市场情况

规定装运期要与国外市场需求的季节性和临时的特殊需求情况相适应。

4. 商品情况

规定装运期应考虑商品本身的性质和特点以及商品的加工、包装、检验等条件。例如某些商品梅雨季节出运要受潮、发霉、生锈，还有的商品遇热溶化等，实际规定装运期应尽可能避开。

案例 9-3-5

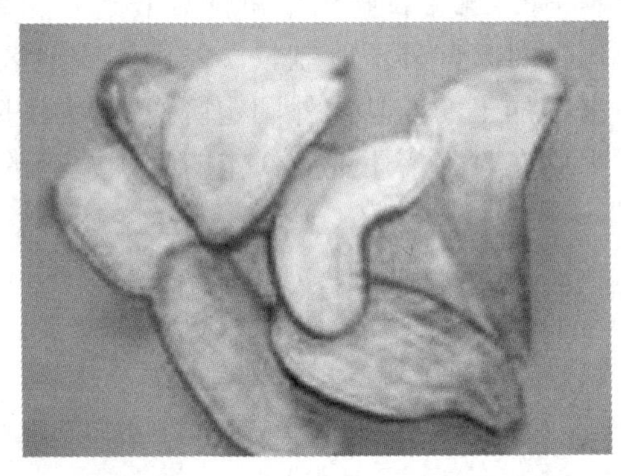

中国某外贸公司(卖方)曾在广交会上与一英商(买方)按CIF伦敦条件签订了一项出口白薯干的合同。由于卖方货源充足，急于出售，所以约定当月交货。后因卖方临时租不到船，未能按时履行交货义务，导致违约，承担了向买方赔偿的责任。

分析提示：CIF术语是由卖方承担租船、订舱的义务。约定国际贸易合同中运输条款的装运期时不能只考虑货源情况，还要要考虑船源等相关问题，当引以为戒。

二、装运港和目的港

装运港(Port of Shipment/Port of Loading)是指货物装运的港口，通常是为便利装货由卖方提出，经买方同意后确定；目的港(Port of Destination/Port of Discharge)是指货物卸货的港口，通常是为了便于买方卸货和转卖货物，一般由买方提出，经卖方同意后确定。

1. 国际贸易合同中装运港和目的港的规定

(1) 分别规定一个装运港与一个目的港

案例 9-3-6

例如，装运港：中国青岛；目的港：德国汉堡

(Port of Shipment：Qingdao, China；Port of Destination：Hamburg, Germany)

(2) 分别规定两个或两个以上的装运港和目的港

案例 9-3-7

例如，装运港：大连／天津／青岛；目的港：伦敦／汉堡
(Port of Shipment: Dalian/Tianjin/Qingdao; Port of Destination: London/Hamburg)

(3) 规定某一国家或航区的重要港口为装运港和目的港。

案例 9-3-8

例如，装运港：中国港口；目的港欧洲主要港口
(Port of Shipment: Chinese Ports; Port of Destination: EMP)

2. 认知规定装运港和目的港时需要注意问题

(1) 港口有无直达班轮；

(2) 有无冰封期等气候情况影响；

(3) 港口设施好坏，装卸效率高低及费用多少；

(4) 甚至港口社会治安等因素；

(5) 目的港不宜笼统地规定为“欧洲的主要港口”“非洲主要港口”，因为不同港口费用相差很大；

(6) 有无港口重名问题，如维多利亚(Victoria)港，世界竟有 12 个之多，澳大利亚和加拿大均有悉尼港(Sydney)。

三、分批装运和转运

分批装运和转运都直接关系到买卖双方的利益，是否需要分批装运和转运，买卖双方应根据需要和可能在合同中作出明确具体的规定。

(一) 分批装运

分批装运(Partial Shipment)是指一笔交易的货物分若干批装运。《跟单信用证统一惯例》(UCP600) 第 40 条规定，运输单据表面上注明同一运输工具、同一航次、同一目的地的多次装运，即使其表面上注明不同的装运日期及/或不同的装货港、接受监管地或发运地，将不视作分批装运。

国际上对分批装运的解释和运用有所不同。按有些国家的合同法规定，如合同中对分批装运不作规定，买卖双方事先对此也没有特别约定或习惯做法，则卖方交货不得分批装运；《跟单信用统一惯例》(UCP600) 第 40 条规定，除非信用证另有规定，允许分批装运。因此，为避免争议，买卖双方应根据交货数量、运输条件和市场需要等因素，在买卖合同中，注明是否允许分批装运。若双方同意分批，应将批次和每批装运的具体时间和数量订明。《跟单信用证统一惯例》(UCP600) 第 41 条规定在信用证有效期内，分批装运中任何一期未按期完成，信用证对该期及以后各期均告失效。

案例 9-3-9

我国出口 2 000 公吨大米至新加坡，国外开来信用证规定：不允许分批装运。结果我们在规定的期限内分别在烟台、连云港各装 1 000 公吨于同一航次的同一船上，提单也注明了不同的装运地和不同的装船日期。请问这是否违约？银行能否议付？

分析提示："运输单据表面注明货物系使用同一运输工具并经同一路线运输的，即使每套运输单据注明的装运日期不同及/或装运港、接受监管地、发运地不同，只要运输单据注明目的地相同，也不视为分批装运。"据此，本案的同一船只、同一航次的多次装运并非分批装运，不属违约，银行也不能拒绝议付。

(二) 转船装运

转船装运(Transshipment)是指自装货港到卸货港的运输过程中，货物从一条船只卸下，再装上另一条船只的行为。在出口业务中，凡驶往目的港没有直达船，或虽有直达船但船期不定或航次间隔时间太长，以及成交量大而港口条件差或拥挤严重的，为了便运装运，则应在合同中加订转运条款，如"允许在×港口转运"。由于转运耽误时间，增加费用，也容易产生货损货差，所以买方一般不同意转运，尤其是在进出口国有直达航线时，买方都会限制转运，并在合同条款中订明"不准转运"。

《跟单信用证统一惯例》(UCP600) 规定，除非信用证另有规定，可准许转运。为了明确责任和便于安排装运，买卖双方是否同意转运以及有关转运的办法和转运费由谁负担等问题，应在买卖合同中订明。

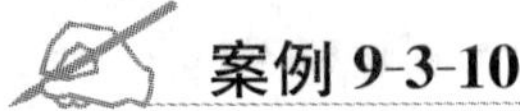

案例 9-3-10

2013 年 1 月前装运，由上海经香港至伦敦，6 000 公吨分三批等量装运，每批相隔 15 天。

Shipment before Jan 2013 from Shanghai via Hong Kong to London by container vessel. 6 000 M/T shipment to be effected in three equal consignment at an interval of about 15 days.

四、装船通知

装船通知，亦称装船声明。它的使用一般是根据信用证或合同要求发货人在货物装船后将装船情况通知进口商，以便及时办理保险或准备提货、租仓等。装船通知的内容主要包括合同号码、货物的品名、装运数量、发票金额、船名及航次、装运日期等。以 CFR 贸易术语成交时尤为重要，它一方面使买方了解船在航行中的动态，以便及时接货；另一方面，还起着保险通知的作用。根据国际贸易习惯做法，如果卖方未发出或未及时发出装运通知，致使买方漏保或未及时投保，卖方应负责赔偿买方因此而遭受的一切损失。通知的方式通常为电报或传真通知，电报抄本或传真原件随其他单据交银行议付，极少用信件邮寄方式通知，接受装船通知的一般是进口商或进口商指定的保险公司。

五、滞期、速遣条款

滞期费是指在规定的装卸期限内，租船人未完成装卸作业，给船方造成经济损失，租船人对超过的时间向船方支付一定的罚金。

速遣费是指在规定的装卸期限内，租船人提前完成装卸作业，使船方节省了在港开支，船方向租船人支付一定的金额。

按惯例，速遣费一般为滞期费的一半。

任务实施

为了完成合同中装运条款的拟定，业务员小杨要完成以下工作。

1）确定装运时间和装运港口等。小杨在物流网上查询得知，没有从郑州直达伦敦的船只，所以中途极有可能发生中转，因此，在订立运输条款时，应争取把装运港订为中国港口，同时要求允许转运。于是将装运时间订为5月下旬。

2）拟定合同中的装运条款。

Shipment: from Zhengzhou China to London by sea between May. 20, 2013 and May. 30, 2013; otherwise to transport from Zhengzhou China to London between Jun. 1, 2013 and Jun. 10 2013 on seller's account by air. Transshipment allowed. Partial shipment not allowed.

任务四　项目实训

知识巩固

◇ **不定项选择**

1. 轮船公司在提单上未作任何不良批注的提单是（　　）。
   A. 不清洁提单　　B. 清洁提单　　C. 不记名提单　　D. 已装船提单
2. 运价表中注是“W/M”表明（　　）。
   A. 运费按实际重量计收　　B. 运费按体积或容积计数
   C. 运费按重量或体积计收　　D. 运费按商品价格计数
3. 具有“四固定”特点的运输方式是（　　）。
   A. 班轮运输　　B. 定程租船　　C. 定期租船　　D. 光船租船
4. 如果卖方未按期装运货物，则买方的权利是（　　）。
   A. 只能要求卖方赔偿损失　　B. 只能撤销合同
   C. 只能要求卖方马上装运　　D. 撤销合同并要求卖方赔偿其损失
5. 下列关于提单的说法错误的是（　　）。
   A. 它是一种货物收据

B. 它是一种运输契约

C. 它是代表货物所有权的凭证

D. 它是承运人和托运人订立的运输契约证明

6. 在国际贸易中不能流通转让的提单是(　　)。

A. 记名提单　　B. 不清洁提单　　C. 不记名提单　　D. 指示提单

7. 目前,在实际业务中使用最多的提单是(　　)。

A. 记名提单　　B. 不记名提单

C. 空白抬头、空白背书提单　　D. 空白抬头、记名背书提单

8. 国际铁路联运中使用的运输单据是(　　)。

A. 国际货协运单　　B. 承运货物收据　　C. 记名提单　　D. 备运提单

◇ **判断题**

1. 班轮运输的运费包括装卸费,但不计速遣、滞期费。(　　)

2. 如买卖合同规定的装运条款为"Shipment during June/July in two equal lots",那么我出口公司必须在六、七两个月,每月各装一批,每批数量相等。(　　)

3. 航空运单、铁路运单与海运提单不同,不属于物权证明,发货人不能凭以向承运人(航运公司或铁路局)提货。(　　)

4. 空白抬头、空白背书的海运提单是指即不填写收货人,又不要背书的提单。(　　)

5. 清洁提单是指没有任何批注的提单。(　　)

◇ **计算题**

1. 上海运往苏丹港五金工具500箱,总毛重量15公吨,总体积为12立方米。根据海运公司规定,计费标准是W/M,等级为10级。若基本运费率为90美元。试计算应付运费是多少?若燃油附加费率为20%,港口拥挤附加费率为10%,运费又是多少?

2. 出口某商品100公吨,报价每公吨1950美元FOB上海,客户要求改报CFR伦敦价,已知该货为5级货,计费标准为W,每运费吨运费70美元。收燃油附加费10%、港口附加费10%

项目实操

◆**项目实训操作**

【项目背景】某公司出口大米5 000公吨,信用证规定"自1月份起,每月装1 000公吨"。卖方1月份和2月份各装运1 000公吨,3月份由于货物数量不足没有装运,4月份装了2 000公吨,5月份装了1 000公吨。货到目的港后,买方以3月份未装货卖方违反交货期为由,拒绝对后两个月所装的3 000公吨货物付款。

【任务】试问买方的做法是否正确,为什么?

项目十　办理保险

【知识目标】

- 掌握货运保险的基本原则
- 熟悉海运保险的承保范围
- 熟悉我国海运货物保险的不同险别
- 熟悉国际货物运输保险的程序
- 了解合同中的保险条款内容

【能力目标】

- 能够正确理解和掌握保险的基本原则
- 能够掌握国际货物运输所面临的各种运输风险及由此可能产生的各种损失和费用
- 能够正确选择海运保险险种并计算保险费
- 能够选择运用我国海陆空邮运输货物的险别
- 能够熟练正确订立保险条款

【项目背景】

郑州豫港进出口贸易有限公司在吹风机的出口运输上，决定选择海运这种运输方式。小杨积极的办理了货物运输的手续。因为此单合同为 CIF 贸易术语合同，公司还有承担办理保险的义务。为了能够更好的明确责任，降低运输风险及由此可能产生的各种损失和费用，小杨必须办理货运保险。那么是否小杨只要办理了保险，运输途中的任何风险所造成的货物损失，保险公司都会理赔？保险公司如何定损？赔偿金额如何核定？进出口哪方可以得到赔保金？如何正确的订立保险条款？这些都是小杨必须考虑的问题。

任务一　掌握保险的基本原则

工作任务

郑州豫港进出口贸易有限公司多数情况下出口采用 CIF 术语，进口采用 FOB 术语。现在业务员小杨已经和对方贸易公司就运输条款达成一致，为了确定货物的运输保险事宜，小杨开始学习国际货物运输保险知识。首先，小杨需要了解并掌握保险的基本原则。那么，货物运输保险的适用原则有哪些呢?

知识与技能支撑

在对外贸易过程中,由于买卖双方往往是远隔重洋,从订约到交货、收付汇周期长,在货物装卸、运输、仓储以至于收汇等过程中,可能会遇到各种风险,例如自然灾害、意外事故、意外情况变化等。发生风险后,会给货物造成损失,或货物虽然未损失,但收汇不到。为了在遭受损失后可以得到补偿。买方或卖方在货物启运前,或签约后,需要到保险公司办理保险业务。

一、保险利益原则

(一) 海上保险利益原则的含义

是指被保险人对处于海上航行或运输风险中得保险标的具有的法律上承认的经济利害关系。

(二) 海上保险利益的时效

财产保险的保险利益一般要求从保险合同订立时到保险事故发生时始终要有保险利益。如果保险合同订立时具有保险利益,而当保险事故发生时不具有保险利益,则保险合同无效。

但海上货物运输保险比较特殊,投保人在投保时可以不具有保险利益,但当保险事故发生时必须具有保险利益。

因此,尽管签发保单时,货物的买方可能还不具有保险利益,但自货物转让时起,允许他对之具有合法的保险利益。

(三) 海上保险利益的确立

1. 海上财产所有人

(1) 船舶的所有权人,也就是船东。

(2) 货主。包括从事进出口贸易的进口商或出口商、代理商、寄售商、接受进出口货物做抵押而融资给进出口商的银行,以及其他承担货物损失风险的人。

(3) 运费所有人

海上保险承保的运费是指货物经过海上运输所支付的报酬。投保运费保险以订有运输合同为条件,也就是说存在运费的债权和债务关系。

2. 与海上财产有其他利害关系人

(1) 保险人——进行再保险

(2) 船舶或货物抵押权人

其他与船舶有利害关系的人,例如船东以船舶作为抵押物进行借贷,抵押贷款人对抵押船舶也具有可保利益。如:银行或其他金融机构。

(3) 船东或货主的代理人——他们的保险利益仅是他们的佣金。

(4) 保险费的支付人

案例 10-1-1

例如2013年8月,我某出口×公司对外签订一份以FOB为条件的农产品合同,买方已向保险公司投保仓至仓条款的一切险。货物从×公司仓库运往装运码头途中,发生承保范围的损失,事后×公司以保险单含有仓至仓条款,要求保险公司赔偿,但遭拒绝,后来×公司又请买方以买方的名义凭保险单向保险公司索赔,但同样遭到拒绝。请评述该案例,保险公司拒绝是否恰当?

分析提示:保险公司拒绝恰当。FOB术语下货物风险转移的界限为装运港船舷为界,在此前货物所有权归卖方,而此时一切险的被保险人为卖方。所以实际的保险界限由于保险利益的原则缩短为"船—仓"。在此之前的风险保险公司不会赔偿。

二、最大诚信原则

(一) 最大诚信原则的意义

保险当事人双方签订保险合同是建立在诚实信用基础上的,任何一方违反最大诚信原则均会伤害对方。

(二) 最大诚信原则的含义

最大诚信原则可表述为:保险合同当事人在订立合同时及合同有效期内应依法向对方提供影响对方是否缔约以及缔约条件的重要事实,同时绝对信守合同缔结的认定与承诺;否则,受害方可主张合同无效或解除,甚至要求对方赔偿因此而受到的损失。

(三) 最大诚信原则的主要内容

在海上保险中,最大诚信原则的具体内容主要包括:告知、陈述、保证。

1. 告知

告知(Disclosure)是保险合同当事人一方在合同缔结前和缔结时以及合同有效期内就重要事实向对方所作的口头或书面的陈述。

告知的内容主要有:

(1) 投保人或被保险人的告知

投保人或被保险人必须告知的事实是重要事实。投保人或被保险人必须告知的重要事实是足以影响谨慎的保险人决定是否承保以及保险费率的事实。

(2) 保险人告知。

保险人必须告知的重大事实是足以影响善意的投保人或被保险人是否投保以及投保条件的事实。

2. 陈述

陈述不同于告知,具体指在洽谈签约过程中,被保险人对于保险人提出的问题进行的如实答复。

3. 保证

保证(Warranty)是投保人或被保险人在保险期间对某种事项的作为或不作为、存在或不存在的允诺。保证是一项从属于主要合同的承诺,违反保证使受害方有权请求赔偿;保险合同的保证是保险合同成立的基本条件,它可以使受害方有权解除合同。

4. 最大诚信原则违反的后果

(1) 违反告知的后果。

投保人或被保险人违反告知义务将影响保险合同的效力，保险人可采取的措施有：解除保险合同；不负赔偿责任；若已受到损害，除解除合同和不承担保险责任外，还可要求投保人或被保险人赔偿；出于多种原因继续维持合同效力或协商变更保险合同。

(2) 保证的违反与后果。

由于保证是保险合同的一部分，保险合同涉及的所有保证内容均为重要事实，无需另作判断，投保人必须严格遵守，因而，投保人或被保险人违反了保证，就意味其未履行义务而违约，合同即告失效，而且保险人一般不需退还保险费，除非该破坏发生在保险人承保风险之前。被保险人违反了保证条款，保险人有权解除合同，并在以后保险标的发生损失时拒赔。

三、补偿原则

(一) 损失补偿原则的含义及意义

保险补偿原则是指当保险事故发生时，被保险人从保险人那里得到的赔偿应填补其因保险事故所造成的损失。这是海上保险中理赔的基本原则。

补偿原则的实现方式通常有现金赔付、修理、更换和重置。

(二) 补偿原则在海上保险理赔中的实施

损失补偿原则的限制。保险人在运用补偿原则时，在补偿金额上应分别情况掌握几个限度。

1. 经济补偿以出险时保险利益存在为条件；
2. 经济补偿以约定的价值或保险价值为限；
3. 补偿以保险人之间的分摊方式进行；
4. 补偿以拥有对第三者索赔权为前提。

四、近因原则

(一) 近因原则的含义

保险损失的近因，是指在保险事故发生时最直接、最有效、起主导作用或支配作用的因素。并非指时间上、空间上的最近原因。

(二) 近因原则的判断标准

损失与近因存在直接的因果关系，因而，要确定近因，首先要确定损失的因果关系。确定因果关系的基本方法有从原因推断结果和从结果推断原因两种方法。

任务实施

通过本章学习，小杨掌握了保险的赔偿原则及赔偿细则，并且知道现实中保险标的的损失是由多种风险事故同时或者连续发生造成的，而这些风险事故往往同时有被保风险、非保风险或除外风险。掌握了保险利益原则，最大诚信原则，补偿原则和近因原则这四大保险原则，其中近因原则是判断保险人是否需要赔偿的标准。

任务二 熟悉海上货物运输保险的承保范围

工作任务

货物在海上运输过程中可能遇到的风险种类很多，在什么情况下造成的损失需要自己负责？当造成损失的原因属于哪些情况时，保险人才承当相应的赔偿责任？所以为了能够更好地了解海上货运保险的承保范围，小杨必须能够掌握国际货物运输所面临的各种运输风险及由此可能产生的各种损失和费用。

知识与技能支撑

国际货物运输保险（International Cargo Transportation Insurance）是指被保险人（the Insured）或投保人（Applicant）在货物装运以前，按照一定的保险金额向保险人（Insurer），或称承保人（Underwriter），即保险公司投保货物运输险，被保险人按保险金额、保险险别及保险费率，向保险人支付保险费并取得保险单据，被保险货物若在运输过程中遭受保险人承保范围内的损失，保险人则按保险金额及损失程度对被保险人进行赔偿。

国际货物运输保险，是随着国际贸易和航运事业的发展而发展起来的。货物运输保险业务的发展，反过来又促使国际贸易和航运事业的进一步发展。国际贸易货物大部分通过海洋运输，所以海洋运输货物保险在国际贸易保险中占有重要地位。

海运货物运输保险承保的范围，包括海上风险、外来原因所引起的风险以及海上损失与费用。

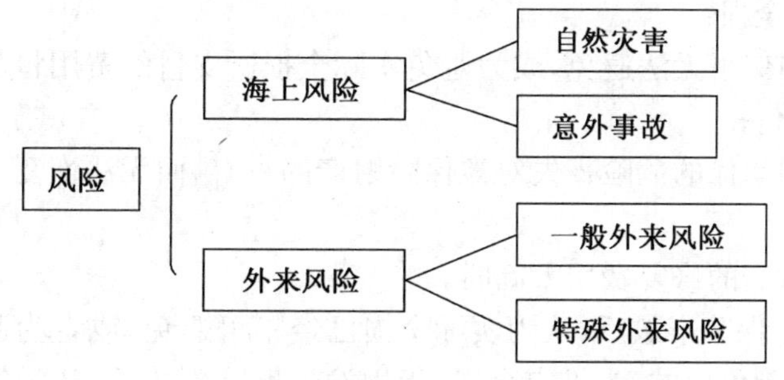

一、海上风险与损失

（一）海上风险

1. 自然灾害是指不以人们意志为转移的自然力量所引起的灾害，主要包括恶劣气候、雷电、海啸、地震、火山爆发、浪击落海等。

2. 意外事故是指偶然的非意料中的事故，主要包括搁浅、触礁、沉没、倾覆、碰撞、火灾、爆炸、陆上运输工具倾覆或出轨、抛货、吊索损害，海盗、船长或船员不法行为等。搁浅是由于异常的原因造成船舶与水底发生接触并处于滞留的状态，但如果是由于规律性的涨潮落潮而使船舶处于滞留状态则不属于搁浅；碰撞多指船舶与船舶的碰撞，但有的保险条款包括船舶与水以外的任何物体的碰撞；船长船员的不法行为是指在船主不知晓的情况下，破坏船舶或货物，我国保险条款的意外事故不包括海盗。

(二) 海上损失

海上损失(简称海损)是指被保险货物在海运过程中，由于海上风险所造成的损坏或灭失。根据国际保险市场的一般解释，凡与海运连接的陆运过程中所发生的损坏或丢失，也属海损范围。就货物损失的程度而言。海损可分为全部损失和部分损失。就货物损失的性质而言，海损又分为共同海损(general average)和单独海损(Particular average)。

1. 全部损失和部分损失

全部损失分为实际全损和推定全损两种。

(1) 实际全损

实际全损是指货物全部灭失或完全变质或不可能归还被保险人。实际全损的四种情形是：

① 保险标的已遭毁灭，如船舶与货物沉入海底无法打捞或货物被大火毁灭；

② 保险标的属性上的毁灭，原有的商业价值已不复存在，如茶叶遭海水浸湿后香味尽失、水泥浸海水后变成块状；

③ 被保险人已不能恢复其所丧失的所有权，如船舶与货物被捕获或扣押后释放无期，或已被没收；

④ 船舶失踪已达一定时期，如半年仍无音讯，则可视作全损。被保险人如果遭遇实际全损，即由保险人按保险金额全部赔付。

(2) 推定全损

推定全损是指货物发生事故后，认为实际全损已不可避免，或者为避免实际全损所需支付的费用与继续将货物运抵目的地的费用之和超过保险价值。1906 年(英国)海上保险法规定在下列情况下为推定全损：

① 由于实际全损似乎无法避免，或为避免实际全损所支付的费用将超过被保险财产的价值而将被保险财产委付；

② 当被保险人因承保的危险丧失对被保险财产的占有，而无法恢复占有或意图恢复占有的费用太高时；

③ 当对被保险财产的修复费用太高时。

在我国，船舶发生保险事故后，认为实际全损已经不可避免，或者为避免发生实际全损所需支付的费用超过保险价值的，为推定全损；货物发生保险事故后，认为实际全损已经不可避免，或者为避免发生实际全损所需支付的费用与继续将货物运抵目的地的费用之和超过保险价值的，为推定全损。

凡不属于实际全损和推定全损的损失为部分损失。

案例 10-2-1

例如实际全损与推定全损的区别是什么？

例 1:我公司出口稻谷一批,因保险事故被海水浸泡多时而丧失其原有价值,货到目的港后只能低价出售,这种损失属于实际全损。

例 2:有一批出口服装,在海上运输途中,因船体触礁导致服装严重受浸,若将这批服装漂洗后运至原定目的港所花费的费用已超过服装的保险价值,这种损失属于推定全损。

2. 共同海损和单独海损

(1) 共同海损

共同海损指在同一海上航程中,当船舶、货物和其他财产遭遇共同危险时,为了共同安全,有意地、合理地采取措施所直接造成的特殊牺牲、支付的特殊费用,由各受益方按比例分摊的法律制度。只有那些确实属于共同海损的损失才由获益各方分摊。共同海损的表现形式为共同海损牺牲和共同海损费用,共同海损牺牲包括抛弃货物、为扑灭船上火灾而造成的货损船损、割弃残损物造成的损失、有意搁浅所致的损害、机器和锅炉的损害、作为燃料而使用的货物、船用材料和物料、在卸货的过程中造成的损害等。共同海损费用包括救助报酬、搁浅船舶减载费用以及因此而受的损害、避难港费用、驶往和在避难港等地支付给船员的工资及其他开支、修理费用、代替费用、垫付手续费和保险费、共同海损损失的利息等。

共同海损必须具有下列特点:

① 共同海损的危险必须是共同的,采取的措施是合理的,这是共同海损成立的前提条件。如果危险还没有危及船货各方的共同安全,即使船长有意做出合理的牺牲和支付了额外的费用,也不能算作共同海损。

② 共同海损的危险必须是真实存在而不是臆测的,或者不可避免地发生的。

③ 共同海损的牺牲必须是自动的和有意采取的行为,其费用必须是额外的。

④ 共同海损必须是属于非常情况下的损失。

(2) 单独海损

单独海损是指仅涉及船舶或货物所有人单方面利益的损失。它与共同海损既有联系又有区别。

它们的联系表现在:

① 从性质上看,二者都属部分损失。

② 共同海损往往由单独海损引起。

它们的主要区别是:

① 造成海损的原因不同,单独海损是承保风险所直接导致的船、货损失,共同海损,则不是承保风险所直接导致的损失,而是为了解除或减轻共同危险人为地造成的一种损失。

② 承担损失的责任不同,单独海损的损失一般由受损方自行承担,而共们海损的损失,则应由受益的各方按照受益大小的比例共同分摊。

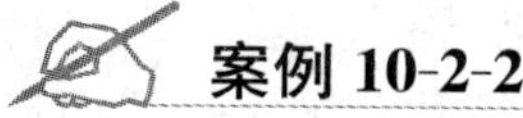

案例 10-2-2

某轮载货后,在航行途中不慎发生搁浅,事后反复开倒车,强行起浮,但船上轮机受损并且船底划破,致使海水渗入货舱,造成货物部分损失。该船行驶至邻近的一个港口船坞修理,暂时卸下大部分货物,前后花费了 10 天时间,增加支出各项费用,包括员工工资。当船修复后装上原货起航后不久,A 舱起火,船长下令对该舱灌水灭火。A 舱原载文具用品、茶叶等,灭火后发现文具用品一部分被焚毁,另一部分文具用品和全部茶叶被水浸湿。试分别说明以上各项损失的性质。

3. 施救费用和救助费用

海上风险还会造成费用上的损失。由海上风险所造成的海上费用,主要有施救费用和救助费用。施救费用是指被保险的货物在遭受承保责任范围内的灾害事故时。被保险人或其代理人与受让人,为了避免或减少损失,采取了各种抢救或防护措施而所支付的合理费用。救助费用则有所不同,它是指被保险货物在遭受了承保责任范围内的灾害事故时,由保险人和被保险人以外的第三者采取了有效的救助措施,在救助成功后,由被救方付给救助人的一种报酬。

案例 10-2-3

例如某货轮满载货物驶离A港口。开航后不久,由于空气湿度很大,导致老化的电线短路引起大火,将装在货舱甲的毛毯完全烧毁。船到B港口卸货时发现,装在同一货舱中的烟草和茶叶由于羊毛燃烧散发出的焦糊味道而遭受了不同程度的串味损失。其中烟草由于包装较好,串味不是非常严重,经过特殊加工处理,仍保持了烟草的特性,但是等级已大打折扣,售价下降三成。而茶叶则完全失去了其特有的芳香,无论如何不能当做茶叶了,只能按照廉价的填充物处理。后来,该船不幸又与另一艘货轮相撞,船体严重受损,货舱乙破裂,舱内进入大量海水,剧烈的震动和海水浸泡导致舱内装载的精密仪器严重受损。为了救险,船长命令用亚麻临时堵住漏洞,造成大量亚麻损失。在船舶停靠在避难港进行大修时,船方就受损精密仪器的抢修整理事宜向岸上有关专家进行了咨询,发现整理恢复费用十分庞大,已经超过了货物的保险价值。为了方便修理船舶,不得不将货舱丙和货舱丁的部分纺织品货物卸下,在卸货时造成一部分货物钩损。试分析各部分损失属于什么类型和性质?

分析提示:毛毯,实际全损;烟草,部分损失;茶叶,实际全损;精密仪器,推定全损

亚麻:共同海损;纺织品,共同海损

二、外来风险和损失

外来风险一般是指海上风险以外的其他外来原因所造成的风险,包括一般外来风险和特殊外来风险两种。

(一) 一般外来风险

一般外来原因所造成的风险为一般外来风险,主要包括偷窃、渗漏、短量、碰损、破碎、钩损、生锈、沾污、串味、淡水雨淋、受热受潮等。

(二) 特殊外来风险

这类风险损失,主要是指由于战争、罢工、拒绝交付货物等军事、政治、国家政策法令和行政措施等原因所致的风险损失。如因政治或战争因素,运送货物的船只被敌对国家扣留而造成交货不到;某些国家颁布的新政策或新的管制措施以及国际组织的某些禁令,都可能造成货物无法出口或进口而造成损失。

除上述各种风险损失外,保险货物在运输途中还可能发生其他损失,如运输途中的自然损耗以及由于货物本身特点和内在缺陷所造成的货损等,这些损失不属于保险公司承保的范围。

案例 10-2-4

我国A公司与某国B公司于2001年10月20日签订购买52 500吨化肥的CFR合同。A公司开出信用证规定，装船期限为2002年1月1日至1月10日，由于B公司租来运货的“顺风号”轮在开往某外国港口途中遇到飓风，结果装至2002年1月20日才完成。承运人在取得B公司出具的保函的情况下签发了与信用证条款一致的提单。“顺风号”轮于1月21日驶离装运港。A公司为这批货物投保了水渍险。2002年1月30日“顺风号”轮途经巴拿马运河时起火，造成部分化肥烧毁。船长在命令救火过程中又造成部分化肥湿毁。由于船在装货港口的延迟，使该船到达目的地时正遇上了化肥价格下跌。A公司在出售余下的化肥时价格不得不大幅度下降，给A公司造成很大损失。请根据上述事例，回答以下问题：

(1) 途中烧毁的化肥损失属什么损失，应由谁承担？为什么？

(2) 途中湿毁的化肥损失属什么损失，应由谁承担？为什么？

(3) A公司可否向承运人追偿由于化肥价格下跌造成的损失？为什么？

任务实施

通过本任务的学习，小杨了解了海上货物运输保险的承保范围，知道海上运输货物保险所保障的损失，按损失的程度可以分为全部损失和部分损失两类。并且对以下做了详细的了解，国际货物运输保险业务中的海上风险并不包括发生在海上的一切风险，同时又不局限于在航海中所发生的风险。从风险的性质上分，保险人所承保的海上风险主要有自然灾害和意外事故两种。

任务三　正确选择海上货物运输保险险别

工作任务

因为豫港进出口贸易有限公司的该笔贸易采用CIF贸易术语成交，按规定应由卖方办理保险手续并支付保险费。应该怎样选择的保险险别？如何正确的计算保险费用？此时小杨结合本公司情况，运输路线和货物特点，开始斟酌在这次货运中所涉及的保险险别问题。

知识与技能支撑

保险险别是指保险人对风险和损失的承保责任范围。在保险业务中，各种险别的承保责任是通过各种不同的保险条款规定的。为了适应国际货物海运保险的需要，中国人民保险公司根据我国保险实际情况并参照国际保险市场的习惯做法，分别制定了各种条款，总称为《中国保险条款》(China Insurance Clauses, CIC),其中包括《海洋运输货物保险条款》、《海洋运输货物战争险条款》以及其他专门条款。按中国保险条款规定,投保人可根据货物特点、航线及港口实际情况自行选择投保适当的险别。

基本险别	平安险(FPA)
	水渍险(WPA/WA)
	一切险(AR)
附加险别	一般附加险
	特殊附加险

一、我国海上货物运输保险险别

(一) 基本险别

中国人民保险公司所规定的基本险别包括平安险(free from Particular average, FPA)、水渍险(with average or with particular average, WA or WPA)和一切险(all risks)。

1. 平安险

平安险的承保范围包括:

(1) 被保险的货物在运输途中由于恶劣气候、雷电、海啸、地震和洪水等自然灾害造成整批货物的全部损失或推定全损。若被保险的货物用驳船运往或运离海轮时,则每一驳船所装的货物可视作一个整批。

(2) 由于运输工具遭到搁浅、触礁、沉没、互撞、与流冰或其他物体碰撞以及失火、爆炸等意外事教所造成的货物全部或部分损失。

(3) 在运输工具已经发生搁浅、触礁、沉没和焚毁等意外事故的情况下,货物在此前后又在海上遭受恶劣气候、雷电、海啸等自然灾害所造成的部分损失。

(4) 在装卸或转船时由于一件或数件甚至整批货物落海所造成的全部或部分损失。

(5) 被保险人对遭受承保责任内的危险货物采取抢救、防止或减少货损的措施所支付的合理费用,以不超过该批被毁货物的保险金额为限。

(6) 运输工具遭遇海难后,在避难港由于卸货引起的损失,以及在中途港或避难港由于卸货、存仓和运送货物所产生的特殊费用。

(7) 共同海损的牺牲、分摊和救助费用。

(8) 运输契约中如订有"船舶互撞责任"条款,则根据该条款规定应由货方偿还船方的损失。

上述责任范围表明,在投保平安险的情况下,保险公司对由于自然灾害所造成的单独海损不负赔偿责任,而对于因意外事故所造成的单独海损则要负赔偿责任。此外,如在运输过程中运输工具发生搁浅、触礁、沉没和焚毁等意外事故;则不论在事故发生之前成之后由于自然灾害所造成的单独海损,保险公司也要负赔偿责任。

由于平安险是海上货物运输保险中责任最小的一种险别,其保险费率也最低,一般适用低值、粗糙、无包装的大宗货物,如木材、矿砂、废钢材等的海上运输。

案例 10-3-1

例如某公司出口卡车 1 000 辆，向 PICC 投保平安险，该批货物在航行途中遇到极端恶劣气候，有 990 辆卡车不慎被卷入海中。后该船又触礁，严重漏水，为了挽救船和其他货物，船长下令将余下的 10 辆卡车推入海中。问：保险公司会如何赔付？

分析提示：990 辆卡车被冲入海中属于自然灾害造成的部分损失（单独海损）。但是其后又发生触礁。符合平安险第三条。10 辆卡车推入海中属于共同海损。前者赔，后参与分摊。

2. 水渍险

投保水渍险后，保险公司除担负上述平安险的各项责任外，还对被保险货物如由于恶劣气候、雷电、海啸、地震和洪水等自然灾害所造成的部分损失负赔偿责任。

3. 一切险

投保一切险后，保险公司除担负平安险和水渍险的各项责任外，还对被保险货物在运输途中由于外来原因而遭受的全部或部分损失，也负赔偿责任。

从上述这三种基本险别的责任范围来看，平安险的责任范围最小，它对自然灾害造成的全部损失和意外事故造成的全部和部分损失负赔偿责任，而对自然灾害造成的部分损失，一般不负赔偿责任。水渍险的责任范围比平安险的责任范围大。凡因自然灾害和意外事故所造成的全部和部分损失，保险公司均负责赔偿。一切险的责任范围是三种基本险别中最大的一种，它除包括平安险、水渍险的责任范围外，还包括被保险货物在运输过程，由于一般外来原因所造成的全部或部分损失，如货物被盗窃、钩损、碰损、受潮、发热、淡水雨淋、短量、包装破裂和提货不着等。由此可见，一切险是平安险、水渍险加一般附加险的总和。

（二）附加险别

在海运保险业务中，进出口商除了投保货物的上述基本险别外，还可根据货物的特点和实际需要，酌情再选择若干适当的附加险别。附加险别包括一般附加险和特殊附加险。

1. 一般附加险

一般附加险主要是指一般外来风险造成的保险货物的损失。由于被保险货物的种类多样，货物的性能和特点不同，而一般外来的风险又多种多样，所以一般附加险的种类也很多，其中主要包括以下几种：

(1) 偷窃提货不着险（Theft，Pilferage and Non—delivery Risk，T. P. N. D.）。在该险别项下，保险人对被保险货物因被偷窃，以及被保险货物运抵目的地后整件未交的损失承担保险责任。但是，被保险人对于偷窃行为所致的货物损失，必须在提货后 10 天内申请检验，而对于整件提货不着，被保险人必须取得责任方的有关证明文件，保险人才予赔偿。

(2) 淡水雨淋险（Fresh Water&/or Rain Damage）。该险专门承保货物在运输途中由于淡水或雨水造成的损失，包括船上淡水舱、水管漏水以及舱汗所造成的货物损失。不过，保险人承担赔偿责任，要求被保险人必须在知道发生损失后的 10 天内申请检验，并要以外包装痕迹或其他证明为依据。

(3) 短量险（Risk of shortage）。该险负责对被保险货物在运输过程中，因包装破裂或散装货物发生数量损失或重量短缺的损失进行赔偿，但不包括货物在途的正常损耗。被保险人对于包装货物的短少，应当提供外包装发生破裂现象的证明；对于散装货物，则以装船重量和卸船重量之间的差额作为计算短量的依据。

(4) 玷污险(Risk of intermixture and contamination)。该险承保被保险货物在运输过程中,因与其他物质接触而被玷污或混进了杂质,影响货物质量所造成的损失。

(5) 渗漏险(Risk of leakage)。该险承保流质、半流质、油类货物在运输途中因容器损坏而引起的渗漏损失,以及用液体储运的货物(如酱渍菜等)因液体渗漏引起货物腐烂变质造成的损失。

(6) 碰损破碎险(Risk of clash and breakage)。该险对于被保险货物在运输过程中,因震动、碰撞、受压造成货物破碎和碰撞损失负责赔偿。

(7) 串味险(Risk of odor)。该险主要承保被保险货物因在运输过程中配载不当而受其他物品影响,引起的串味损失。一般用于易发生串味损失的食品、粮食、茶叶、中药材、香料、化妆品等货物。

(8) 受潮受热险(Sweat and Heating Risk)。该险负责被保险货物在运输过程中,因气温骤变或船上通风设备失灵等原因使船舱内水汽凝结、发热或发潮导致的损失。

(9) 钩损险(Hook Damage Risk)。该险承保被保险货物(一般是袋装、箱装或捆装货物)在运输过程中用钩子装卸,致使包装破裂或直接钩破货物所造成的损失及其对包装进行修理或调换所支出的费用。

(10) 包装破损险(Breakage of Packing Risk)。该险负责被保险货物在运输过程中因搬运或装卸不慎造成包装破裂所引起的货损,以及因继续运输安全的需要修补或调换包装所支出的费用。

(11) 锈损险(Rust Risk)。该险对被保险货物在运输过程中由于生锈而造成的损失承担赔偿责任。在海上保险实务中,保险人一般不就裸装的金属材料承保锈损险。

案例 10-3-2

我某外贸公司以 CFR 条件进口 4 000 吨钢管,我方为此批货物向某保险公司投保我国海运保险条款水渍险。钢管在上海港卸下时发现有 500 吨生锈,经查其中 200 吨钢管在装船时就已生锈,但由于钢管外表有包装,装船时没有被船方检查出来。还有 200 吨钢管因船舶在途中搁浅,船底出现裂缝,海水浸湿而致生锈,另有 100 吨钢管因为航行途中曾遇雨天,通风窗没有及时关闭而被淋湿致生锈。

分析导致上述损失的原因,保险人是否应予赔偿,为什么?

2. 特殊附加险

(1) 战争险(War Risk)。保险人的责任范围包括:由于战争、敌对行为或武装冲突以及由此引起的拘留、扣押、没收或封锁所造成的损失,或者各种常规武器(包括水雷、鱼雷、炸弹)所造成的损失,以及由于上述原因所引起的共同海损牺牲、分摊和救助费用。

战争险对原子弹、氢弹等核武器造成的损失不负赔偿责任。按中国人民保险公司的保险条款规定,战争险的保险责任起讫和货物运输险不同,它不采取“仓至仓”条款,而是从货物装上船起至货物运抵目的港卸离海轮为止,即只负责水面风险。

(2) 罢工险(Strikes)。我国保险人对罢工险的保险责任范围包括:

① 罢工者、被迫停工工人或参加工潮暴动、民众斗争的人员的行动所造成的直接损失;

② 任何人的敌意行动所造成的直接损失；

③ 因上述行动或行为引起的共同海损的牺牲、分摊和救助费用。海洋运输货物罢工险以罢工引起的间接损失为除外责任，即在罢工期间由于劳动力短缺或不能运输所致被保险货物的损失，或因罢工引起动力或燃料缺乏使冷藏机停止工作所致冷藏货物的损失。

根据国际保险市场的做法，一般将罢工险与战争险同时承保。如投保了战争险又需加保罢工险时，仅需在保单中附上罢工险条款即可，保险公司不再另行收费。

(3) 交货不到险(Failure to Deliver Risk)。该险承保自被保险货物装上船舶时开始，在6个月内不能运到原定目的地交货。

(4) 进口关税险(Import Duty Risk)。该险承保的是被保险货物受损后，仍得在目的港按完好货物交纳进口关税而造成相应货损部分的关税损失。

(5) 舱面险(On Deck Risk)。该附加险承保装载于舱面的货物被抛弃或海浪冲击落水所致的损失。

案例 10-3-3

在80年代，有一进口商同国外买方达成一项交易，合同规定的价格条件为CIF，当时正值海湾战争期间，装有出口货物的轮船在公海上航行时，被一导弹误中沉没，由于在投保时没有加保战争险，保险公司不赔偿。

问题：买卖双方应由哪方负责？为什么？

(三) 海运保险的保险责任期限

海运保险基本险采用的是“仓至仓条款”(Warehouse to Warehouse Clause，WWClause)，即保险责任自被保险货物远保险单所载明的起运地发货人仓库或储存处所开始生效，包括正常运输过程中的海上、陆上、内河和驳船运输在内，直至该项货物到达保险单所载明目的地收货人的仓库为止，但最长不超过被保险货物卸离海轮后60天。

(四) 基本险别的除外责任

除外责任指保险不予负责的损失或费用，一般都有属非意外的、非偶然性的或须特约承保的风险。

(五) 海洋货物运输保险索赔期限

海洋货物运输保险索赔时效，从被保险货物在最后卸载港全部卸离海轮后起算，最多不超过二年。

案例 10-3-4

我某外贸公司按CIF条件进口一批货物，卖方向我国保险公司按CIC条款办理了货运保险。载货船舶经苏伊士运河曾一度搁浅，后经拖轮施救起浮继续航行，至马六甲海峡又遇暴风巨浪，卖方交运的2 000箱货物中有400箱货物遭不同程度的海水浸湿。试问：

(1) 拖轮费用和400箱货损属于何种损失？

(2) 在投保何种险别时，保险公司才承担赔偿责任？为什么？

(3) 如果在苏伊士运河未发生搁浅，在投保何种险别时，保险公司才对马六甲海峡发生的

损失负责赔偿？为什么？（指 CIC 的最小险别）

二、伦敦保险业协会海运货物保险条款

目前，国际上仍有许多国家和地区的保险公司在国际货物运输保险业务中直接采用经英国国会确认的、由英国伦敦保险业协会所制定的《协会货物条款》（Institute Cargo Clauses，ICC）。

现行的伦敦保险业协会的海运货物保险条款共有六种险别，它们是：

1. 协会货物(A)险条款[Institute Cargo Clauses，ICC(A)]
2. 协会货物(B)险条款[InstituteCargoClausesB，ICC(B)]
3. 协会货物(C)险条款[InstituteCargaoClausesC，ICC(C)]
4. 协会战争险条款（货物）（InstituteWarClauses-Cargo）
5. 协会罢工险条款（货物）（InstituteStrikesClauses-Cargo）
6. 恶意损害险条款（MaliciousDamageClauses）

在上述六种险别条款中，除恶意损害险外，其余五种险别均按条文的性质统一划分为八个部分：承保范围（risks covered）、除外责任（exclusions）、保险期限（duration）索赔（claims）保险利益（benefit of insurance）、减少损失（mini mixing losses）、防止延迟（avoidance of delay）和法律惯例（law and practice）。

以上六种险别中，(A)险相当于中国保险条款中的一切险，其责任范围更为广泛，故采用承保"除外责任"之外的一切风险的方式表明其承保范围。(B)险大体上相当于水渍险。(C)险相当于平安险，但承保范围较小些。

（一）三种主要险别及条款

1. (A)险条款

ICC(A)险的承保责任范围较广，不便把全部承保的风险一一列出，因此，对承保风险的规定采用"一切风险减除外责任"的方式，即除了在除外责任项下所列风险所致损失不予负责外，其他

风险所致损失均予负责。(A)险的除外责任有下列四类：

(1) 一般除外责任

是指被保险人故意的不法行为所造成的损失或费用；保险标的自然渗漏、重量或容量的自然损耗或自然磨损；由于包装或准备的不足或不当所造成的损失或费用：因保险标的内在缺陷或特征所造成的损失或费用；直接由于延迟所引起的损失或费用；因船舶所有人、经理人、租船人经营破产或不履行债务所造成的揁失或费；因使用任何原子或热核武器所造成的损失或费用。

(2) 不适航、不适货除外责任

主要是指被保险人在保险标的装船时已知船舶不适航以及船舶、运输工具、集装箱等不适货。

(3) 战争除外责任

指由于战争、内战、敌对行为等所造成的损失和费用；由于捕获、拘留、扣留等（海盗除外）所造成的损失；由于漂流水雷、鱼雷等所造成的损失或费用。

(4) 罢工除外责任

系指由于罢工、被迫停工所造成的损失或费用；由于罢工者、被迫停工工人等造成的损失或费用；任何恐怖主义者或出于政治动机而行动的人所致损失或费用。

2. (B)险条款

ICC(B)险对承保风险的规定是采用“列明风险”的方式，即把所承担的风险一一列举，凡属承保责任范围内的损失，无论是全部损失还是部分损失，保险人按损失程度均负责赔偿。

(B)险承保的风险是：灭失或损害要合理归因于以下几种原因① 火灾、爆炸；② 船舶或驳船触礁、搁浅、沉没或者倾覆；③ 陆上运输工具倾覆或出轨；④ 船舶、驳船或运输工具同水外的任何外界物体碰撞；⑤ 在避难港卸货；⑥ 地震、火山爆发、雷电；⑦ 共同海损牺牲；⑧ 抛货；⑨ 浪击落海；⑩ 海水、湖水或河水进入船舶、驳船、运输工具、集装箱和大型海运箱或贮存处所；⑪ 货物在装卸时落海或跌落造成整件的全损。

(B)险的除外责任方面，除对“海盗行为”和恶意损害险的责任不负责外，其余均与(A)险的除外责任相同。

3. (C)险条款

ICC(C)的风险责任规定，也和(B)险一样，采用“列明风险’”的方式，但是仅对“重大意外事故”(major casualties)所致损失负责，对非重大意外事故和自然灾害所致损失均不负责。

(C)险的承保风险是：灭失或损害要合理归因于：① 火灾、爆炸；② 船舶或驳船触礁、搁浅、沉没或倾覆；③ 陆上运输工具倾覆或出轨；测或驳船触礁、搁浅。④ 船舶、驳船或运输工具同除水以外的任何外界物体碰撞；⑤ 在避难港卸货；⑥ 共同海损牺牲；⑦ 抛货。

(C)险的除外责任与(B)险完全相同。

恶意损害险是新增加的附加险别，承保被保险人以外的其他人(如船长。船员等)的故意破坏行为所致被保险货物的灭失或损坏。但是，恶意损害如果出于政治动机的人的行动，不属于恶意损害险承保范围，而应属罢工险的承保风险。由于恶意损害险的承保责任范围已被列入(A)险的承保保险，所以，只有在投保(B)险和(C)险的情况下，才在需要时可以加保。

案例 10-3-5

远洋运输公司的“东风”号轮在 4 月 28 日满载货物起航，出公海后由于风浪过大偏离航线而触礁，船底划破长 2 米的裂缝，海水不断渗入。为了船货的共同安全，船长下令抛掉一部分货物并组织人员抢修裂缝。船只修复以后继续航行。不久，又遇船舱失火，船长下令灌水灭火。在火被扑灭后发现 2 000 箱货物中一部分被火烧毁，一部分被水浸湿。在船抵达目的港后清点共有以下损失：(1) 抛入海中的 200 箱货物；(2) 组织抢修船只而外支付的人员工资；(3) 被火烧毁的 500 箱货物；(4) 船只部分船体被火烧毁；(5) 被水浸湿的 100 箱货物。试问：

(1) 以上的损失各属什么性质的损失？说明原因。

(2) 投保什么险别的情况下，保险公司给予赔偿？为什么？(指 CIC 的最小险别)

任务实施

通过本章学习，小杨可以正确选择海上货物运输保险险别，并且总结出可以两大特点：一是这些年来海上货物运输保险总体发展速度相对于其他险种非常缓慢；二是海上货物运输保险在整个产险市场的份额不断下降,从全国范围看,海上货物运输保险占产险保费收入的比重这些年一直在下降。

任务四　了解其他运输方式下的保险业务

工作任务

虽然豫港进出口贸易有限公司在这次的交易中使用的是海洋运输,但是如果公司将来需要用到其他的运输方式,比如陆运,空运等,这时应该怎么办? 为了优化自身知识结构,扩大知识面,便于以后工作的开展,所以小杨开始利用业余时间学习其他运输方式下的货运保险知识。

知识与技能支撑

在国际贸易中,货物运输除了主要采用海洋运输方式之外,还有采用陆上运输、航空运输等其他方式。陆运、空运货物与邮包运输保险是在海运货物保险的基础上发展起来的。

但是由于陆运、空运与邮运同海运可能招致货物损失的风险种类不同,所以陆、空、邮货运保险与海上货运保险的险别及其承保责任范围也有所不同,现分别介绍。

一、陆上运输货物保险条款

陆上运输货物保险条款(火车、汽车)

(一) 责任范围

本保险分为陆运险和陆运一切险二种。被保险货物遭受损失时,本保险按保险单上订明承保险别的条款规定负赔偿责任。

1. 陆运险

本保险负责赔偿:

(1) 被保险货物在运输途中遭受暴风、雷电、洪水、地震自然灾害或由于运输工具遭受碰撞、倾覆、出轨或在驳运过程中因驳运工具遭受搁浅、触礁、沉没、碰撞;或由于遭受隧道坍塌,崖崩或失火、爆炸意外事故所造成的全部或部分损失。

(2) 被保险人对遭受承保责任内危险的货物采取抢救,防止或减少货损的措施而支付的合理费用,但以不超过该批被救货物的保险金额为限。

2. 陆运一切险

除包括上列陆运险的责任外,本保险还负责被保险货物在运输途中由于外来原因所致的全部或部分损失。

(二) 除外责任

本保险对下列损失不负赔偿责任:

(1) 被保险人的故意行为或过失所造成的损失;

(2) 属于发货人责任所引起的损失；

(3) 在保险责任开始前，被保险货物已存在的品质不良或数量短差所造成的损失；

(4) 被保险货物的自然损耗、本质缺陷、特性以及市场跌落、运输延迟所引起的损失或费用；

(5) 本公司陆上运输货物战争险条款和货物运输罢工险条款规定的责任范围和除外责任。

(三) 责任起讫

本保险负“仓至仓”责任，自被保险货物运离保险单所载明的起运地仓库或储存处所开始运输时生效，包括正常运输过程中的陆上和与其有关的水上驳运在内，直至该项货物运达保险单所载目的地收款人的最后仓库或储存处所或被保险人用作分配、分派的其他储存处所为止，如未运抵上述仓库或储存处所，则以被保险货物运抵最后卸载的车站满 60 天为止。

(四) 被保险人的义务

被保险人应按照以下规定的应尽义务办理有关事项，如因未履行规定的义务而且影响本公司利益时，本公司对有关损失有权拒绝赔偿。

(五) 索期赔限

本保险索赔时效，从被保险货物在最后目的地车站全部卸离车辆后计算，最多不超过二年。

二、航空货物运输保险

(一) 责任范围

本保险分为航空运输险和航空运输一切险二种。被保险货物遭受损失时，本保险按保险单上订明承保险别的条款负赔偿责任。

1. 航空运输险

本保险负责赔偿：

(1) 被保险货物在运输途中遭受雷电、火灾、爆炸或由于飞机遭受恶劣气候或其他危难事故而被抛弃，或由于飞机遭受碰撞、倾覆、坠落或失踪意外事故所造成的全部或部分损失。

(2) 被保险人对遭受承保责任内危险的货物采取抢救，防止或减少货损的措施而支付的合理费用，但以不超过该批被救货物的保险金额为限。

2. 航空运输一切险

除包括上列航空运输险的责任外，本保险还负责货物由于外来原因所致的全部或部分损失。

(二) 除外责任

本保险对下列损失，不负赔偿责任：

(1) 被保险人的故意行为或过失所造成的损失，

(2) 属于发货人责任所引起的损失，

(3) 保险责任开始前，被保险货物已存在的品质不良或数量短差所造成的损失，

(4) 被保险货物的自然损耗、本质缺陷、特性以及市价跌落、运输延迟所引起的损失或费用，

(5) 本公司航空运输货物战争险条款和货物运输罢工条款规定的责任范围和除外责任。

(三) 责任起讫

(1) 本保险负“仓至仓”责任,自被保险货物运离保险单所载明的起运地仓库或储存处所开始运输时生效,包括正常运输过程中的运输工具在内,直至该项货物运达保险单所载明目的地收货人的最后仓库或储存处所或被保险人用作分配、分派或非正常运输的其他储存处所为止。如未运抵上述仓库或储存处所,则以被保险货物在最后卸载地卸离飞机后满三十天为止。如在上述三十天内被保险的货物需转运到非保险单所载明的目的地时,则以该项货物开始转运时终止。

(2) 由于被保险人无法控制的运输延迟、绕道、被迫卸货、重行装载、转载或承运人运用运输契约赋予的权限所作的任何航行上的变更或终止运输契约,致使被保险货物运到非保险单所载目的地时,在被保险人及时将获知的情况通知保险人,并在必要时加缴保险费的情况下,本保险继续有效。

(四) 被保险人的义务

被保险人应按照以下规定的应尽义务办理有关事项,如因未履行规定的义务而影响本公司利益时,本公司对有关损失有权拒绝赔偿。

(1) 当被保险货物运抵保险单所载目的地以后,被保险人应及时提货。

(2) 对遭受承保责任内危险的货物,应迅速采取合理的抢救措施,防止或减少货物损失。

(3) 在向保险人索赔时,必须提供下列单证:

保险单正本、提单、发票、装箱单、磅码单、货损货差证明、检验报告及索赔清单。如涉及第三者责任还须提供向责任方追偿的有关函电及其他必要单证或文件。

(五) 索赔期限

本保险索赔时效,从被保险货物在最后卸载地卸离飞机后起计算,最多不超过二年。

三、邮政包裹运输保险条款

(一) 责任范围

本保险分为邮包险和邮包一切险两种。被保险货物遭受损失时,本保险按保险单上订明承保险别的条款规定,负赔偿责任。

(二) 除外责任

本保险对下列损失,不负赔偿责任:

(1) 被保险人的故意行为或过失所造成的损失,

(2) 属于发货人责任所引起的损失,

(3) 保险责任开始前,被保险,邮包已存在的品质不良或数量短差所造成的损失,

(4) 被保险邮包的自然损耗、本质缺陷、特性以及市价跌落、运输延迟所引起的损失和费有,

(5) 本公司邮包战争险条款和货物运输罢工险条款规定的责任范围和险外责任。

(三) 责任起讫

本保险责任,自被保险邮包离开保险单所载起运点寄件人的处所运往邮局时开始生效,直至该项邮包运达本保险单所载目的地邮局,自邮局签发到货通知书当日午夜起算满十五天终止。但在此期限内邮包一经递交至收件人的处所时,保险责任即行终止。

（四）被保险人的义务

被保险人应按照以下规定的应尽义务办理有关事项。如因未履行规定的义务而影响本公司利益时，本公司对有关损失有权拒绝赔偿。

（1）当被保险邮包运抵保险单所载目的地以后，被保险人应及时提取包裹，当发现被保险邮包遭受任何损失，应即向保险单上所载明的检验、理赔代理人申请检验。如发现被保险邮包整件短少或有明显残损痕迹，应即向邮局索取短、残证明，并应以书面方式向他们提出索赔，必要时还需取得延长时效的认证。

（2）对遭受承保责任内危险的邮包，应迅速采取合理的抢救措施，防止或减少货物损失，被保险人采取此项措施，不应视为放弃委付的表示，本公司采取此项措施，也不得视为接受委付的表示。

（3）在向保险人索赔时，必须提供下列单证：

保险单正本、邮包收据、发票、装箱单、磅码单、货损货差证明、检验报告及索赔单。如涉及第三者责任还须提供向责任方追偿的有关函电及其他必要单证或文件。

（五）索赔期限

本保险索赔时效，从被保险邮包递交收件人时起计算，最多不超过二年。

任务实施

通过本任务的学习，小杨对其他运输方式下的保险业务的种类有了大致的认识与了解，在货物运输过程中，存在运输风险就有可能发生损失。风险和损失是相辅相成的，解决风险与损失问题就要依靠保险公司。因此，除了海运货物，中国保险条款对陆路、航空、和邮包运输货物也做了保险责任的相应规定。所以小杨在今后应该能够熟练选择运用我国海陆空邮运输货物的险别。

任务五　制定合同中的保险条款

工作任务

因为货运保险条款是一个重要内容，加上豫港进出口贸易有限公司在这次的出口贸易交易中采用的是 CIF 术语，应由我方办理保险手续，小杨必须和对方公司商讨货物运输保险的相关事项，订立合同的保险条款。那么保险条款包含的内容主要有哪些？怎样在合同中明确合理的体现条款所涉及的内容？这些都是小杨需要学习的。

知识与技能支撑

保险条款是保险公司与投保人关于保险权利义务的约定，是保险合同的核心内容。由于保险合同是一种定式合同，一般而言，条款由保险公司单方面制订，且内容复杂，专业性强。

一、保险实务

在国际货物买卖过程中，由哪一方负责办理投保，应根据买卖双方商订的价格条件来确定。

例如，按FOB条件和CFR条件成交，保险即应由买方办理。办理货运保险的一般程序是：

(一) 确定投保的金额

投保金额是计算保险费的依据，又是货物发生损失后计算赔偿的依据。按照国际惯例，投保金额应按发票上的CIF价另加10%的预期利润计算。其中。

1. 出口方面

(1) 如果按CIF条件作价成交，其保险费的计算公式是：

$$\text{保险费}=\text{CIF 货值}\times\text{投保加成}(110\%)\times\text{保险费率}$$

(2) 如果按CFR条件作价成交，其保险费的计算公式是：

$$\text{保险费}=\frac{\text{CFR 货值}\times\text{投保加成}\times\text{保险费率}}{1-(\text{保险费率}\times\text{投保加成})}$$

2. 进口方面

(1) 如果按FOB条件作价成交，其保险费的计算公式是：

$$\text{保险费}=\frac{\text{FOB 货值}\times(1+\text{运费率})}{1-\text{保险费率}}\times\text{保险费率}$$

(2) 如果按CAR条件作价成交，其保险费的计算公式是：

$$\text{保险费}=\frac{\text{CFR 货值}\times\text{保险费率}}{1-\text{保险费率}}$$

案例 10-5-1

例如：某外贸公司按CIF条件出口一批货物，CIF总值为5 000美元，按发票金额加成10%投保一切险、战争险、应付保险费多少？（一切险费率为0.3%，战争险费率为0.04%）

分析提示：保险金额＝CIF总值×110%

＝5 000×110%＝5 500(美元)

保险费＝保险金额×保险费率

＝5 500×(0.3%＋0.04%)＝(美元)

答：应付保险费18.7美元。

(二) 填写投保单

投保单(见附件11)是投保人向保险人提出投保的书面申请，其主要内容包括被保险人的姓名，被保险货物的品名、标记、数量及包装，保险金额，运输工具名称，开航日期及起讫地点，投保险别，投保日期及签章等。

(三) 支付保险费，取得保险单

保险费按投保险别的保险费率计算。保险费率是根据不同的险别、不同的商品、不同的运输方式、不同的目的地，并参照国际上的费率水平而制定的，分为“一般货物费率”和“指明货物加费费率”两种。

交付保险费后，投保人即取得保险单。保险单实际上已构成保险人与被保险人之间的保险契约，是保险人对被保险人的承保证明。在发生保险范围内的损失或灭失时，投保人可凭保险单向保险人要求赔偿。

（四）出索赔手续

当被保险的货物发生属于保险责任范围内的损失时，投保人可以向保险人提出赔偿要求。按“INCOTERMS 2000”E组、F组、C组包含的八种价格条件成交的合同，一般应由买方办理索赔。按“INCOTERMS 2000”D组包含的五种价格条件成交的合同，则视情况由买方或卖方办理索赔

索赔应当在保险有效期内提出并办理，否则保险公司可以不予办理。

案例 10-5-2

中国A公司与美国B公司签订出口合同一份，贸易术语CFR NEWYORK，A公司按合同规定在2003年5月20日将货物运至码头装船，在运输过程中车辆遇险翻覆，货物受损，A公司电告B公司事故，由于CFR系买方投保，A提出按保险惯例，承包范围为仓至仓，所以要求B公司向保险公司索赔，保险公司是否应做出赔偿呢？

二、保险条款

（一）保险投保人的约定

每笔交易的货运保险，究竟由买方抑或卖方投保，完全取决于买卖双方约定的交货条件和所使用的贸易术语。由于每笔交易的交货条件和所使用的贸易术语不同，故对投保人的规定也相应有别。例如，按FOB或CFR条件成交时，在买卖合同的保险条款中，一般只订明“保险由买方自理”。如买方要求卖方代办保险，则应在合同保险条款中订明：“由买方委托卖方按发票金额×××%代为投保××险，保险费由买方负担”。按DES或DEQ条件成交时，在合同保险条款中，也可订明“保险由卖方自理”。凡按CIF.或CIP条件成交时，由于货价中包括保险费，故在合同保险条款中，需要详细约定卖方负责办理货运保险的有关事项，如约定投保的险别、支付保险费和向买方提供有效的保险凭证等。

（二）保险公司和保险条款的约定

在按CIF或CIP条件成交时，保险公司的资债情况，与卖方关系不大，但与买方却有重大的利益关系。因此，买方一般要求在合同中限定保险公司和所采用的保险条款，以利日后保险索赔工作的顺利进行。例如，我国按CIF或CIP条件出口时，买卖双方在合同中，通常都订明：“由卖方向中国人民保险公司投保，并按该公司的保险条款办理。”

（三）保险险别的约定

按CIF或CIP条件成交时，运输途中的风险本应由买方承担，但一般保险费则约定由卖方负担，因货价中包括保险费，买卖双方约定的险别通常为平安险、水渍险、一切险三种基本险别中的一种。

在CIF或CIP货价中，一般不包括加保战争险等特殊附加险的费用，因此，如买方要求加保战争险等特殊附加险时，其费用应由买方负担。

(四) 保险金额的约定

按CIF或CIP条件成交时,因保险金额关系到卖方的费用负担和买方的切身利益,故买卖双方有必要将保险金额在合同中具体订明。根据保险市场的习惯做法,保险金额一般都是按CIF价或CIP价加成计算,即按发票金额再加一定的百分率。

(五) 保险单的约定

在买卖合同中,如约定由卖方投保,通常还规定卖方应向买方提供保险单,如被保险的货物在运输过程中发生承保范围内的风险损失,买方即可凭卖方提供的保险单向有关保险公司索赔。

案例 10-5-3

我国某外贸公司向日、英两国商人分别以CIF和CFR价格出售蘑菇罐头,有关被保险人均办理了保险手续。这两批货物自启运地仓库运往装运港的途中均遭受损失,问这两笔交易中各由谁办理货运保险手续?该货物损失的风险与责任各由谁承担?保险公司是否给予赔偿?并简述理由。

任务实施

通过本任务的学习,小杨与对方的公司签订了相关的保险条款,其中包括投保险别,保险金额,保险单证,适用条款和由哪方负责投保等内容。

任务六　项目实训

◇ 不定项选择

1. 在伦敦保险协会货物保险条款的三种主要险别中,保险人责任最低的险别是(　　)。

A. A险　　B. B险　　C. C险

2. 一批货物在海运途中发生承保范围内的损失,其修理费用超过货物修复后的价值,这种损失属于(　　)。

A. 实际损失　　B. 推定损失　　C. 共同海损　　D. 单独海损

3. ICC险别中,不能单独投保的险别为(　　)。

A. ICC战争险　　B. ICC罢工险　　C. 恶意损害险　　D. ICC(C)险

4. 下列不属于一切险承保范围内的险别是(　　)。

A. 偷窃提货不着险　　B. 交货不到险　　C. 渗漏险　　D. 受潮受热险

5. 根据我国海洋货物运输保险条款的规定,承保范围最小的基本险别是(　　)。

A. 平安险　　B. 水渍险　　C. 一切险　　D. 罢工险

6. 战争、罢工风险属于(　　)。

A. 自然灾害　　B. 意外事故　　C. 一般外来风险　　D. 特殊外来风险

7. 在国际贸易运输保险业务中,单独海损仅涉及受损货物所有人的利益,因而仅由受损方单独承担损失。这种损失是(　　)。

A. 部分损失　　B. 全部损失

C. 单件损失　　D. 有时是全部损失,有时是部分损失

8. 仓至仓条款是(　　)。

A. 承运人负责运输责任起讫的条款　　B. 保险人负责保险责任起讫的条款

C. 出口商负责交货责任起讫的条款　　D. 进口商负责收货责任起讫的条款

9. 基本险的责任期限的基本原则是(　　)。

A. "仓至仓"　　B. "港至港"　　C. "门至门"　　D. "仓至港"

10. 国际贸易运输货物保险的保险金额,一般是以(　　)发票金额为基础确定的。

A. FOB　　B. CFR　　C. CIF　　D. FCA

◇ **判断**

1. 我方以 CIF 条件出口棉织品 900 包,合同规定投保水渍险,货在途中因货舱水管道滴漏,使其中的 144 包遭水渍,保险公司应对此损失赔偿。(　　)

2. 伦敦保险业协会的货物保险条款有六种险别,其中 ICC(A)、ICC(B)、ICC(C)三种险别能单独投保,另外三种险别不能单独投保。(　　)

3. 英国伦敦保险协会货物险的 A 险条款接近于我国海运货物保险条款的平安险。(　　)

4. 仓至仓条款是指承运人负责将货物从卖方仓库运至买方仓库的运输条款。(　　)

5. CIC 战争险和 ICC 战争险均可单独投保。(　　)

6. 我国海洋运输货物保险业务中,三种基本险和特殊附加险中的罢工险均可适用仓至仓条款。(　　)

7. 保险近因原则是对保险事故发生在时间和空间上最近的、最后的因素。(　　)

8. 在运输工具发生沉没等意外事故后,货物又遭受自然灾害所造成的部分损失,不属于平安险的责任范围。(　　)

9. 海运货物保险同时加保战争险和罢工险,可只按战争险费率计算,罢工险不另收费。(　　)

10. 保险合同保障的是保险标的本身,而不是被保险人的可保利益。(　　)

◆**项目实训操作**

【项目背景一】某外贸公司按 CIF 术语出口一批货物,装运前已向保险公司按发票金额的 110%投保平安险,6 月初货物装妥顺利开航,载货船舶于 6 月 14 日在海上遇到暴风雨,致使一部分货物受到水渍,损失价值为 2 100 美元。数日后,该轮又突然触礁,致使该批货物又遭到了部分损失,价值为 8 000 美元。

【任务】试问保险公司对该批货物的损失该如何赔偿?为什么?

【项目背景二】泰国某进出口商向日本出口大米 1 000 包,共 10 公吨,向泰国保险公司投保了平安险(F. P. A),货物由泰国某船运公司承运,该批货物装载货轮的底层货舱,货轮在行驶途中触礁,底舱严重进水,船方全力抢救,才使 500 包大米移至船面,后来由于风暴将这 500 包大米全部吹落海中,而其余没于舱底的 500 包大米则遭受严重水浸,无法食用,货轮抵达日本后,收货人凭保险单向泰国保险公司请求赔偿,遭到拒绝。理由是平安保险对单独海损不负责赔偿。

【任务】试问,保险公司拒绝赔偿理由是否充分?

项目十一　商品报检与报关

【知识目标】

- 掌握商品检验的作用与类型
- 了解有关的检验证书与检验机构
- 了解对外贸易管制的目的及特点
- 掌握一般进出口货物的监管特征和报关程序

【能力目标】

- 能够草拟合同中的检验条款
- 能够具备领取有关进出口许可证的实际应用能力
- 能够掌握向海关申报前备齐各类报关必备单证的技能
- 能够具有从事一般进出口货物报关的综合能力

【项目背景】

小杨所在的郑州豫港进出口贸易有限公司在合同履行过程中，基于这次合同成交是以CIF价格条款成交的前提，所以公司一步步完成了备货、交货义务以及填制了投保单，办理了出口货物运输保险手续。在合同的下一步实施过程中，需要办理报检和报关手续，公司决定由本公司的报检员和报关从业人员进行报检和报关两项重要工作。小杨作为新员工，被安排配合报检员和报关员完成工作。

任务一　申请商品进出口检验检疫

工作任务

商品检验是国际贸易发展的产物。它随着国际贸易的发展成为商品买卖的一个重要环节和买卖合同中不可缺少的一项内容。商品检验体现不同国家对进出口商品实施品质管制。通过这种管制，从而在出口商品生产、销售和进口商品按既定条件采购等方面发挥积极作用。小杨在配合报检员准备报检有关单据过程中，一直在思考，豫港进出口贸易有限公司本次出口的吹风机为什么必须获得检验检疫证书？作为贸易新人的小杨不明白，商品检验的内容和程序都包含什么？豫港进出口贸易有限公司签订的合同中检验检疫条款又包含什么内在含义？

知识与技能支撑

一、商品检验的内容

（一）商品检验含义

商品检验（Commodity inspection）简称商检，又称货物检验，是指专门的进出口商品检验机构和其他指定的机构，依照法律、法规或进出口合同的规定，对进出口商品的品质、规格、数量、包装、安全性能等进行各种分析和测量，并出具检验证书的活动。

案例 11-1-1

缅甸大米进入中国市场：东南亚各国竞相向中国出售大米。

缅甸在向中国出售大米的同时，泰国、巴基斯坦、柬埔寨、老挝等国也竞相向中国出售大米。为此缅甸粮业协会书记吴耶明奥到中国就大米出口问题进行了长达四天的商讨。缅甸粮业协会，粮食加工协会，粮食出口协会，木姐、曼德勒粮食交易市场的代表们以及农业局，水利工程局，经济与贸易局的负责人们也来到中国会见了中国国家监督检验检疫总局负责人，并对大米出口问题进行了长达四天的讨论。商讨中提到，据中国目前的政策，缅甸每年要向中国出口约500万吨的大米，近年来除原定的500万吨大米外，根据市场需求又进口了300多万吨大米。每年进口的大米50%给了私营公司，剩下的50%给了中国政府所属的中粮集团有限公司。缅甸在向中国出口大米时，还需同东南亚6个国家进行竞争。根据中缅两国签订的协议，2015年1月缅甸通过海路航线和边境贸易路线分别向中国运送大米，运送数量达20万吨。为了能向中国出口大米第一步要尽快选择10家公司，持有国家监督检验检疫局颁发执照的中国进出口商品检验公司，将会尽快在仰光设立办事处。米业协会中央执行委员吴雷林瑞说：“选择向中国出口大米的10家公司时，与私企相比，协会所属的公司、大型米粮公司、大米收购站可优先入选。”

资料来源：中华人民共和国商务部，2015年01月30日。

（二）商品检验的种类

从商检机构的性质来说，商品检验可以分为法定检验和委托检验。

1. 法定检验

法定检验是指出入境检验检疫机构依照国家法律、行政法规和规定，对必须检验检疫的出入境货物、交通运输工具、人员及其他事项等依照规定的程序实施强制的检验检疫措施。

我国出入境检验检疫工作的机构是2001年4月成立的中华人民共和国国家质量监督检验检疫总局（简称国家质检总局 AQSIQ）。

2. 委托检验

委托检验是指企业为了对其生产、销售的产品质量监督和判定，委托私人或同业公会、协会等开设的检验检疫机构进行检验。

这些民间检验机构一般由各国商会、同业公会或私人设立，担负着国际贸易货物的检验和鉴定工作。我国最大的非官方商检机构是经国务院批准与1980年成立的中国进出口商品检验总公司(CCIC)。

二、商品检验的程序

我国进出口商品的检验主要有以下几个环节:受理报检—检验检疫和鉴定—检验检疫收费—签证放行。

(一) 受理报检

检验检疫机构接受申请人报检,是检验检疫工作的开始。检验检疫机构根据我国《出入境检验检疫报检规定》负责受理报检范围的各类报检工作。

表 11-1 受理报检类型

检验检疫分类	填写单据类型	提供相关单证	申请检验检疫时间
1. 出口检验申请	填写“出口检验申请单”	填明申请检验鉴定项目的要求,提供合同、信用证以及来往函电等有关证件。	一般在货物装运前7到时10天,鲜货则应在货物装运前3到10天。另外如若申请单位不在商检部门所在地,则应在货物装运前10到15天报检。
2. 进口检验申请	填写“进口检验申请单”	填明申请检验鉴定项目的要求,并附合同、发票、铁路、空运或邮包运单、海运提单、品质证书、装箱单、外运通知单,接用货部门已验收的应附验收记录等资料。	最晚不得多于1/3对外索赔有效期。如货物有残损或缺少,还须附理货公司与轮船大副共同签署的货物残损报告单和大副批准或铁路商务记录等有关证明材料。
3. 委托检验	填写“委托检验申请单”	免费提供样品。	委托检验的结果一般不作为对外成交或索赔的依据。

(二) 检验检疫和鉴定

报检人应事先约定抽样、检验检疫和鉴定的时间,并须预留足够的取采样、检验检疫和鉴定的工作日,同时须提供进行取采样、检验检疫和鉴定等必要的工作条件。

1. 抽取样品

商检机构接受报检后,须及时派检验检疫人员到现场抽取样品。

2. 检验检疫和鉴定

商检机构根据抽样和现场检验记录,确定检验项目,仔细核对合同及信用证对品质、规格和包装的规定,弄清检验的依据和标准,实施检验。

3. 检验检疫收费

收费对象是向出入境检验检疫季候申请检验、检疫、鉴定业务的货主或其代理人。收费基本上采取预收费或月底结算两种方式。出入境检验检疫费不足最低额时,按最低额收取。收费标准以货值为基础计费的,以出入境货物的信用证、发票、合同所列货物总值或海关估价为基础计收。自检验检疫机构开具收费通知书之日起20天内,出入境关系人应缴清全部费用,逾期未缴的,自第21日起,每日加收未缴纳部分0.5‰的滞纳金。

4. 签证放行

检验检疫证书使用按照国家质检总局制定或批准的格式，分别使用英文、中文、中英文合并签发。一般情况下，检验检疫机构只签发一份正本。

表 11－2　检验检疫证书类型

类型	商品、货物	签发证书	备注
出口检验	《种类表》内和法定检验的出口商品。	签发“放行单”，或在“出口货物通关单”上加盖放行章。	如合同及信用证规定由商检部门检验出证，或国外要求签发商检证书的，应根据规定签发所需证书。海关凭商检机构签发的检验证书、放行单验收放行。
进口检验	《种类表》内和法定检验的进口商品。	签发“入境货物检验检疫情况通知单”或“检验证书”。	凡由收、用货单位自行验收的进口商品，如发现问题，应及时向商检局申请复验。复验不合格的，签发商检证书，供有关方面对外索赔。

三、合同中的检验检疫条款

（一）订立检验条款的内容

订立检验条款首要目的在于验证商品的质量、数量（重量）和包装等是否符合买卖双方签订的合同要求，进而确定卖方是否履行了交货义务。

（二）出口合同检验条款的规定

在我国出口贸易中，一般采用在出口国检验、进口国复验的办法。

检验条款实例：“双方同意以装运港国家出入境检验检疫机构签发的品质和数量（重量）检验证书作为信用证项下议付所提交单据的一部分，买方有权对货物的品质、数量（重量）进行复验。复验费用由买方负担。如发现品质或数量（重量）与合同规定不符，买方有权向卖方索赔，并提交经卖方同意的公证机构出具的检验报告。索赔期限为货到目的港××天内。”

（三）进口合同检验条款的规定

双方同意以检验机构出具的品质及数量（重量）检验证书作为在信用证项下付款的单据之一，但货物品质及数量（重量）的检验按下列规定办理：

货物到达目的港××天内经国家出入境检验检疫机构复验，如发现品质及数量（重量）与本合同不符时，除属于保险公司或船公司责任外，买方可凭国家出入境检验检疫局出具的检验证书，向卖方提出索赔或退货。所有因索赔或退货引起的一切费用（包括检验费）及损失，均由卖方承担。在此情况下，凡货物适于抽样者，买方可应卖方要求，将货物的样品寄交卖方。

（四）订立检验条款应注意的问题

1. 检验条款与其他合同条款相辅相成，相互衔接。

2. 检验标准和方法要准确、双方责任要清晰。

3. 复验的期限、地点和机构要书写明确。复验期限，实际上就是索赔期限，复验期一过，买方就失去了索赔权。

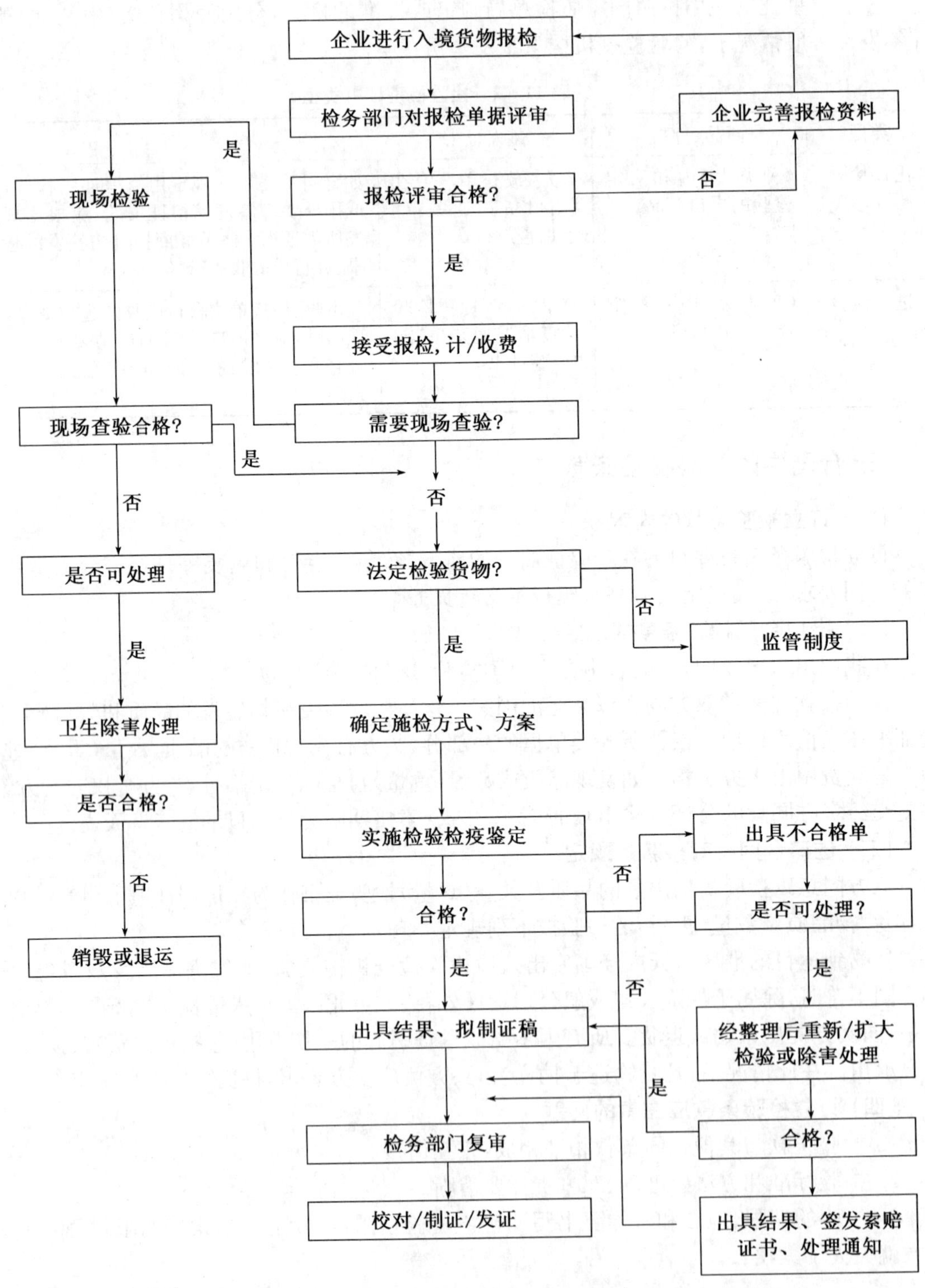

图 11－1　进口货物检验检疫流程

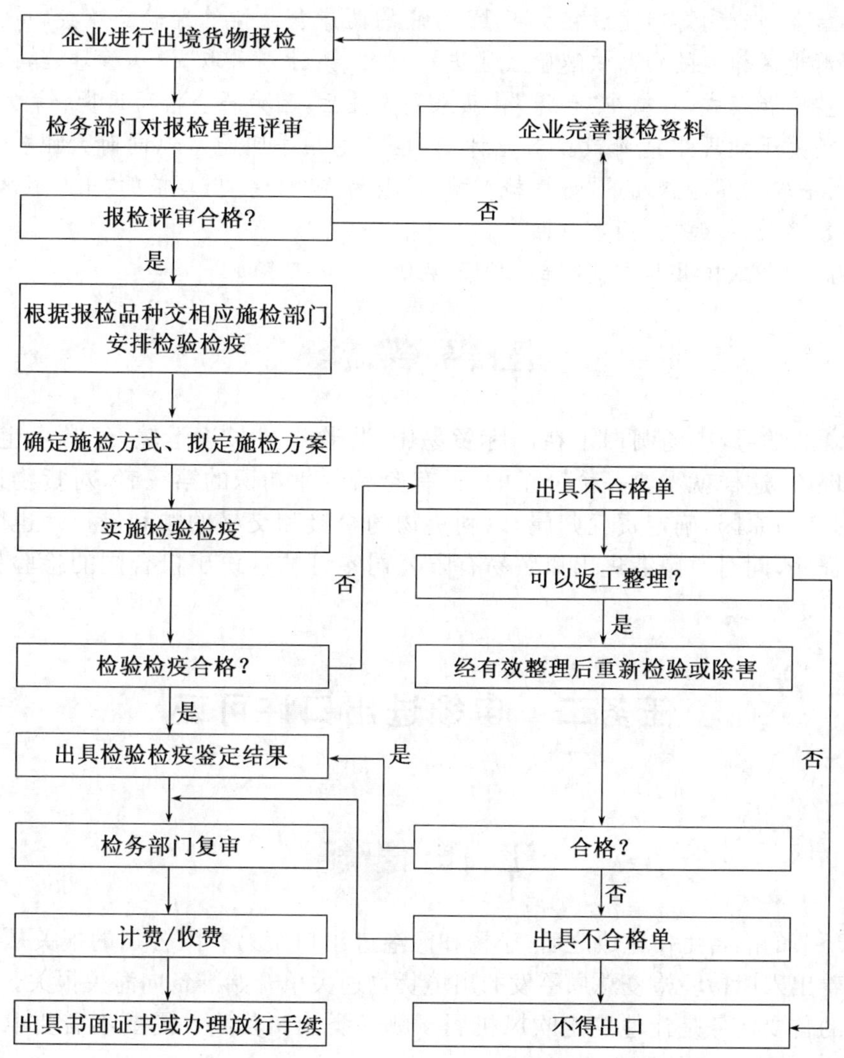

图 11－2　出口货物检验检疫流程

案例 11-1-2

台商自救重建“食品王国”，推农产食品出口大陆。

跨入 2015 年才几天，高雄市中小企业协会推动的“台湾农产品直销大陆市场计划”就有了进展。该协会名誉理事长李重德 5 日接受导报记者电话采访时透露，他们已跟福建一大型连锁超市达成合作意向，提供 134 种年节礼品供对方选择，在接下来的一周内，将陆续提供饮品、茶叶、果汁、糕饼、零食、调味品等商品，抢在春节之前“登陆”。当然，这些都是品质“挂保证”的产品。近段时间来，台湾频频出现食安问题，原本赖以生存的金字招牌屡被“打脸”。李重德指出，应对于此，协会特别采取了一些积极措施，运用民间自律自救的力量，进行自我改造工程，以期在最短的时间里强化改善台湾食品输销大陆的颓势。

在此方面，厦门有利好传出。在去年12月底的两岸食品监管经验交流会，厦门检验检疫局公布了《台湾地区输大陆食品快速验放促进计划》。该计划采取“源头管理、结果采信、抽查验放”的检验监管新模式，可减少“台湾”食品来到大陆后，因为不合格而退货、销毁的风险。据悉，该计划目前处于受理申请阶段。对此计划，李重德拍手叫绝。他同时大胆构想——争取“台湾”出口大陆农产品与食品的“进境检疫检验”改为在“台湾”出口前的“出口检疫检验”。据他介绍，此举已经获得相关部门善意回应。

资料来源：中华人民共和国商务部，2015年01月08日。

任务实施

通过本章的学习，小杨明白了在国际贸易中，货物经过长途运输，经常发生残损、短少甚至灭失等现象，这样就需要一个公正的、具有商品专业知识的第三者，对货物进行检验或鉴定，以查明货损原因，确定责任归属，以利货物的交接和交易的顺利进行。也明白了商品检验的各项程序，同时对豫港进出口贸易有限公司签订的这份出口合同的检验检疫条款理解更加深刻了。

任务二　申领进出口许可证

工作任务

在报检环节的准备工作完成之后，小杨和豫港进出口贸易有限公司的报关从业人员面临的工作是拿着出入境检验检疫总局签发的出境货物通关单开始准备向海关报关。报关从业人员交给小杨的首要任务是让他确定吹风机属于哪一类出口货物？需要不需要申领出口许可证？如果需要，怎么去申领和使用？

知识与技能支撑

一、进出口货物的分类

进出口许可证管理属于国家限制进出口管理范畴，分为进口许可证管理和出口许可证管理。商务部是全国进出口许可正的对口管理部门。商务部会同海关总署制订、调整和发布年度《进口许可证管理货物目录》及《出口许可证管理货物目录》。

表 11-3 实施进出口许可证管理的货物

2015 年实施进口许可证管理的货物	重点机电化工机械产品	化工设备、金属冶炼设备、工程机械类、起重运输设备、造纸设备、电力电气设备、食品加工及包装设备、农业机械类、印刷机械类、纺织机械类、船舶类、矽鼓。
	消耗臭氧层物质	三氯氟甲烷(CFC-11)、二氯二氟甲烷(CFC-12)等 49 个商品编号的商品。
2015 年实行出口许可证管理的货物	实行出口配额许可证管理的商品	小麦、玉米、大米、棉花、煤炭、原油、锑及锑制品、锡及锡制品、白银、铟及铟制品、磷矿石等。
	实行出口配额招标管理的商品	蔺草及蔺草制品、滑石块(粉)、镁砂、甘草及甘草制品。
	实行出口许可证管理的商品	活牛、活猪、活鸡(对港澳以外市场)、稀土、焦炭、石蜡、钨及钨制品、碳化硅、维生素 C、摩托车(含全地形车)及其发动机和车架、汽车(包括成套散件)及其底盘等。

(一) 禁止进口货物

根据《禁止进口货物目录》,国家有关法律、法令及其他规章制度的规定,属于禁止进口的货物一律不得进口。

(二) 禁止出口货物

根据《禁止出口货物目录》,国家有关法律、法令及其他规章制度的规定,属于禁止出口的货物一律不得出口。

(三) 限制进口货物

限制进口货物的管理,按照限制方式可以分为许可证件管理与关税配额管理。

(四) 限制出口货物

《中华人民共和国货物进出口管理条例》规定,国家规定有数量限制的出口货物实行配额管理,其他限制出口货物实行许可证件管理;实行配额管理的限制出口货物,由国务院商务主管部门和有关部门按照规定职责划分进行管理。

(五) 自由进出口管理

国家禁止或者限制进出口的货物以外的货物,采用自由进出口方法进行管理。自动进口许可管理是指在任何情况下,对进口申请都予以批准进口许可的制度。经营自动进口许可管理货物的经营者,应当在办理报关前,向国务院商务主管部门或国务院有关经济部门提出自动进口许可申请;获准后,凭上述机构发放的自动进口许可证向海关办理报关手续。

二、进出口货物许可证管理及进出口许可证含义

进出口许可证由商务部统一管理、指导全国各发证机构的进出口许可证签发工作,商务部配额许可证事务局、商务部驻各地特派员办事处和商务部授权的地方主管部门发证机构,负责在授权内签发"中华人民共和国进口许可证""中华人民共和国出口许可证"。

案例 11-2-1

商务部进出口许可证制度研讨会在北京举办

2013年1月22日，商务部配额许可证事务局在北京召开了进出口许可证制度研讨会。来自发改委、海关总署、部机关有关司局、事业单位、特办、商会、地方发证机构代表参加会议。钟山副部长出席会议并作重要讲话。

会议特邀领导、专家围绕进出口许可证制度发言，重点分析了如何优化许可证管理以利于外贸政策效应的更好发挥；分析总结了新中国成立以来我国进出口许可证管理体制的演变、运行状况与发展趋势；对外经济贸易大学沈四宝教授介绍了我国进出口管理制度的法理依据，阐述了在WTO框架下，优化许可证制度的合法途径；南京特办周若军特派员围绕中外进出口管制现状展开对比分析；对外经济贸易大学屠新泉教授就WTO主要成员国许可证制度进行详细阐述；中央财经大学沈琪博士着重探讨了建立许可证商品领先指数的基础、方法、运行和作用；海关总署科技司常世慧处长在会上作题为“我国口岸进出口监管证件联网应用”专题发言。

研讨会上钟山副部长分析了当前的外贸形势，阐述了许可证制度对外贸发展的作用，强调要紧密围绕“转方式、调结构，培育外贸竞争新优势”的目标，就如何进一步优化许可证管理工作，提升其服务外贸发展的质量和水平，在“三个创新”上下工夫：一是加强对世界发达经济体和金砖五国等新兴经济体国家的许可证制度研究，学习借鉴国外先进的管理经验和理念，推动许可证制度创新；二是充分发挥许可证监测预警功能，为有效应对贸易摩擦和提高外贸宏观调控质量提供参考和依据，推动许可证管理创新；三是建立统一规范的许可证签发平台，健全快速有效的许可证签发管理服务体系，利用互联网和计算机技术，推进商务、海关、质检、外汇等部门数据信息的互联互通，着力提高贸易便利化水平，为外贸企业提供优质高效的服务，推动许可证服务创新。

资料来源：中华人民共和国商务部，2013年02月05日。

三、进出口许可证申领、签发与使用

（一）申领手续

对外贸易经营者进出口列入《进口许可证管理货物目录》与《出口许可证管理货物目录》的货物时，应该在进口或出口前，按照规定向指定的发证机构申领“进口许可证”或“出口许可证”。

其申领手续为：

1. 按照商务部规定的要求，填写“进口许可证申请表”或“出口许可证申请表”。
2. 按照国家进出口许可证管理分级发证目录的要求，到相应签发机关办理。

（二）签发（分级管理）

商务部统一管理、指导全国各级机构签发进出口许可证工作。商务部配额许可证事务局签发中央、国务院各部委及所届企业申领的进出口许可证。商务部驻各地特派员办事处签发在其联系地区内有关部门进出口许可证。各省（直辖市、自治区）计划单列市以及被商务部授权的其他省会城市商务厅（局）、外经贸委（厅、局）签发本地区进出口许可证。

（三）使用

进出口许可证是国家管理货物进出口的凭证，不得买卖、转让、涂改、伪造和变造。报关时，报关单位应主动向海关提交有效的“证货相符”、“单证相符”的“进口许可证”或“出门许可证”。

案例 11-2-2

中国外贸面临新考验

我国开年贸易数据不理想，原因是多方面的。2014 年我国对外投资首次超过吸收外资规模，成为资本净输出国。“走出去”的企业中，既有能源资源型国企，也有劳动密集型外贸企业。特别是中国对东盟的投资，带动了成套设备和零部件的出口。但是“走出去”还有另外一面，就是对中国现有产业出口形成一定替代。此外，价格的下跌对进口影响较大。自 2012 年起，以美元计价的国际贸易商品价格(制成品、石油、非燃料初级产品三大类商品为代表)开始下跌，2014 年下半年以来跌势加速。

2014 年 10 月号《世界经济展望》估算 2014 年全年制成品、石油、非燃料初级产品国际贸易价格分别下降 0.2%、1.3%和 3%，但从最近几个月的市场实际走势看，2014 年全年三大类商品国际贸易价格降幅应该更高，石油等初级产品价格下跌尤为显著。从今年 1 月数据看，我国进口初级产品价格继续下跌，进口铁矿砂 7 857 万吨，减少 9.4%，进口均价为每吨 438.6 元，下跌 45.1%；原油 2 798 万吨，减少 0.6%，进口均价为每吨 2 856 元，下跌 41.4%；煤 1 678 万吨，减少 53.2%，进口均价为每吨 415.3 元，下跌 18.4%；成品油 234.7 万吨，减少 37.6%，进口均价为每吨 3 207 元，下跌 34.6%；初级形状的塑料 221.9 万吨，减少 13.7%，进口均价为每吨 1.11 万元，下跌 7.8%；未锻轧铜及铜材 41.5 万吨，减少 22.7%，进口均价为每吨 4.12 万元，下跌 10.9%。因此，进口大幅度下跌很大原因是部分商品价格下跌所致，实物减少幅度相对较小。总体上看，外贸进出口下跌，特别是进口跌幅巨大，贸易顺差大幅扩张至600 亿美元之上，所谓的“衰退性顺差”扩大并且还将延续。贸易顺差扩张因国内经济下行和国际大宗商品价格下降，总需求仍保持疲弱态势，企业缺乏补库存动力，外贸增速在短期内也不会有所改观。全球央行大放水，各国货币竞争性贬值。这些问题需要引起我们的高度关注，纵观 2015 年，我国外贸发展仍面临诸多严峻的挑战。

资料来源：中国电子口岸，2015 年 02 月 27 日。

任务实施

通过小杨的查找，得知出口许可证是由国家对外经贸行政管理部门代表国家统一签发的、批准某项商品出口的具有法律效力的证明文件，也是海关查验放行出口货物和银行办理结汇的依据。吹风机不属于禁止和限制出口的货物，所以应当在办理报关前，向国务院商务主管部门或国务院有关经济部门提出自动进口许可申请；获准后，凭上述机构发放的自动进口许可证向海关办理报关手续。

任务三　了解海关货运监管制度

工作任务

了解了申领进出口许可证的过程，小杨第一次和报关从业人员一起与海关打交道，在报关之前，小杨得知海关在接受申报之前会按照规定将进出口货物、运输工具、物品按监管条件的不同而分类，那么吹风机属于哪一类海关监管货物呢？海关对其的监管基本制度有哪些？海关对货物的进出境有没有有效的监控体系呢？

知识与技能支撑

一、海关监管货物概述

海关监管货物是指在海关监管起讫时间内，未办结全部海关手续的进出境货物。

表 11－4　海关监管货物含义

前提	是进出境货物
内容	是在海关监管起讫时间内，必须接受海关监管的进出境货物

海关监管的对象分为贸易性的货物、运输工具和非贸易性的物品三部分。

表 11－5　海关监管货物分类

按国家贸易管制政策分类	按监管货物的流向分类	按海关监管时限分类
1. 禁止进出口货物 2. 限制进出口的货物 3. 自由进出口的货物	1. 出口货物 2. 进口货物 3. 过境货物 4. 转运货物 5. 通运货物 6. 暂时进出口货物	1. 一般进出口货物 2. 保税货物 3. 暂时进出口货物 4. 特定减免税货物 5. 过境、转运、通运货物 6. 超期未报货物 7. 其他监管货物

从上表可知，海关监管货物实际上包含了所有进出境货物，许多进出境货物在进出境放行后，因为仍在海关监管年限内，所以仍是海关监管货物。

根据货物受海关监管期限的不同，海关监管货物的范围是：进口货物自进境起，到海关放行止；出口货物自向海关申报起，到出境止；加工装配、补偿贸易进口的料、件、设备，生产的产成品，以及寄售代销、租赁、保税货物自进境起，到海关办妥核销手续止，过境货物、转运货物和通运货物自进境起，到出境止，都必须受海关监管。

二、海关货运监管概述与基本制度

海关货运监管是海关代表国家在各个口岸根据《海关法》和进出口相关法律、法规和政策，监督合法进出境货物和运输工具的重要管理职权，也是海关完成征收关税、稽查走私、编制海关统计等各项任务的基础。

（一）接受申报

申报是指货物和物品的所有人或其代理人、运输工具的负责人在货物、物品、运输工具进出境时，向海关递交相关的单证并申请查验、放行的全部手续。

（二）查验

查验是指海关以审核完的申报单为依据，在海关监管场所，对有关进出境货物、运输工具与物品进行实际的检查。查验包括核对货物的品名、规格、成分、原产地、货物状态、数量和价格等，并且确定单与货、证与货是否相符。

在实际业务中海关实施查验可以彻底查验，也可以抽查。

（三）征税

海关征税是指由海关代表国家，按照《海关法》和《进出口关税条例》及其《进出口税则》，对准许进出口的货物征收关税和其他进口环节税。

目前，由海关代征的进口环节税包括增值税和消费税。

（四）放行

放行是指对经过审单、查验、征税监管环节后已经单货相符的货物，在有关单据上签印，或者开具放行通知单放行的监管行为。

放行是口岸海关监管现场作业的最后一个环节，意味着海关进出境环节监管的结束，但并不完全等同于结关。对于保税货物、特定减免税货物、暂准进出境货物等，放行不等于结关，放行时进出口货物的收发货人或其代理人并未全部办结所有的海关手续，而是转为后续管理。

案例 11-3-1

厦门海关支持福建自贸区建设

记者从 2 日举行的厦门关区关长会议上了解到，2015 年，厦门海关将深化关区重点改革，全面复制推广上海自贸区 14 项监管创新制度，全力支持福建自贸区建设。去年，厦门海关启动复制推广上海自贸区 14 项监管创新制度。其中，“区内自行运输”“保税展示交易”“批次进出、集中申报”“简化无纸通关随附单证”“汇总集中征税”等五项制度自去年 9 月起先期在海关特殊监管区域复制推广；去年 10 月，启动了“简化统一进出境备案清单”制度试点。海关还在象屿保税区、海沧保税港区分别开展飞机融资租赁、保税延展新业务，象屿保税区成为全国第三家开展飞机融资租赁业务的特殊区域。今年，厦门海关将平移上海自贸区监管创新制度，立足福建自贸区定位和优势，积极开展海关监管机制体制创新。此外，将着力在创新监管模式、促进两岸经贸交流上下工夫，包括以“三互”（监管互认、执法互助、信息互享）为突破口，实现对台贸易便利化；推动两岸国际贸易物流数据交换信息平台建设，促进福建自贸区与台湾自由经济示范区对接；继续深化与台湾地区海关机构的交流合作，打造厦台快速通关模式等。

资料来源：中华人民共和国商务部，2015 年 02 月 03 日。

三、海关对国际货物出入境的监控体系

(一) 审单前物流监控

进口货物审单前物流监控通过接受电子舱单申报、监管运输工具入境、监督卸货、监督理货、监督分流、生成通关舱单电子数据，最后进行电子申报来实现；出口货物通过货物到港监管、监管装卸进入电子申报。

(二) 查验监控

查验监控的流程涉及接单审核/征收税费、检验派单审核、实施查验、填写查验记录，进入放行阶段。

(三) 放行监控

海关对进出口货物的放行监控的流程依次为接单审核/征收税费、对需要查验的货物进行查验、总复核、核销备案数据、传输放行信息、加盖放行章。

(四) 审单后物流监控

进口放行后，货物出库、出卡口、接受出库信息，最后由海关签发报关单证明联；出口放行后，海关监督出库、装载、结关放行，对运输工具出境监督，最后由海关签发报关单证明联。

案例 11-3-2

福州江阴港区启动内外贸同船运输业务

近日，福州新港国际集装箱码头公司、福州保税区海关签订《关企合作备忘录》，并正式启动江阴港区集装箱内外贸同船运输业务。内外贸同船运输是指从事承运海关监管货物的船舶，同时承载内贸和外贸集装箱货物的运输。这项业务的开展有利于航运公司提高船舶的载重利用率并降低物流成本，也有利于带动福州港江阴港区吞吐量和航线密度的大幅提升，从而进一步提升港区的竞争力和国际知名度，推动福州港朝着全方位、规模化、多元化的目标迈进。近期，为确保该业务的顺利运行，福州新港国际集装箱码头公司主动联系船舶代理与海关，就相关操作细节和操作流程进行具体协商。宁波联合集运将首先在江阴港区开展集装箱内外贸同船运输业务，前期船期安排为每周两个班次。

资料来源：中华人民共和国商务部，2014 年 12 月 09 日。

任务实施

小杨通过报关从业人员的讲解得知，海关是我国对进出境货物、物品、运输工具进行监督管理的行政机关。肩负监管、征税 、缉私和统计的重要任务。所有进出境货物都需向海关办理相应手续，并且要根据海关监管要求办理申报、配合查验、缴税和放行业务。

任务四　掌握一般进出口货物的申报通关

工作任务

终于到了报关环节，小杨观察报关从业人员讨论问题的过程中，发现“通关”和“报关”两个词语经常出现在他们的谈话中，这两个词有什么异同？豫港进出口贸易有限公司的报关过程并不是小杨想象中的与海关面对面谈判，而是通过网上的填制。这次出口的吹风机到底需要经过怎样的报关程序才能真正走出国门呢？

知识与技能支撑

一、通关和报关的含义

通关是指进出境货物根据我国《海关法》的要求在通过海关或虽未设立海关但是经过国务院批准的准予进境或出境的地点进境或出境时，进出境货物的收发货人及其代理人，需要依法向海关办理进出境手续；海关依据发货人或代理人交来的单证和申请对进出境的货物依法进行审核、查验、征缴税费，并经稽查确认其进口或出口合法的整个过程。

报关是指进出口货物收发货人或其代理人向海关办理货物进出境手续及相关海关事务的整个过程。

由此看出，通关与报关既有联系又有区别，如表 11－6 所示。

表 11－6　通关与报关的异同

	相同点	不同点
通关	都是对运输工具、货物、物品的进出境而言的	不仅包括海关管理相对人向海关办理有关手续，即报关的过程，还包括海关对进出境运输工具、货物、物品依法进行监督管理，批准其进出境的管理过程。
报关		是从海关管理相对人的角度来阐述的，仅指向海关办理申报、配合查验等进出境手续及相关手续

二、电子通关系统概述

电子报关是指进出口货物收发货人或其代理人通过计算机系统，按照《中华人民共和国海关进出口货物报关单填制规范》(以下简称《填制规范》)有关要求，向海关传送报关单电子数据，并备齐随附单证的申报方式。

实际业务中报关单电子数据申报总流程如图 11－3。

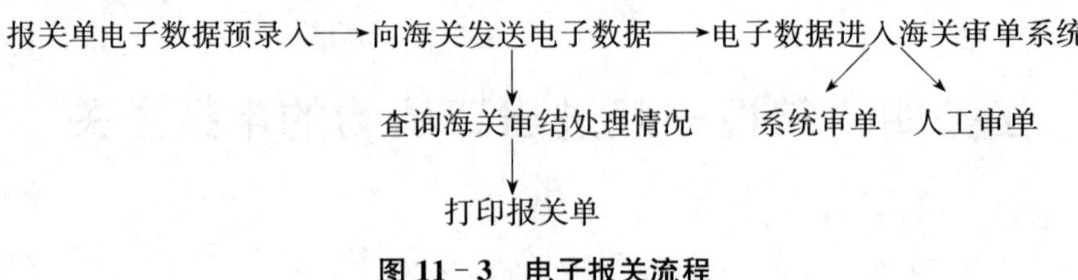

图 11-3　电子报关流程

现今我国海关已经在进出境货物通关作业中全面使用计算机进行信息化管理，并且成功地开发运用了多个电子通关系统。

表 11-7　我国电子通关系统分类

我国电子通关系统分类	特点
(一) 海关 H883/EDI 通关系统	H883/EDI 通关系统是中国海关报关自动化系统的简称，是我国海关利用计算机对进出口货物进行全面信息化管理，实现监管、征税、统计三大海关业务一体化管理的综合性信息利用项目。
(二) 海关 H2000 通关系统	H2000 通关系统是对 H883/EDI 通关系统的全面更新换代项目。H2000 通关系统在集中式数据库的基础上建立了全国统一的海关信息作业平台，不但提高了海关管理的整体效能，而且使进出口企业真正享受到简化报关手续的便利。进出口企业可以在其办公场所办理加工贸易登记备案、特定减免税证明申领、进出境报关等各种海关手续。
(三) 中国电子口岸系统	中国电子口岸系统又称口岸电子执法系统，简称电子口岸，是与进出口贸易管理有关的国家 12 个部委利用现代计算机信息技术，将各部委分别管理的进出口业务信息电子底账数据集中存放在公共数据中心，为政府管理机关提供跨部门、跨行业联网数据核查，为企业提供网上办理各种进出口业务的国家信息系统。

案例 11-4-1

国务院办公厅关于加强进口的若干意见

经国务院同意，现就加强进口提出如下意见：一、继续鼓励先进技术设备和关键零部件等进口。加快调整《鼓励进口技术和产品目录》。鼓励银行业金融机构加大进口信贷支持力度，扩大先进技术设备、关键零部件等进口，促进产业结构调整和优化升级。积极支持融资租赁和金融租赁企业开展进口设备融资租赁业务。抓紧修订完善科教用品和科技开发用品进口税收政策。二、稳定资源性产品进口。完善国家储备体系，支持和鼓励企业建立商业储备。鼓励企业加快海外投资。继续利用外经贸发展专项资金等现有政策，支持境外能源资源开发，鼓励战略性资源回运，稳定能源资源供应，提高市场保障能力。在有效管理的前提下，适度扩大再生资源进口。三、合理增加一般消费品进口。加快与相关国家就水产品、水果、牛羊肉等产品签订检验检疫协议，积极推动合格的加工企业和产品备案注册。支持具备条件的国内流通企业整合进口和国内流通业务，减少中间环节；鼓励国内商业企业经营代理国外品牌。四、大力发展服务贸易进口。积极扩大国内急需的咨询、研发设计、节能环保、环境服务等知识、技术密集型生产性服务进口和旅游进口。加强人员流动、资格互认、行业标准制定等方面的国际磋商与合作。建立和完善与服务贸易特点相适应的口岸通关管理模式。五、进一步优化进口环节管理。调整汽车品牌销售有关规定，加紧在中国（上海）自由贸易试验区率先开展汽车平行进口试点工作。适时调整自动进口许可货物种类，加快自动进口许可管理商品无纸化通关试点。不断优化海关税收征管程序。六、进一步提高进口贸易便利化水平。对进口货物实行24小时和节假日预约通关。在京津冀、长江经济带、广东省海关区域通关一体化改革的基础上，加快推进全国海关通关一体化改革工作。继续完善检验检疫制度，扩大采信第三方检验检测认证结果，推动检测认证结果及其标准的国际互认，缩短检验检疫时间。七、大力发展进口促进平台。加大对国家进口贸易促进创新示范区的政策支持，支持大宗商品交易平台建设，完善进口贸易平台。抓紧总结试点经验，按照公平竞争原则，加快出台支持跨境电子商务发展的指导意见。充分发挥海关特殊监管区域和监管场所的作用，扩大相关商品进口。组织和支持举办进口展览会、洽谈会。发挥进口促进电子信息平台作用，交流市场信息，加强进口政策宣传。八、积极参与多双边合作。加快推进"一带一路"建设，发挥中国与沿线国家各自的比较优势，挖掘合作潜力，拓展合作领域，抓紧收获早期成果，鼓励企业到沿线国家投资加工生产并扩大加工产品进口。积极签订服务贸易合作协议，提升对外经贸合作水平。通过民间多双边经贸合作机制，加强中外贸促机构、商会间的交流，促进和组织企业开展对接活动，扩大贸易合作机会。

各地区、有关部门要进一步统一思想，加快职能转变，简化行政审批，健全工作机制，及时帮助企业解决实际困难和问题。有关部门要抓紧制订具体工作方案，明确时限，确保在2014年年内发挥政策效应。商务部要加强政策协调和督促检查，确保各项政策措施落实到位。

资料来源：中华人民共和国国务院办公厅，2014年10月23日。

三、一般进出口货物的报关程序

（一）一般进出口货物的含义和特征

1. 含义

一般进出口货物是指在进出境环节缴纳了应征的进出口税费并办结了所有必要的海关手续，海关放行后不再进行监管的进出口货物。

2. 特征

(1) 进出口时缴纳进出口税费

在一般进出口货物报关制度下，进出口货物必须在通关环节完纳税费。一般进出口货物的收发货人应当按照海关法和其他有关法律、法规的规定，向海关缴纳关税、海关代征税、规费及其他费用。

(2) 进出口时提交相关的许可证件

货物进出口受国家法律、法规管制的，进出口货物收、发货人或其代理人应当向海关提交相关的进出口许可证件。

(3) 海关放行即为结关

海关征收了全额的税费，审核了相关的进出口许可证件以后，按规定签印放行。

（二）一般进出口货物的通关

一般进出口货物的报关程序有四步：进出口申报（审单）、配合查验、缴纳税费、提取或装运货物。

1. 进出口申报和审单

申报是指进出口货物的收发货人、委托的报关企业，依照《海关法》以及有关法律、行政法规和规章的要求，在规定的期限、地点、采用电子数据报关单和纸质报关单形式，向海关报告实际进出口货物的情况，并接受海关审核的行为。

(1) 申报地点和申报期限

① 申报地点

在一般情况下，进口货物的收货人或其代理人应当在货物的进境地向海关申报；出口货物的发货人或其代理人应当在货物的出境地向海关申报。

② 申报期限

进口货物的申报期限为装运货物的运输工具申报进境之日起 14 日内。申报期限的最后一天是法定节假日或休息日的，顺延至法定节假日或休息日后的第一个工作日。出口货物的申报期限为货物运抵海关监管区后、装货的 24 小时以前。经海关批准准予集中申报的进口货物，自装载货物的运输工具申报进境之日起 1 个月内办理申报手续。经电缆、管道或其他特殊方式进出境的货物，进出口货物收发货人或其代理人应当按照海关的规定定期申报。

③ 滞报金

进口货物收货人未按规定期限向海关申报产生滞报的，由海关按规定征收滞报金。进口货物滞报金应当按日计征。计征起始日为运输工具申报进境之日起第 15 日，截止日为海关接受申报之日(即申报日期)。起始日和截止日均汁入滞报期间。滞报金的日征收金额为进口货物完税价格的 0.5‰，以人民币“元”为计征单位，不足人民币 1 元的部分免征。

征收滞报金的计算公式：

滞报金金额＝进口货物完税价格×0.5‰×滞报期间(滞报天数)

滞报金的起征点为人民币 50 元。滞报金的计征起始日如遇法定节假日，则顺延至其后第一个工作日。

(2) 申报的具体步骤

① 准备申报单证

这是开始进行申报工作的第一步，货物报关需提供的有关单证除主要单证进出口报关单外，还涉及随附单证(包括基本单证和特殊单证)。

表 11-8　申报单证

单证分类	内　　容
报关单	报关单是由报关员按照海关规定格式填制的申报单。
基本单证	基本单证是指进出口货物的货运单据和商业单据，主要有进口提货单据，出口装货单、商业发票、装箱单等。
特殊单证	特殊单证主要是指进出口许可证件、加工贸易登记手册、减免税证明、外汇收付汇核销单证、原产地证明书等。

② 申报前看货取样

为了准确确定进口货物的品名、规格、型号，了解货物的状况，便于正确申报，收货人可以向海关提出查看货物或者提取货样的书面申请，经海关同意，由海关派员现场监管并开具取样记录和取样清单，取样后正确填写。

③ 电子数据申报

进出口货物收发货人或其代理人可以选择终端申报方式、委托 EDI 申报方式、自行 EDI

方式、网上申报方式等四种电子申报方式中适用的一种，将报关单内容录入海关电子计算机系统，生成电子数据报关单。

④ 提交纸质报关单及随附单证

进出口货物的收、发货人或其代理人完成电子申报后，在计算机上打印纸质报告单，自收到海关“现场交单”或“放行交单”通知之日起10日内，持打印的纸质报关单及必需的随附单证并签名盖章，到货物所在地海关提交书面单证。

⑤ 修改申报内容或撤销申报

海关接受申报后，申报内容不得修改，报关单证不得撤销；确有正当理由的，经海关批准可以进行修改或撤销。

2. 配合查验

(1) 海关查验

这是通关过程中的第二个环节。对进出口货物进行查验是海关的权利，收发货人或其代理人应当配合海关查验其报关的进出口货物。查验时进出口货物的收发货人或代理人应该在场。在进出口货物的收发货人或代理人不在场的情况下，海关可以径行开验，但应有见证人在场(仓库管理人员等)，并在查验记录上签名确认。

(2) 配合查验

进出口货物的收发货人或代理人配合海关查验应当做好如下工作：

① 负责搬运货物、开箱、封箱；

② 回答提问，提供有关单证；

③ 需要做进一步检验、化验或鉴定的货样，收取海关开局的取样清单；

④ 确认查验结果，《海关进出境货物查验记录单》签字；并对以下情况核实：开箱的具体情况；货物残损情况及造成残损的原因；提取货样的情况；查验结论。

(3) 货物损坏及赔偿

在查验过程中，或者证实海关在径行查验过程中，因为海关关员的责任造成被查验货物损坏的，进口货物的收货人、出口货物的发货人或其代理人可以要求海关赔偿。

表11－9所示情况不属于海关损坏赔偿范围。

表11－9　不属于海关损坏赔偿范围

1. 进出口货物收发货人或其代理人搬移、开拆、重封包装或保管不善造成的损失；
2. 易腐易失效货物在海关正常工作程序所需时间内所发生的变质或失效；
3. 海关正常查验时产生的不可避免的磨损；
4. 在海关查验之前已发生的损坏和海关查验之后发生的损坏；
5. 由于不可抗力的原因造成的货物损坏、损失。

3. 缴纳税费

经海关审核报关单，并查验货物无误后，海关根据申报的货物计算税费打印税款缴款书和收费票据。之后进出口货物收发货人或其代理人在限定的时间内，持海关签发的缴款书和收费单据向指定银行缴纳税费，或在网上进行税费电子支付。

4. 提取或装运货物

(1) 海关进出境现场放行和货物结关

海关进出境现场放行是指经上述过程后,海关对进出口货物做出结束海关现场监管的决定,允许进出口货物离开海关监管现场的工作环节。海关现场放行有两种情况,一种情况是结关,另一种情况是进入海关的后期监管。对于一般进出口货物,放行是进出口货物收发货人或其代理人已经办理了所有海关手续,因此,海关进出境现场放行即等于结关。

(2) 提取、装运货物

进口货物收发货人或者是其代理人,凭着加盖"海关放行章"的进口提货凭证提货。出口货物收发货人或其代理人凭着加盖"海关放行章"的出口货物装货凭证办理将货物装上运输工具离境的手续。

(3) 申请签发证明联

进出口货物收发货人或者是其代理人,办理完提取进口货物或装运出口货物的手续以后,如需要海关签发证明的,可以向海关提出申请。

案例 11-4-2

12 海关启动长江经济带区域通关一体化改革

记者 12 月 1 日从长沙海关举行的新闻发布会了解到,长江经济带 9 省 2 市的 12 个直属海关上海、南京、杭州、宁波、合肥、南昌、武汉、长沙、重庆、成都、贵阳、昆明海关 12 月 1 日全面启动长江经济带海关区域通关一体化改革。今年 9 月 22 日,"长三角"3 省 1 市的上海、南京、杭州、宁波、合肥海关 5 海关率先启动了长江经济带海关第一轮区域通关一体化改革试点。5 个海关通关一体化改革试点运行平稳,便利了企业进出口货物通关。在此基础上,海关总署决定 12 月 1 日启动长江经济带海关第二轮区域通关一体化改革,将改革措施推广到长江经济带的 12 个海关。长沙海关监管通关处负责人表示,长江经济带海关区域通关一体化改革是改革开放以来中国海关通关业务管理的一次深刻变革,具有划时代的意义。通过区域通关一体化改革,将建立区域通关中心,打造统一的申报平台、风险防控平台、专业审单平台和现场作业平台,破除海关管理原有的区域界限,实现"12 海关如同一关"通关管理效果。据了解,以一家长沙企业为例,如要从上海口岸进口货物,按改革前的做法要么在上海办理口岸清关手续,要么办理转关手续,使用海关监管车辆运输,要么具备"属报口放"或"属报属放"的资质,按属地申报方式报关。实施区域通关一体化改革后,企业无需办理"属报"资质审批,就可以在长沙海关办理申报手续,长沙海关放行后直接到口岸提取货物,也无需用监管车辆办理转关。长沙海关副关长熊松海介绍,长沙经济带海关区域通关一体化对日后的丝绸之路经济带、大东北等区域经济建设及最终形成全国海关范围内的通关一体化具有较强的示范与借鉴意义。

资料来源:中华人民共和国商务部,2014 年 12 月 04 日。

任务实施

小杨查询资料了解到《海关法》规定:"办理进出口货物的海关申报手续,应当采用纸质报关单和电子数据报关单的形式。"这一规定确定了电子报关的法律地位,使电子数据报关单和纸质报关单具有同等的法律效力。而且吹风机这一类一般进出口货物的报关程序有四步：进出口申报(审单)、配合查验、缴纳税费、提取或装运货物。

任务五　核对进出口税费

工作任务

在向海关申报后，豫港进出口贸易有限公司的报关从业人员开始核对吹风机的出口税费，小杨开始思考，如果这次是进口吹风机，需要向海关缴纳多少进口关税？还需要额外缴纳哪些进口环节税款？如果公司没有按规定缴纳进出口税费，海关会如何处置企业和货物？

知识与技能支撑

一、进出口关税的含义

税收，又称赋税、租税或捐税，简称税，是指国家凭借其行政权力，运用法律手段向社会组织和个人无偿、强制征收实物或货币的行为及与其有关的一切活动。海关税收是指海关代表国家对进出境货物、物品、运输工具所征收的税。主要包括关税、进口环节代征的增值税、消费税、船舶吨税等。

(一) 关税

关税是国家税收的重要组成部分，是由海关代表国家，按照国家制定的关税政策和公布实施的税法及进出口税则，对进出关境的商品向纳税义务人征收的一种流转税。

二、进口环节税概述

按照不同的分类标准，关税可以被分为很多种类。从报关业务的角度来看，主要应掌握我国现行进口关税、出口关税及其他常见的几种类型。

(一) 进口关税

1. 进口关税的含义

进口关税是指一国海关以进境货物和物品为征税对象所征收的关税，在国际贸易中，一直被各国公认为是一种重要的经济保护手段。

2. 进口关税种类

由于各国征收进口税的目的不同，其所起的作用也不同，因此有着各种类型或各种名目的关税。

(1) 从进口关税的税率栏目来看，可分为最惠国待遇关税、协定关税、特惠关税和普通关税等。

(2) 从征收进口关税的标准来看，目前我国进口关税可分为从价税、从量税、复合税和滑准税。

(3) 从征收进口关税的主次程度来看，进口关税有正税与附加税之分。正税即按税则法定进口税率征收的关税。进口附加税是由于一些特定需要对进口货物除征收关税正税之外另行征收的一种进口税，一般具有临时性。

(二) 出口关税

一国海关以出境货物和物品为课税对象所征收的关税。我国目前征收的出口关税都是从价税，只对鳗鱼苗、铅矿砂、锌矿砂等少数出口商品征收出口关税。

(三) 进口环节税

进口货物和物品在办理海关手续放行后，进入国内流通领域，与国内货物同等对待，所以应缴纳应征的国内税。为了简化征税手续，进口货物和物品的一些国内税依法由海关在进口环节征收。

1. 增值税

增值税是以商品的生产、流通和劳务服务各个环节所创造的新增价值为课税对象的一种流转税。进口环节的增值税由海关征收，其他环节的增值税由税务机关征收。

在我国境内销售货物(销售不动产或免征的除外)、进口货物和提供加工、修理修配劳务的单位或个人，都要依法缴纳增值税。在我国境内销售货物，是指所销售的货物的起运地或所在地都在我国境内。

2. 消费税

消费税是以消费品或消费行为的流转额作为课税对象而征收的一种流转税。进口的应税消费品的消费税由海关征收，其他环节的消费税由税务机关征收。进口环节消费税除国务院另有规定者外，一律不得给予减税、免税。进口环节消费税的起征额为人民币 50 元，低于 50 元的免征。

消费税的征税范围，主要是根据我国经济社会发展现状和现行消费政策、人民群众的消费结构以及财政需要，并借鉴国外的通行做法确定的。

3. 船舶吨税

船舶吨税是由海关代为在设关口岸对进出、停靠我国港口的国际航行船舶征收的一种使用税。征收船舶吨税的目的是用以航道设施的建设。

国际航行船舶在我国港口行驶，使用了我国的港口和助航设备，应缴纳一定的税费。对其征收吨税，是一种使用性质的税。凡征收了船舶吨税的船舶不再征收车船税；对已经征收车船使用税的船舶，不再征收船舶吨税。

船舶吨税征收方法分为 90 天期缴纳和 30 天期缴纳两种，并分别确定税额，缴纳期限由纳税人在申请完税时自行选择。

案例 11-5-1

2014 年昆明 19 万小微企享增值税减免

据昆明市国税局最新统计，去年昆明市共为 19 458 户符合条件的小微企业办理了增值税减免手续，免征增值税 4 041.66 万元。2014 年 10 月，为进一步加大对小微企业的税收支持力度，国家继续出台支持小微企业发展的增值税优惠新政，对小微企业增值税减免政策由原来的月销售额 2 万元提高至 3 万元(含本数)，即增值税月销售额不超过 3 万元的企业或非企业性单位的小规模纳税人，暂免征收增值税。为确保优惠政策不折不扣落实到位，市国税局以“三少”为目标，多措并举，帮助小微企业享受到改革的红利。一是进一步调查符合条件的企业，深入企业宣传，让纳税人少奔波。对符合小微企业增值税优惠条件的企业情况进行全面调查和分析，安排专门时间对小微企业增值税优惠政策和管理流程进行解读，回答企业疑问，确保政策被每户企业知晓。二是规范管理流程，提升办税服务，让纳税人少等待。规范资料报送工作，不增加纳税人资料报送负担。同时，加强基层分局工作人员业务培训，确保政策解释准确到位，业务办理快速方便，减少纳税人等待时间。三是坚持跟踪服务，完善后续管理，让纳税人少费心。要求各基层局对辖区优惠政策落实情况进行全面调查和总结，做好小微企业优惠情况的统计分析，掌握享受优惠政策的户数、占比、减免税额。同时，对小微企业享受优惠政策情况进行定期回访和抽样检查，针对自身存在的问题及时整改，完善管理措施；对纳税人存在涉税风险，加强辅导和提示，积极引导纳税人主动规范涉税行为，提高纳税遵从。

资料来源：中华人民共和国商务部驻昆明特派员办事处，2015 年 01 月 29 日。

三、滞纳金概述

滞纳金是海关税收管理中的一种行政强制措施。

海关对滞纳金的征收是自缴纳期限届满次日起，至进出口货物的纳税（费）义务人缴纳税费之日止，其中的法定节假日不予扣除。缴纳期限届满日遇星期六、星期日等休息日或者法定节假日的，应当顺延至休息日或法定节假日之后的第一个工作日。对于未在规定的 15 天期限内缴纳滞纳金的，不对滞纳金部分再征收滞纳金。滞纳金起征额为人民币 50 元，不足人民币 50 元的免予征收。

旅客和个人邮递物品不征收滞纳金。逾期缴纳的进出口货物的关税、进口环节增值税、消费税、船舶吨税等，由海关按日征收 0.5‰的滞纳金。

案例 11-5-2

黑龙江省饶河县国税局加强对俄贸易企业管理与服务

饶河县国税局从服务县域经济社会发展出发，结合本地区经济特点，有针对性地加强对俄贸易企业的管理与服务，有力地促进了税收收入增长。截至 9 月末，该局已组织税收收入 4 582万元，同比增收 1 418 万元，完成全年税收计划的 106.6%。针对口岸税收的特殊性加强征管和服务。针对口岸税收相关业务的薄弱环节，深入研究税收收入形势，掌握对俄贸易企业税源情况，就组织税收收入工作提出具体意见和建议。加强口岸税收经济分析。加强与海关、边检等职能部门的沟通，掌握和分析各类主要经济指标完成情况和数据的真实性，及时发现税收政策执行和税收征管中存在的问题，有针对性采取征管措施。加强出口退税评估工作。利用相关数据对企业纳税申报的真实性、合法性进行核对，确定是否有异常指标，提高评估工作的准确率和有效性。加强出口货物征、退税衔接工作。采取机器预审和人工复审相结合的方法审核出口退税（免税）企业申报数据，做到征税部门和退税部门紧密配合、相互制约，强化出口退税管理与税收征管人员征、退税业务的衔接。今年以来，共发生退税出口额 72 万美元，办理出口退税 28 万元。加大稽查力度，查处偷税漏税案件。今年，饶河县局加大了对外经贸企业的税务稽查力度，改变了多年来外贸企业零税负的状况。共对 6 户涉外企业进行了税务稽查，现已查补税款、滞纳金及罚款38.8万元。支持和鼓励企业实施“走出去”战略。通过举办“走出去”企业税收政策宣讲会与企业进行交流，使企业及时了解“走出去”企业相关税收政策，保护自己在国外的合法权益；同时，税务干部也向“走出去”企业学习国际投资经营的相关知识，形成相互了解、合作互动的良好征纳关系。

资料来源：中华人民共和国商务部驻大连特派员办事处，2013年10月29日。

任务实施

通过学习小杨了解到海关征收税费是其四项基本任务之一，关税是海关代国家征收的，但增值税和消费税是代征税。如果豫港进出口贸易有限公司没有按时缴纳税费，会根据延迟时间缴纳滞纳金。

任务六　项目实训

知识巩固

◇ **不定项选择**

1. 在进出口合同的商检条款中，关于检验时间和地点的规定使用最多的为(　　)。

A. 在出口国检验　　B. 在进口国检验

C. 在出口地检验，在进口地复验　　D. 在出口地检验重量，在进口地检验品质

2. “离岸数量、到岸品质”多用于(　　)。

A. 小批量零星交易　　B. 大宗商品交易

C. 卖方承担责任较小的交易　　D. 货物的品质、数量相对稳定的交易

3. 我国出口冻禽、冻兔、皮张、毛类、猪鬃、肠衣等货物时，需提供(　　)。

A. 品质检验证书　　B. 重量检验证书

C. 价值检验证书　　D. 兽医检验证书

4. 我国法定检验包括的范围有(　　)。

A. 列入《商检机构实施检验的商品种类表》内的进出口商品

B. 根据《中华人民共和国食品卫生法》规定应实施卫生检验的出口食品

C. 根据《中华人民共和国进出口动植物检疫条例》规定应实施检疫的出口动物产品

D. 根据《中华人民共和国进出口商品检验条例》规定，装运粮油、食品、冷冻品等易腐食品出口的船舱和集装箱

E. 列入《国际海上危险货物运输规则》内的危险品

5. 在进口国的检验包括(　　)的检验。

A. 在目的港　　B. 在买方营业处所　　C. 在用户所在地　　D. 在卸货时监卸

6. 第三方检验机构主要有(　　)。

A. 官方机构　　B. 非官方机构

C. 出口工厂的检验部　　D. 半官方机构

7. 对技术密集型产品，易在(　　)。

A. 出厂前检验　　B. 装船前检验

C. 目的港检验　　D. 最终用户所在地检验

◇ **判断题**

1. 按照我国《商检法》规定，法定检验的商品仅指《商检机构实施检验的商品种类表》所列的商品。(　　)

2. 法定检验是根据国家规定，对指定的重要进出口商品进行的强制性的检验。(　　)

3. 凡属于法定检验范围的进口商品，海关凭商检机构在报关单上加盖的印章验收；出口商品，海关凭商检机构签发的检验证书、放行单或者报关单上加盖的印章验收。(　　)

4. 货物检验是国际贸易中可有可无的环节。(　　)

5. 货物检验就是特指对商品质量的检验。(　　)

项目实操

◆**项目实训操作**

【项目背景一】某公司以FOB上海价外销美国一批货物，货物出口时已由商检机构检验并出具检验证书，在上海装船时情况良好，但在纽约港卸货时却发现包装破裂，产品散失，同时部分货物由于包装破裂而风化。

【任务】试问：此时卖方应否负责赔偿？

【项目背景二】某公司进口一批瓷器，货到进口国时，商检局所验证的体积、重量与提单上的严重不同。

【任务】试问：出口企业是否会遭拒付？如被拒付，应如何补救？对此现象应如何设法避免？

项目十二　货款收付

【知识目标】

- 熟悉常用的支付工具与支付方式
- 掌握主要支付工具的使用方法
- 熟悉各种支付方式的性质、种类和业务流程
- 明确支付条款应包含的内容

【能力目标】

- 能够正确填制和使用汇票、支票、本票
- 能够根据业务要求正确选用电汇、信汇或票汇
- 能够根据业务需要选择合适的支付工具和支付方式
- 能够草拟合同中的支付条款

【项目背景】

郑州豫港进出口贸易有限公司的吹风机要出口到业务员开发的新市场，并且要与一名新的进口商做贸易，双方并不太熟悉，所以豫港要控制交易中的风险。公司经过慎重考虑，决定发函给进口商，希望对方提前预付一半(50%)的货款来体现首次合作的诚意。但是进口商并不认同，经过双方协商，大家同意采用20%的电汇方式预付货款，余额采用信用证支付。小杨作为新员工，对吹风机的货款支付方式和工具不甚了解，国际贸易支付与国内贸易支付有什么不同？哪些支付工具在出口中运用的比较多？采用预付货款的形式是为了规避什么风险？信用证这种支付方式为什么运用的比较多？带着这些疑问，小杨协助业务员一起投入到与新客户协商货款支付的重要工作中来，并在观察与操作中，了解到更多关于货款支付的问题。

任务一　熟悉支付工具

工作任务

按照合同和信用证的要求，豫港进出口贸易有限公司以出票人身份签发了一张汇票，汇票有固定格式吗？经理叮嘱小杨把开好的汇票送去银行，汇票对收付货款有什么重要作用呢？汇票如何填制和使用呢？

知识与技能支撑

一、汇票概述

(一) 汇票的含义

汇票(Bill of Exchange，Draft)是出票人签发的，委托付款人在见票时或者在指定日期无条件支付确定的金额给收款人或持票人的票据。

国际贸易中，汇票是出口方向进口方开立的、要求对方在一定时间内无条件支付一定金额的书面命令。汇票主要用于托收和信用证这两种支付方式。汇票一般一式两份。

(二) 汇票的基本内容

Bill of Exchange

Drawn under STANDARD CHARTERED BANK LONDON　L/C No. BB555
Dated SEP. 10，2006　Payable with interest @ ______ %
No. DY06085　Exchange for USD20000.00　Xingbo，China OCT. 19，2006
At 45DAYS AFTER SIGHT sight of this SECOND of Exchange (First being unpaid)
Pay to Order of Bank of China
the sum of US DOLLARS TWENTY THOUSAND ONLY.
To STANDARD CHARTERED BANK，LONDON

for and on behalf of DAYA IMP. AND EXP. TRADE CORP.
大雅进出口贸易公司
李新明

图 12-1　汇票

合格的汇票一般应具备的必要内容是：

1. 注明其为"汇票"字样

2. 无条件支付的委托

汇票是出票人给付款人的无条件支付命令，故而必须要有无条件支付委托的文句。

例如：pay to A CO. The sum of one thousand US dollars providing the goods they supply are complied with contract。

3. 出票日期

汇票记载出票日期的作用有三个：① 决定票据的有效期。② 决定付款到期日。如以汇票出票日期推算付款到期日的远期汇票，就必须明示出票日期，否则无从计算付款日期。③ 判定出票人的行为能力。如出票人在出票时已被宣告破产、清理，则可判定出票人在出票时已经丧失行为能力，则该汇票应为无效汇票。

4. 出票地点

未载明出票地点的，以出票人的营业场所、住所或居住地作为出票地点。

5. 付款期限

付款期限的记载形式主要有：(1) 见票即付(at sight)。收款人向付款人提示汇票的当天，即为付款到期日。(2) 定日付款(at a fixed date)。例如汇票载明"于 2014 年 11 月 15 日付交(on Nov. 15, 2014)"。(3) 出票日后定期付款(at ... days after date of draft)。例如"汇票出票日期后 30 天后付交(at 30 days after date of draft)"。(4) 见票日后定期付款(at ... days after sight)。例如"见票后 30 天付交(at 30 days after sight)"。(5) 提单出单日期后定期付款(at ... days after date of B/L)。例如"提单日期后 30 天付交(at 30 days after date of bill of lading)"。未记载付款日期的视为见票即付。

6. 确定的金额

汇票金额必须表明确切的金额数。

7. 付款人姓名

各国票据法都要求汇票必须载明付款人的姓名或商号名称。汇票付款人名称和地址应当书写清楚，以便收款人或持票人向其提示付款或承兑。

8. 付款地点

未载明付款地点的，以付款人后面的地址作为付款地点。

9. 收款人或其指定人

汇票的收款人，又称为"抬头"，通常写法有三种：

(1) 限制性抬头。例如"仅付给甲公司"(Pay A Co. Only)或"付给甲公司，不准转让(pay A Co. not transferable)"。这种汇票不能流通转让。

(2) 来人抬头。在汇票上不指定收款人名称，而只写明"付给持票人(Pay holder)"或"付给来人(Pay bearer)"字样。这种汇票仅凭交付汇票本身即可进行转让，无须由持票人背书。

(3) 指示式抬头。例如"付给甲公司或其指定人(Pay A Co. or order; Pay to the order of A Co.)"。载有指示性抬头的汇票可以经过背书转让。

10. 出票人签名

汇票只有出票人签字后才能生效。

根据《中华人民共和国票据法》第 22 条，汇票必须记载如表 12－1 所示事项。

表 12－1 汇票的内容

1	表明汇票字样	5	收款人名称
2	无条件的支付命令	6	出票日期
3	确定的金额	7	出票人签章
4	付款人名称		

(三) 汇票的种类

1. 按出票人不同，汇票可分成银行汇票和商业汇票。

银行汇票 (Bank's Draft)的出票人是银行，付款人也是银行。

商业汇票(Commercial Draft)的出票人是企业或个人，付款人可以是企业、个人或银行。

2. 按是否附有包括运输单据在内的商业单据,汇票可分为光票和跟单汇票。

光票(Clean Draft)是指在流通过程中不附带商业单据的汇票。银行汇票多是光票。

跟单汇票(Documentary Draft)是指在流通过程中,附有包括运输单据在内的商业单据的汇票。

3. 按付款日期不同,汇票可分为即期汇票和远期汇票。

见票即付的汇票为即期汇票(sight draft)。

汇票上规定付款人于一个指定的日期或在将来一个可以确定的日期付款的汇票称为远期汇票(time draft)。

4. 按承兑人的不同,汇票可分成商业承兑汇票和银行承兑汇票。

商业承兑汇票(trader's acceptance draft)是经企业或个人承兑后的远期商业汇票。

银行承兑汇票(banker's acceptance draft)是经银行承兑后的远期商业汇票。

一张汇票可以同时具备以上几种性质,如一张商业汇票同时又可以是即期的跟单汇票;一张远期的商业跟单汇票,可以同时又是商业承兑汇票。

(四) 汇票的使用

汇票使用过程中的各种行为,都由票据法加以规范。主要有以下行为:

1. 出票

出票(Issue)是指出票人签发汇票并交付给收款人的行为。出票时,对抬头人通常由三种写法:限制性抬头;来人抬头;指示性抬头。国际贸易一般使用指示性抬头。

2. 提示

提示(Presentation)是指持票人将汇票提交付款人要求承兑或付款的行为,是持票人要求取得票据权利的必要程序。提示又分付款提示和承兑提示。

3. 承兑

承兑(Acceptance)是指付款人在持票人向其提示远期汇票时,在汇票上签名,承诺于汇票到期时付款的行为。具体做法是付款人在汇票正面写明"承兑(Accepted)"字样,注明承兑日期,于签章后交还持票人。付款人一旦对汇票作承兑,即成为承兑人以主债务人的地位承担汇票到期时付款的法律责任。

4. 付款

付款(Payment)是指付款人在汇票到期日,向提示汇票的合法持票人足额付款。持票人将汇票注销后交给付款人作为收款证明。汇票所代表的债务债权关系即告终止。

5. 背书

背书(Endorsement)是指票据的持有人在汇票背面记载有关事项经签章或再加上受让人的名字,并把票据交给受让人(被背书人)的行为。背书有以下类型:

(1) 记名背书。指背书人在提单背面写明被背书人的名称,并由背书人签名的背书形式。

(2) 不记名背书。又称空白背书,指背书人在提单背面由自己签名,不记载任何被背书人的背书形式。

(3) 指示背书。指示背书是指背书人在提单背面写明"凭×××指示"字样,同时由背书人签名的背书形式。经过指示背书的指示提单还可以进行背书,但背书必须连续。

票据经过背书可以不断转让下去。对受让人来说,所有在他以前的背书人和原出票人都是他的“前手”，所有在他出让以后的受让人都是他的“后手”。“后手”有向“前手”追索的权力。汇票的背书与提单的背书方式相似，也分为空白背书和记名背书，以空白背书较为常见。

6. 拒付和追索

拒付(Dishonour)是指持票人提示汇票要求承兑或付款时遭到拒绝承兑或拒绝付款的行为，又称退票。

追索(Recourse)是指汇票遭到拒付时，持票人有权对其前手请求偿还汇票金额及费用。持票人享有的这项权利就是追索权。

二、本票与支票概述

国际货款的支付，除了使用汇票外，有时也使用本票和支票。

(一) 本票(Promissory Note)

是一个人向另一个人签发的约定在见票时或在指定的或可以确定的将来的时间向特定的人或其指定的人或持票人无条件支付一定金额的书面承诺。

本票的基本当事人是出票人和收款人，出票人就是付款人。本票可分为商业本票和银行本票。由工商企业或个人签发的本票称为商业本票或一般本票；由银行签发的称为银行本票，银行本票都是即期的。

(二) 支票(Cheque, Check)

是以银行为付款人的即期汇票，即存款人对银行的无条件支付一定金额的委托或命令。出票人在支票上签发一定的金额，要求受票的银行于见票时立即支付一定金额给特定人或持票人。

支票的基本当事人有出票人、付款人和收款人。支票的出票人必定是在付款银行设有往来存款账户的存户。出票人在签发支票时应在付款银行存有不低于票面金额的存款。如存款不足，则银行会拒付。

(三) 区分汇票、本票和支票的异同

1. 票据的签发，出票人与付款人之间必须有资金关系；汇票的出票人与付款人之间不必有资金关系；本票是约定自己付款的票据，无所谓双方间的资金关系。

2. 支票与汇票同样有三个当事人，即出票人、付款人和收款人；本票只有两个当事人，即出票人和收款人。

3. 支票和本票的主债务人是出票人；而汇票的主债务人是承兑人。

4. 支票和本票不得记载预备付款人；而汇票则可以记载。

5. 支票的出票人担保支票的付款；汇票的出票人担保付款人承兑和付款；而本票的出票人自负付款的责任。

6. 支票限于见票即付，无到期日的记载；汇票、本票因有即期和远期之分。

7. 支票的付款人限于银行；汇票的付款人，一般是承兑人，但也可以是参加承兑付款人或保证人；本票的出票人即为付款人。

8. 支票无承兑、参加承兑、参加付款、保证的制度；而汇票均有；本票仅有保证及参加付款，而无承兑和参加承兑。

9. 支票、本票的背书人只负追索时的偿还义务；而汇票的背书人则须担保付款人承兑及付款的义务。

10. 支票有担保和划线制度，而汇票、本票均无。
11. 支票、本票没有拒绝证书，而汇票则有。
12. 支票、本票没有复本，汇票则有。

知识链接 12-1-1

票据业务或成为下个增长点

近来房地产市场发展的不确定性，一些典当行开始逐渐减少房地产典当业务比例，向民品和财产权利业务倾斜。而票据理财的日益火爆，让典当行开始注意财产权利中的票据典当业务。据天津一家典当行的票据业务部相关负责人介绍，前几年票据业务的发展比较平稳，属于不温不火的状态。但是近年来由于票据理财的火爆，很多客户发现自己的银行汇票、本票也可以进行典当，纷纷进行咨询。这样一来客户量大增，票据业务发展很快。票据业务不同于房产和民品业务，很多企业可以在扫描票据后直接在网上传给典当行，典当行在审核后进行评估，典当流程更为快捷，也受到了客户的认同。“目前的票据质押仅限于银行汇票、本票和支票。由于银行刚性兑付的高保障，这类业务的风险相对可控。”该负责人说道，“相比财产权利的债券和股权业务，票据业务的风险更易控制，票据业务的开展也比较顺利。例如，现在我们公司就有银行承兑汇票、票据贴现和其他票据三大类票据业务类型。”据了解，目前从事票据业务的典当行并不多，大多数只有债券和股权业务。而客户的票据典当需求其实很大。以目前最为火爆的“金银猫”票据理财平台为例，其仅成立不到一年时间，就发布了融资项目近三千期，总额近亿元。网上票据融资业务的火爆其实体现了线下票据融资渠道的匮乏。如果典当行能够抓住机会，票据业务或许会成为典当行的下一个增长点。“由于票据业务的便利性，可以更多地考虑开展网上业务。这样一来可以拉大服务范围，争取到更多的客户和资源。这也是典当行未来发展的主要方向。”采访中该负责人认为。

资料来源：商务部流通业发展司，2014 年 09 月 05 日。

任务实施

通过学习，小杨认识到国际贸易中的支付工具有汇票、本票和支票，以汇票为主。这次豫港进出口贸易有限公司签发的汇票是商业汇票同时也是跟单汇票。

任务二　选择支付方式

工作任务

郑州豫港进出口贸易有限公司与新客户在合同中约定用 20%的电汇方式预付货款，余额采用信用证支付。为什么双方只在预付货款额度上有一点争议，而对剩余款项通过信用证支付没有任何异议呢？小杨不明白，什么是电汇？什么是信用证？在向公司的业务人员学习过程中，小杨还听到了汇付和托收这两种支付方式，又是什么含义呢？

知识与技能支撑

一、汇付与托收的含义与流程

国际货款的支付方式主要有汇付、托收和信用证，其中汇付和托收均属于商业信用，而信用证支付方式则属于银行信用。

（一）汇付（remittance）

又称汇款，指付款人委托所在国银行，将款项以某种方式汇交收款人的结算方式。汇付方式中结算工具的传送方向和资金的流动方向相同，属于顺汇。

1. 汇付的当事人

(1) 汇款人(Remitter)。即付款人、汇出款项的人。在进出口交易中，汇款人通常是进口人。

(2) 收款人(Payee or Beneficiary)。即收取款项的人，也是受益人。在进出口交易中通常是出口人。

(3) 汇出行(Remitting Bank)。即受汇款人的委托汇出款项的银行。通常是在进口地的银行。

(4) 汇入行(Paying Bank)。即受汇出行委托解付汇款的银行。汇入行又称解付行，通常是出口地的银行。

2. 汇付的特点

汇付的特点如表 12－2 所示。

表 12－2　汇付特点

(1) 风险大	对于货到付款的卖方或对于预付货款的买方来说，能否按时收汇或能否按时收货，完全取决于对方的商业信用。
(2) 资金负担不平衡	对于货到付款的卖方或预付货款的买方来说，资金负担比较重，整个交易过程中需要的资金，几乎全部由他们来提供。
(3) 手续简便、费用少	汇付的手续比较简单，银行的手续费用也较少。因此，在交易双方相互信任的情况下，或在跨国公司的各子公司之间的结算，可以采用汇付方式。

3. 汇付的种类和流程

汇付主要分为电汇、信汇和票汇三种，目前电汇是汇付的主要方式。

(1) 电汇(Telegraphic Transfer，T/T)是指汇出行应汇款人的申请，拍发加押电报、电传或 SWIFT 给在另一国家的分行或代理行(即汇入行)指示解付一定金额给收款人的一种汇款方式。

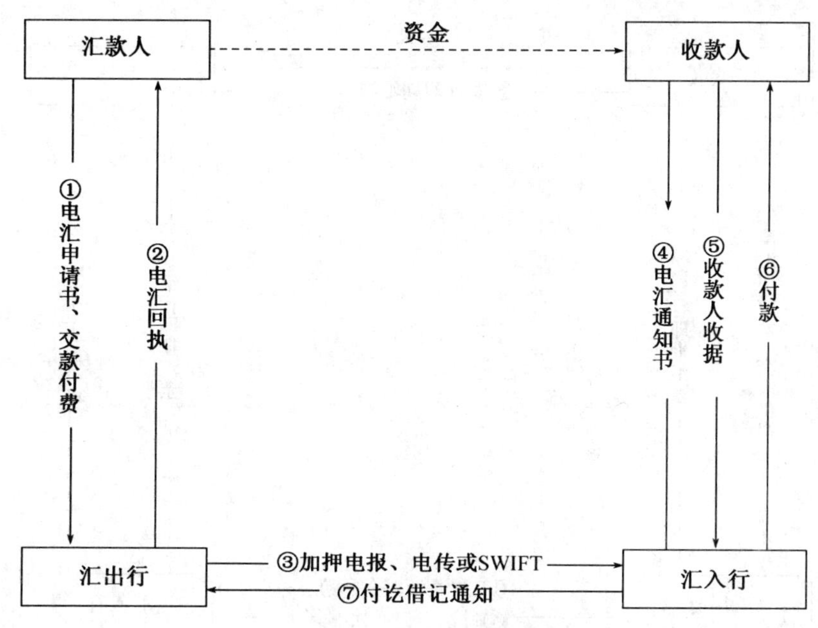

图 12－2　电汇业务程序

(2) 信汇

信汇(Mail Transfer,M/T)是指汇出行应汇款人的申请,将信汇委托书寄给汇入行,授权解付一定金额给收款人的一种汇款方式。

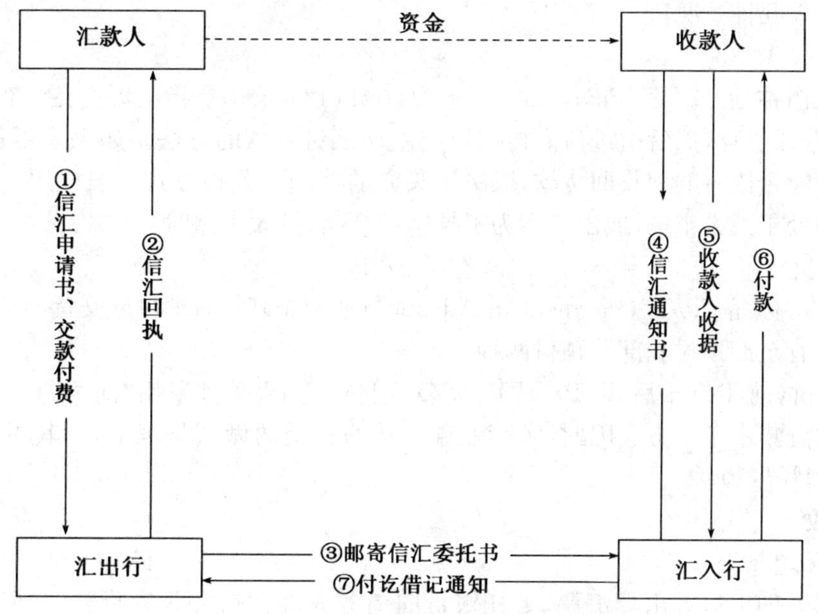

图 12－3　信汇业务程序

(3) 票汇

票汇(Remittance by Banker's Demand Draft,D/D)是指汇出行应汇款人的申请,代汇款人开立以其分行或代理行为解付行的银行即期汇票,支付一定金额给收款人的一种汇款方式。

国际贸易中,佣金、尾款、样品出售等从属性费用和小额款项的支付,常常采取票汇方式。

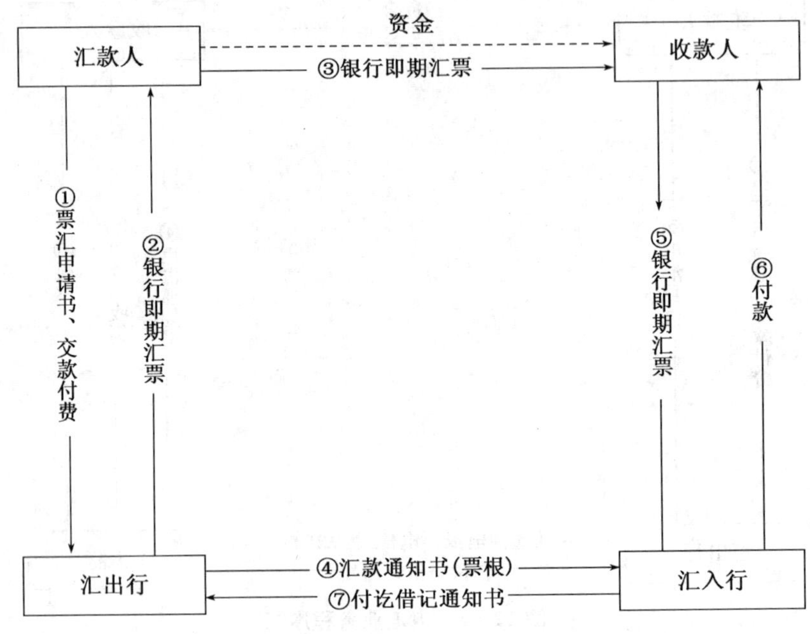

图 12-4　票汇业务程序

4. 在国际贸易中正确使用汇付

在国际贸易中,汇付方式属于商业信用,其特点是手续简单、费用少。使用汇付作为结算方式通常有以下几种情况。

(1) 货到付款

货到付款俗称"后 T/T"(Payment After Arrival of Goods)是指出口商在没有收到货款以前,先交出单据或货物,然后由进口商再按规定主动汇付货款的方法。如果采用货到付款,出口商在发货后能否按时顺利收回货款,取决于买方的信用。此种方式一般应用于出口鲜活商品或者当货物处于买方市场,或出口商为了推销新产品,扩大销路时。

(2) 预付货款

预付货款俗称"前 T/T"(Payment in Advance)是指在订货时汇付或交货前汇付货款的办法。预付货款有全部预付和部分预付两种。

(3) 双汇付(前 T/T+后 T/T)。国际货款支付中,如果单独采用"前 T/T"或"后 T/T",将会使风险过分集中于一方。因此,实际业务中普遍接受的做法是双汇付,其中"前 T/T"的比例一般为 20%~30%。

(二) 托收

1. 托收(collection)

是指债权人即出口方出具汇票,委托银行向债务人即进口方收取货款的一种支付方式。托收方式中结算工具的传送方向和资金的流动方向相反,属于逆汇。

2. 托收的当事人

(1) 委托人(Principal)

委托人是指委托银行办理托收的债权人,通常是国际贸易业务中的出口商。

(2) 托收行(Remitting Bank)

托收行又称寄单行，是指接受委托人的委托，办理托收业务的银行，一般为出口地银行。

(3) 代收行(Collecting Bank)

代收行是指接受托收行的委托向付款人收款、并将单据交给付款人的银行。代收行一般是进口商的开户银行，通常是托收行的国外分行或代理行。

(4) 提示行(Presenting Bank)

提示行是指向付款人提示单据的银行，也称交单行。

(5) 付款人(Drawee)

付款人是支付款项的人，也是汇票的受票人。通常为国际贸易中的进口商，即债务人。

(6) 需要时的代理

在托收业务中，如发生拒付，委托人可指定付款地的代理人代为办理有关货物存仓、转售、运回等事宜，这个代理人叫做“需要时的代理”。

3. 托收的性质和特点

托收的性质是商业信用。托收虽然是通过银行办理，但是银行只是按照卖方的指示办事，不承担付款的责任，不过问单据的真伪，如无特殊约定，对已运到目的地的货物不负提货和看管责任。因此，卖方交货后，能否收回货款，完全取决于买方的信誉。

4. 托收和种类和流程

托收方式按照是否随附单据可分为光票托收和跟单托收两类。国际贸易中一般使用跟单托收。在跟单托收情况下，根据交单条件的不同，又可分为付款交单和承兑交单两种。

(1) 光票托收

光票托收(Clean Collection)是指委托人仅凭金融单据，不附有商业单据的托收，通过银行向付款人收取款项的托收。

(2) 跟单托收

跟单托收(Documentary Collection)是指委托人凭附有商业单据的金融单据或仅用商业单据通过银行向付款人收取款项的托收。国际贸易中货款的收取大多采用跟单托收。

表 12-3　托收种类

<table>
<tr><td rowspan="2">付款交单(D/P)</td><td rowspan="2">是指出口商的交单是以进口人的付款为条件。即出口人发货后，取得装运单据，委托银行办理托收，并指示银行只有在进口人付清货款后，才能把商业单据交给进口人。
付款交单根据付款时间的不同，又可分为即期付款交单和远期付款交单。</td><td>即期付款交单
(D/P at sight)</td><td>是指出口人发货后开具即期汇票连同商业单据，通过银行向进口人提示，进口人见票后立即付款，进口人在付清货款后向银行领取商业单据。</td></tr>
<tr><td>远期付款交单
(D/P after sight)</td><td>是指出口人发货后开具远期汇票连同商业单据，通过银行向进口人提示，进口人审核无误后即在汇票上进行承兑，于汇票到期日付清货款后再领取商业单据。</td></tr>
<tr><td>承兑交单(D/A)</td><td colspan="3">是指出口人的交单是以进口人在汇票上承兑为条件。即出口人在装运货物后开具远期汇票，连同商业单据，通过银行向进口人提示，进口人承兑汇票后，代收银行即将商业单据交给进口人，在汇票到期时，方履行付款义务。承兑交单方式只适用于远期汇票的托收。</td></tr>
</table>

在远期付款交单中，对于资信较好的进口人，代收行或委托人允许其凭信托收据(T/ R)借取货运单据，先行提货，于汇票到期时再付清货款。如果该做法得到过委托人的同意或授权，由此产生的所有风险由委托人自负；如果未经委托人同意，而是代收行允许借单提货，则由此产生的风险由代收行自行承担。

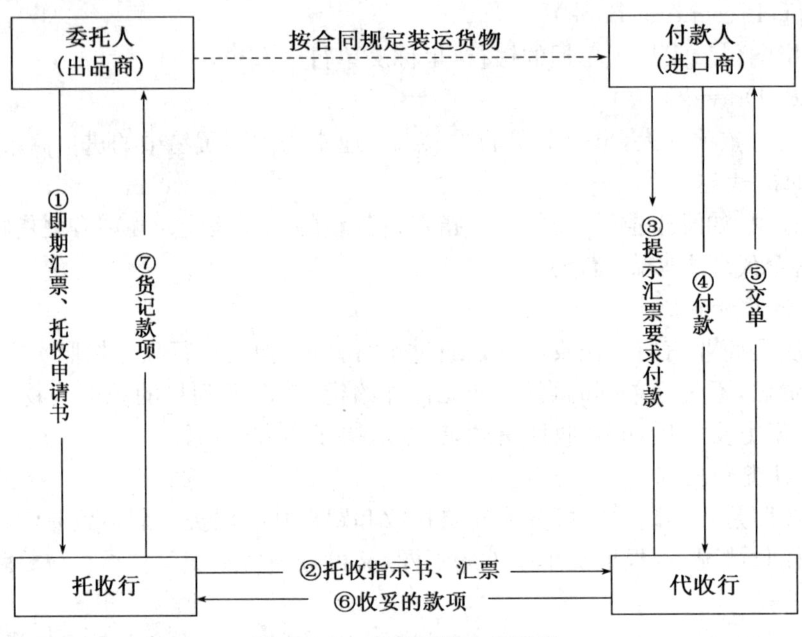

图 12－5　即期付款交单程序

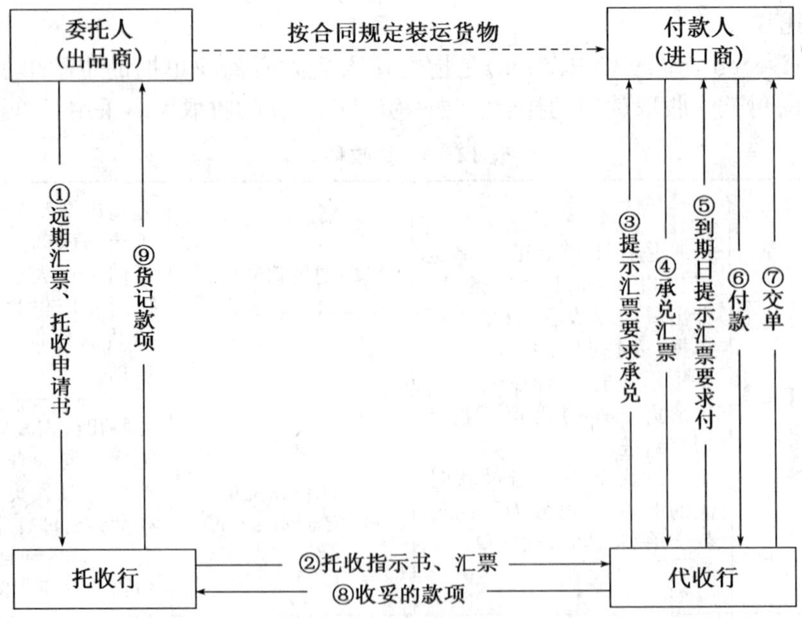

图 12－6　远期付款交单程序

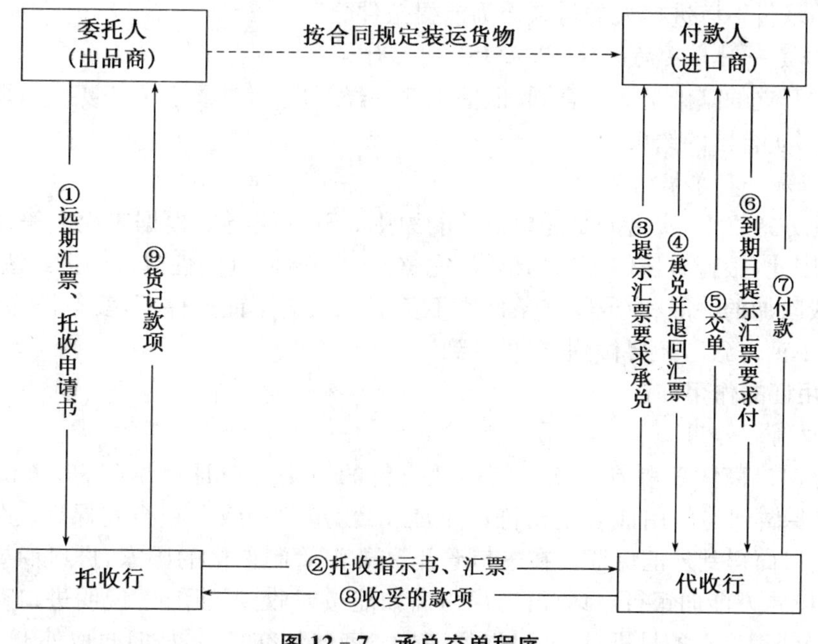

图 12－7　承兑交单程序

5. 国际贸易中采用托收的注意事项

托收方式的优点是手续简便、收款迅速、费用较低,但对出口商的收汇有一定风险。因为出口商能否按期收汇货款,完全取决于进口商的信用。就风险程度而言,最好采用即期付款交单;其次,视情况可采用远期付款交单,但一定要慎用承兑交单的支付方式。具体应注意的事项有:

(1) 认真考察进口人的资信情况、经营能力经营作风。

(2) 了解进口国的有关政策规定,对于贸易管理和外汇管制较严的进口国家和地区不宜使用托收方式。

(3) 了解进口国家的商业惯例,以免由于当地习惯做法,影响安全迅速收汇。如有些国家习惯上把远期付款交单(D/P 远期)改为按承兑交单(D/A)处理。

(4) 出口合同争取使用 CIF 或 CIP 条件成交,由出口商办理保险,或投保出口信用保险、卖方利益险。

(5) 建立健全管理和检查制度,定期检查,加强催收工作。

三、信用证概述

(一) 信用证的含义

信用证(Letter of Credit,L/C)是开证银行根据申请人的要求和指示,向受益人开立的,有一定金额的,在一定期限内,凭规定的单据,在指定的地点支付的书面保证。

(二) 信用证的特点

1. 信用证付款是银行信用,开证行承担第一性付款责任

开证行一开出信用证,它就承担了付款义务,它不仅向受益人以自己的信用保证付款,而且对它所指定授权的所有当事人保证,凭表面与信用证条款相符的单据办理付款、承兑或议

付。开证行的承付不以进口人的付款作为前提条件。

2. 信用证是一种自足的文件,独立于合同之外

信用证的开立的基础是买卖合同,但信用证一经开出,就成为独立于买卖合同之外的另一种契约,不受买卖合同的约束。

3. 信用证是一种单据的买卖

在信用证方式之下,实行的是凭单付款的原则。开证银行只根据表面上符合信用证条款的单据付款,因此,银行对任何单据的形式、完整性、准确性、真实性以及伪造或法律效力,或单据上规定的或附加的一般和/或特殊条件概不负责。在信用证条件下,实行严格符合的原则,不仅要做到"单证一致",还要做到"单单一致"。

(三) 信用证的作用

1. 对出口商的作用

(1) 保证出口商凭单取得货款。信用证支付的原则是单证严格相符,出口商交货后提交的单据,只要做到与信用证规定相符,"单证一致、单单一致",银行就保证支付货款。

(2) 使出口商得到外汇保证。在进口管制和外汇管制严格的国家,进口商要向本国申请外汇得到批准后,方能向银行申请开证,出口商如能按时收到信用证,说明进口商已得到本国外汇管理当局使用外汇的批准,因而可以保证出口商履约交货后,按时收取外汇。

(3) 可以取得资金融通。出口商在交货前,可凭进口商开来的信用证作抵押,向出口地银行借取打包贷款(Packing Credit),用以收购、加工、生产出口货物和打包装船;或出口商在收到信用证后,按规定办理货物出运,并提交汇票和信用证规定的各种单据,叙作押汇取得货款。

2. 对进口商的作用

(1) 可保证取得代表货物的单据。在信用证方式下,开证行、付款行、保兑行的付款及议付行的议付货款都要求做到单证相符,都要对单据表面的真伪进行审核。因此,可以保证进口商收到的是代表货物的单据,特别是提单是物权的凭证。

(2) 保证按时、按质、按量收到货物。进口商申请开证时可以通过控制信用证条款来约束出口商交货的时间、交货的品质和数量,如在信用证中规定最迟的装运期限以及要求出口商提交由信誉良好的公证机构出具的品质、数量或重量证书等,以保证进口商按时、按质、按量收到货物。

(3) 提供资金融通。进口商在申请开证时,通常要交纳一定的押金,如开证行认为进口商资信较好,进口商就有可能在少交或免交部分押金的情况下履行开证义务。如采用远期信用证,进口商还可以凭信托收据(Trust Receipt)向银行借单,先行提货、转售,到期再付款,这就为进口商提供了资金融通的便利。

3. 对银行的作用

开证行接受进口商的开证申请,即承担开立信用证和付款的责任,这是银行以自己的信用做出的保证,以银行信用代替了进口商的商业信用。所以,进口商在申请开证时要向银行交付一定的押金或担保品,为银行利用资金提供便利。此外,在信用证业务中,银行每做一项服务均可取得各种收益,如开证费、通知费、议付费、保兑费、修改费等各种费用。因此,承办信用证业务是各银行的业务项目之一。在国际贸易结算中,信誉良好、作风正派的银行以及高质量的服务,又促进了信用证业务的发展。

(四)信用证的当事人

1. 开证申请人

开证申请人(Applicant)又称开证人(Opener),是指向银行申请开立信用证的人。在国际贸易中,一般为进口人。

2. 开证行

开证行(Opening Bank,Issuing Bank)是指接受开证申请人的委托,根据其自身需要开立信用证的银行。开证行一般是进口人所在地银行。

3. 通知行

通知行(Advising Bank,Notifying Bank)是指受开证行的委托,将信用证通知受益人的银行。一般为出口地的银行。通知行只负责将信用证通知受益以及鉴别信用证的表面真实性,不承担其他义务。

4. 受益人

受益人(Beneficiary)是指信用证所指定的有权使用该证并且享有权益的人。一般是国际贸易中的出口人或实际供货人。

5. 议付行

议付行(Negotiating Bank)是指根据开证行的授权买入或贴现受益人开立和提交的符合信用证规定的汇票或单据的银行。议付行一般为出口地银行。如果在信用证中没有指定具体的议付行,所有银行均被认为是被授权议付的银行。

6. 付款行

付款行(Paying Bank)是指开证银行指定的担任信用证项下付款或充当汇票付款人的银行,一般是开证行,也可以是它指定的另一家银行,如保兑行或出口地或第三国的其他银行。

7. 保兑行

保兑行(Confirming Bank)是指应开证行的请求对信用证的付款责任以本行的名义实行保证兑付的银行。保兑银行具有与开证银行相同的责任和地位。保兑银行可以由通知银行兼任,也可由其他资信良好的银行加具保兑。

8. 偿付行

偿付行(Reimbursement Bank)是指接受开证银行的指示或授权,对有关代付行或议付行清偿垫款的银行。

在信用证业务中,除以上常见的当事人外,在特定情况下,还会出现一些其他的当事人,如:转让行、第二受益人、承兑行和转交行等。

(五)信用证主要内容

信用证通常包括以下项目:

1. 对信用证本身的说明

包括信用证的种类、性质、信用证号码、开证行、开证日期和开证地点、有效期和到期地点、交单期限等。

2. 对汇票的说明

包括出票人、受票人、汇票金额、汇票期限、出票条款等内容。

3. 对装运货物的说明

包括货物品名、规格、数量、单价等。

4. 对运输事项的说明

包括装运港(地)、目的港(地)、装运期限以及可否分批、转运等项内容。

5. 对货运单据的说明

包括信用证业务所需的各种货运单据,如商业发票、运输单据、保险单及其他单据。

6. 其他事项

(1) 开证行对议付行的指示条款;

(2) 开证行保证付款的文句;

(3) 开证行的名称及地址;

(4) 其他特殊条款,例如限制由×银行议付、限制船舶国籍和船舶年龄、限制航线和港口等。这些特殊条款根据进口国政治经济情况的变动可以有所不同。

(六) 信用证的种类

1. 根据信用证开立形式的不同划分

(1) 信开本

信开本(To Open by Airmail)是指开证银行采用印就的信函格式的信用证,开证后以空邮寄送通知行。这种形式现已很少使用。

(2) 电开本

电开本(To Open by Cable)是指开证行使用电报、电传、传真、SWIFT 等各种电讯方法将信用证条款传达给通知行。电开本又可分简电本(Brief Cable)、全电本(Full Cable)和 SWIFT 信用证。

2. 根据是否附有货运单据划分

(1) 跟单信用证

跟单信用证(Documentary Credit)是指开证行凭跟单汇票或仅凭单据付款的信用证。国际贸易所使用的信用证,绝大部分是跟单信用证。

(2) 光票信用证

光票信用证(Clean Credit)是指开证行仅凭不附单据的汇票付款的信用证。在采用信用证方式预付货款时,通常是用光票信用证。

3. 按照是否经另一银行加以保证兑付划分

(1) 保兑信用证

保兑信用证(Confirmed Letter of Credit)是指开证行开出的信用证,由另一银行保证对符合信用证条款规定的单据履行借款义务。对信用证加保兑的银行,称为保兑行(Confirming Bank)。保兑行对信用证也承担第一性的付款责任。

(2) 不保兑信用证

不保兑信用证(Unconfirmed Letter of Credit)是指开证银行开出的信用证没有经另一家银行保兑。当开证银行资信好和成交金额不大时,一般都使用这种不保兑的信用证。

4. 根据付款方式划分

(1) 即期付款信用证

即期付款信用证(Sight Payment Credit)是指付款行收到符合信用证条款的单据后立即付款的信用证。此种信用证一般不需要汇票,也不需要领款收据,付款行或开证行只凭货运单据付款。

(2) 延期付款信用证

延期付款信用证(Deferred Payment Credit)是指开证行在信用证中规定货物装船后若干天付款,或开证行收单后若干天付款的信用证。此种信用证不要求受益人出具远期汇票,因此出口商不能利用贴现市场资金,而只能自行垫款或向银行借款。

(3) 承兑信用证

承兑信用证(Acceptance Credit)是指当受益人向指定银行开具远期汇票并提示时,指定银行即行承兑,并于汇票到期日履行付款的信用证。

(4) 议付信用证

议付信用证(Negotiation L/C)是指开证行在信用证中,邀请其他银行买入汇票及/或单据的信用证。即允许受益人向某一指定银行或任何银行交单议付的信用证。通常在单据符合信用证条款的条件下,议付银行扣除利息和手续费后将票款付给受益人。议付信用证又可分为公开议付信用证和限制议付信用证。

(5) 预支信用证

预支信用证(Anticipatory L/C)是指允许受益人在货物装运交单前预支货款的信用证。又称"红条款信用证"(Red Clause L/C)。

5. 根据信用证的权利可否转让划分

(1) 可转让信用证

可转让信用证(Transferable Credit)是指信用证的受益人(第一受益人)可以要求授权付款、承担延期付款责任、承兑或议付的银行(统称"转让银行"),或当信用证是自由议付时,可以要求信用证中特别授权的转让银行,将信用证全部或部分转让给一个或数个受益人(第二受益人)合用的信用证。除非另有规定,可转让信用证只能转让一次。

(2) 不可转让信用证

不可转让信用证(Non-transferable Credit)是指受益人不能将信用证的权利转让给他人的信用证。凡信用证中未注明"可转让"的,就是不可转让信用证。

6. 其他类型的信用证

(1) 循环信用证

循环信用证(Revolving Credit)是指信用证按全部或部分使用后,其金额又恢复到原金额,可再次使用,直至达到规定的次数或规定的总金额为止。

(2) 对开信用证

对开信用证(Reciprocal Credit)是指两张信用证的开证申请人互以对方为受益人而开立的信用证。对开信用证的特点是第一张信用证的受益人(出口人)和开证申请人(进口人)就是第二张信用证的开证申请人和受益人,第一张信用证的通知行通常就是第二张信用证的开证行。两张信用证的金额相等或大体相等,两证可同时互开,也可先后开立。对开信用证多用于易货交易或来料加工和补偿贸易业务,交易的双方都担心对方凭第一张信用证出口或进口后,另外一方不履行进口或出口的义务,于是采用这种互相联系、互为条件的开证办法,用以彼此约束。

(3) 对背信用证

对背信用证(Back to Back Credit)又称转开信用证,是指受益人要求原证的通知行或其他银行以原证为基础,另开一张内容相似的新信用证。

(4) 备用信用证

备用信用证(Standby Letter of Credit)是指开证行根据开证申请人的请求对受益人开立的承诺承担某项义务的凭证。开证行保证在开证申请人并未履行其应履行的义务时,受益人只要凭备用信用证的规定向开证行开具汇票(或不开汇票),并提交开证申请人未履行义务的声明或证明文件,即可取得开证行的偿付。

(七) 信用证在国际贸易中的应用

1. 单纯使用信用证支付

当出口商对进口商的资信有怀疑 或需要利用信用证融资的情况下,宜采用信用证方式付款。买卖合同中要明确规定开证时间、开证银行、受益人、信用证类别、信用证金额、信用证有效期和到期地点、信用证的兑用方式等内容。

2. 信用证与汇付相结合

(1) L/C+后 T/T。大部分货款采用信用证方式付款,余额用汇付方式。

(2) 前 T/T+L/C。先汇付部分货款作为定金,余额在出口商发货后用信用证支付。

3. 信用证与托收相结合

大部分货款用信用证支付,余数用托收方式结算。一般情况下,出口方要开立两张汇票,信用证项下货款凭光票支付,但信用证上要注明“在发票金额全部付清后才可以交单”的条款。全套单据附在托收汇票项下,按付款交单方式托收。

(八) 跟单信用证的业务流程

跟单信用证的业务流程如图 12-8 所示。

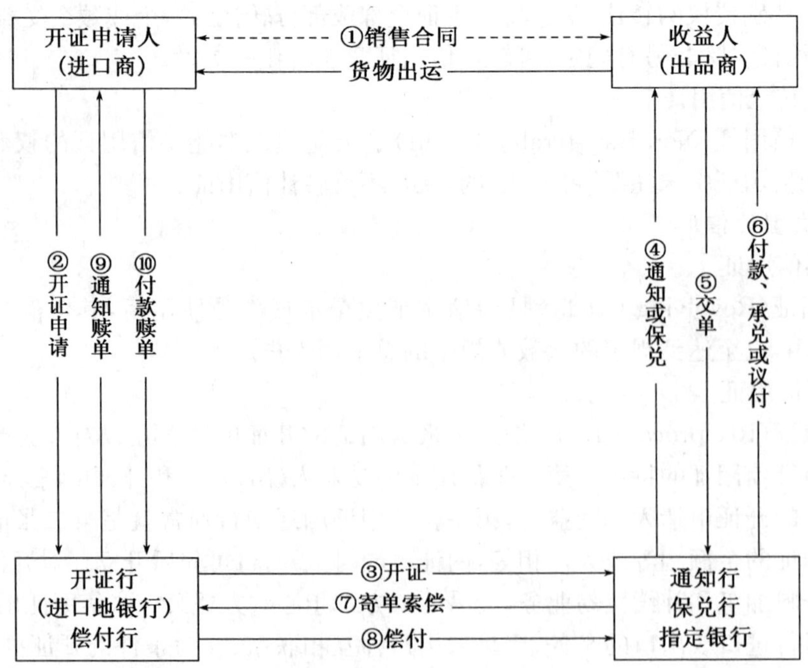

图 12-8　跟单信用证业务流程图

任务三　确定支付条款及各种支付方式的综合应用

工作任务

通过了解不同的支付工具和支付方式，小杨不仅明白了国际贸易中的货款收付方式，也逐渐明白了买卖双方之间存在的信任危机。在郑州豫港进出口贸易有限公司这次出口业务中，使用了电汇和信用证相结合的方式，这种搭配有什么好处？合同中的支付条款包含什么内容呢？除了电汇和信用证结合使用外，还有那些结合方式呢？

知识与技能支撑

国际贸易合同中的支付条款，通常包括支付金额、支付货币和支付方式等。支付金额通常按全部发票金额，也有规定货款按发票金额、附加费等另行结算，或规定约数等。支付货币一般即为计价货币，但也可以是其他货币，由买卖双方商定。而支付方式则包括支付时间、支付地点和支付方法等。具体的支付条款随着不同的交易和不同的方式而有所区别，常用的支付条款有以下几种。

一、掌握合同中的支付条款

（一）合同中的汇付条款

应明确汇付时间、汇付方法和金额。

例如：买方应不迟于6月25日将100%的货款用票汇预付至卖方；买方应于4月20日前将30%货款电汇至卖方，其余货款收到正本提单传真后5日内支付。

（二）合同中的托收条款

应规定交单条件和付款、承兑责任及付款期限等问题。合同中有关托收条款举例说明如下：

1. 即期付款交单

“买方应凭卖方开具的即期跟单汇票于见票时立即付款，付款后交单。”

2. 远期付款交单

“买方对卖方开具的见票后××天付款的跟单汇票，于第一次提示时应即予以承兑，并应于汇票到期日立即予以付款，付款后交单。”“买方应凭卖方开具的跟单汇票，于提单日后××天付款，付款后交单。”“买方应凭卖方开具的跟单汇票，于汇票出票日后××天付款，付款后交单。”

3. 承兑交单

“买方对卖方开具的见票后××天付款的跟单汇票，于第一次提示时应即予以承兑，并应于汇票到期日立即付款，承兑后交单。”

“买方对卖方开具的跟单汇票，于提示时承兑，并应于提单日后(或出票日后)××天付款，承兑后交单。”

（三）合同中的信用证条款

包括开证时间、信用证的类别、付款时间、信用证金额、信用证的有效期和到期地点等事项。

二、各种支付方式的综合应用

在国际贸易中，通常一笔交易只使用一种支付方式。但是交易双方很难就某一支付方式达成一致的情况下，或由于具体业务的需要，实际业务中有时可选择两种或两种以上的结算方式结合起来使用。

（一）信用证与汇付相结合

信用证与汇付相结合，是指部分货款用信用证结算，余数用汇付方式结算。

例如：对于粮食、煤炭、矿砂等初级产品的交易，买卖双方约定用信用证根据单据先支付发票金额的若干成，余数待或到达目的地后，根据检验的实际结果，按实际品质或数量确定余额用汇付方式支付。又如：对于待定的交易（如成套设备进口）需要进口人预付定金的，可用汇付支付定金，余款用信用证方式结算。

（二）信用证与托收相结合

信用证与托收相结合，是指部分货款用信用证结算，余数用托收方式结算。具体操作应为开两套汇票，其中信用证部分的货款凭光票付款，而全套单据附在托收部分汇票项下，按即期付款交单方式托收。

（三）跟单托收与备用信用证或银行保函相结合

有时跟单托收项下的货款会遭进口人拒付，则可采用备用信用证或银行保函追回货款，即在采用备用信用证或银行保函和跟单托收方式时，如果遭买方拒付，可由卖方开立汇票与签发买方拒付的声明书要求开证银行进行偿付，但其有效期必须晚于托收付款期限后一段适当的时间，以便被拒付后能有足够的时间办理追偿手续。

在实际业务中，还可以根据需要选择不用的支付方式综合灵活运用，例如：跟单托收与预付押金相结合、托收与汇付相结合、分期付款和延期付款相结合，等等，这样可使我们更顺利地达成交易和履行合同。

案例 12-3-1

跟单信用证的陷阱

在国际贸易支付方式中，跟单信用证使用最为广泛，也一直被视为相当保险的一种交易方式。因此，尽管我国出口贸易也接受国际上普遍应用的多种支付方式，但主要的收汇方式仍然是跟单信用证。为此，我们应对跟单信用证的条款，尤其是软条款深加研究。这些条款对受益人来说极为不利，因为进口商或进口商授权人如果不来履行就不能出具检验证书或货运收据，这必然影响货物出运。但是，即使进口商检验并出具了证书或货运收据，如果未经开证行证实，也会造成单证不符。2015 年 1 月，某三资企业将制好的一套单据交来交通银行汕头分行议付，经银行审核，发现其检验证书未按信用证条款要求的经开证行证实。企业得知后，希望把证书再寄给国外进口商，请其要求向开证行证实，但由于往返时间长，如果寄去后再寄回来又会影响交单时间，所以，只好以单证不符寄往国外开证行。由于该客户是老客户，又是资信较好的客商，所以，最后还是把货款收回来了，但是开证行已扣除了50美元的单证不符费和30元的电报费。

资料来源：中国市场秩序网，2015年02月05日。

任务实施

合同中的支付条款是合同的核心条款之一，郑州豫港进出口贸易有限公司在选择先电汇再信用证支付的方式上，非常符合吹风机这一类产品交易的现状。在实际业务中，还可以根据需要选择不用的支付方式综合灵活运用。

任务四　出口制单结汇与进口审单付汇

工作任务

郑州豫港进出口贸易有限公司把吹风机按时装船后，下一步要按照进口商开来的信用证缮制所有用于出口结汇的单据，要在信用证规定的交单期内把所要求的单据交给银行，办理结汇等工作。小杨不太清楚办理出口结汇需要用到哪些单据？是否按要求准备齐全单据就可以按时从银行拿到货款呢？另外小杨还在思考，如果郑州豫港进出口贸易公司下单贸易是进口，那么哪种情况下可以支付货款呢？

知识与技能支撑

货物装船后，出口方应立即按照信用证的规定缮制各种单据，向银行交单结汇，办理出口收汇核销和退税手续。至此，一笔出口业务的合同履行方基本完毕。

一、出口制单结汇

（一）缮制单据

缮制单据简称制单，是出口方按照信用证或合同的有关要求，缮制各种结汇单据的过程。本章只简单介绍单据的种类及制作的基本要求，至于各种单证缮制的详细要求，在“外贸单证实务”课程中将进一步学习。

1. 制单的基本要求

表12－5　制单要求

正确	单证内容必须正确，既符合信用证的要求，又能真实反映货物的情况，且各单据的内容不能相互矛盾。

（续表）

完整	单据份数应符合信用证的规定，不能短少。单据本身的内容应当完备，不能出现项目短缺的情况。
及时	制单应及时，以免错过交单期或信用证有效期。
简明	单据内容应按信用证要求和国际惯例填写，力求简明。
整洁	单据的布局要美观大方，缮写或打印的自己要清楚醒目，单据表面要清洁，对更改的地方要加盖校对图章并签字。

2. 常见的结汇票据

一般情况下，常见的结汇票据有三类。

(1) 出口商自行缮制的单证。包括汇票、商业发票、包装单据、其他单证；

(2) 各类服务机构出具的单证。包括运输单据、保险单据等；

(3) 官方机构出具的单证。包括原产地证明、检验证书等。

(二) 交单结汇

1. 交单

交单是指出口商在规定的时间内向银行提交信用证规定的全套单据，银行审核单据后，根据信用证条款规定的兑付方式办理结汇。规定时间是指信用证规定的交单期和有效期之内。交单方式有两种：

(1) 一次交单。即在货已发运、全套单据收齐后一次性送交银行。

(2) 两次交单，即预审交单。即在运输单据签发前，先将其他已备妥的单据交银行预审，发现问题及时更正，待货物装运后收到运输单据，可以当天议付并对外寄单。

2. 结汇

结汇是指银行审核出口单据无误后，按信用证规定的兑付条件将外汇结转给出口企业。我国出口多数使用议付信用证，也有少量使用付款信用证和承兑信用证。主要结汇方式有以下几种：

(1) 出口押汇。适用于议付信用证。议付行收取单据作为质押，按汇票或发票面值，扣除从议付日起到估计收到开证行或偿付行票款之日的利息，将货款先行垫付给出口商。开证行对议付行承担到期承兑和付款的责任。

(2) 收妥结汇。银行收到单据后不需做押汇，直接将单据寄交开证行，待开证行将货款划过来后再向出口商结汇。

(3) 定期结汇。收到单据后，在一定时限内向出口商结汇，此期限为估计索汇时间。

(三) 出口收汇核销与退税

出口收汇核销，是国家对企业的出口、报关、收汇整个过程实行跟踪的监测管理。

出口退税是国家为了鼓励本国商品出口，将出口前所征收的国内税退还给出口商的制度。

具体内容将在下一个项目中讲述。

二、进口审单付汇

进口方收到全套议付单据核准无误后付款赎单。在不符点不构成风险且急需进口商品的条件下，可要求出口商提供担保后付款赎单。

(一) 审单

以信用证方式结算，出口商必须提交与信用证相符合的单据，开证行和进口方都必须对全套单据进行审核，双方应密切配合。主要单据审核要点如下。

1. 汇票

(1) 信用证名下汇票，需要加列出出票条款，说明开证行、信用证号、开证日期；
(2) 金额应与信用证规定相符，一般应为发票金额，金额的大小写一致；
(3) 汇票付款人应为开证行或指定的付款行；
(4) 出票人应为信用证受益人，通常为出口商，收款人通常为议付银行；
(5) 付款期限应与信用证规定相符；
(6) 出票日期必须在信用证有效期内，不应早于发票日期。

2. 提单

(1) 提单必须按信用证规定的份数全套提交；
(2) 提单应注明承运人名称，并经承运人或代理人签名或船长或其代理人签名；
(3) 除非信用证特别规定，提单应为清洁已装船提单；
(4) 以 CFR 或 CIF 方式成交，提单上应注明运费已付；
(5) 提单的日期不得迟于信用证所规定的最迟装运日期；
(6) 提单上所载件数、数量、船名等应和发票一致，货物描述可用总称。

3. 发票

(1) 发票应由信用证受益人出具，无需签字；
(2) 商品的名称、数量、单价、包装、价格条件、合同号等必须与信用证严格一致；
(3) 发票抬头应为开证申请人；
(4) 必须记载合同号码和发票日期。

4. 保险单

(1) 保险单正本份数应符合信用证要求，全套正本应提交开证行；
(2) 投保金额、险别应符合信用证规定；
(3) 保险单上所列船名、航线、港口、起运日期应与提单一致；
(4) 应列明货物名称、数量等，并应与发票、提单及其他货运单据一致。

5. 产地证

(1) 应由信用证指定机构签署；
(2) 货物名称、品质、数量机价格等有关商品的记载应与发票一致；
(3) 签发日期不迟于装船日期。

6. 检验证书

(1) 应由信用证指定机构签发；
(2) 检验项目及内容应符合信用证的要求，检验结果如有瑕疵者，可拒绝受理；
(3) 检验日期不得迟于装运日期，也不得距离装运日期过早。

(二) 付款和拒付

1. 付款程序

(1) 信用证受益人在装运货物后，将全套单据经议付行寄交开证行；
(2) 如开证行经审单后认为单证一致、单单一致，即应予以即期付款或承兑或于信用证规定的到期日付款，开证行付款后无追索权；

(3) 如开证行审单后发现单证不符或单单不符，应于收到单据次日起七个工作日内日，以电信方式通知寄单银行，说明单据的所有不符点，并说明是否保留单据以待交单人处理或退还交单人。

2. 拒付情形

(1) 银行拒付。对于单证不符的处理，按《UCP600》规定，银行有权拒付。在实际业务中，银行需将不符点征求开征申请人的意见，以确定拒绝或仍可接受。银行一经付款，即无追索权；

(2) 企业拒付。开证行对外付款的同时，即通知进口企业付款赎单。进口企业付款赎单前，同样需审核单据，若发现单证不一，有权拒绝赎单。如果进口商决定付款，必须要填写“对外付款通知书”，委托开证行支付。

知识链接 12-4-1

人民币汇率再创年内新低 厦门外贸商如今很纠结

近期，厦门石材贸易商万里石已经悄然改变了公司的结汇操作：将进口付汇时间提前，而收汇时间推后。万里石董事长胡精沛称之为“反向操作”。令他们做出这种改变的是人民币兑美元的持续贬值。本周一，人民币兑美元再次出现跳水态势，即期盘一度大跌 192 个基点。而来自中国外汇交易中心的数据也显示，3 月 10 日人民币兑美元汇率中间价报 6.1312，创下年内新低。昨天，人民币兑美元即期汇率再次小幅贬值 17 点。“今年我们肯定会在出口业务上加强力度。”胡精沛告诉导报记者，今年的出口形势对他们企业来说，利好之一就是目前的汇率变动。不仅是万里石，导报记者了解到，一些企业也考虑解除与银行的汇率锁定协议，加快结汇速度，改为实时结汇，希望从中弥补以前人民币持续升值带来的损失。不过，人民币汇率的双向变动也带来了不确定性的增加，让不少企业在应对举措上陷入了两难的境地。“看不准，目前还在观望，暂时还不会去改变结算方式。”一家主要做鞋服等轻工品出口、年出口额上 5 亿美元的厦门外贸企业相关负责人昨日表示，目前他们主要靠与银行协议锁定汇率，所以人民币贬值的效应还没怎么显现。“我们并没有从近期人民币贬值中获益多少。”竹纤维系列纺织品出口商林先生表示，过去为避免人民币升值风险，他们尽量不用美元结算。

比如，直接与在中国的办事处或者分公司用人民币结算，或是通过外贸公司代办的方式，直接用人民币结算。这样做虽然会牺牲几个点的利润，但结算快，且汇率变动风险也不用自己承担。

资料来源：海峡导报，2014 年 03 月 12 日。

任务实施

小杨通过认真学习，得知制作单据是一件很细致很严谨的工作，了解了常见的结汇单据和出现单证不符的情况如何处理之后，小杨心中默默下定决心，明年要参加全国国际商务单证员资格考试，今后向单证员的工作方向努力。

任务五　项目实训

知识巩固

◇ 不定项选择

1. 票据是国际通行的结算信贷工具，其中使用最多的是(　　)。
   A. 支票　　B. 本票　　C. 汇票　　D. 发票
2. 按照承兑人的不同，汇票可分为(　　)。
   A. 银行汇票和商业汇票　　B. 光票和跟单汇票
   C. 银行承兑汇票和商业承兑汇票　　D. 即期汇票与远期汇票
3. 银行汇票和商业汇票区分的主要依据是(　　)。
   A. 是否随附单据　　B. 出票人不同　　C. 付款时间不同　　D. 承兑人不同
4. 规定远期汇票的方法有(　　)。
   A. 自出票之日起　　B. 自签发提单之日起
   C. 自见票承兑之日起　　D. 规定在某月某日付款
5. 汇票遭到拒付是指(　　)。
   A. 持票人提示汇票要求承兑时，遭到拒绝承兑
   B. 持票人提示汇票要求付款时，遭到拒绝付款
   C. 付款人逃避不见汇票
   D. 付款人死亡或破产
   E. 汇票出票人在出票时加注“不受追索”字样
6. 国际结算中使用的支付工具主要分为(　　)。
   A. 支票　　B. 汇票　　C. 外币现钞　　D. 票据

◇ 判断题

1. 支票是以银行为付款人的即期汇票。(　　)
2. 本票是无条件的支付承诺，汇票是无条件的支付命令。(　　)
3. 在一般情况下，汇票一经付款，出票人对汇票的责任即告解除。(　　)
4. 汇票、本票、支票都可分为即期和远期两种。(　　)
5. 托收是通过银行进行的，所以托收是银行信用。(　　)
6. 光票是指不随附任何单据的汇票。(　　)
7. 汇票遭到拒付时，还要涉及作成拒绝证书和行使追索权等法律权利。(　　)

项目实操

◆项目实训操作

【项目背景一】某公司受国内用户委托，以本公司名义与国外一公司签订一项进口某种商

品的合同,支付条件为“即期付款交单”。在履行合同时,卖方未经该公司同意,就直接将货物连同单据都交给了国内用户,但该国内用户在收到货物后由于财务困难,无力支付货款。在这种情况下,国外卖方认为,我外贸公司作为合同的买方,根据买卖合同的支付条款,要求我公司支付货款。

【任务】试问:外贸公司是否有义务支付货款?

【项目背景二】即期信用证押汇后四个月,确知客户已提货,但押汇行称未收到国外的付款。

【任务】试问:押汇行能否向受益人追索?

项目十三　核销退税

【知识目标】

- 熟悉我国外汇管理制度
- 掌握外汇核销的含义
- 掌握出口退税的含义
- 熟悉出口退税的内容、基本原则、特点、前提条件

【能力目标】

- 能够掌握收、付汇核销流程
- 能够熟练办理进出口核销手续
- 能够掌握出口退税的流程
- 能够熟练办理出口退税手续

【项目背景】

郑州豫港进出口贸易有限公司外贸业务员小杨在收到全部电吹风机的销售货款后，很高兴地找到经理，告诉他自己完成了一批交易。但经理告诉他，收到货款我们的事还没完结呢，还要办理核销和退税。小杨想，核销手续要去哪里办理呢？有哪些流程？办理此业务要准备什么相关单据呢？于是小杨向经理寻求帮助，经理告诉他，我国外汇管理局最近对外汇核销业务发布了新的改革制度，要他上网查查，新旧手续上有哪些地方不同。另外，核销业务处理完后小杨还要办理退税手续，那又该如何办理呢？

任务一　办理进出口核销业务

工作任务

我国是外汇管制国家，不允许人民币与外汇直接无限制地兑换，企业在办理进出口业务时要使用外汇，必须得到外汇管理局或其授权单位的批准。但随着我国对外汇制度的改革，这些手续和流程上发生了一些变化，要做好进出口核销工作，需要熟练掌握在新外汇制度下办理外汇核销手续的方法。

自 2012 年以来，我国对进出口核销业务的办理手续进行了更符合国际贸易活动需要的改

革，在未来应该还将会有多轮改革发生。

知识与技能支撑

一、外汇核销概述

外汇核销可分为出口收汇核销和进口付汇核销。

(一) 出口收汇核销概述

出口收汇核销管理是指外汇管理局在海关、税务、银行等有关部门的配合、协助下，以出口货物的价值为标准，核对是否有相应的外汇(或货物)收回国内的一种事后监管措施，是对出口收汇的贸易真实性的审核。出口收汇核销管理对防止外汇资金流失或非出口贸易项下外汇资金混入，维护国际收支平衡，促进对外贸易的发展起到了积极的作用。

为了适应现实的国际贸易活动，国家外汇管理局、海关总署、国家税务总局决定，自 2012 年 8 月 1 日起，在全国实施货物贸易外汇管理制度改革，并相应调整出口报关流程，优化升级出口收汇与出口退税信息共享机制。这一改革的最大变化为：从 2012 年 8 月起我国将取消出口收汇核销单(以下简称核销单)，也就意味着出口企业不再办理出口收汇核销。

(二) 进口付汇核销概述

进口付汇核销是以付汇的金额为标准，核对是否有相应的货物进口到国内或有其他证明抵冲付汇的一种事后管理措施。

(三) 办理外汇核销的前提条件

1. 取得工商营业执照。
2. 取得组织机构代码证书。
3. 取得进出口经营权——《中华人民共和国进出口企业资格证书》。
4. 取得海关自理报关单位注册登记证明书。

二、出口收汇核销流程

1. 出口企业在取得进出口经营权后，应到外汇管理局办理出口名录登记手续；
2. 到中国海关电子口岸办理出口报关手续；
3. 到银行办理开户，到款确定贸易性质后，入待核查账户，银行对企业的名录和分类状态进行不同的操作，银行对交易单证的真实性和一致性进行合理审查后办理结汇或划转即可。

三、进口付汇核销流程

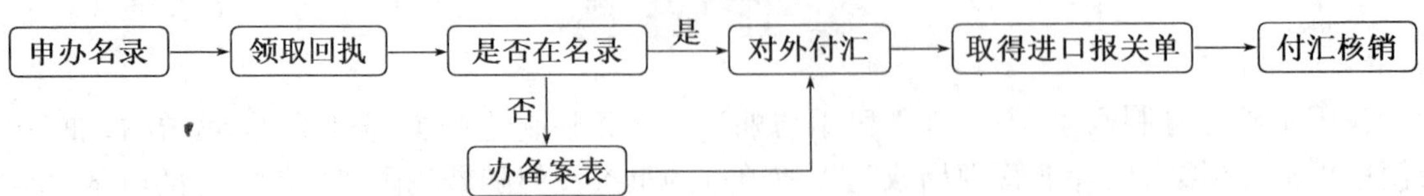

(一) 图释

1. 进口单位办理“对外付汇进口单位名录”；

2. 申请办理名录的同时申请核销员资格，经培训合格后，由外汇管理局派发进口付汇核销员资格证书；领取报名回执后即可凭此回执办理进口业务；

3. 当要对外付汇时，先查询本企业是否在名录。如果在则直接到开户银行办理对外付汇手续，如果尚未在名录或需由外汇局审核真实性或异地付汇等情况时，需要先到外汇局办理"进口付汇备案表"，再凭此办理进口付汇手续；

4. 取得进口货物报关单付汇专用联；

5. 以货到付汇方式结算的，由付汇银行自动核销，以预付、信用证、托收等其他方式结算的，企业应当在货物进口报关后一个月内向外汇局办理核销报审手续。

(二) 注意事项

1. 工商营业执照上有效期为一年(含一年)以下的进口企业不得列入"对外付汇进口单位名录"；

2. 核销员证每年年审一次，对于在核销工作中出现多次失误的，应重新培训考核或取消核销员资格；

3. 对于不在"对外付汇进口单位名录"内的企业，每一笔付汇都必须办理"进口付汇备案表"；

4. 在办理核销报审手续时，单证内容必须真实、完整、清晰、准确；

5. 对于有违规行为的进口单位，将被列入"由外汇局审核真实性的进口单位名单"，每一笔付汇都要实现办理备案手续，且受到严格管制。

四、外汇核销制度改革

为大力推进贸易便利化，进一步改进货物贸易外汇服务和管理，国家外汇管理局、海关总署、国家税务总局决定，自 2012 年 8 月 1 日起在全国实施货物贸易外汇管理制度改革，并相应调整出口报关流程，优化升级出口收汇与出口退税信息共享机制。

(一) 改革货物贸易外汇管理方式

2012 年 8 月 1 日起之日起，取消出口收汇核销单(以下简称核销单)，企业不再办理出口收汇核销手续。国家外汇管理局分支局(以下简称外汇局)对企业的贸易外汇管理方式由现场逐笔核销改变为非现场总量核查。外汇局通过货物贸易外汇监测系统，全面采集企业货物进出口和贸易外汇收支逐笔数据，定期比对、评估企业货物流与资金流总体匹配情况，便利合规企业贸易外汇收支；对存在异常的企业进行重点监测，必要时实施现场核查。

(二) 对企业实施动态分类管理

外汇局根据企业贸易外汇收支的合规性及其与货物进出口的一致性，将企业分为 A、B、C 三类。A 类企业进口付汇单证简化，可凭进口报关单、合同或发票等任何一种能够证明交易真实性的单证在银行直接办理付汇，出口收汇无需联网核查；银行办理收付汇审核手续相应简化。对 B、C 类企业在贸易外汇收支单证审核、业务类型、结算方式等方面实施严格监管，B 类企业贸易外汇收支由银行实施电子数据核查，C 类企业贸易外汇收支须经外汇局逐笔登记后办理。

外汇局根据企业在分类监管期内遵守外汇管理规定情况，进行动态调整。A 类企业违反外汇管理规定将被降级为 B 类或 C 类；B 类企业在分类监管期内合规性状况未见好转的，将延长分类监管期或被降级为 C 类；B、C 类企业在分类监管期内守法合规经营的，分类监管期满后可升级为 A、B 类。

类型	改革前	改革后	对比
出口收汇核销	到外汇局办理核销员备案，企业档案备案	到外汇局办理名录登记手续	取消核销员备案，增加名录登记
	到电子口岸办理IC卡，到外汇局领取出口收汇核销单	取消出口收汇核销单	外汇局业务无需使用IC卡，无需领取出口收汇核销单
	办理出口报关手续，并通过电子口岸系统提交核销单信息	办理出口报关手续	取消在电子口岸提交核销单信息
出口收汇联网核查	到银行办理开户，到款银行确定贸易性质后入待核查账户，提交联网核查申请，核查后结汇或划转	到银行办理开户，到款确定贸易性质后入待核查账户，银行对企业的名录和分类状态进行不同的操作，银行对交易单证的真实性和一致性进行合理审查后办理结汇或划转(除进口付汇退汇外，A类企业待核查账户资金的结汇或划转，银行审核单证的要求由各银行自行把握)	仅B类企业需要进行出口收汇电子数据核查
进口付汇	货到项下付汇需凭进口报关单、合同、发票办理，三者缺一不可	凭进口报关单、合同、发票之一即可办理	凭进口报关单、合同、发票之一即可办理
	预付货款还需先向外汇局申请额度，经系统确认或外汇局人工确认后方可到银行办理付汇	凭进口合同、发票之一即可办理	凭进口合同、发票之一即可办理

任务实施

小杨通过本次任务的学习，掌握了出口收汇核销的业务流程；同时，他也掌握了进口付汇核销的业务流程。

任务二　申领出口退税

工作任务

1985年3月，国务院正式颁发了《关于批转财政部〈关于对进出口产品征、退产品税或增值税的规定〉的通知》，规定从1985年4月1日起实行对出口产品退税政策。1994年1月1日起，随着国家税制的改革，我国改革了已有退还产品税、增值税、消费税的出口退税管理办法，建立了以新的增值税、消费税制度为基础的出口货物退(免)税制度。在当前深化税制改革的背景下，外贸从业人员应熟练掌握新外汇制度下办理退税手续的工作。

知识与技能支撑

一、出口退税的含义

出口货物退免(Export Rebates)税，简称出口退税，其基本含义是指对出口货物退还其在国内生产和流通环节实际缴纳的产品税、增值税、营业税和特别消费税。出口退税主要是通过退还出口货物的国内已纳税款来平衡国内产品的税收负担，使本国产品以不含税成本进入国际市场，与国外产品在同等条件下进行竞争，从而增强竞争能力，扩大出口创汇。根据现行税制规定，我国出口货物退(免)税的税种是流转税(又称间接税)范围内的增值税、消费税两个税种。

二、出口退税的内容

目前，享有出口退税权的企业，是指经有关部门批准的、有进出口经营权的企业。主要是外贸公司和有进出口权的生产企业，包括外商投资企业，另外还有出口量较小的一些特殊企业，如外轮供应公司、免税品公司等。享受退税的出口货物，除免税货物、禁止出口货物被明文规定不予以退税的货物外，其他货物都可享受出口退税政策。退税的税种为增值税和消费税。从2004年起，增值税的退税率共有5档，分别是17%、13%、11%、8%、5%，平均退税率为12%左右。

三、出口货物退(免)税的基本原则

出口货物退(免)税是国家总体税制的一个组成部分，其政策框架的确立离不开总体税制确立的基本原则，包括税收的效率原则，主要指税收对经济有效运作的作用；公平原则，即税收促进国民收入再分配公平化的原则；财政原则，即税收要保证国家政府财政收入；法制原则，即税收的确定要遵循法制化的途径和方式。但是，出口退税由于其本身的局限性、侧重性，它又有自身固有的遵循原则，包括：

(一) 国际惯例原则，也即公平税负的原则

所谓国际惯例原则，指的是一主权国家在参加国际经贸活动与国际分工时，为促进本国涉外经贸活动的发展，所执行的某项政策措施符合一定的国际准则。

(二) 属地管理原则

所谓属地管理原则，又称领土原则，是指一国对其领土(领域)范围内发生的经济行为，有权按照本国的税收法律实行管辖，这种以地域概念来确定管辖所行使范围的原则称为属地管理原则。一个独立的主权国家，在税收上享有完全的自主权，包括课税权和减免税权。对出口的货物，在不损害别国利益的前提下，一国有权决定对该项目出口货物退还或免征在国内缴纳的税款。这是国家主权的具体体现，国际社会对此必须尊重。

(三) 征多少、退多少的原则

所谓征多少、退多少就是将出口退税货物的所含流转税负全部退还给出口商，因为如果征多退少，没有彻底退税，就会影响我国货物在国际市场上的竞争能力，不利于货物出口。反过来，如果征少退多，出口退税又成为变相的财政补贴，失去出口退税原有的意义，同时还会引起国际间的贸易纠纷，招致国外的报复，同样不利于我国货物出口。

(四) 宏观调控原则

国家在制定出口货物退(免)税政策时，既要符合出口货物退(免)税的国际惯例，又必须体现国家的经济政策，即通过税收的职能作用体现宏观调控的原则。如对购入增值税小规模纳税人的货物出口，一般不予退税，但对购入的某些传统货物，考虑其所占出口比重较大及其生产、采购的特殊因素，特准给予退税，以保护我国传统出口货物的生产和发展；对黄金首饰、珠宝玉石等贵重货物，指定经营企业出口的可办理退税，非指定经营企业出口后不得办理退税，以适应现阶段出口贸易管理的实际情况，有效地防止出口漏税；对少数因国际、国内差价大而出口获利较多的货物和国际限制或禁止出口的货物，以及没有纳入出口企业财务管理的个人携带出境的货物等则不予退税，以调节出口货物的利润和防止资源外流。

四、出口退税的前提条件

1. 取得工商营业执照；
2. 取得税务登记证；
3. 取得《中华人民共和国进出口企业资格证书》(无进出口经营权可以不提供)；
4. 取得海关自理报关单位注册登记证明书(无进出口经营权可以不提供)；
5. 取得增值税一般纳税人申请认定审批表或年审审批表；
6. 代理出口协议(非代理可以不提供)。

知识链接 13-2-1

七种行为不能申请出口退税

国家税务总局、商务部日前发出通知，规定凡自营或委托出口业务具有右表中7种情况之一的，出口企业不得将该业务向税务机关申报办理出口货物退(免)税。

两部门明确表示，出口企业凡从事右表中业务之一并申报退(免)税的，一经发现，该业务已退(免)税款予以追回，未退(免)税款不再办理。骗取出口退税款的，由税务机关追缴其骗取的退税款，并处骗取退税款1倍以上5倍以下罚款；并由省级以上(含省级)税务机关批准，停止其半年以上出口退税权。在停止出口退税权期间，对该企业自营、委托或代理出口的货物，一律不予办理出口退(免)税。

1. 出口企业以自营名义出口，但不承担出口货物的质量、结汇或退税风险的，即出口货物发生质量问题不承担外方的索赔责任(合同中有约定质量责任承担者除外)；不承担未按期结汇导致不能核销的责任(合同中有约定结汇责任承担者除外)；不承担因申报出口退税的资料、单证等出现问题造成不退税责任的；

2. 出口企业以自营名义出口，其出口业务实质上是由本企业及其投资的企业以外的其他经营者(或企业、个体经营者及其他个人)假借该出口企业名义操作完成的；

3. 出口货物在海关验放后，出口企业自己或委托货代承运人对该笔货物的海运提单(其他运输方式的，以承运人交给发货人的运输单据为准）上的品名、规格等进行修改，造成出口货物报关单与海运提单有关内容不符的；

4. 出口企业将空白的出口货物报关单、出口收汇核销单等出口退（免）税单证交由除签有委托合同的货代公司、报关行，或由国外进口方指定的货代公司（提供合同约定或者其他相关证明）以外的其他单位或个人使用的；

5. 出口企业以自营名义出口，其出口的同一批货物既签订购货合同，又签订代理出口合同（或协议）的；

6. 出口企业未实质参与出口经营活动、接受并从事由中间人介绍的其他出口业务，但仍以自营名义出口的；

7. 其他违反国家有关出口退税法律法规的行为。

五、出口退税的流程

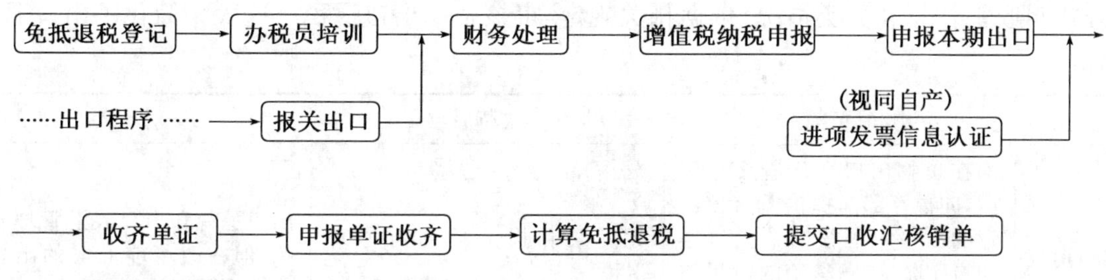

（一）图释

1. 企业自取得进出口经营权或首笔出口业务发生之日起30日内持有关资料向主管税务机关申请办理免抵退税登记；

2. 已办理免抵退税登记的企业，应设专职办理出口退税的办税员，并经税务机关培训合格后发给《办税员证》，办税员持证办理相关退税业务；

3. 在货物报关出口当月，对每笔出口业务按FOB价开具商品出口发票并进行账务处理，计算销售收入的汇率必须与退税申报软件中保持一致；

4. 在增值税纳税申报时，对"免抵退税出口销售收入"及由于征退税率差形成的"进项税额转出"进行申报；

5. 在申报前，视同自产企业将进项发票信息与征管系统中的进项发票抵扣认证信息相稽核；

6. 免抵退税申报期为每月1～15日，此期间内要申报上月的所有出口纪录，并同时申报以前期出口的单证已收齐的纪录，据此计算当期免抵退税额，申报时需提供当期增值税纳税申报表主表及附表一、二各一份；

7. 当期申报纪录对应的外汇核销单必须在180天内收齐，并按原申报顺序装订成册报送主管退税部门。

（二）注意事项

1. 新办企业（2004年6月后办理出口退免税登记的）自登记之日起两年内，出口企业申报出口退免税时，必须提供出口收汇核销单，若出口90天内未办理出口收汇核销手续的，需向退税主管部门提交出口报关单，并由该部门予以确认，待180天内办理出口收汇核销取得核销单退税联以后，再办理单证收齐的申报；

2. 新办企业自首次出口业务申报起12个月内只能免抵税，第13个月起才能申报免抵退税；

3. 自货物报关出口之日起90天内，必须向主管退税部门办理单证齐全申报，逾期不申报的，除另有规定和确有特殊原因经市局批准者或取得退税部门出局的补办单证证明外，不再受理该笔出口货物的免抵退税申报；

4. 经退税部门审核，未能在规定期限天内提供出口收汇核销单的，出口企业必须在电子申报系统中做红字冲减，再按视同内销征税，以后不再办理退税申报。

六、外汇核销制度改革对出口退税的影响

自2012年8月1日起报关出口的货物(以海关“出口货物报关单[出口退税专用]”注明的出口日期为准，下同)，出口企业申报出口退税时，不再提供核销单；税务局参考外汇局提供的企业出口收汇信息和分类情况，依据相关规定，审核企业出口退税。这大大简化了出口退税凭证。

类型	改革前	改革后	对比
出口退税	须在货物出口之日起210天内，向税务部门提供盖有核销章的出口收汇核销单出口退税专用联(或已核销的电子信息)，另外还需提供出口报关单，增值税发票等资料	凭发票和报关单即可办理退税	出口退税和出口收汇管理脱钩，但在改革前形成的出口逾期未收汇核销，不予退税

任务实施

小杨通过本次任务的学习，掌握了出口退税的意义、原则和流程。

任务三　项目实训

知识巩固

◇ 不定项选择题

1. 出口收汇单位应当在收到外汇之日起(　　)内凭核销单及加盖海关“验讫章”的出口报关单等到外汇管理局办理核销手续。

A. 60天　　B. 30天　　C. 100天　　D. 90天

2. 一般情况下，出口企业应在出口后(　　)内向主管出口退税的税务机关提供“出口收汇已核销证明”。

A. 3个月　　B. 6个月　　C. 9个月　　D. 10个月

3. 凡经营出口产品的企业,均应填具(　　),报经所在地主管出口退税的税务机关审核后批准执行。

A. 出口货物报关单　　B. 出口产品退税鉴定表

C. 出口货物退(免)税申报表　　D. 出口收汇已核销证明

4. 核销手续是向哪个部门申请办理(　　)。

A. 国税局　　B. 银行　　C. 外汇管理局　　D. 海关

5. 退税手续是向哪个部门申请办理(　　)。

A. 国税局　　B. 银行

C. 外汇管理局　　D. 海关

6. 以下不能申请退税的是(　　)。

A. 来料加工厂出口一批货物　　B. 易货贸易下出口一批小麦

C. 捐赠一批速冻食品给泰国　　D. 没有出口经营权的某企业出口一批货物

7. 外贸公司向当地税务巨申请退税,应提供的证明资料有(　　)。

A. 加盖海关"验讫章"的出口报关　　B. 出口销售发票

C. 进货发票　　D. 银行结汇水单

8. 出口收汇核销单位通常是(　　)。

A. 生产企业　　B. 银行

C. 外商投资企业　　D. 外贸公司

◇ **判断**

1. 货物出口后,企业应及时将海关签发的核销单、报关单以及银行出具的结汇水单等资料到外汇管理局办理核销手续。(　　)

2. 报关单位如需申请出口退税,应增填一份"出口货物报关单",并在右上角注明"申请出口产品退税专用联"。(　　)

3. 所有出口商品均可申请出口退税。(　　)

项目实操

◆**项目实训操作**

【项目背景一】大连企业积极应对出口退税调整

我国关于改革现行出口退税机制的决定,不仅对出口退税率进行了调整,而且确定了中央与地方共同负担的退税新机制,新规定既关系到大连的地方财政,也关系到目前大连2 000多家外贸企业如何确定新的发展方向,对大连外贸出口以及外向型发展战略也将产生深远影响,据大连国税局统计,2002年大连出口退税37.14亿元,今年计划退税额为42.3亿元。截至9月底,已办理退税近37亿元。据有关部门初步测算,受出口退税率下调因素影响,大连明年将减少退税额至少在十几亿元。

在这次出口退税机制改革中,最受地方政府关注的就是"以2003年出口退税实退指标为基数,对超基数部分的应退税额,由中央和地方按75∶25的比例共同负担"。预计新规定实施后,大连地方财政每年将因此增加支出上亿元。

出口退税机制的调整,对大连外贸及生产企业的主要影响在两方面:一种是现在执行

17%退税率的产品，如机电产品、服装、棉纺织品等，退税率下调4个百分点；另一种是现在执行15%退税率的产品，如钢材及其制品、小五金、塑料制品等，退税率下调两个百分点。大连的外贸出口中，加工贸易比重高、附加值高的产品不多，一般类型的机电产品和服装、轻工类产品所占的比重较大，而这几类商品的退税率分别下调了4%和2%，并且以下调4个百分点的居多。

根据有关机构计算，出口退税率每下调1个百分点，就相当于一般贸易出口成本增加约1个百分点，若下调4个百分点的话，将使得一般贸易出口成本增加4%。

退税率的下调对企业的影响是必然的，相关企业只有积极想办法，调整产业结构和出口市场结构，坚定地贯彻"以质取胜"的战略，增强出口产品的竞争力。目前，很多大连企业已积极行动起来，应对明年退税机制调整可能带来的影响。很多外贸企业表示不能再单纯把出口退税作为利润的主要来源了，因为以前退税款不能及时发给企业，所以，全靠退税会影响企业的资金周转，很多企业开始考虑如何增加出口产品的附加价，或是向多元化的方向发展。出口退税率下调，将直接提高出口企业的成本和定价，出口企业需要调整其出口产品报价。从长远来看，退税率的下调，也会促使企业对生产成本进行全面调整，如降低采购价格，提高销售价格，向上下游分流新增成本；同时加强内部管理，减少费用，降低企业生产运营成本，从企业内部消化退税率下调带来的成本增长。也有一部分企业表示，今后将考虑经营转型，因为出口那些附加值较低的产品利润会越来越少。

【任务一】结合案例，总结我国出口退税制度的改革对外贸进出口企业的影响有哪些？

【任务二】结合案例，分析我国外贸企业应如何应对新一轮的出口退税制度改革？

【项目背景二】出口退税下调2% 纺织业提价促升级

自2006年9月15日起，我国纺织品的出口退税率由13%降至11%，2007年6月18日又公布下调服装与粘胶纤维的出口退税率。据纺织工业协会测算，今年下半年。由于出口退税率下调2个百分点。服装行业利润将损失48亿元。利润率将下降0.26个百分点。

出口退税税率大规模调整，让国内不少企业饱受"煎熬"。如何应对，这是企业面临的重大选择，是退出市场还是内部消化？为此，《中国产经新闻》记者走访了国内几家服装企业。

1. 大型服装企业酝酿提价

曾有人士认为，此次下调对纺企影响有限，因为服装出口企业可以通过调价来抵消出口退税率降低对企业利润的压缩。

近日，《中国产经新闻》记者从中国服装股份有限公司了解到，此次出口退税率调整将对公司业绩产生负面影响。据该公司董事会发出的公告显示，经初步测算，公司2007年利润总额582万元左右将受到影响。

对此，该公司有关负责人表示，将通过适当调整相应产品价格，创新产品结构、增收节支等措施予以应对，最大限度地降低此次退税率下调给公司带来的不利影响。

然而，业内人士对此并不完全认同。东方证券纺织服装行业分析师施红梅表示，并非所有企业都有提价话语权。提价要看企业产品的竞争力，没有竞争力的产品和外商谈提价很难成功，盲目提价会流失订单和客户。她同时指出，提价后也只能往下游转嫁一部分压力，并不能完全消融掉退税下调的影响。有一部分此前一直拼价格的企业会受到比较大的冲击。如果不改变的话，迟早会退出这个市场。

2. 中小型纺企压力大

中国纺织工业协会副会长陈树津表示，今年国家调整出口退税，对服装行业的影响是有限的，更多的是动力而不是压力。

陈树津对此认为，国家出台调整出口退税，最基本的就是进一步压缩行业利润，加大出口中小企业的生存压力，进而影响出口数额。在这方面来说，肯定存在负面的影响。但是，国家出台这样的政策，一方面是为适应WTO的规则，更好地在世界贸易组织的框架内进行公平公正的贸易活动。

另一方面，更多的是动力而不是压力，对服装行业的影响也是有限的，陈树津说。

然而对于中小型企业来说，利润负增长意味着亏损、倒闭。降低或者取消商品的出口退税率相当于直接增加了企业出口商品的成本，而企业出口成本的上升则会减少企业出口利润，降低企业产业出口热情，使整体出口降温，贸易顺差减少，继而减少外国资本流入的数量，减少过剩的流动性。

3. 纺织出口行业亟待产业升级

据发改委分析，人民币继续升值将减弱纸制品业及纺织服装业的出口价格优势。

在多重压力下，调整出口结构，加快产业升级成了业界专家最关注的问题。

在产业结构调整的过程中，企业需要提高产品的技术优势，实施品牌战略，建立核心竞争力。纺织工业协会会长杜钰洲在今年的全球纺织经济论坛上指出，纺织经济的竞争焦点从主要依靠劳动力比较优势的产品竞争，逐步转向依靠科技创新能力以及品牌创造力的竞争，科技和品牌已成为全球纺织产业合作的重点，也是我国纺织工业未来发展的重点，拥有这两件“利器”，我国纺织产业才能赢得国际合作。

【任务】在我国出口退税改革的大背景下，我国纺织出口行业的发展出路是什么？

项目十四　业务善后

【知识目标】

- 明确进、出口贸易善后工作的内容
- 掌握处理争议的方法
- 熟悉违约责任的归属和法律认定
- 熟悉不可抗力的含义、性质和范围
- 了解仲裁的含义、仲裁机构和仲裁协议的类型

【能力目标】

- 能够选择正确的方法来处理争议
- 能够明确违约责任并提出索赔
- 能够正确处理不可抗力事件

【项目背景】

郑州豫港进出口贸易有限公司外贸业务员小杨完成全部电吹风机的销售合同后，双方第二次合作签订了一笔出口合同。但同时小杨又发掘了另一个新客户，与他签订了一笔进口合同。由于两份合同要同时履行，小杨在工作上有点应接不暇，是先办理船舶订舱的手续呢？还是办理投保险的工作呢？什么时候办理报检报关呢？所有的事情都集中到他一个人身上，小杨有点手忙脚乱不知道从哪里开始着手。另外，在履行合同的过程中他还碰到各种单据需要填写。

履行完合同，并办理了核销和退税后，小杨终于松了口气，因为自己独立完成了一笔出口合同。虽然双方是第一次合作，但这并没有影响他第一笔业务的顺利履行。可是，小杨听同事们说他算是幸运的了，并不是第一笔业务都一定不出问题。公司里其他的同事曾经碰到过不能按时交货、对方拖延付款而导致合同不得不中止，或者双方产生争议和纠纷的突发情况，还有所谓的不可抗力事件。如果遇到这些情况发生，应该如何预防和处理呢？小杨虚心地向同事们请教起来。

任务一　处理违约、异议与索赔

工作任务

在国际贸易业务中，会有很多因素影响交易的履行。有来自出口商的、进口商的、运输方的或者货物本身的质量问题等，如遇到争议和违约情况时，应学会根据各方权利和义务，划分责任归属并提出索赔。

国际贸易中的争议(disputes)是指交易的一方认为另一方未能全部或部分履行合同规定的责任而引起的业务纠纷。处理争议的方法有协商、调解、仲裁和诉讼。争议往往伴随着违约事件的发生，违约是指国际货物买卖合同确立了买卖双方的权利和义务后，任何一方不履行或不完全履行合同规定义务的行为。违约必须承担相应的法律责任，常见的主要有三种处理办法：即要求实际履行、损害赔偿和撤销合同。如果一方出现违约，很有可能给另一方造成损害，这时就需要启动合同中的索赔条款，索赔条款的内容主要包括索赔的依据、索赔的期限、索赔的办法等。

知识与技能支撑

在国际货物贸易中，交易双方从洽商交易、签订合同到实际履行合同，往往相隔较长时间。在此期间，市场情况变化莫测，价格瞬息万变、金融货币动荡不定，加之国际贸易线长、面广，中间环节多，一旦在生产、收购、运输和资金供应等任何一个环节发生意外，或市场行情发生对一方当事人不利的变化时，就有可能出现一方当事人不履行或违约的情况，使另一方当事人造成损害，从而导致索赔事件的发生，甚至引起贸易纠纷。为了预防、减少贸易纠纷和便于处理合同争议，在国际货物买卖合同中，必须事先约定异议与索赔条款(discrepancy and claim clause)、违约金条款(liquidated damages clause)、不可抗力条款(force majeure clause)和仲裁条款(arbitration clause)。

一、争议的含义

争议(disputes)是指交易的一方认为另一方未能全部或部分履行合同规定的责任而引起的业务纠纷。争议的内容主要是关于合同是否成立、是否构成违约、违约的责任与后果等。在国际贸易业务中，这种纠纷屡见不鲜，究其原因主要是：

1. 卖方不交货，或未按合同规定的时间、品质、数量、包装条款交货，或单证不符等；

2. 买方不开或缓开信用证，不付款或不按时付款赎单，无理拒收货物，在 FOB 条件下不按时派船接货等；

3. 合同条款的规定欠明确，买卖双方国家的法律或对国际贸易惯例的解释不一致，甚至对合同是否成立有不同的看法；

4. 在履行合同过程中遇到了买卖双方不能预见或无法控制的情况。

二、处理争议的方法

(一) 协商(Consultation)

协商是争议双方通过当面谈判或函电磋商，寻求双方都接受的解决方案，它具有气氛友好、灵活简便、经济的优点，这是解决争议的好办法，但这种办法有一定的局限，如要以双方自愿为基础；解决方案易被当事人推翻，难以生效等。

(二) 调解(Conciliation)

调解是指发生纠纷后，当事人自愿将争议提交给一个第三者，由第三方帮助双方分清是非、明确责任，以促进当事人和解。调解方式有中间人调解、民间机构调解、仲裁机构调解与法院调解。

(三) 仲裁(Arbitration)

双方当事人达成书面协议，自愿把争议提交给双方同意的仲裁机构，仲裁机构做出的裁决是终局的，对双方都有约束力。仲裁方式具有解决争议时间短、费用低、能为当事人保密、裁决有权威性、异国执行方便等优点。

(四) 诉讼(Litigation)

诉讼是通过法律手段来解决争议。

诉讼具有下列特点：

1. 诉讼带有强制性，只要一方当事人向有管辖权的法院起诉，另一方就必须就诉，争议双方都无权选择法官。
2. 诉讼程序复杂，处理问题比仲裁慢。
3. 诉讼处理争议中，双方当事人关系紧张，有伤和气，不利于今后贸易关系的继续发展。
4. 诉讼费用较高。

综观上述解决争议的方式，在国际贸易实践中，仲裁是最被广泛采用的一种方式。

三、违约及其法律后果

国际货物买卖合同确立了买卖双方的权利和义务，任何一方不履行或不完全履行合同规定的义务，即构成违约。违约必须承担相应的法律责任。

不同的违约行为，带来的法律后果不同。一般把违约的后果分为两种情况：只有在“根本性违约”“严重违约”或“违反要件”的情况下，受损害方才有权提出解除合同，并要求损害赔偿；而在“非根本性违约”“轻微违约”或“违反担保”的情况下，受损害方只能要求损害赔偿，不能要求解除合同。

四、约定索赔条款的意义

受损害的一方为了维护自身权益，便向违约方提出索赔。违约方对受损害方的索赔要求进行处理，称为理赔。由此可见，索赔与理赔时一个问题的两个方面，即对守约方而言是索赔，对违约方而言是理赔。

索赔是处理违约的一种最常见的补救措施。此外，还可以采取如退货、更换、修理、减价、延迟履行、替代履行、解除合同等。按照一般规定，在采取其他违约补救措施时，不影响受损害方提出索赔的权利。但受损害方提出索赔时可否同时要求解除合同，则要视违约的具体情况而定。

为了便于处理这类问题，买卖双方在合同中一般都应订立索赔条款。索赔条款有两种规定方式，一种是异议与索赔条款(Discrepancy and Claim Clause)；另一种是罚金条款(Penalty Clause)。在一般货物买卖合同中，多数只订立异议与索赔条款。而在大宗商品和机械设备进出口合同中，除了订明异议与索赔条款外，往往还需另订罚金条款。

案例 14-1-1

某进出口公司以 CIF 鹿特丹出口食品 1 000 箱，即期信用证支付，货物装运后，凭已装船清洁提单和已投保一切险及战争险的保险单，向银行收妥货款，货到目的港后经进口人复验发现下列情况：① 该批货物共有 10 个批号，抽查 20 箱，发现其中 2 个批号涉及 200 箱内含有沙门氏细菌超过进口国标准。② 收货人只实收 998 箱，缺少两箱。③ 有 15 箱货物外表状况良好，但箱内货物共短少 60 公斤。

根据以上情况，进口人应分别向谁索赔？

五、进出口合同中的索赔条款

(一) 异议和索赔条款

异议与索赔条款的内容，主要包括索赔的依据、索赔的期限、索赔的办法等。

1. 索赔依据

在索赔条款中，一般都规定索赔时应提供的证据及出证机构，如双方约定：货到目的港卸货后，若发现品质、数量或重量与合同规定不符，除应由保险公司或者船公司负责外，买方于货到目的港卸货后若干天内凭双方约定的某商检机构出具的检验证明向卖方提出索赔。

索赔依据包括法律依据和事实依据。法律依据是指合同和法律规定，当事人在对违约事实提出索赔时，必须符合有关国家法律的规定。事实依据是指违约的事实、情节及其证据，是提出索赔要求的客观基础。

2. 索赔期限

索赔期限是指索赔方提出索赔的有效时限，若超过期限，违约方可不予受理。索赔期限的规定方法有两种，即法定索赔期和约定索赔期。法定索赔期是指合同适用的法律规定的期限。约定索赔期是指买卖双方在合同中规定的期限。一般索赔期限不宜过长，也不宜规定得太短，应考虑不同商品的特性和检验条件。对于有质量保证期限的商品，合同中还应加定保证期。规定索赔期的起算方法通常有：

(1) 货物到达目的港后××天起算；

(2) 货物到达目的港卸离海轮后××天起算；

(3) 货物到达买方营业场所或用户所在地后××天起算；

(4) 货物经检验后××天起算。

3. 索赔的办法

异议索赔条款对合同双方当事人都有约束力，不论何方违约，受损害方都有权提出索赔。鉴于索赔是项复杂而又重要的工作，故处理索赔时，应弄清事实，分清责任，并区别不同情况，有理有据地提出索赔。至于索赔金额因订约时难以预卜，只能事后本着实事求是的原则酌情处理，故在合同中一般不做具体规定。

（二）罚金条款

罚金条款(Penalty Clause)亦称违约金条款或罚则，是指在合同中规定，如一方未履约或未完成履约，其应向对方支付一定数额的约定罚金，以弥补对方的损失。罚金就其性质而言是违约金。一般适用于卖方拖延交货、买方拖延接货和延迟开立信用证及拖欠货款等情况。罚金多少视延误时间长短而定，并规定最高的罚款金额，违约方被罚后仍须履行合同。否则除罚金外，还要承担由于不能履约而造成的各种损失。

罚金起算日期的计算方法有两种：一种是交货期或开证期终止后立即起算；另一种是规定优惠期，即在合同规定的有关期限终止后再宽限一段时间，在优惠期内免于罚款，待优惠期届满后再起算罚金。

六、索赔应注意的问题

在对外贸易中，索赔是一项维护国家权益的重要工作，必须根据我国的外贸方针、政策认真及时处理。在处理这类问题时主要注意如下问题：

1. 要加强调查研究，要重事实、重证据。根据事实和有效的证据，确定索赔案件的成立与否，区分责任的归属及责任的大小。

2. 注意商业信誉和道德，贯彻平等互利的贸易政策，注意遵循平等协商、合理解决的原则。该向对方索赔的，就应摆事实、讲道理，提出索赔；对客户提出的索赔，该赔的就赔，不该赔的或不该多赔的，也应当摆事实、讲道理，以理服人。在交涉过程中，还应掌握有理、有利、有节的原则。

3. 要认真研究合同的各项规定，注意研究国际贸易惯例、规则及有关的法律，力求合理、合法地解决问题。在处理索赔、理赔案件时，合同的规定是第一性的依据；国际贸易惯例和规定是第二性的依据。在合同中对该项责任未做出明确规定时，国际贸易惯例的解释则对合同起重要补充作用。如CIF合同，对保险条款仅规定“由卖方负责投保”，轮船在运输途中触雷沉没，由于卖方仅投保平安险，所以得不到保险公司的赔偿。在这个纠纷中，表面上看是卖方仅投保平安险，未投保战争险的责任，但按国际惯例解释，卖方无投保战争险的责任，所以卖方无责任。

案例 14-1-2

我方向某国出口一批冷冻食品，到货后买方在合同规定的索赔有效期内向我方提出品质索赔，索赔额达10万元人民币(约占合同总金额的半数以上)。买方附来的证件有：① 法定商品检验证，注明该项商品有变质现象(表面呈乌黑色)，但未注明货物的详细批号，也未注明变质货物的数量或比例。② 官方化验机构根据当地某食品零售商店送验的食品而做出的变质证明。我方未经详细研究就函复对方，既未承认也未否认品质问题，只是要求对方减少索赔金额，对方不应允，双方函电往来1年没有结果，对方遂派代表来我方当面交涉，并称如得不到解决，将提交仲裁。

问题：对此索赔我应不应受理？试问双方各有什么漏洞？

任务实施

小杨通过本次任务的学习，掌握了争议的处理方法，违约和索赔条款的拟定，并明确了违约的后果及责任归属。

任务二　处理不可抗力事件

【工作任务】在国际贸易合同的履行过程中，会由于自然因素等造成合同当事人遇到无法预见、无法预防、无法避免和无法控制的事件，面对这些事件，国际贸易从业者要学会正确制定合同条款来预防不可抗力事件。法律上的不可抗力是指买卖合同签订后，不是由于合同当事人的过失或疏忽，而是由于发生了合同当事人无法预见、无法预防、无法避免和无法控制的事件，以致不能履行或不能如期履行合同。发生不可抗力事件后，应该如何妥善处理呢？

知识与技能支撑

一、不可抗力的含义

不可抗力是指买卖合同签订后，不是由于合同当事人的过失或疏忽，而是由于发生了合同当事人无法预见、无法预防、无法避免和无法控制的事件，以致不能履行或不能如期履行合同，发生意外事件的一方可以免除履行合同的责任或推迟履行合同。因此，不可抗力是一项免责条款。

构成不可抗力事件应当具备的条件：

(1) 意外事件必须发生在合同成立之后；

(2) 意外事件不是由于合同当事人的过失或疏忽所造成的；

(3) 意外事件的发生及其后果是当事人无法预见、无法控制、无法避免和无法克服的。

二、不可抗力的性质和范围

不可抗力事件尤其特定的含义，并不是任何一种意外事件都可以作为不可抗力事件。不可抗力事件的范围广泛，通常分为下列两种情况：

1. 自然力事件。是指人类无法控制的自然界力量所引起的灾害，如水灾、火灾、风灾、旱灾、雨灾、冰灾、雪灾、雷电和地震等。

2. 政治或社会力事件(政府行为事件和社会异常事件)。政府行为事件是指合同成立后，政府当局发布了新的法律、法规和行政禁令等，致使合同无法履行。社会异常事件是指战争、罢工、暴动、骚乱等事件，给合同履行造成障碍。

并非所有自然原因和社会原因引起的事件都属于不可抗力事件，如汇率变化、价格波动等正常贸易风险，或如怠工、关闭工厂、船期变更等就不属于此范围。

三、进出口合同中对不可抗力事件的处理

对不可抗力事件的处理,通常在合同中要规定不可抗力条款。

1. 不可抗力事件的规定办法

(1) 概括式

在合同中不具体规定哪些事件属于不可抗力事件,而只是笼统地规定:"由于公认的不可抗力的原因,致使卖方不能交货或延期交货,卖方不负责任",或"由于不可抗力事件使合同不能履行,发生事件的一方可据此免除责任"。这类规定方法,过于笼统,含义模糊,解释伸缩性大,容易引起争议,一般不宜采用。

(2) 具体规定

在合同中详列不可抗力事件,这种一一列举的办法,虽然明确具体,但文字繁琐,且可能出现遗漏的情况,因此,也不是最好的办法。

(3) 综合规定

列明经常可能发生的不可抗力事件的同时,再加上"以及双方同意的其他不可抗力事件"的文句。这种规定方法明确具体又有一定的灵活性,是一种可取的办法,在我国进出口合同中,一般都采取这种规定方法。

例如:"如因战争、地震、火灾、雪灾、暴风雨或其他不可抗力事故,致使卖方不能全部或部分装运或延迟装运合同货物,卖方对于这种不能装运或延迟装运本合同货物不负有责任。"

2. 不可抗力事件的处理

发生不可抗力事件后,应按约定的处理原则和办法及时进行处理。

(1) 解除合同或变更合同

不可抗力的处理办法由两种:一是解除合同,二是变更合同。变更合同是指由一方当事人提出并经另一方当事人同意,对原订合同的条件或内容作适当的变更修改,包括延期履行、分期履行、替代履行和减量履行。

至于究竟是解除合同还是变更合同,应视事故的原因、性质、规模及其对履行合同所产生的实际影响程度而定。一般原则是:如果不可抗力事件的发生使合同履行成为不可能,则可解除合同;如果不可抗力事故只是暂时阻碍了合同履行,只能采用变更合同的办法。

(2) 免责的有效期间

《公约》规定,不可抗力事件的免责"对障碍存在的期间有效"。如若合同未经双方同意宣告无效,则合同关系继续存在,一旦履行障碍消除,双方仍须继续履行合同义务。

3. 不可抗力事件发生后的通知和证明

不可抗力事件发生后如影响合同履行时,发生事件的一方当事人,应按约定的通知期限和通知方式,将事件情况如实通知对方,对方在接到通知后,应及时答复,如有异议也应及时提出。

例如,"一方遭受不可抗力事件之后,应以电报或电传方式,并应在15天内以航空挂号信提供事故的详细情况及其对合同履行影响程度的证明文件"。

此外,发生事件的一方当事人还应按约定办法出具证明文件,作为发生不可抗力事件的证据。

在国外,出具证明的机构通常是事故发生地的商会或公证机构或政府主管部门。在我国,

则由中国国际贸易促进委员会出具证明文件。

例如:某年我国某公司与英国某公司成交某种食品 1 500 公吨。每公吨 CFR 伦敦 348 英镑,总金额为 522 000 英镑,交货期为当年 5～9 月。由于当时我方缺货,只交了 450 公吨,其余 1 050 公吨经协商延长至下一年度内交货。次年,我国发生自然灾害,于是,我方以不可抗力为由,要求免除交货责任。但对方回电拒绝,称该商品价格上涨,因未交货已使其损失 15 万英镑,要求我方无偿供应其他品种的同类食品。我方对此项要求不同意。该公司根据仲裁条款规定向中国仲裁机构提出仲裁,称我方不可抗力理由不充分。经调解,我方赔偿 41 820 英镑结案。

本案双方争议的焦点是不可抗力问题。合同成立后,有时会发生双方无法预料又不能控制的意外事故,致使遭受事故的一方不能履行或不能如期履行合同。对此,法律可以免除其责任。不可抗力条款是指在合同中订明,如当事人一方因不可抗力事件不能履行合同的全部或部分义务的,免除其全部或部分责任;不能按合同规定如期履行义务的,免除其迟延履行的责任。案例的教训是值得深思的,业务中要避免这类损失,必须对不可抗力有全面的了解。诸如什么是不可抗力,不可抗力事件如何认定、如何处理,以及买卖合同中不可抗力条款如何规定。

案例 14-2-1

我某出口公司于 2002 年 5 月以 CIF 纽约条件与美国某公司订立了 200 套家具的出口合同,合同规定 2002 年 12 月交货。11 月底,我企业出口商品仓库发生雷击火灾,致使一半左右的出口家具烧毁。我企业以发生不可抗力为由,要求免除交货责任,美方不同意,坚持我方按时交货,我方无奈。经多方努力,于 2003 年 1 月初交货,美方要求索赔。

试问:(1) 我方要求免除交货责任的要求是否合理?为什么?(2) 美方的索赔要求是否合理,为什么?

案例 14-2-2

有一份合同,卖方 A 工厂出售一批原料给买方 B 工厂,合同规定 6 月份交货。但 5 月 10 日 A 工厂失火,生产设备及仓库全部烧毁。到 7 月 1 日 B 未见来货,便向 A 查问,并催促交货。这时 A 才把失火的情况通知 B,并以不可抗力为理由,撤销合同。B 由于急需原料生产,于是立即从市场补购替代物。根据市场价格资料表明:5 月 15 日至 6 月 15 日的时价与合同价接近,此后市场价格逐步上涨,到了 7 月 1 日,市场价格比合同价上涨 40%,试问:买方 B 在补购替代品后,能否要求 A 赔偿损失?

案例 14-2-3

某年我国某公司与英国某公司成交某种农产品 1 500 公吨,每公吨 CFR348 英镑,总金额为 52 200 英镑,交货期为当年 5～9 月。签约后,我国发生了自然灾害(水灾),于是,我方以不可抗力为由,要求免除交货责任。但对方回电拒绝,并称该商品市场价格上涨,由于我方未交货已使其损失 15 万英镑,要求我方公司赔偿其损失。我方未同意,外商根据仲裁条款向中国仲裁机构提出仲裁。经仲裁机构调解，我方公司赔偿41820英镑，试问：处理结果是否恰当？

任务实施

小杨通过本次任务的学习，了解了国际贸易合同是双方当事人在特定的环境条件下签订的。如果在合同的履行过程中，出现了双方不可控制的意外事故，可以援引不可抗力条款，免除合同责任。

任务三　提请仲裁

工作任务

在国际贸易交往中，处理争议的办法有协商、调解、仲裁、诉讼。协商和调解这两种办法都有一定的限度，最后一种办法有一定的缺陷，所以仲裁就成为解决国际贸易争议广泛采用的一种行之有效的重要方式，因此，国际贸易从业者要掌握仲裁方面的知识。

知识与技能支撑

一、仲裁及仲裁机构

(一) 仲裁及仲裁机构

1. 仲裁

仲裁(Arbitration)是指买卖双方达成协议，自愿将有关争议交给双方同意的仲裁机构进行裁决，且裁决是终局的。

2. 仲裁机构

仲裁机构是指受理案件并做出裁决的机构。一种是临时机构，另一种是常设机构。

(1) 临时仲裁机构。是指由争议双方共同指定的仲裁员自行组成临时仲裁庭。它是为审理某一具体案件而组成的，案件审理完毕，仲裁庭即自动解散。

(2) 常设仲裁机构。是指根据一国的法律或者有关规定设立的、有固定名称、地址、仲裁员设置和具备仲裁规则的仲裁机构。世界上很多国家都设有从事国际商事仲裁的常设机构。如斯德哥尔摩商会仲裁院(Arbitration Institute of Stockholm Chamber of Commerce)、美国仲裁协会(American Arbitration Association)等。中国国际经济贸易仲裁委员会(China International Economic and Trade Arbitration Commission)是我国常设的涉外经济贸易仲裁机构，仲裁委员会设在北京，在深圳和上海分别设立分会。

一般地说，双方约定由哪个常设仲裁机构仲裁，就应按照该机构仲裁规则予以仲裁，但当事人另有约定且仲裁委员会同意的，从其约定。

二、仲裁协议的类型

(一) 仲裁协议

1. 书面仲裁协议

仲裁协议有书面形式和口头形式之分。在我国，解决国际贸易争议的仲裁协议必须是书面的。

2. 书面仲裁协议的形式

(1) 合同中的仲裁条款(Arbitration Clause)。是指争议发生之前订立的、同意将可能发生的争议提交仲裁裁决的协议。

(2) 提交仲裁的协议(Submission, Arbitration Agreement)。是指争议发生之后订立的，同意将已经发生的争议提交仲裁裁决的协议。

(3) 援引(Reference)式仲裁协议。是指争议发生之前或之后，通过援引方式达成的仲裁协议，即同意有关争议按照某公约中的仲裁条款所述内容进行仲裁。

3. 仲裁协议的作用

(1) 约束双方当事人只能以仲裁方式解决争议的，不得向法院起诉。

(2) 排除法院对有关案件的管辖权。如一方违背仲裁协议，自行向法院起诉，另一方可根据仲裁协议要求法院不予受理，并将争议案件退交仲裁庭裁断。

(3) 授予仲裁机构对仲裁案件的管辖权。

上述作用最关键的是第二条，即排除法院对有关争议案件的管辖权。因此，双方当事人不愿将争议提交法院审理时，就应该在争议发生前在合同中规定仲裁条款，一面将来发生争议后，由于达不成仲裁协议而不得不诉诸法院。

三、提请仲裁

(一) 提请仲裁的程序

国际买卖合同中的仲裁程序应当明确合理，不能过于简单，通常包括选择仲裁地点、规定仲裁范围、选取仲裁机构、制定仲裁规则、判定仲裁裁决的效力、缴纳仲裁费用等。

1. 选择仲裁地点

我国进出口合同的仲裁条款中关于仲裁地点的规定，一般采用：

(1) 力争规定在我国仲裁；

(2) 如争取不到在我国仲裁，可以选择在被诉方所在国仲裁；

(3) 规定在双方同意的第三国仲裁。

选用第三种办法时，应选择允许受理双方当事人都不是本国公民的争议案的仲裁机构，而且该机构应具备一定的业务能力，且态度公正。

案例 14-3-1

出口商甲和进口商乙签订买卖合同，仲裁条款规定："凡因执行本合同所发生的一切争议，双方同意提交仲裁。仲裁在被诉人所在国进行。仲裁裁决是终局性的，对双方均有约束力。"在履约过程中，乙诉甲所交货物品质与合同规定不符，于是在甲国仲裁。经仲裁庭调查审理，认为乙举证不实，裁决乙方败诉，事后，甲方因乙方不执行裁决向乙国法院提出申请，要求法院强制执行。

若乙方不服，可否向其本国法院上诉？

2. 规定仲裁范围

仲裁范围是指当事人提交仲裁解决的争议范围，也是仲裁庭依法管辖的范围。日后争议超出规定的范围时，仲裁庭无权受理。所以在仲裁协议中一定要将有关合同的一切争议事项都提交仲裁。

3. 选取仲裁机构

国际贸易中的仲裁机构，可以是双方当事人约定的常设仲裁机构，也可以是双方当事人共同制定仲裁员组成的临时仲裁机构。选用哪种仲裁机构，取决于双方当事人的共同意愿。选用常设仲裁机构时，应考虑其信誉、仲裁规则的内容、费用、所用语言等因素。如果仲裁地点无常设机构，或者双方为解决特定争议，而愿意指定仲裁员专审争议案件时，当事人可选用临时仲裁庭予以仲裁。

目前，世界上有许多国家和一些国际组织都设有专门从事处理商事纠纷的常设仲裁机构。我国常设的仲裁机构主要是中国国际贸易仲裁委员会和海事仲裁委员会。

4. 制定仲裁规则

仲裁程序与规则是指进行仲裁的程序和具体做法，包括如何提交仲裁申请，如何进行答辩，如何指定仲裁员，如何组成仲裁庭，如何进行仲裁审理，如何做出裁决及如何交纳仲裁费等。这为当事人和仲裁员提供一套仲裁时的行为准则，以便在仲裁时有所遵循。

一般情况下，在哪个仲裁机构仲裁，就应遵守哪个机构的仲裁规则。但也有不少国家允许选用仲裁地点以外的仲裁规则，但以不违反仲裁地国家仲裁法规定为前提。至于临时仲裁机构适用的仲裁规则由当事人自行约定。

5. 判定仲裁效力

仲裁效力是指仲裁机构所作的裁决对双方当事人是否有约束力，是否是终局性的，以及能否向法院上诉，要求变更裁决等。

多数国家都规定，仲裁裁决具有终局效力，对双方均具约束力，任何一方都不得向法院起诉要求变更。只有在发现仲裁员未按仲裁规则审理案件时，法院才可撤销裁决。仲裁裁决作出后，如果败诉方拒不履行仲裁裁决，而仲裁机构又不具有强制执行的权利，胜诉方可以向法院提出申请，要求强制执行。

6. 缴纳仲裁费用

通常在仲裁条款中明确规定出仲裁费用由谁负担。一般规定那个仲裁费用由败诉方承担，但也可由仲裁庭酌情决定。

（二）我国通常采用的仲裁条款格式

我国根据独立自主、平等互利的原则，并参照国际上的习惯做法，在总结实践经验的基础上，一般采用以下三种仲裁条款格式：

1. 在我国仲裁的条款格式

“凡因本合同引起的或与本合同有关的任何争议，均应提交中国国际经济贸易仲裁委员会，按照该会现行的仲裁规则，由申请人选定在该会总会或深圳分会或上海分会进行仲裁。仲裁裁决是终局的，对双方均有约束力。”

2. 在被申请人所在国或第三国仲裁的条款格式

"凡因执行本合同所发生的或与本合同有关的一切争议，双方应通过友好协商办法解决，如果协商不能解决，应提交××国(申请人所在国或第三国)××地××仲裁机构，并根据其仲裁程序规则进行仲裁，仲裁裁决是终局的，对双方都具有约束力，仲裁费用由败诉方负担。"

案例 14-3-2

阅读下表，请分析仲裁与诉讼的优劣。

国际仲裁与司法诉讼的区别

类别	国际仲裁	司法诉讼
1. 机构	民间组织	法院是国家机器的重要组成部分
2. 管辖权	无法定的管辖权	有法定的管辖权
3. 成员	仲裁员可由双方当事人指定或仲裁委员会指定	法官由国家任命或选举产生，当事人无权指定法官
4. 受理	双方自愿预先订有仲裁协议	一方向法院起诉，无须事先征得对方同意
5. 关系	双方不伤和气	双方关系将破裂
6. 依据	除法律外，可考虑国际贸易惯例	有法可依，有章可循
7. 手续费用	手续简便，费用较低	手续繁琐，费用较高
8. 裁决	裁决是终局的	裁决不服，可向上一级法院起诉

任务实施

小杨通过本次任务的学习，掌握了仲裁作为解决争议的一种方式可以很好地解决国际贸易中因为双边协商不成而存在的分歧，同时掌握了仲裁的流程、种类和未来发展方向。

任务四　项目实训

知识巩固

◇ **不定项选择题**

1. 如合同中未规定索赔期或品质保证期，则按《联合国国际货物销售合同公约》的规定，买方最长的索赔时效为收到货物之日起不超过(　　)。

A. 半年　　B. 1 年　　C. 2 年　　D. 3 年

2. 进口合同中的索赔条款有两种规定方法，在一般商品买卖合同中常用的是(　　)。

A. 异议与索赔条款　　B. 违约金条款

C. 罚金条款　　D. 定金法则

3. 在国际货物买卖中,较常采用的不可抗力事故范围的方法是(　　)

A. 概括规定　　B. 不规定

C. 具体规定　　D. 综合规定

4. 发生(　　)违约方可援引不可抗力条款要求免责。

A. 洪灾　　B. 世界市场价格上涨

C. 生产制作过程中的过失　　D. 货币贬值

5. 仲裁地点应首先选择(　　)。

A. 本国　　B. 对方国

C. 第三国　　D. 本国和对方国

E. 装船后　　F. 货到目的港后

6. 进出口合同中索赔条款有两种规定方式(　　)。

A. 检验和索赔条款　　B. 索赔条款

C. 罚金条款　　D. 异议和索赔条款。

7. 不可抗力的构成条件是(　　)。

A. 事故发生在合同订立以后

B. 发生了合同当事人无法预见、无法预防、无法避免和无法控制的客观情况。

C. 事故的发生使合同不能履行或不能如期履行

D. 遭遇意外事故的一方负全责

8. 仲裁条款的主要内容包括(　　)。

A. 仲裁地点　　B. 仲裁机构

C. 仲裁程序　　D. 仲裁裁决效率

E. 仲裁费用负担

◇ 判断

1. 即使合同履行结束,只要一方有充足的法律依据和足够的事实依据,对方就不可以拒绝受理赔偿。(　　)

2. 英国法律规定,违反要件的情况下,受害方有权要求损害赔偿,但不能解除合同。(　　)

3.《联国国际货物销售合同公约》规定,如果一方当事人根本违反合同,另一方当事人可以宣告合同无效,并要求损害赔偿。(　　)

4. 在双方交易中,买方收货后发现货物与合同规定不符时,在任何时候都可以向卖方索赔。(　　)

5. 当违约金起算日期规定了优惠期时,则在优惠期限内免于罚款,过此期限再起算罚款。(　　)

6. 援引不可抗力条款的后果是延期执行合同或解除合同。(　　)

7. 仲裁协议必须由合同当事人在争议发生后达成,否则不能提请仲裁。(　　)

8. 我国的常设仲裁机构只有中国国际经济贸易仲裁委员会。(　　)

项目实操

◆项目实训操作

【项目背景一】船舶碰撞事故中不可抗力的认定

原告:上海东方疏浚工程公司。

被告:沪东造船厂。

2013 年 8 月 9 日下午 4 时许,沪东造船厂所在地上海浦东新区北部地区出现异常大风天气。受此影响,停泊在该厂 2 号泊位的在建船舶“杉海”轮(载重 47 500 吨)11 根系泊缆绳被风拉断,并从浦东横穿黄浦江,与上海东方疏浚工程公司停靠在码头的“航拖 438”轮和“航供 5”轮相撞,致两轮损坏,产生修理费用总计人民币 82 366.52 元。

法院另查明,2013 年 8 月 9 日中午 11 时,上海中心气象台发布的天气预报为:“晴到多云,西南风 3—4 级,今天最高温度 38 度,明天最低温度 29 度。”事后,上海浦东新区气象中心、上海中心气象台等提供的调查报告、情况证明等显示:事发当时,上海浦东新区北部地区受局地热力作用影响,产生强对流天气,出现雷雨、大风和冰雹,风力达 10 级以上,该地区出现围墙倒塌、树木和电线杆被刮倒的灾情。位于黄浦江边的中华造船厂的测风仪指针已超过测定极限,显示当时风速每秒已超过 40 米。

法院还查明,10 级风力的名称为“狂风”,每秒风速为 24.5 至 28.4 米,其特征是“树木可被吹倒,一般建筑物遭破坏”。

以上事实,有上海浦东新区气象中心出具的《8 月 9 日雷雨大风冰雹灾情调查报告》、(关于 2013 年 8 月 9 日局地强对流天气情况的补充说明),中华造船厂安全技术处提供的情况证明,上海中心气象台提供的《气象报告证明》、《风力等级表》,港监部门出具的《船舶受损估价清单》以及当事人的当庭陈述等证据证实。

一审法院认为,无论根据—上海中心气象台天气实况资料,还是浦东新区气象中心的天气情况说明,均没有飓风、龙卷风的记录,故沪东造船厂称船舶碰撞事故系不可抗力造成缺乏依据。沪东造船厂系建造中的“杉海”轮的承揽人,对“杉海”轮负有妥善保管的义务,其应对本次碰撞事故承担全部责任。据此判决沪东造船厂赔偿上海东方疏浚工程公司船舶修理费人民币 82 366.52 元及相关利息损失。

沪东造船厂不服一审判决,上诉认为,2013 年 8 月 9 日下午发生的船舶碰撞事故是一起突发性的自然灾害事件。上海浦东新区气象中心出具的《2013 年 8 月 9 日局地强对流天气情况的补充说明》证明:8 月 9 日下午,上诉人所遭遇的大风瞬时风力可达 10 级以上。对于该起自然灾害,上诉人是不能预见、不能避免和不能克服的,故本次船舶碰撞事故应认定为系不可抗力所致。

上海东方疏浚工程公司辩称,本案不存在是突发性自然灾害事件的事实,上诉人以雷雨大风来论证碰撞是自然灾害事件缺乏依据和科学的推断。上诉人有管理上的过失:一、9—10 级大风并非不可预见;二、“杉海”轮使用旧缆绳系泊,且系泊不当;三、“杉海”轮无人值班,值班拖轮马力小,事发后未出动;四、“杉海”轮在漂移中未抛锚。据此,请求驳回上诉。

二审法院认为,造成本起船舶碰撞事故的天气情况已构成不可抗力,属法定免责事由;沪东造船厂无需承担赔偿责任。遂依法改判,对被上诉人上海东方疏浚工程公司的诉讼请求不予支持。

【任务】根据不可抗力的知识，来分析法院的判决是否合理。

【项目背景二】2014年8月5日，中国某进出口公司与国外某公司以电传方式达成协议，根据协议，卖方发出了已经签署的“售货确认书”(Sales Confirmation)，其主要内容为：数量3万套，单价30美元，总价90万美元，价格条件是CIF(成本加保险费加运费)某港交货，并明确要求买方在同年9月5日以前，向卖方开出百分之百的、保兑的、不可撤销的、可转让的即期付款信用证。8月20日，卖方收到了经过买方签字的确认书，但买方将确认书中的CIF条件改为托盘运输条款。9月2日，卖方收到了经过买方开出的信用证，金额与确认书相符，但信用证种类与价格条款等却与确认书原有规定存在重大差异。其一，信用证并非保兑：其二，确认书原定的CIF价格条件变成了托盘运输条款。据此，卖方于9月下旬电告买方拒收上述信用证，并将信用证退给了开证银行。此后，双方未能就确认书条款与信用证条款的差异达成一致，导致此合同不能履行，双方因此发生争议。现回答以下问题：

【任务一】本案中，买方修改了确认书而卖方未及时答复，合同是否成立？为什么？

【任务二】本案中信用证是否有效？请说明理由。

项目十五　合同履行

【知识目标】

- 掌握出口合同履行的基本程序
- 熟悉出口合同履行过程中"证、货、船、款"各环节的相关要求
- 掌握进口合同履行的基本程序
- 熟悉进口合同履行过程中"证、船、款、货"各环节的相关要求

【能力目标】

- 能够初步掌握出口合同履行过程中落实信用证、备货报检、订舱、报关与保险、制单结汇各个环节的基本操作要求。
- 能够初步掌握进口合同履行过程中开立信用证、订舱与保险、审单付款、报关提货各个环节的基本操作要求。

【项目背景】

小杨进入郑州豫港进出口贸易有限公司已经六个月了，通过参与和配合其他业务人员和报检报关专业人员的全部工作，他对豫港进出口贸易公司吹风机出口的整个流程有所了解。小杨从职场新人摇身变成了对国际贸易流程已经有所了解的业务人员了。但是在实际业务中，小杨很快发现履行出口合同不仅仅是诚实守信就可以顺利完成的。很快小杨签订了一笔同样的吹风机出口合同，在出口合同履行中是先办理船舶订舱的手续呢，还是办理投保险的工作呢？什么时候办理报检报关呢？另外在履行合同的过程中他还碰到各种单据需要填写，具体的填制要求只能询问单证从业人员了。同时小杨又发掘了另一个新客户，与他签订了一笔进口合同。进口合同的履行程序在实际业务中又要如何排序呢？由于两份合同要同时履行，小杨在工作上有点应接不暇。

任务一　履行出口合同

工作任务

在国际贸易中，买卖双方经过交易磋商签订出口合同以后，外贸业务就进入了合同履行阶段。因为，合同的订立，只表明当事人双方各自的经济目的达到一致，只有履行合同，才能使这种

目的得以实现。履行合同是买卖双方的共同责任,买卖双方都要本着重合同、守信用的原则履行合同规定的各项义务。小杨遇到的难题在出口合同履行中是先办理船舶订舱的手续呢?还是办理投保险的工作呢?什么时候办理报检报关呢?所有的事情都集中到他一个人身上,小杨有点手忙脚乱不知道从哪里开始着手。他迫切想知道出口合同在履行时的正确流程。另外在履行合同的过程中他还碰到各种单据需要填写,具体的填制要求只能询问单证从业人员了。

知识与技能支撑

出口合同中,采用的价格术语和支付方式不同,合同履行的程序也不同。以 CIF 条件成交和 L/C 支付方式为例,履行出口合同程序复杂,环节众多,但概括起来,以证(催证、审证、改证)、货(备货)、船(租船、订舱、报关和保险)、款(制单结汇)四个环节最为重要。出口方必须严格按照信用证和合同的要求做好每一步工作,同时还应密切注意买方履约的情况,以保证合同最终得以圆满履行。只有将这些环节紧密衔接,才能避免有货无证、有证无货、有船无货、有货无船等诸多问题,使出口企业在按合同规定出运货物、提供全套合格单据,顺利从进口方取得货款,安全结汇。以下对各个环节分别加以论述。

一、落实信用证

(一) 催证

催证是指卖方催促买方按照合同规定的开证时间及时开立信用证,并送达卖方,以便卖方按时将货物装运交付。为使合同顺利履行,在下列几种情况下,应及时催促对方开立信用证:

1. 合同规定装运期限较长(如三个月),而买方应在我方装运前一定期限内(如 15 天)内开证,那么我们应在通知对方预计装运期时,同时催请对方按约定时间开证。

2. 根据我方备货和船舶情况,如果有可能提前装运时,也可与对方商量,要求其提前开证。

3. 国外买方未在合同规定的期限内开证,我方可向对方要求损害赔偿,或催促对方开证,或限期对方开证;或在催证同时保留索赔权。

4. 开证期限未到,但发现客户资信不佳,或市场情况有变,也可催促对方开证。

(二) 审证

审证是指卖方对国外买方通过开证银行开来的信用证内容进行全面审查,以确定是否接受或向买方提出需要其修改某些内容。信用证是依据买卖合同开立的,信用证内容应与买卖合同条款一致。

1. 银行审证

银行主要对信用证进行总的审核,其中包括以下几点:

(1) 在我国对外政策的指导下,对不同国家和不同地区的来证从政治上、政策上进行审核。来证各项内容应符合我国对外方针政策,不得有歧视性或错误性的内容。

(2) 审核开证行和保兑行所在国家的政治、经济状况,开证行和保兑行的资信与经营作风。对于资信不佳的银行,应酌情采取适当措施(如要求另一银行加以保兑、加列电汇索偿条款、分批装运,分批收汇等),以确保安全收汇。

(3) 检查国外来证的印鉴或密押是否真实,从而判断来证的真伪。

（4）为保证安全收汇，信用证内应有明确表示保证付款的责任文句，还要审核开证行的付款责任是否加列了限制性条款或其他保留条件。

此外，在银行审证时还要注意信用证中是否对通知行做了不合理的规定、信用证各条款间是否有矛盾之处、来证中是否有拼写错误等。

2. 卖方审证

银行在对信用证进行审核后，将其交给出口企业。出口企业既要对银行审核的内容进行复核，又要着重对信用证进行如下专项审核：

（1）信用证不可撤销的审核。为保证收汇安全，买卖合同均规定采用不可撤销信用证、按《UCP600》规定，信用证应清楚地表明是可撤销的或不可撤销的，如未列明“可撤销”字样的，均视为不可撤销信用证。

（2）审核信用证中对商品名称、质量、规格、数量、包装、唛头等的规定是否与合同条款相符。

（3）审核信用证金额与货币是否与合同规定相同。信用证金额的大、小写必须一致。如合同订有溢短装条款，那么信用证金额还应包括溢短装部分的金额。

（4）审核信用证对装运期、有效期、交单期及到期地点的规定。

（5）审查信用证对运输条款的规定，应审查来证对装运港（起运地）、目的港（目的地）以及对转运与分批装运的规定是否与合同相符。按《UCP600》规定，信用证如未规定“不允许分批装运”和“不准转运”，则可以视为“允许分批装运” 和“允许转运”。如果信用证规定在指定时期内分批定量装运，则其中任何一期未按规定装运，信用证对该期和以后各期均告失效。

（6）审查信用证对保险条款的规定。审查投保险别，保险加成率、保险金额等内容的规定是否与合同规定一致。

（7）对装运单据的审查。要仔细审核来证要求提供的单据种类、份数及填制方法等，如发现有不适当的要求和规定，应酌情做出适当处理。

（8）审查信用证中是否规定有特殊条款。对信用证内加列的一些特殊条款（Special Condition），应认真对待，酌情灵活掌握。如指定船公司、船籍、船龄、船级等条款，或不准在某个港口转船等，一般应根据实际情况确定是否接受。

以上是出口企业审证的一些要点。总的说来，在以合同为标准，对信用证进行逐字审核时，只要发现我方不能接受的不符点，就应要求对方即时改证。

（三）改证

在审证时，如果发现违背国家政策或出口企业无法办到、与合同规定不相符的内容，应立即要求对方到原开证行申请改证。

修改信用证同审证一样，是保证顺利履行合同和安全迅速收汇的重要前提，所以，必须给予足够的重视。在改证中，应注意以下几点：

1. 同一信用证项下，如发现多处需要修改的地方，应做到一次向国外客户提出，尽量避免由于疏忽或考虑不周而多次提出修改要求。

2. 对于开证行根据客户申请发出的修改通知的内容，也要认真地进行审核，如发现修改后的内容仍不能接受时，应及时向客户声明表示拒绝，并再次提请修改。

3. 根据《UCP600》的规定，未经开证行、保兑行以及受益人同意，不可撤销信用证既不能修改也不能撤销。卖方可拒绝客户未征得我方同意而作出的修改。

4. 对同一修改通知中的修改内容不允许部分接受，因而，对修改内容的部分接受当属无效。

对开证行发来的修改通知中如包括两项或两项以上的内容时,我们对此通知要么全部接受,要么全部拒绝,不能只接受其中一部分,拒绝另一部分。

改证流程如图 15－1 所示。

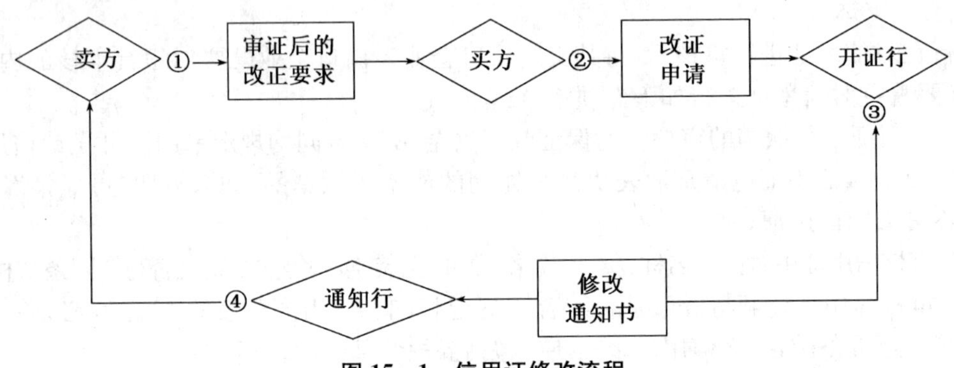

图 15－1　信用证修改流程

二、备货报检

1. 备货

备货工作是卖方根据出口合同的规定,按时、按质、按量地准备好应交的货物,并做好申请报验和领证工作。

按照合同规定交付货物是卖方的基本义务,而做好备货工作是为履行交货义务准备物质基础。其流程是:

(1) 出口公司根据合同和信用证的规定,向生产加工及仓储部门下达工作联系单,要求有关部门按联系单的要求,对货物进行清点、核对、加工整理和刷唛等。

(2) 由外贸公司对货物进行核实、验收、清点,以便货物提前验收入仓。

(3) 填货物出仓中清单,待得到储运部货物出仓通知单后,即可办理其他手续。按合同规定对入库货物再进行加工整理或重新包装并刷好唛头,这样才能使货物符合合同中规定的要求,如图 15－2 所示。

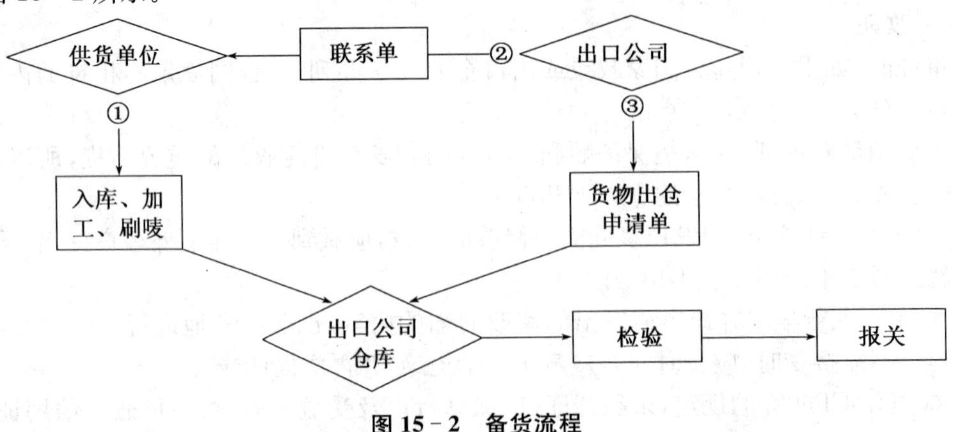

图 15－2　备货流程

2. 报验

凡属法定检验或合同、信用证规定必须经出入境检验检疫机构检验出证的商品，在货物备齐后，出口企业应向所在地的出入境检验检疫机构申请检验，只有取得出入境检验检疫机构签发的合格检验证书，海关才准放行。

出口企业可自行或委托经国家质检总局注册登记的境内代理报检企业办理报检手续，报检员必须获得国家质检总局规定的资格，在国家质检总局设在各地的出入境检验检疫机构注册。货物报检只能在货物产地进行，报检方式有书面形式或电子方式。

如果是法定检验商品，还需由商检局出具放行单。出口企业应在商检证书规定的期限内将货物出运。超过有效期运出口的，应向商检局重新报验，经复验合格后才能出口。如图 15 - 3 所示。

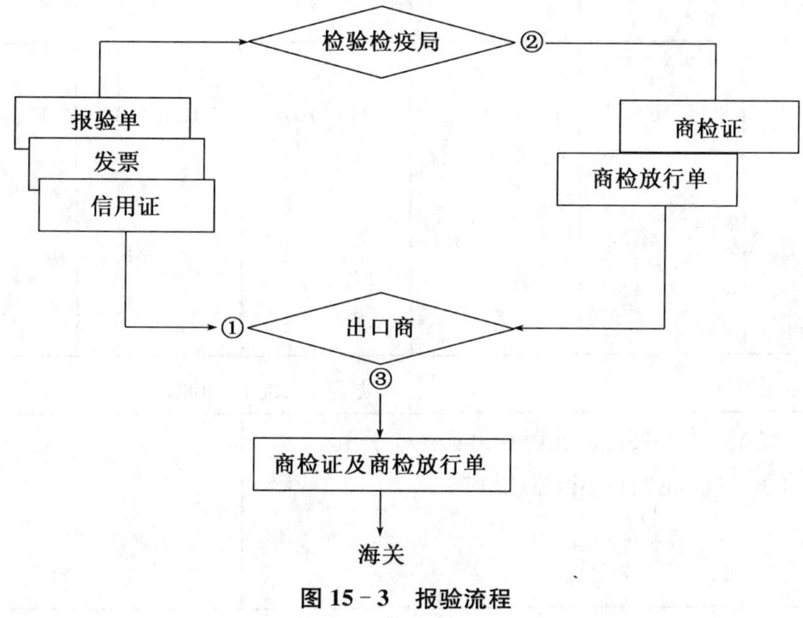

图 15 - 3　报验流程

三、订舱、报关与保险

(一) 订舱托运

在 CIF、CIP 或 CFR、CPT 等条件下，卖方负责洽租运输工具，安排货物装运。在采用海洋运输时，出口货物如数量较大，需要整船载运的，则要对外办理租船手续；如货物数量不多，则安排洽订班轮舱位。

出口企业在证、货备齐后，委托货运代理办理托运，并填写托运单，作为订舱依据。货代接受委托后向船公司办理订舱。货代确定船舶舱位后，向出口企业发出入货通知，并代表出口企业作为托运人办理托运手续。

中国外运广东公司
出口货物托运单

提单编号＿＿＿＿　托运日期 MAY.12，2006　托运单位编号 YSM199905

合约编号 98SGQ468001

船　　名＿＿＿＿　船期……………… ……　运往地点 HELSINKI

托 运 人 GUANGDONG LIGHT ELECTRICAL APPLIANCES CO.，LTD.

受 货 人 TO ORDER

通　　知 A.B.C.CORP.AKEDSANTERINK AUTO P.O.BOX 9，FINLAND

标记及号码	件　数	货　名	重（公斤）量		容积吨
			净	毛	
N/M	800CTNS	HALOGEN FITTING W500	11200.00	13600.00	151.04M³

合计 ：800CTNS　　共重 ：13600.00KGS

特约事项	①请配一个40尺集装箱，并标出集装箱号码； ②承运货运的船龄不得超过20年。	

可否转船	允许			（托运人盖章）	
可否分批	不允许	需要提单正本　3		份付本　3　份	
货物堆存地点	罗涌仓	装船期限	MAY.30，2006	结汇期限	JUN.16，2006
运费缴付方式	FREIGHT PREPAID	运费帐单开送			
信用证号码	LRT9802457	货　价	F.O.B.	C.I.F.USD36480.00	
运往香港船名		实际装船日期	MAY.20，2006		

运费吨：　　运费率：　　运费金额：

（二）报关和装运

按照我国《海关法》规定，凡是进出国境的货物，须经由设有海关的港口、车站、国际航空站进出，并由货物所有人向海关申报，经海关放行后，货物才可提取或者装运出口。

中华人民共和国海关出口货物报关单

预录入编号：002102133　　　　海关编号：

出口口岸 新凤罗冲(5102)	备案号	出口日期 03.12.13	申报日期 03.12.10

经营单位 广东龙华贸易有限公司 (4401A13217)	运输方式 江海(2)	运输工具名称 SUISUN V.001	提运单号 KEN－98－25401

发货单位 广东龙华贸易有限公司	贸易方式 一般贸易	征免性质 一般征免	结汇方式 信用证
许可证号	运抵国(地区) 芬兰	指运港 赫尔辛基	境内货源地 广东中山

批准文号 28HT82591	成交方式 CIF	运费 502/2688/3	保费 0.25/1	杂费
合同协议号 98SGQ468001	件数 400	包装种类 箱	毛重(千克) 3 600	净重(千克) 3 000

集装箱号 MAEU6150875＊1(1)	随附单据	生产厂家 中山威威电器厂

标记唛码及备注
ABC
HELSINKI
NO.1－400

FOB 总值:64 626.38 美元

项号	商品编码	商品名称、规格型号	数量及单位	最终目的国(地区)	单价	总价	币制	征税
01	85393190	节能灯 TR－3U－A 110V 5W E27/B22	5 000 只	芬兰	2.50	12 500.00	美元	照章征税
02	85393190	节能灯 TR－3U－A 110V 7W E27/B22	5 000 只	芬兰	3.00	15 000.00	美元	
03	85393190	节能灯 TR－3U－A 110V 22W E27/B22	5 000 只	芬兰	3.80	19 000.00	美元	
04	85393190	节能灯 TR－3U－A 110V 26W E27/B22	5 000 只	芬兰	4.20	21 000.00	美元	

税费征收情况

录入员 ＊＊＊　　录入单位 ＊＊＊	兹声明以上申报无讹并承担法律责任	海关审单批注及放行日期(签章) 审单　　审价
报关员 李明 单位地址 广州政龙路 152 号 邮编 ＊＊＊　电话＊＊＊	申报单位(签章) 广东龙华贸易有限公司 报关专用章 填制日期　03.12.10	征税　　统计 查验　　放行

(三) 出口保险

CIF 条件下,出口货物采用逐笔投保的方式,由出口方负责办理保险。保险办理在订妥舱位后即可进行,但最迟不要晚于装船日。

四、制单结汇

出口货物发运后,卖方即应按信用证规定,备齐各种单据和证书,并在信用证规定的有效期和交单期内送交银行办理议付结汇。

(一) 结汇方法

我国出口结汇主要有三种方法,即收妥结汇、定期结汇和买单结汇。

(二) 结汇程序

结汇业务程序如图 15-4(假设以信用证支付并按收妥结汇方式进行)所示。

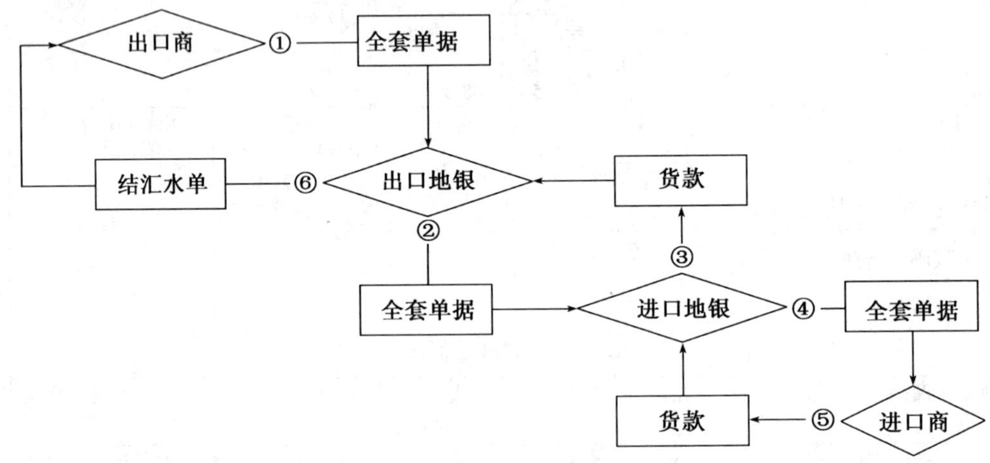

图 15-4 结汇流程

① 表示出口商向出口地银行(信用证方式下为议付行)提交全套单据。

② 表示出口地银行审单后,将全套单据发送到进口地银行(信用证方式下为开证行),要求付款。

③ 表示进口地银行在单证相符的情况下向出口地银行付款。

④ 表示进口地银行向进口商递交整套单据。

⑤ 表示进口商付款赎单。

⑥ 表示出口地银行收妥货款后将货款按当日外汇牌价折成人民币收入出口商账户,并向出口商提交结汇水单。

(三) 结汇单据

主要有:商业发票、装箱单、提单、保险单、受益人证明书、汇票、原产地证、装船通知等。

单据1:商业发票

(1)

广东省纺织品进出口针织品有限公司

GUANGDONG TEXTILES IMP. & EXP. KNITWEARS COMPANY LIMITED

15/F., GUANGDONG TEXTILES MANSION 168 XIAO BEI ROAD GUANGZHOU CHINA

商业发票 (2)

COMMERCIAL INVOICE

Messrs: (3)

JOHNSON'S S. A.
NUBLE 1034
SANTIAGO
CHILE

INVOICE NO : YSM1999B (6)

INVOICE DATE : OCT. 05, 1997 (7)

L/C NO. : 524250 (8)

L/C DATE : AUG. 20, 1997 (9)

S/C NO : GD-98TX2509 (10)

Exporter: (4)

GUANGDONG TEXTILES IMP. & EXP.
KNITWEARS COMPANY LIMTIED.
15/F., GUANGDONG TEXTILES MANSION
168 XIAO BEI ROAD GUANGZHOU, CHINA.

Transport details: (5)

FROM HUANGPU TO SAN ANTONIO.
W/T HONG KONG BY VESSEL

Terms of payment: (11)

BY L/C

MARKS AND NUMBERS (12)	DESCRIPTION OF GOODS (13)	GUANTITY (14)	UNIT PRICE (15)	AMOUNT (16)
JOHNSON'S 97KCS05107 SAN ANTONIO CHILE NO. 1-80 MADE IN CHINA	GARMENTS (100% COTTON JERSEY BABY'S OVERALL)	4, 000PCS	USD1. 50/PC	USD6, 000. 00
JOHNSON'S 97KCS05111 SAN ANTONIO CHILLE NO. 1-80 MADE IN CHINA	GARMENTS (100% COTTON JERSEY BABY'S BEATLE WITH SNAP WITH A SMALL EMB ON NECK)	4, 000PCS	USD1. 60/PC	USD6, 400. 00
	(17)		CFRC3%SAN ANTONIO....	USD12, 400. 00
			LESS C3	USD372. 00
			CFR SAN ANTONIO	USD12028. 00

TOTAL QUANTITY: 8000PCS PACKING: 160CARTONS

TOTAL WEIGHT : NET WT.: 1000KGS GROSS WT.: 1200KGS

TOTAL: U. S. DOLLARS TWELVE THOUSAND AND TWENTY-EIGHT ONLY.

WE CERTIFY THAT THE GOODS NAMED HAVE BEEN SUPPLIED IN CONFORMITY WITH S/C NO. GD-98TX2509

(18)

(19)

GUANGDONG TEXTILES IMP. & EXP.
KNITWEARS COMPANY LIMITED

单据 2:装箱单

<table>
<tr><td>Issuer (2)
GUANGDONG TEXTILES IMP. & EXP.
KNITWEARS COMPANY LIMITED
15/F., GUANGDONG TEXTILES MANSION
168 XIAO BEI ROAD GUANGZHOU CHINA</td><td colspan="2" rowspan="2">广东省纺织品 (1)
进出口针织品有限公司
GUANGDONG TEXTILES IMP. & EXP.
KNITWEARS COMPANY LIMITED
15/F., GUANGDONG TEXTILES MANSION
168 XIAO BEI ROAD GUANGZHOU CHINA

装 箱 单
PACKING LIST</td></tr>
<tr><td rowspan="2">To (3)
JOHNSON'S S. A.
NUBLE 1034
SANTIAGO
CHILE</td></tr>
<tr><td>No. (4)
YSM1999B</td><td>Date (5)
OCT. 5, 1997</td></tr>
</table>

Marks and numbers number and kind of packages description of goods

(6)	(7)	(8)	(9)	(10)
JOHNSON'S 97KCS05107 SAN ANTONIO CHILE NO. 1-80 MADE IN CHINA	ENTS (100%GARM COTTON JERSEY BABY'S OVERALL) 50PCS CARTON 80CARTONS	@4.00KGS 320.00KGS	@5.00KGS 400.00KGS	@(42*23*25)CM*80 = 1.932CBMS
JOHNSON'S 97KCS05111 SAN ANTONIO CHILLE NO. 1-80 MADE IN CHINA	GARMENTS (100% COTTON JERSEY BABY'S BEATLE WITH SNAP WITH A SMALL EMB ON NECK) 50PCS CARTON 80CARTONS	@8.50KGS 680.00KGS	@10.00KGS 800.00KGS	@(55*30*34)CM*80 = 4.420CBM S
	(11)	1000.00KGS	1200.00KGS	6.12CBMS

(12)

TOTAL QUANTITY: 8000PCS PACKING: 160CARTONS

TOTAL: ONE HUNDRED AND SIXTY CARTONS ONLY.

(13)

L/C NO.: GDP976578.

单据 3:提单

ORIGINAL

景 华 船 务 有 限 公 司
Kenwa Shipping Co., Ltd.

BILL OF LADING

Shipper (1)	B/L No. COSU299120029
GUANGDONG MACHINERY IMPORT AND EXPORT CORP. (GROUP) 726 DONG FENG ROAD EAST. GUANGZHOU. CHINA.	**Combined Transport BILL OF LADING** RECEIVED in apparent good order and condition except as otherwise noted the total number of containers or other packages or units enumerated below for transportation from the place of receipt to the place of delivery subject to the terms and conditions hereof. One of the Bills of Lading must be surrendered duly endorsed to the Carrier by or on behalf of the Holder of the Bill of Lading, the rights and liabilities arising in accordance with the terms and conditions hereof shall, without prejudice to any rule of common law or statute rendering them binding on the Merchant, become binding in all respects between the Carrier and the Holder of the Bill of Lading as though the contract evidenced hereby had been made between them. IN WITNESS whereof the number of original Bills of Lading stated under have been signed. All of this tenor and date, one of which being accomplished, the other(s) to be void.
Consignee (2) TO ORDER OF SHIPPER	
Notify Address (3) SHITAYA KINZOKU CO., LTD. 6-11 7-CHOME UENO TAITO-KU TOKYO. JAPAN	

Pre-carriage by (4)	Place of receipt (5)	For delivery of goods please apply to:
Ocean Vessel (6) Voy. No JING AN CHENG V. 0224E	Port of Loading (7) GUANGZHOU	
Port of Discharg (8) YOKOHAMA	Place of Delivery (9) YOKOHAMA	Final Destination for the Merchant's Reference only

Container. Seal No. & Marks & Nos.	No. of Package & Description of Goods	Gross Weight Kgs	Measurement m
(11) A98JP1990006 SHITAYA YOKOHAMA (10) JOHU2503651 (20')	(12) 400 BUNDLES　RABBIT BRAND SHOVEL WITH METAL HANDLE TOTAL: FOUR HUNDRED BUNDLES ONLY. (15) L/C NO. GD983212	(13) 10000KGS	(14) 32. 126CBMS

FREIGHT & CHARGES	Revenue Tons.	Rate　Per	Prepaid	Collect
FREIGHT PREPAID (16)				

Prepaid at	Payable at	Place and date of issue (17) GUANGZHOU JAN. 25, 2006
Total Prepaid	No. of Original B(s) L 3(THREE) (18)	Stamp & Signature (19)

LADEN ON BOARD THE VESSEL

Date

By..

(TERMS CONTINUED ON BACK HEREOF)　　(KENWA STANDARD FORM 01)

单据4:保险单

中保财产保险有限公司
The people insurance(Property) Company of China. Ltd.

发票号码 (1)
Invoice No. YSM1999C

保险单号次 (2)
Policy No. 0071925

海洋货物运输保险单
MARINE CARGO TRANSPORTATION INSURANCE POLICY

被保险人: GUANG DONG MACHINERY IMPORT AND EXPORT CORP. (GROUP) (3)
Insured: ...

中保财产保险有限公司(以下简称本公司)根据被保险人的要求,及其所缴付约定的保险费,按照本保险单承担险别和背面所载条款与下列特别条款承保下列货物运输保险,特签发本保险单。
This policy of Insurance witnesses that The People Insurance(Property)Company of China, Ltd. (hereinafter called the Company), at the request of the Insured and in consideration of the agreed premium paid by the Insured, undertakes to insure the undermentioned goods in transportation subject to the conditions of this Policy as per the Clauses printed overleaf and other special clauses attached hereon.

保险货物项目 Descriptions of Goods	包装 单位 数量 Packing Unit Quqntity	保险金额 Amount Insured
(4) RABIT BRAND SHOVEL WITH METAL HANDLE TOTAL: 400 BUNDLES	(5) 400 BUNDLES	(6) USD 17600.00

承保险别
Conditions

(7)
COVERING ALL RISKS AND WAR RISKS AS PER OCEAN MARINE CARGO CLAUSES (WAREHOUSE TO WAREHOUSE CLAUSE IS INCLUDED) AND OCEAN MARINE CARGO WAR RISK CLAUSES OF THE PEOPLES INSURANCE COMPANY OF CHINA (1/1/1981)。

货物标记
Marks of Goods

(8)
A98JP1990006
SHITAYA
YOKOHAMA

总保险金额: (9)
Total Amount Insured: U.S. DOLLARS SEVENTEEN THOUSAND SIX HUNDRED ONLY

保费 (10) 载运输工具 (11) 开航日期 (12)
Premium As arranged Per conveyance S. S JING AN CHENG V.0224 Slg. on or abt JAN. 25, 2006

起运港 (13) 目的港 (14)
From GUANGZHOU To YOKOHAMA

所保货物,如发生本保险单项下可能引起索赔的损失或损坏,应立即通知本公司下述代理人查勘。如有索赔,应向本公司提交保险单正本(本保险单共有 份正本)及有关文件。如一份正本已用于索赔,其余正本则自动失效。
In the event of loss or damage which may result in a claim under this Policy, immediate notice must be given to the Company Agent as mentioned hereunder. Claims, if any, one of the Original Policy which has been issued in (15) 1 Original(s) together with the relevant documents shall be surrendered to the Company. If one of the Original Policy has been accomplished, the others to be void.

中保财产保险有限公司
THE PEOPLE INSURANCE(PROPERTY) COMPANY OF CHINA. LTD.

赔款偿付地点 (16)
Claim payable at YOKOHAMA

日期 (17) 在 (18)
Date JAN. 25, 2006 at GUANGZHOU

地址:
Address:

单据5:汇票

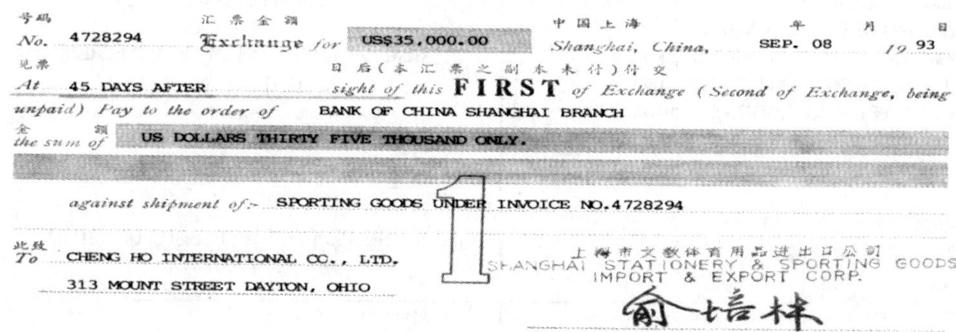

号码 No. 4728294　汇票金额 Exchange for US$35,000.00　中国上海 Shanghai, China, 年 月 日 SEP. 08 19 93

见票 At 45 DAYS AFTER 日后(本汇票之副本未付)付交 sight of this **FIRST** of Exchange (Second of Exchange, being unpaid) Pay to the order of BANK OF CHINA SHANGHAI BRANCH

金额 the sum of US DOLLARS THIRTY FIVE THOUSAND ONLY.

against shipment of:- SPORTING GOODS UNDER INVOICE NO.4728294

此致 To CHENG HO INTERNATIONAL CO., LTD.
313 MOUNT STREET DAYTON, OHIO

上海市文教体育用品进出口公司
SHANGHAI STATIONERY & SPORTING GOODS IMPORT & EXPORT CORP.
俞培林

单据6:一般原产地证

ORIGINAL

1. Exporter (2)
GUANG DONG TEXTILES IMPORT & EXPORT
ENITWEARS COMPANY LIMITED
15/F., GUANGDONG TEXTILES MANSION
168 XIAO BEI ROAD GUANGZHOU, CHINA

Certificate No. GZ45692 (1)

CERTIFICATE OF ORIGIN
OF
THE PEOPLE'S REPUBLIC OF CHINA

2. Consignee (3)
JOHNSON'S S. A.
NUMBLE 1034 SANTIAGO
CHILE

3. Means of transport and route (4)
FROM GUANGZHOU TO SAN ANTONIO
W/T HONGKONG BY BESSEL

5. For certifying authority use only (6)

4. Country/region of destination (5)
SAN ANTONIO, CHILE

6. Marks and numbers (7)	7. Number and kind of packages; description of goods (8)	8. H.S. Code (9)	9. Quantity (10)	10. Number and date of invoices (11)
JOHNSON'S 97KCS05107 SAN ANTONIO CHILE NO. 1-80 MADE IN CHINA	EIGHTY (80) CARTONS OF GARMENTS (100% COTTON JERSEY BABY 'S OVERALL)	6111	4000PCS	YSM1999B OCT. 05, 2006
JOHNSON'S 97KCS05111 SAN ANTONIO CHILE NO. 1-80 MADE IN CHINA	EIGHTY (80) CARTONS OF GARMENTS (100% COTTON JERSEY BABY'S BEATLE WITH SNAP WITH A SMALL EMB ON NECK **	6110	4000PCS	

11. Declaration by the exporter
The undersigned hereby declares that the above details and statements are correct, that all the goods were produced in China and that they comply with the Rules of Origin of the People's Republic of China.

(12)

GUANGZHOU OCT. 05, 2006

Place and date, signature and stamp of authorized signatory

12. Certification
It is hereby certified that the declaration by the export is correct.

(13)

GUANGZHOU OCT. 07, 2006

Place and date, signature of authorized signatory

ORIGINAL

<table>
<tr><td colspan="3">1. Goods consigned from (Exporter's business name, address, county) (2)
GUANG DONG TEXTILES IMPORT &
EXPORT KNITWEARS COMPANY LIMITED
15/F., GUANGDONG TEXTILES MANSION
168 XIAO BEI ROAD GUANGZHOU, CHINA.</td><td colspan="4">Reference No.
GZ5/78954/3321 (1)
GENERALIZED SYSTEM OF PREFERENCES
CERTIFICATE OF ORIGIN
(Combined declaration and certificate)
FORM A</td></tr>
<tr><td colspan="3">2. Goods consigned to (Consignee's name, address, country)
(3)
JOHNSON'S S. A.
NUMBLE 1034 SANTIAGO
CHILE</td><td colspan="4">issued in THE PEOPLE'S REPUBLIC OF CHINA
(COUNTRY)
See Notes overleaf</td></tr>
<tr><td colspan="3">3. Means of transport and route (as far as known)
(4)
ON/AFTER OCT. 10, 2006
FROM GUANGZHOU TO SAN ANTONIO
W/T HONGKONG BY VESSEL</td><td colspan="4">4. For official use
(5)</td></tr>
<tr><td>5. item number</td><td>6. Marks and numbers of packages</td><td>7. Number and kind of packages; description goods</td><td>8. Origin criterion (see Notes overleaf)</td><td>9. Gross weight or other quantity</td><td colspan="2">10. Number and date of invoices</td></tr>
<tr><td>(6)
1

2</td><td>(7)
JOHNSON'S
97KCS05107
SAN ANTONIO
CHILE
NO. 1-80
MADE IN CHINA</td><td>(8)
EIGHTY(80) CARTONS OF GARMENTS(100% COTTON JERSEY BABY'S OVERALL)

EIGHTY(80) CARTONS OF GARMENTS(100% COTTON JERSEY BABY'S BEATLE WITH SNAP WITH A SMALL EMB ON NECK)
***</td><td>(9)
"P"

"P"</td><td>(10)
4000PCS

4000PCS</td><td colspan="2">(11)
YSM1999B
OCT. 05,
2006</td></tr>
</table>

(1)

中国五金矿产进出口公司广东省分公司

CHINA NATIONAL METALS AND MENERALS IMPORT AND EXPORT CORPORATION GUANGDONG BRANCH

BULDING MATERIALS DEPT GUANGZHOU P.R. OF CHINA

(2)

BENEFICIARY'S CERRIFICATE

(5)

JUN 23, 1988

(3) (4)

INVOICE NO.: EIEOW2284 LC NO. R7456G9C

(6)

WE HEREBY CERTIFY THAT THE CARRYING STEAMER IS NOT A BLACKLISTED SHIP NOR OF ISRAELI NATIONALITY AND SHE IS NOT SCHEDULED TO CALL AT AND ISRARLI PORTS.

(7)

CHINA NATIONAL METALS AND MINERALS
IMPORT AND EXPORT CORPORATION]
GUANGDONG BRANCH

单据 7:装船通知

(1)

广 东 轻 工 家 电 有 限 公 司

GUANGDONG LIGHT ELECTRICAL APPLIANCES COMPANY LIMITED

52, DEZHENG ROAD SOUTH GUANGZHOU, CHINA.

传真 FAX: +86-20-8331 6675 (2)

编号 OUR REF. NO.: GDP982653 (3)

To Messrs: A. B. C. CORP. AKEDSANTERINK AUTO (4)

P. O. BOX. 9, FINLAND

(5)

ADVICE OF SHIPMENT

1) Name of Commodity: HALOGEN FITTING W500 (6)

2) Quantity: 800 CARTONS (7)

3) Invoice Value: USD36480.00 (8)

4) Name of Carrying Steamer: DONGFANGHONG/SUISUN 103 (9)

5) Date of Shipment: MAY. 20, 2006. (10)

6) Shipping Marks: N/M (11)

7) Credit No.: LRT9802457 (12)

8) Policy No.: KC0601100880078 (13)

(14)

GUANGDONG LIGHT ELECTRICAL

APPLIANCES CO., LTD.

五、办理出口收汇核销

出口商到当地外汇管理部门办理出口收汇核销,流程在核销退税项目有介绍。核销应提交如下单据:

(一) 出口报关单。该出口报关单应贴有防伪标签并盖有海关"验讫章";

(二) 出口收汇核销单。该出口收汇核销单存根上应填写出口单位名称、出口单位;

(三) 代码、出口币种总价、收汇方式、预计收款日期、报关日期、报关单编号、出口货物名称和数量等内容;

(四) 银行水单,即"出口收汇核销专用联";

(五) 出口发票,即"商业发票"。

六、出口退税

为鼓励出口单位自主经营、自负盈亏,并增强我国出口产品的竞争力,根据国际惯例,我国对出口产品实行退税制度。出口退税是整个出口业务中的最后一个环节,出口退税是否及时和足额直接影响到出口企业的效益,因此,出口商对该环节工作的质量和效率尤为关注。其具体流程如图 15-5 所示:

（一）表示通过备货阶段的工作，国税局退税处从税务局获得了出口退税专用税票。

（二）表示通过结关环节的工作，国税局退税处从海关获得了出口货物结关单据。

（三）表示通过出口收汇核销环节的工作，国税局退税处从外汇管理局获得了出口收汇核销单。

（四）表示出口商在有关单据和手续齐全的情况下，向外经局财务处发出出口退税稽核申请。

（五）表示财务处稽核通过后，向出口商和国税局退税处发送出口退税已稽核信息。

（六）表示出口商接到财务处已稽核信息后，向国税局退税处发送出口退税申请和退税所需的其他单据（如外销发票）。

（七）表示国税局退税处对出口退税专用税票（增值税票和专用缴款书）、外销发票、海关结关单据（报关单）、出口收汇核销单等出口退税需要的单据内容的正确性和一致性进行审核，根据审核结果向出口商和负责办理退税的出口地银行发送出口退税证明。

（八）表示出口商向加办理退税的银行进行退税。

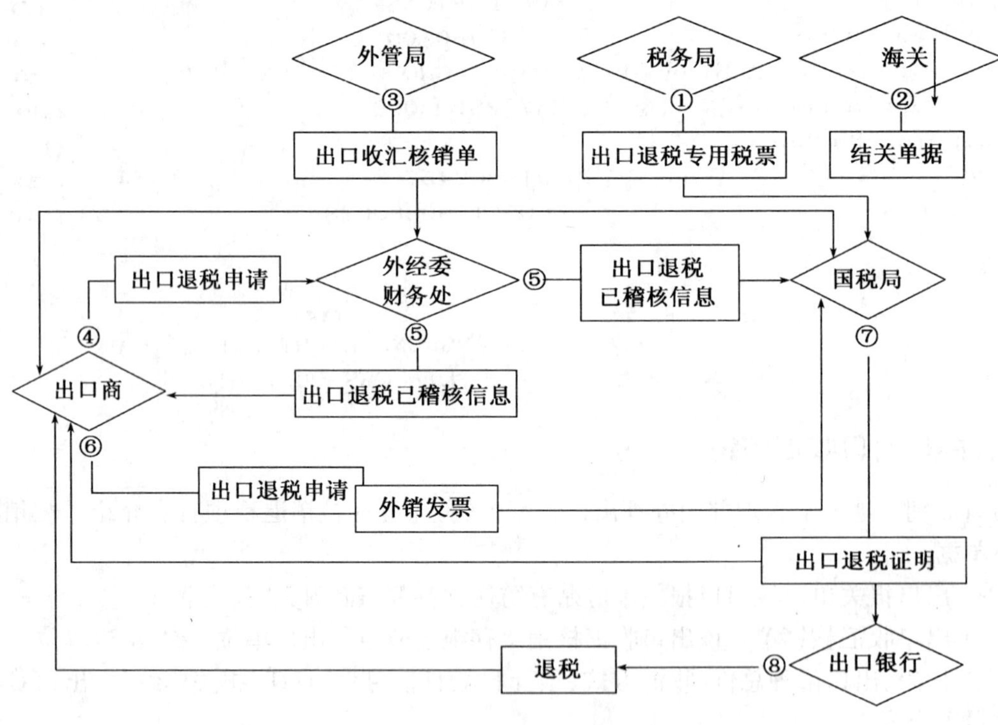

图 15－5 出口退税流程

七、索赔与理赔

在出口合同的履行过程中，有可能会发生进口商未按合同规定履行相应的义务，致使出口企业因此而蒙受损失。如果进口商违约，如无理拒收货物或延迟交付货款等，出口企业根据《公约》，向进口商提出索赔。出口企业应及时提交索赔清单，并合理确定索赔金额。

在出口合同的执行过程中，若进口商未能按时履行合同规定的各项责任与义务，致使出口方遭受损失，出口方可根据不同对象、不同原因以及损失程度，实事求是地向买方提出索赔。

这种情况下，出口方则应仔细地审核进口方提供的单证和出证机构的合法性，做好品质、包装、储存、备货和运输等各个环节的调查研究，把单证材料和实际情况结合起来，查清货物损失的环节、原因，分清责任，合理确定损失程度、金额和赔付办法。

案例 15-1-1

信用证欺诈的常见行为

在信用证支付中，由于银行只对有关单证作表面审查，就使得一些不法商人有机可乘。

受益人实施的欺诈包括：出口商用伪造单据欺骗开证行和开征申请人，以获取信用证项下的银行付款。如伪造单据、倒签提单、预借提单、用保函换取清洁提单等；

申请人实施的欺诈包括：申请人用伪造信用证或者开立“软条款”信用证等手段骗取货款；

受益人与申请人共同欺诈包括：这些欺诈的对象主要是银行，表现为买卖双方相互勾结，通过编造虚假或根本不存在的买卖关系，伪造信用证及相应单据，骗取开证行的货款；

资料来源：中国贸易金融网，2014 年 03 月 25 日。

任务实施

通过学习，小杨终于理清头绪，出口合同在履行过程中要根据“证、货、船、款”各环节的相关要求，按规定缮制好各种单据，出口商要按合同规定交付货物，移交与货物有关的各项单据并移交货物的所有权。

任务二　履行进口合同

工作任务

合同的订立，只表明当事人双方各自的经济目的达到一致，只有履行合同，才能使这种目的得以实现。履行合同是买卖双方的共同责任，买卖双方都要本着重合同、守信用的原则履行合同规定的各项义务。小杨遇到的难题在进口合同履行中是先办理船舶订舱的手续呢？还是办理信用证的开立工作呢？所有的事情都集中到他一个人身上，小杨有点手忙脚乱不知道从哪里开始着手。他迫切想知道进口合同在履行时的正确流程。另外在履行合同的过程中他还碰到各种单据需要填写，具体的填制要求只能询问单证从业人员了。

知识与技能支撑

在进口贸易的整个过程中，进口合同的履行是进口交易的一个实质性的阶段，是合同的当事人实现合同内容的具体行为。当进口合同签订之后，进口企业就要根据合同的规定，履行支付价款、接收货物等义务。由于进口企业根据各自的需要在进口合同中采用不同的贸易术语、支付条件及其他的交易条件，进口合同的履行程序和各个环节的工作也就不尽相同。但是在我国进口业务中，大多数进口合同仍然采用 FOB 贸易术语和信用证付款方式。

履行 FOB 进口合同的一般程序是：开立信用证、租船订舱、装运、办理保险、审单付款、接货报关、检验、拨交和索赔。这些环节的工作，是由进出口公司、运输部门、商检部门、银行、保险公司以及用货部门等各方面分工负责、紧密配合而共同完成的。简而言之，这些环节也可以归纳为证、船、款和货 4 个大环节。

一、信用证的申请与开立

以信用证方式支付的进口贸易实务中，开立信用证是履行进口合同的关键一步，是进口业务的重要环节。如果合同中规定采用信用证方式支付，进口企业有义务向银行提出申请，并交纳押金或其他保证，请银行开证。银行根据申请书的内容，向受益人开出信用证，并寄给受益人所在地的分行或代理行。受益人审核信用证与合同相符后，按信用证规定装运货物，备齐单据，开出汇票，在信用证的有效期内，送银行议付。议付行按信用证条款审核单据无误后，偿付汇票金额扣除利息，把货款垫付给受益人。议付行将汇票和货物单据寄给开证行索汇。开证行指定的银行审核单据无误后，偿付给议付行。开证行通知开证人付款赎单。然后，进口人备款向开证行赎取单据。

信用证开立程序包括：申请人先填写开证申请书，并向开证行缴纳保证金、手续费、邮电费之后开证行开出信用证，并将正本寄送通知行，副本交开证申请人。可以修改信用证。

二、派船接货、催装

履行 FOB 条件下的进口合同，应由进口方负责租船到对方口岸接运货物。出口方在交货前一段时间内，应将预计装运日期通知进口方。进口方接到上述通知后，及时向货运代理公司办理租船订舱手续。在我国，进口货物的租船、订舱工作一般由外运公司办理。

三、办理保险

我国进口货物大多采用预约保险的办法，各专业进出口公司或其收货代理人同保险公司事先签有保险合同。签订合同后，保险公司负有自动承保的责任。办理保险时，首先由进口企业填制运输险投保单，然后缴纳保险费，获取保单。保险公司从货物在装运港装船时起，自动对货物承担保险责任。

四、审单付汇

进口方收到全套议付单据核准无误后付款赎单。在不符点不构成风险且急需进口商品的条件下，可要求出口商提供担保后付款赎单。

(一) 审单

以信用证方式结算，出口商必须提交与信用证相符合的单据，开证行和进口方都必须对全套单据进行审核，双方应密切配合。主要单据审核要点如下。

1. 汇票

表 15-1　汇票审核

信用证名下汇票，需要加列出出票条款，说明开证行、信用证号、开证日期；
金额应与信用证规定相符，一般应为发票金额，金额的大小写一致；
汇票付款人应为开证行或指定的付款行；
出票人应为信用证受益人，通常为出口商，收款人通常为议付银行；
付款期限应与信用证规定相符；
出票日期必须在信用证有效期内，不应早于发票日期；

2. 提单

(1) 提单必须按信用证规定的份数全套提交；

(2) 提单应注明承运人名称，并经承运人或代理人签名或船长或其代理人签名；

(3) 除非信用证特别规定，提单应为清洁已装船提单；

(4) 以 CFR 或 CIF 方式成交，提单上应注明运费已付；

(5) 提单的日期不得迟于信用证所规定的最迟装运日期；

(6) 提单上所载件数、数量、船名等应和发票一致，货物描述可用总称。

3. 发票

(1) 发票应由信用证受益人出具，无需签字；

(2) 商品的名称、数量、单价、包装、价格条件、合同号等必须与信用证严格一致；

(3) 发票抬头应为开证申请人；

(4) 必须记载合同号码和发票日期。

4. 保险单

(1) 保险单正本份数应符合信用证要求，全套正本应提交开证行；

(2) 投保金额、险别应符合信用证规定；

(3) 保险单上所列船名、航线、港口、起运日期应与提单一致；

(4) 应列明货物名称、数量等，并应与发票、提单及其他货运单据一致。

5. 产地证

(1) 应由信用证指定机构签署；

(2) 货物名称、品质、数量机价格等有关商品的记载应与发票一致；

(3) 签发日期不迟于装船日期。

6. 检验证书

(1) 应由信用证指定机构签发；

(2) 检验项目及内容应符合信用证的要求，检验结果如有瑕疵者，可拒绝受理；

(3) 检验日期不得迟于装运日期，也不得距离装运日期过早。

(二) 付款和拒付

1. 付款程序

(1) 信用证受益人在装运货物后，将全套单据经议付行寄交开证行；

(2) 如开证行经审单后认为单证一致、单单一致，即应予以即期付款或承兑或于信用证规定的到期日付款，开证行付款后无追索权；

(3) 如开证行审单后发现单证不符或单单不符，应于收到单据次日起七个工作日内日，以电信方式通知寄单银行，说明单据的所有不符点，并说明是否保留单据以待交单人处理或退还交单人。

2. 拒付情形

(1) 银行拒付。对于单证不符的处理，按《UCP600》规定，银行有权拒付。在实际业务中，银行需将不符点征求开征申请人的意见，以确定拒绝或仍可接受。银行一经付款，即无追索权；

(2) 企业拒付。开证行对外付款的同时，即通知进口企业付款赎单。进口企业付款赎单前，同样需审核单据，若发现单证不一，有权拒绝赎单。如果进口商决定付款，必须要填写“对外付款通知书”，委托开证行支付。

五、报关及检验检疫

(一) 报关

报关是指进口货物必须按照海关规定的手续向海关办理申报验放手续的过程。报关工作的全部程序分为申报、查验和放行 3 个阶段。进出口货物的收货人或者他们的代理人，在货物进口时，应在海关规定的期限内，按海关规定的格式填写进出口货物报关单，随附有关的货运、商业单据，同时提供批准货物进出口的证件，向海关申报。报关的主要单证有以下几种：进口货物报关单和随报关单交验的货运、商业单据、进口货物许可证和“入境通知单”等。对国家规定的其他进口管制货物，报关单位必须向海关提交由国家主管部门签发的特定进口货物批准单证，由海关查验合格无误后再予以放行。进口企业在海关对货物和各种单据查验合格后，按照国家规定缴纳关税。此后，海关在货物货运单据上签章放行。

进口货物运抵目的港卸货时，港务局要进行卸货核对，如果发现短缺，应及时填写“短缺报告”，交给船方确认，并根据情况向船方提出保留索赔权的书面声明。卸货时如发现残损. 货物应存放在海关指定的仓库，待保险公司会同商检局检验后作出处理。如果经检验，发现短缺残损，应凭商检局出具的检验证书，向责任方索赔。

进口报关是由进口货物的收货人或其代理向海关交验有关单据，办理进口货物申报。进口报关程序是收单审单、估价征税、查验货物和签章放行。

(二) 检验检疫

根据我国法律规定，凡属法定检验范围的进出口商品都必须在合同的期限内由商检机构或指定的检验机构检验。不经商检机构或其指定机构检验，该进口商品不得使用和销售。在实际业务中，对于属于法定检验或合同规定在卸货港检验，或检验后付款，或合同规定的索赔期限较短，或货物卸离海轮时已发现残损或异状的商品，为了避免对外索赔失去实效，均须在卸货港口向商检机构报验。

如果不属于上述情况，而用货单位又不在港口所在地的，应向用货单位所在地的商检机构申报后自行检验或报请检验机构检验。若自行检验发现问题，应及时向商检机构申请复验出证，以便凭此索赔。

六、索赔与理赔

在进口业务中，如果进口方没有收到货物，或者发现收到的货物在品质、数量和包装等方面与合同规定的不符或有残损，可向有关方面提出索赔。

（一）确定索赔对象。一旦发生索赔事故，首先要弄清事实，分清责任，明确索赔对象，然后向有关责任方提出索赔的要求。

1. 向卖方索赔。凡属因卖方责任造成货物品质与合同规定不符、数量或重量短缺、包装不良、拒不交货或不按期交货，进口方均可向卖方索赔。

2. 向保险公司索赔。如果属于自然灾害、意外事故、外来原因或运输装卸口过程中其他事故致使货物受损，并且在保险范围内的，那么进口方都可以向保险公司索赔。即使属于承运人的过失造成货物残损、遗失，而承运人不予赔偿或赔偿金额不足抵补损失的部分，进口方也应向保险公司或其代理人索赔。

3. 向运输公司索赔。如果卸货数量少于提单记载的数量，或由于运输公司过失导致货物残损，或由于运输公司运输的原因，造成到货延迟等，均可向运输公司索赔。

（二）把握索赔期限，及时提出索赔。进口企业必须在规定的索赔期限内，提出索赔声明，以保留索赔权利。此时，出口企业应特别注意索赔的时效。对外索赔必须在合同规定的索赔期限提出，否则索赔无效。

（三）提供索赔证据。对外提出索赔要提供足够的证据，其中以商品检验证书最为重要。在办理索赔时，应制备索赔清单，随附商检证书、发票、装箱单和提单副本，可根据不同的索赔对象另附有关证件。

（四）合理计算索赔金额。根据《公约》规定，索赔的金额应与违约所造成的实际损失相等，即根据商品的价值和损失程度计算，还应包括支出的各种费用，如商品检验费、装卸费、银行手续费、仓库租赁费和利息等。合理的利润也应计入索赔金额。

案例 15-2-1

信用证软条款风险揭秘

2014 年 1 月，国内 A 公司通过以前的客户甲先生了解到香港 B 公司欲购买 1.2 万件皮装，随后甲以 B 公司代理的身份与 A 公司进行了贸易谈判并签订了合同，价格条件 FOB 天津，合同金额 90 余万美元，合同规定的支付条件为不可撤销即期信用证。不久，A 公司收到新加坡曼谷银行开出的信用证，不过开证申请人并不是 B 公司，而是新加坡的 C 公司。收到信用证后 A 公司即向甲支付了佣金，并从甲先生指定的工厂购进原料，积极生产备货。按照信用证规定，“受益人应于发货前一周通知开证申请人装船计划，开证申请人将通过开证行确认该计划并通知船只名称，且以上两份电文原件均为信用证要求提供的单据。”由于信用证上并未注明开证申请人的传真号码，A 公司提前将装船计划通知了 B 公司，并请 B 公司通知开证申请人对此予以确认。但 B 公司质检人员一再拖延产品检验时间，并对 A 公司的装船计划避而不谈。一个偶然的机会，A 公司获悉与自己同在一个省的 D 公司不久前也出口过同类的货物，且中间人同为甲先生，原料购于同一家工厂，支付方式也为信用证。不幸的是，D 公司被甲先生和香港 B 公司的伎俩所蒙骗，盲目地将货物发给了他们，而由于并未接到开证申请人的装船计划确认，造成银行以不符点为由拒付，落了个钱货两空，损失近百万美元。后D公司律师亲赴香港，但根本找不到所谓的B公司。至此，一桩商业欺诈案水落石出。A公司悬崖勒马，停止了货物的发运。

资料来源：中国信保，2014年08月22日。

任务实施

小杨通过多方学习，终于了解到进口合同履行过程中"证、船、款、货"各环节的相关要求并且明白了买方的基本义务是按合同规定支付货款和收取贸物。

任务三　项目实训

知识巩固

◇ **不定项选择**

1. 在我国的出口业务中，普遍使用(　　)作为主要的交易条件。
   A. FOB+信用证　B. CRR+托收　C. CIF+托收　D. CIF+信用证
2. 出口合同的履行中一般不包括下列哪个环节(　　)。
   A. 备货　B. 开证、改证　C. 报关、装船　D. 制单、结汇
3. 出口合同履行中的"三平衡"是指下列哪方面的综合平衡(　　)。
   A. 货证船　B. 货证款　C. 船证款　D. 货证船款
4. 在出口业务中，对信用证的审核单位是(　　)。
   A. 银行　B. 出口商　C. 出口商和银行　D. 保险公司
5. 议付行在审单时如果发现单证不符，变通的做法是(　　)。
   A. 担保议付　B. 电提方式征求开证行意见
   C. 改为托收　D. 直接要求买方付款
6. 进口索赔的对象为(　　)。
   A. 银行　B. 保险公司　C. 承运人　D. 出口方
7. 因租船订舱和装运而产生的单据是(　　)。
   A. 托运单　B. 装货单　C. 大副收据　D. 海运提单
8. 信用证的受益人在审核信用证金额与货币时，主要审核的内容为(　　)。
   A. 信用证金额应与合同金额相一致
   B. 信用证金额应包括溢短装部分的金额
   C. 信用证金额中单价与总值要正确
   D. 信用证的货币应与合同规定相一致

◇ **判断题**

1. 在出口业务中，卖方履行合同的基本义务是向买方提交符合合同规定的货物。(　　)

2. 在我国的出口业务中，普遍使用以 FOB 价格术语和以信用证作为支付方式。（　）

3. 出口合同的履行过程中货、证、款三个环节最为重要。（　）

4. 出口备货环节包括准备好应交的货物和包装、刷唛等工作。（　）

5. 信用证有效期就是信用证的装运期。（　）

6. 对于信用证的银行费用，我国的习惯做法是出口地的银行费用由出口方负担，进口地的银行费用由开证人负担。（　）

项目实操

◆项目实训操作

【项目背景一】我国按 CFR 条件出口一批化工原料，国外开来信用证规定装运期为 3 月和 4 月，未注明可否分批。我订舱时因数量较大，没有足够的舱位，而必须分 3 至 4 批装运。

【任务】试问：我方是否应要求外商改证？

【项目背景二】某公司从国外进口一批材料，进口时并没有检验其成分含量，经报关放行放置仓库约一年多，要使用时发现略有潮湿，因而怀疑当初进口的货物不符合合同规定，经分析确实怀疑正确。

【任务】试问：因事隔一年多，是否可向买方要求赔偿？或经商检机构向保险公司索赔？

参考文献

[1] 易海峰.国际贸易概论.北京:中国金融出版社,2012
[2] 魏翠芬.国际贸易实务.3版.北京:北京交通大学出版社,2012
[3] 田运银.国际贸易实务精讲.5版.北京:中国海关出版社,2012
[4] 陈文培.国际贸易业务操作.上海:上海财经大学出版社,2015
[5] 陈岩.最新国际贸易术语适用与案例解析.北京:法律出版社,2012
[6] 朱香奇,张涛.外贸客户开发与管理.北京:机械工业出版社,2013
[7] 温伟雄.外贸全流程攻略.北京:中国海关出版社,2014
[8] 张彦欣.手把手教你做外贸.北京:中国纺织出版社,2013
[9] 姚新超.国际贸易运输与保险.2版.北京:对外经济贸易大学出版社,2010
[10] 程铭.国际贸易实务案例与解答.上海:上海大学出版社,2012
[11] 蒋琴儿.国际结算:理论 实务 案例.北京:清华大学出版社,2012
[12] 于强,杨同明.最新国际贸易术语解释通则 Incoterms 2010 深度解读与案例分析.北京:中国海关出版社,2011